敦煌与丝绸之路研究丛书

郑炳林 主编

"十三五"国家重点图书出版规划项目
教育部人文社会科学重点研究基地兰州大学敦煌学研究所项目

海外回鹘学研究译文集（一）

吐送江·依明 —— 编译

甘肃文化出版社

甘肃·兰州

图书在版编目（CIP）数据

海外回鹘学研究译文集. 一 / 吐送江·依明编译
. -- 兰州：甘肃文化出版社，2024.3
（敦煌与丝绸之路研究丛书 / 郑炳林主编）
ISBN 978-7-5490-2860-3

Ⅰ. ①海… Ⅱ. ①吐… Ⅲ. ①回鹘－民族文化－文集 Ⅳ. ①K289-53

中国国家版本馆CIP数据核字（2024）第029514号

海外回鹘学研究译文集（一）
HAIWAI HUIHUXUE YANJIU YIWENJI YI

吐送江·依明｜编译

策　　划｜郧军涛
项目负责｜甄惠娟
责任编辑｜顾　彤
封面设计｜马吉庆

出版发行｜甘肃文化出版社
网　　址｜http://www.gswenhua.cn
投稿邮箱｜press@gswenhua.cn
地　　址｜兰州市城关区曹家巷1号　730030（邮编）
营销中心｜贾　莉　王　俊
电　　话｜0931-2131306
印　　刷｜甘肃发展印刷公司
开　　本｜787毫米×1092毫米　1/16
字　　数｜300千
印　　张｜31.25
版　　次｜2024年3月第1版
印　　次｜2024年3月第1次
书　　号｜ISBN 978-7-5490-2860-3
定　　价｜128.00元

版权所有　违者必究（举报电话：0931-2131306）
（图书如出现印装质量问题，请与我们联系）

敦煌与丝绸之路研究丛书编委会

主　编
郑炳林

副主编
魏迎春　张善庆

编　委
（按姓氏笔画排序）
王晶波　白玉冬　吐送江·依明
朱丽双　刘全波　许建平　杜　海
李　军　吴炯炯　张丽香　张善庆
陈于柱　陈光文　郑炳林　赵青山
段玉泉　敖特根　黄维忠　敏春芳
　　　　黑维强　魏迎春

国家科技支撑计划国家文化科技创新工程项目"丝绸之路文化主题创意关键技术研究"
（项目编号：2013BAH40F01）

本书先后列入以下科研项目并获得相关项目资金的资助，谨以此致谢：
国家社会科学基金重大招标项目："海外藏回鹘文献整理与研究"
（项目编号：20&ZD211）

兰州大学中央高校基本科研业务费专项资金战略发展专项项目《英藏敦煌胡语文献整理与研究》
（项目编号：2023jbkyzx017）

兰州大学中央高校基本科研业务费专项资金重点研究基地建设项目"甘肃石窟与历史文化研究"
（项目编号：2022jbkyjd006）

总　序

丝绸之路是东西方文明之间碰撞、交融、接纳的通道，丝绸之路沿线产生了很多大大小小的文明，丝绸之路文明是这些文明的总汇。敦煌是丝绸之路上的一个明珠，它是丝绸之路文明最高水平的体现，敦煌的出现是丝绸之路开通的结果，而丝绸之路的发展结晶又在敦煌得到了充分的体现。

敦煌学，是一门以敦煌文献和敦煌石窟为研究对象的学科，由于敦煌学的外缘和内涵并不清楚，学术界至今仍然有相当一部分学者否认它的存在。有的学者根据敦煌学研究的进度和现状，将敦煌学分为狭义的敦煌学和广义的敦煌学。所谓狭义的敦煌学也称之为纯粹的敦煌学，即以敦煌藏经洞出土文献和敦煌石窟为研究对象的学术研究。而广义的敦煌学是以敦煌出土文献为主，包括敦煌汉简，及其相邻地区出土文献，如吐鲁番文书、黑水城出土文书为研究对象的文献研究；以敦煌石窟为主，包括河西石窟群、炳灵寺麦积山陇中石窟群、南北石窟为主的陇东石窟群等丝绸之路石窟群，以及关中石窟、龙门、云冈、大足等中原石窟，高昌石窟、龟兹石窟以及中亚印度石窟的石窟艺术与石窟考古研究；以敦煌历史地理为主，包括河西西域地区的历史地理研究，以及中古时期中外关系史研究等。严格意义上说，凡利用敦煌文献和敦煌石窟及其相关资料进行的一切学术研究，都可以称之为敦煌学研究的范畴。

敦煌学研究是随着敦煌文献的发现而兴起的一门学科，敦煌文献经斯坦因、伯希和、奥登堡、大谷探险队等先后劫掠，王道士及敦煌乡绅等人为流散，现分别收藏于英国、法国、俄罗斯、日本、瑞典、丹麦、印度、韩国、美国等国家博物馆和图书馆中，因此作为研究敦煌文献的敦煌学一开始兴起就是一门国际性的学术研究。留存中国的敦煌文献除了国家图书馆之外，还有十余省份的图书馆、博物馆、档案馆都收藏有敦煌文献，其次台北图书馆、台北故宫博物院、台湾中央研究院及香港也收藏有敦煌文献，敦煌文献的具体数量没有一个准确的数字，估计在五万卷号左右。敦煌学的研究随着敦煌文献的流散开始兴起，敦煌学一词随着敦煌学研究开始在学术界使用。

敦煌学的研究一般认为是从甘肃学政叶昌炽开始，这是中国学者的一般看法。而20世纪的敦煌学的发展，中国学者将其分为三个阶段：1949年前为敦煌学发展初期，主要是刊布敦煌文献资料；1979年中国敦煌吐鲁番学会成立之前，敦煌学研究停滞不前；1979年之后，由于中国敦煌吐鲁番学会的成立，中国学术界有计划地进行敦煌学研究，也是敦煌学发展最快、成绩最大的阶段。目前随着国家"一带一路"倡议的提出，作为丝路明珠的敦煌必将焕发出新的光彩。新时期的敦煌学在学术视野、研究内容拓展、学科交叉、研究方法和人才培养等诸多方面都面临一系列问题，我们将之归纳如下：

第一，敦煌文献资料的刊布和研究稳步进行。目前完成了俄藏、英藏、法藏以及甘肃藏、上博藏、天津艺博藏敦煌文献的刊布，展开了敦煌藏文文献的整理研究，再一次掀起了敦煌文献研究的热潮，推动了敦煌学研究的新进展。敦煌文献整理研究上，郝春文的英藏敦煌文献汉文非佛经部分辑录校勘工作已经出版了十五册，尽管敦煌学界对其录文格式提出不同看法，但不可否认这是敦煌学界水平最高的校勘，对敦煌学的研究起了很大的作用。其次有敦煌经部、史部、子部文献整理和俄藏敦煌文献的整理正在有序进行。专题文献整理研究工作也出现成果，如关于敦煌写本解梦书、相书的整理研究，郑炳林、王晶波在黄正建先生的研究基础上已经有了很大进展，即将整理完成的还有敦煌占卜文献合集、敦煌类书合集等。文献编目工作有了很大进展，编撰《海内外所藏敦煌文献联合总目》也有了初步的可能。施萍婷先生的《敦煌遗书总目索引新编》在王重民先生目录的基础上，增补了许多内容。荣新江先生的《海外敦煌吐鲁番文献知见录》《英国国家图书馆藏敦煌汉文非佛经文献残卷目录（6981—13624)》为进一步编撰联合总目做了基础性工作。在已有可能全面认识藏经洞所藏敦煌文献的基础上，学术界对藏经洞性质的讨论也趋于理性和全面，基本上认为它是三界寺的藏书库。特别应当引起我们注意的是，甘肃藏敦煌藏文文献的整理研究工作逐渐开展起来，甘肃藏敦煌藏文文献一万余卷，分别收藏于甘肃省图书馆、甘肃省博物馆、酒泉市博物馆、敦煌市博物馆、敦煌研究院等单位，对这些单位收藏的敦煌藏文文献的编目定名工作已经有了一些新的进展，刊布了敦煌市档案局、甘肃省博物馆藏品，即将刊布的有敦煌市博物馆、甘肃省博物馆藏品目录，这些成果会对敦煌学研究产生很大推动作用。在少数民族文献的整理研究上还有杨富学《回鹘文献与回鹘文化》，这一研究成果填补了回鹘历史文化研究的空白，推动了敦煌民族史研究的进展。在敦煌文献的整理研究中有很多新成果和新发现，如唐代著名佛经翻译家义净和尚的《西方记》残卷，就收藏在俄藏敦煌文献中，由此我们可以知道义净和尚在印度巡礼的情况和遗迹；其次对《张议潮处置凉州进表》拼接复原的研究，证实敦煌文献的残缺不但是在流散中形成的，而且在唐五代的收藏中为修补佛经就已经对其进行分割，这个研究引起了日本著名敦煌学家池田温先生的高度重视。应当说敦煌各类文献的整理研究都有类似的发现和研究成果。敦煌学论著的出版出现了一种新的动向，试图对敦煌学进行总结性的出版计划正在实施，如2000年甘肃文化出版社出版的《敦煌学百年文库》、甘肃教育出版社出版的"敦煌学研究"丛书，但都没有达到应有的目的，所以目前还没有一部研究丛书能够反映敦煌学研究的整个进展情况。随着敦煌文献的全部影印刊布和陆续进行的释录工作，将敦煌文献研究与西域出土文献、敦煌汉简、黑水城文献及丝绸之路石窟等有机结合起来，进一步拓展敦煌学研究的领域，才能促生标志性的研究成果。

第二，敦煌史地研究成果突出。敦煌文献主要是归义军时期的文献档案，反映当时敦煌政治经济文化宗教状况，因此研究敦煌学首先是对敦煌历史特别是归义军历史的研究。前辈学者围绕这一领域做了大量工作，20世纪的最后二十年间成果很多，如荣新江的《归义军史研究》等。近年来敦煌历史研究围绕归义军史研究推出了一批显著的研究成果。在政治关系方面有冯培红、荣新江同志关于曹氏归义军族属研究，以往认为曹氏归义军政权是汉族所建，经过他们的详细考证认为曹议金属于敦煌粟特人的后裔，这是目前归义军史研究的最大进展。在敦煌粟特人研究方面，池田温先生认为敦煌地区的粟特人从吐蕃占领之后大部分闯到粟特和回鹘地区，少部分成为寺院的寺户，经过兰州大学各位学者的研究，认为归义军时期敦煌地区的粟特人并没有外迁，还生活在敦煌地区，吐蕃时期属于丝棉部落和行人部落，归义军时期保留有粟特人建立的村庄聚落，祆教赛神非常流行并逐渐成为官府行为，由蕃部落使来集中管理，粟特人与敦煌地区汉族大姓结成婚姻联盟，联合推翻吐蕃统治并建立归义军政权，担任了归义军政权的各级官吏。这一研究成果得到学术界的普遍认同。归义军职官制度是唐代藩镇缩影，归义军职官制度的研究实际上是唐代藩镇个案研究范例，我们对归义军职官制度的探讨，有益于这个问题的解决。归义军的妇女和婚姻问题研究交织在一起，归义军政权是在四面六蕃围的情况下建立的一个区域性政权，因此从一开始建立就注意将敦煌各个民族及大姓团结起来，借助的方式就是婚姻关系，婚姻与归义军政治关系密切，处理好婚姻关系归义军政权发展就顺利，反之就衰落。所以，归义军政权不但通过联姻加强了与粟特人的关系，得到了敦煌粟特人的全力支持，而且用多妻制的方式建立了与各个大姓之间的血缘关系，得到他们的扶持。在敦煌区域经济与历史地理研究上，搞清楚了归义军疆域政区演变以及市场外来商品和交换中的等价物，探讨出晚唐五代敦煌是一个国际性的商业都会城市，商品来自于内地及其中亚南亚和东罗马等地，商人以粟特人为主并有印度、波斯等世界各地的商人云集敦煌，货币以金银和丝绸为主，特别值得我们注意的是棉花种植问题，敦煌与高昌气候条件基本相同，民族成分相近，交往密切，高昌地区从汉代开始种植棉花，但是敦煌到五代时仍没有种植。经研究，晚唐五代敦煌地区已经开始种植棉花，并将棉花作为政府税收的对象加以征收，证实棉花北传路线进展虽然缓慢但并没有停止。归义军佛教史的研究逐渐展开，目前在归义军政权的佛教关系、晚唐五代敦煌佛教教团的清规戒律、科罚制度、藏经状况、发展特点、民间信仰等方面进行多方研究，出产了一批研究成果，得到学术界高度关注。这些研究成果主要体现在《敦煌归义军史专题研究续编》《敦煌归义军史专题研究三编》和《敦煌归义军史专题研究四编》中。如果今后归义军史的研究有新的突破，主要体现在佛教等研究点上。

第三，丝绸之路也可以称之为艺术之路，景教艺术因景教而传入，中世纪西方艺术风格随着中亚艺术风格一起传入中国，并影响了中古时期中国社会生活的方方面面。中国的汉文化和艺术也流传到西域地区，对西域地区产生巨大影响。如孝道思想和艺术、西王母和伏羲女娲传说和艺术等。通过这条道路，产生于印度的天竺乐和中亚的康国乐、安国乐和新疆地区龟兹乐、疏勒乐、高昌乐等音乐舞蹈也传入中国，迅速在中国传播开来。由外来音乐舞蹈和中国古代清乐融合而产生的西凉乐，成为中古中国乐舞的重要组成部分，推进了中国音乐舞蹈的发展。佛教艺术进入中原之后，形成自己的特色又回传到河西、敦煌及西域地区。丝绸之路上石窟众多，佛教艺术各有特色，著名的有麦积山石窟、北石窟、南石窟、大象山石窟、水帘洞石窟、炳灵寺石窟、天梯山石窟、马蹄寺石窟、金塔寺石窟、文殊山石窟、榆林窟、莫高窟、西千佛洞等。祆教艺术通过粟特人的墓葬石刻表现出来并保留下来，沿着丝绸之路和中原商业城市分布。所以将丝绸之路称之为艺术之路，一点也不为过，更能体现其特色。丝绸之路石窟艺术研究虽已经有近百年的历史，但是制约其发展的因素并没有多大改善，即石窟艺术资料刊布不足，除了敦煌石窟之外，其他石窟艺术资料没有完整系统地刊布，麦积山石窟、炳灵寺石窟、榆林窟等只有一册图版，北石窟、南石窟、拉梢寺石窟、马蹄寺石窟、文殊山石窟等几乎没有一个完整的介绍，所以刊布一个完整系统的图册是学术界迫切需要。敦煌是丝绸之路上的一颗明珠，敦煌石窟在中国石窟和世界石窟上也有着特殊的地位，敦煌石窟艺术是中外文化交融和碰撞的结果。在敦煌佛教艺术中有从西域传入的内容和风格，但更丰富的是从中原地区传入的佛教内容和风格。佛教进入中国之后，在中国化过程中产生很多新的内容，如报恩经经变和报父母恩重经变，以及十王经变图等，是佛教壁画的新增内容。对敦煌石窟进行深入的研究，必将对整个石窟佛教艺术的研究起到推动作用。20世纪敦煌石窟研究的专家特别是敦煌研究院的专家做了大量的工作，特别是在敦煌石窟基本资料的介绍、壁画内容的释读和分类研究等基本研究上，做出很大贡献，成果突出。佛教石窟是由彩塑、壁画和建筑三位一体构成的艺术组合整体，其内容和形式，深受当时、当地的佛教思想、佛教信仰、艺术传统和审美观的影响。过去对壁画内容释读研究较多，但对敦煌石窟整体进行综合研究以及石窟艺术同敦煌文献的结合研究还不够。关于这方面的研究工作，兰州大学敦煌学研究所编辑出版了一套"敦煌与丝绸之路石窟艺术"丛书，比较完整地刊布了这方面的研究成果，目前完成了第一辑20册。

第四，敦煌学研究领域的开拓。敦煌学是一门以地名命名的学科，研究对象以敦煌文献和敦煌壁画为主。随着敦煌学研究的不断深入，敦煌学与相邻研究领域的关系越来越密切，这就要求敦煌学将自身的研究领域不断扩大，以适应敦煌学发展的需要。从敦煌石窟艺术上看，敦煌学研究对象与中古丝绸之路石窟艺术密切相关，血肉相连。敦煌石窟艺术与中原地区石窟如云冈石窟、龙门石窟、大足石窟乃至中亚石窟等关系密切。因此敦煌学要取得新的突破性进展，就要和其他石窟艺术研究有机结合起来。敦煌石窟艺术与中古石窟艺术关系密切，但是研究显然很不平衡，如甘肃地区除了敦煌石窟外，其他石窟研究无论是深度还是广度都还不够，因此这些石窟的研究前景非常好，只要投入一定的人力物力就会取得很大的突破和成果。2000年以来敦煌学界召开了一系列学术会议，这些学术会议集中反映敦煌学界的未来发展趋势，一是石窟艺术研究与敦煌文献研究的有力结合，二是敦煌石窟艺术与其他石窟艺术研究的结合。敦煌学研究与西域史、中外关系史、中古民族关系史、唐史研究存在内在联系，因此敦煌学界在研究敦煌学时，在关注敦煌学新的突破性进展的同时，非常关注相邻学科研究的新进展和新发现。如考古学的新发现，近年来考古学界在西安、太原、固原等地发现很多粟特人墓葬，出土了很多珍贵的文物，对研究粟特人提供了新的资料，也提出了新问题。2004年、2014年两次"粟特人在中国"学术研讨会，反映了一个新的学术研究趋势，敦煌学已经形成多学科交叉研究的新局面。目前的丝绸之路研究，就是将敦煌学研究沿着丝绸之路推动到古代文明研究的各个领域，不仅仅是一个学术视野的拓展，而且是研究领域的拓展。

第五，敦煌学学科建设和人才培养得到新发展。敦煌学的发展关键是人才培养和学科建设，早在1983年中国敦煌吐鲁番学会成立初期，老一代敦煌学家季羡林、姜亮夫、唐长孺等就非常注意人才培养问题，在兰州大学和杭州大学举办两期敦煌学讲习班，并在兰州大学设立敦煌学硕士学位点。近年来，敦煌学学科建设得到了充分发展，1998年兰州大学与敦煌研究院联合共建敦煌学博士学位授予权点，1999年兰州大学与敦煌研究院共建成教育部敦煌学重点研究基地，2003年人事部博士后科研流动站设立，这些都是敦煌学人才建设中的突破性发展，特别是兰州大学将敦煌学重点研究列入国家985计划建设平台——敦煌学创新基地得到国家财政部、教育部和学校的1000万经费支持，将在资料建设和学术研究上以国际研究中心为目标进行重建，为敦煌学重点研究基地走向国际创造物质基础。同时国家也在敦煌研究院加大资金和人力投入，经过学术队伍的整合和科研项目带动，敦煌学研究呈现出一个新的发展态势。随着国家资助力度的加大，敦煌学发展的步伐也随之加大。甘肃敦煌学发展逐渐与东部地区研究拉平，部分领域超过东部地区，与国外交流合作不断加强，研究水平不断提高，研究领域逐渐得到拓展。研究生的培养由单一模式向复合型模式过渡，研究生从事领域也由以前的历史文献学逐渐向宗教学、文学、文字学、艺术史等研究领域拓展，特别是为国外培养的一批青年敦煌学家也崭露头角，成果显著。我们相信在国家和学校的支持下，敦煌学重点研究基地一定会成为敦煌学的人才培养、学术研究、信息资料和国际交流中心。在2008年兰州"中国敦煌吐鲁番学会"

年会上，马世长、徐自强提出在兰州大学建立中国石窟研究基地，因各种原因没有实现，但是这个建议是非常有意义的，很有前瞻性。当然敦煌学在学科建设和人才培养中也存在问题，如教材建设就远远跟不上需要，综合培养中缺乏一定的协调。在国家新的"双一流"建设中，敦煌学和民族学牵头的敦煌丝路文明与西北民族社会学科群成功入选，是兰州大学敦煌学研究发展遇到的又一个契机，相信敦煌学在这个机遇中会得到巨大的发展。

第六，敦煌是丝绸之路上的一颗明珠，敦煌与吐鲁番、龟兹、于阗、黑水城一样出土了大量的文物资料，留下了很多文化遗迹，对于我们了解古代丝绸之路文明非常珍贵。在张骞出使西域之前，敦煌就是丝绸之路必经之地，它同河西、罗布泊、昆仑山等因中外交通而名留史籍。汉唐以来敦煌出土简牍、文书，保留下来的石窟和遗迹，是我们研究和揭示古代文明交往的珍贵资料，通过研究我们可以得知丝绸之路上文明交往的轨迹和方式。因此无论从哪个角度分析，敦煌学研究就是丝绸之路文明的研究，而且是丝绸之路文明研究的核心。古代敦煌为中外文化交流做出了巨大的贡献，在今天也必将为"一带一路"的研究做出更大的贡献。

由兰州大学敦煌学研究所资助出版的《敦煌与丝绸之路研究丛书》，囊括了兰州大学敦煌学研究所这个群体二十年来的研究成果，尽管这个群体经历了很多磨难和洗礼，但仍然是敦煌学研究规模最大的群体，也是敦煌学研究成果最多的群体。目前，敦煌学研究所将研究领域往西域中亚与丝绸之路方面拓展，很多成果也展现了这方面的最新研究水平。我们将这些研究成果结集出版，一方面将这个研究群体介绍给学术界，引起学者关注；另一方面这个群体基本上都是我们培养出来的，我们有责任和义务督促他们不断进行研究，力争研究出新的成果，使他们成长为敦煌学界的优秀专家。

目 录

三宝奴（samboqdu）与其他名字——几个回鹘语人名的时代变迁
.... 皮特·茨默 著 杨雪 译（1）

艾尔米塔什博物馆藏柏孜克里克石窟婆罗门壁画及其题记
.... 皮特·茨默 著 吴家璇 译（23）

大蒙古国及元朝多元文化精英丛考
.... 皮特·茨默 著 吴家璇、陈泳君 译（44）

Altınköl第一碑文考释
.... 塔拉特·特肯 著 刘晓恒 译（60）

回鹘佛教中的八识
...... 希纳斯·特肯 著 阿不都日衣木·肉斯台木江 译（87）

古代突厥语文献中的吐蕃
.... 阿尔汗·阿伊登 著 索南才旦 译（98）

胜光阇梨和回鹘人的翻译机制
.... 克劳斯·罗本 著 宋博文 译（110）

吐鲁番地区回鹘人社会的连保组织
.... 松井太 著 李圣杰 译（118）

回鹘语行政命令文书中"未写出的"yarlïγ

………………………………………… 松井太 著 红梅 译（159）

关于回鹘文征缴命令文书的再考察

………………………………………… 松井太 著 李圣杰 译（203）

回鹘文《舜子变》故事

………………………… 橘堂晃一，高奕睿著 刘晓恒 译（247）

新发现《佛说善恶因果经》回鹘文译本

………………………………………… 橘堂晃一 著 李圣杰 译（270）

对回鹘文世俗文书释读的部分补充

……………………………… Л.Ю.吐古舍娃 著 何瑾 译（292）

中亚考察及中世纪早期回鹘文写本的发现

……………………………… Л.Ю.吐古舍娃 著 何瑾 译（312）

希内乌苏碑西面第四行"W..GšNG"字段的释读

………………………………………… 李容成 著 刘晓恒 译（325）

回鹘统治的正统性和佛教地位

………… 笠井幸代 著 吐送江·依明、吴家璇 译（336）

回鹘佛教朝圣者题记的特别之处

……………………………… 提伯·珀尔奇奥 著 陈泳君 译（369）

论回鹘文题记中的朝圣者

………………………… 西蒙尼·克里斯提蒂安娜·拉舍曼 著

吐送江·依明、陈泳君 译（401）

三个时代的一个回鹘语词：yörgey "菟丝子"

………………………………………… 欧勒麦兹 著 杨潇 译（428）

布古特碑研究简史

　　………… 迈赫迈特·欧勒麦兹 著　江思维 译（458）

回鹘文《玄奘传》中的一段读后记

　　………… 迈赫迈特·欧勒麦兹 著　杨潇 译（470）

慧思陶勒盖碑考察札记

　　………… 迈赫迈特·欧勒麦兹 著　江思维 译（481）

译者简介 …………………………………………（487）

三宝奴（samboqdu）与其他名字——几个回鹘语人名的时代变迁

皮特·茨默（Peter Zieme） 著
杨雪 译，吐送江·依明 校对

一部回鹘语人名录令人延颈鹤望已久。本文将探讨一些在回鹘人中传播甚至传播更广的一些形为"某某奴（×的奴仆）"的人名。说到这里大家应该都能想到"Magtumgulï[1]"这个名字。关于这一类名字葛玛丽（A. v. Gabain）曾写道："像'仆人'或者'某某奴'这样的名字是很有意思的，这类名字在后来的伊斯兰文化中很常见，但在高昌地区的佛教文化圈中已经普遍使用了。（Gabain 1973：74）"伯希和（P. Pelliot）之前已经撰文写过："逐字来看，汉语中'观音奴'这类的名字和以-dāsa结尾的梵语名以及以-qulï结尾的回鹘语名都是同一类型的名字（这类梵语名中的一部分在中国的元代曾被使用，回鹘语中的qulï是qul+第三人称所属格词缀）。看到一位叫丽贝卡（Rébbeca）的母亲（其名源自《圣经》）有一个叫观音奴这种佛教名的儿子的确令人有些惊讶，但是首先要说明的是，母亲的宗教和父亲的宗教没有关联性，而且不是所有的汪古部（Öngüt）人都是基督徒。即便如我所想，假设父亲和母亲一样也是基督徒，那么这也说明14世纪初起，基督教在汪古部和克烈部（Keraït）的影响逐渐减弱。蒙哥汗的基督教顾问大臣，即被卢布鲁克（Guillaume de Rubrouck）称为布鲁该（Bulgai）的人（根据汉语推测是Bolɣaï和Bolɣan）[2]，他有一个孙子叫Iränjin（藏传佛教名），一个曾孙叫观音奴（Kouan-yin-nou），曾孙和昔班帖木儿（Sïban-tämür）的儿子同名[3]。（Pelliot 1973：287 Fußn.5）"在一篇尚未发表的文章里我以回鹘人名Qanïmdu（＝藏语Ga-nim-du）为例，将其作为汉语"观音奴"（＝梵语*Avalokiteśvara-dāsa，即"观音菩萨的奴仆"）的对应词进行了诠释。该名是多种文化中常见的"某某奴"名字类型，其中"某某（×）"通常有宗教特征。该类名字在汉语区与佛教的关联最为普遍。司义律（H. Serruys）指出："这些名字从结构上看是汉语，但毫无例外都是其他民族在使用。（Serruys 1958：353）"除蒙古人之外，使用这些名字的绝大多数就是回鹘人。在回鹘语文本中出现的就是以"-tu"或"-du"结尾的人名，其词源早不可证。但它们中的大多数名字现在可以溯源至"某某奴"。名字中的最后一个部分（tu或du）就是汉字"奴"的语音呈现。

除了Qanïmdu这个在元代被回鹘人广为使用的名字之外，其他名字中的某某（×）这个部分也有用菩萨（Bodhisattva）的。此外，可以确定的是，下文名字中的某某（×）这个部分指的就是诸菩萨。特别要讲到的例子是从汉语中借过来的指代Bodhisattva的词pusar（汉语的菩萨）也出现在人名的这个部分里：汉语pusanu（菩提萨埵的奴仆），即回鹘语pusartu，是一个出自交河故城（Yarchoto）的地契文书［也是一位新戒，sïnqai qy-a，wo sïnqai（Hamilton 1984：430脚注11）］的名字（Hamilton 1969：35 Z. 18）；Pusardu Ïnal，是文献T III M 144（Mz

858）回鹘文跋文中一位功德回向对象的名字（Zieme1987：268 Z.verso 5）；Pusardu Tong 出现在一叶未出版的残卷 T II Y 59.1（Ch/U 7468 verso 2）中。

其他的带佛或菩萨的名字有：

1. 出自许多回鹘文书中的常见名字 Qayïmtu（Yamamda 1976），即汉语的"华严奴"。名字的第一部分 qayïm 可能出自汉语"华严"，意为花饰（Blumenschuck），或者更确切的是出自《华严经》经名 qayïmki 的音译。还有一位华严菩萨（梵语 Padmavyūha），在一幅敦煌的卷轴画里亦有其画像。

2. Vukintu，即汉语的"普贤奴"，"普贤菩萨的奴仆"，是一本汉语或者汉语回鹘语混写的小本杂书的撰写者之名（Zieme 1985: 104）[①]。

3. Yaqšïdu（目前找到的异写词 Yaqsamdu 不算在内）都统（Tutung），即汉语的药师奴，"药师佛（Bhaišajyaguru）的奴仆"，发现于一份文书中（Oda 1987: 69, Nr. 40）。该名在藏语文字中也可见：Yag śi du（Mz 619 + Mz 58），请参见 Maue 1994：Nr. 80。

4. Boqšingdu，即汉语的"宝生奴"，"宝生佛（Ratnasambhava）的奴仆"（汉语宝生是梵语 Ratnasambhava 的译文），出现于 Pintung 残卷[4]中（Yamada 1981: 377 Z. 18）。

5. 在一份附有支出账单的户籍簿（Clauson 1971[5]：194，辑录文献第 196 行）里有 Qomi-tu 一名，我将其解释为"光明奴（Sklave des

---

① 我要感谢罗依果（I. de. Rachewiltz）提供的关于普贤奴一名极有价值的汉语线索。他和他的同事收集的汉语材料以及在本文中及其他地方出现的回鹘语材料的对比工作困难重重，且现在为止对比吻合率极低。

Raśmiprabhāsa[①]）"。

和上文中提到的人名一样，×（某某）可以是其他佛教特征，还可以是佛教名词。第一个要讲的就是皈依礼敬念词中的三宝（Triratna）（回鹘语：üč ärdini[lär]）：Samboqdu"三宝的奴仆"，汉语的三宝奴，*梵语的Triratnadāsa[②]（见Serruys 1958：354）以及出现在《回鹘文献集（USp）》第51页（Radolff 1928：Nr. 5；Oda 1987：68 Nr. 27）的Samboqdu（替代Qambuqdu的读法）都统[③]，或者另外一个文书（Yamada 1993：P02）中也有Samboqdu。此外，在吐鲁番壁画上有一位讲经人（šazïn ayɣučï）的名字（Le Coq 1925：84 fig. 161）和一份文书中的名字（Oda 1987：70；Yamada 1993：Ad02）都使用了"正确的"写法Sambodu。这些有汉语渊源的名字与文献中它们的使用者之间（Rachewiltz）明显没有直接的关系。司义律（Serruys）在他的蒙古语译文（Ɣurban erdenis-ün buɣol[6]）中也指出了这些名字（Serruys 1958：354）。

用佛法僧三宝之一命名某某（×）这个部分的名字也很常见：佛（Buddha）（回鹘语的burxan），指佛祖；法（Dharma）（回鹘语的nom），指其教义；僧（Samgha）（回鹘语的quvraɣ），指其僧众。这样就有了Buddhadāsa，Dhramadāsa以及后文要详细讨论的Samghadāsa和它的各种衍生词。

首先讲Buddhadāsa和它的衍生词。某位大型佛经卷集印刷的负责

---

① Raśmiprabhāsa（未来佛）翻译成汉语为"光明"一词，他将在光明（Avabhāsa）世界中以如来佛（Tathāgata）的身份重降人世。
② 哈尔特曼（Hartmann）在文献Hartmann 1987：24中也提到了一个三宝奴（Triratnadāsa）。
③ 关于"为什么汉语中的宝（bao）在回鹘语中写成"boq"的问题请参见Kara 1991：130—131.卡拉（Kara）建议sampoɣ或samboɣ的写法，但是最后一个辅音也可以是-q。

人伯颜（Buyan）的儿子叫作 Budataz（梵语的 Buddhadāsa）（Zieme 1985：Nr. 49）。如果把这个梵语名字翻译成汉语就是"佛奴"二字，在一件汉语的敦煌文书中也的确出现过这个名字（Wu 1979：164）。但是佛奴对应的回鹘语名字"佛的奴仆"有很多不同的形式，因为回鹘语中吸收了汉语"佛"字的不同形式：除了 vir（Kara 1991：130；Zieme 1985：75），在一篇未出版的十方佛文本里还发现有 vur[①] 和 var，甚至还有在下文例子中出现的 vr（没有元音）。在阿烂弥王本生故事（Araṇemi-Jātaka）的跋文中提到了佛奴阿阇梨（vrdu ačari）（Hamilton 1986：18 zu Nr. 1.10）。另一个 Vrdu 出现在一份汉回双语的契约中一位僧院负责人（vrxar-čï）的名字里（Ch/U 6100 + Ch/U 6101 Z. 5）。因为在这份文书的第三行用汉字写有佛奴二字，所以至少在此条例证上，对 Vrdu 的推理是绝对可靠的。

此外，在 Mz 858 的跋文（Zieme 1987：84 Z. 3）中和一些契约中（Yamada，1993：Sa05，Sa06，WP02）同样列出了这个回鹘化了的名字形式：Buddhadāsa > 佛奴（Fonu）> Burxan Qulï（佛的奴仆）。另有一封信的收信人也是叫这个名字（Moriyasu 1985：Z. 3）。这个名字还出现在汉语转写文里（Ögel 1964：175）。

总结如下：

Buddhadāsa（梵语）⟶ 佛奴 fonu（汉语）⟶ Burxan Qulï（回鹘语）
　　　⇓　　　　　　　　　⇓
Budataz（回鹘语）　　Vardu（回鹘语）

同样在回鹘语人名录（拟编纂）中也有名字"法（教义）的奴

[①] 请参见 Maue 1994：Nr.74 婆罗谜文书写的 bur bolayïn。茅埃（Dieter Maue）认为 vur 是 bur（xan）的语音简写，但把 vur 看成是汉语"佛（fo）"字的音译也是可以的。

仆"的例证：梵语的Dharmadāsa，即回鹘语的Tarmataz。例如在一份未整理的残卷里有一位僧人叫这个名字，出自库木吐喇的一份朝圣题记上用婆罗谜文永恒地记录下了一位叫Dharmadaz的僧人（回鹘语的šilavanti，梵语的śīlavat）（Maue 1994：Nr. 77）。还有一位Tarmtaz我们之后会在安那托利亚（Anatolien）见到（见后文）。

即便我不知道任何关于汉语名"法奴［法（dharma）的奴仆］"的例证，也无法将下面的例子排除在外。Vaptu（汉字发音的转写）的回鹘语例证有：棉布的出借者Vaptu（Yamada 1993：Lo 15）和另外一份出借契约的知见人Vaptu（可能和前者是同一人？）（Yamada 1993：Lo 17）。Vapdu Tiräk（Fanu Stütze）是一位出现在木杵文书中的官员，将Vapdu转写为Fapdu的缪勒（F. W. K. Müller）之前就表达过"这个词像一个汉语名字"这样的观点（Müller 1915：16）。

该名字的回鹘语译名流传甚广，Nom Qulï（法奴）一名极其频繁出现（Baski 1986：111），以下是一些例证：一位知见人叫Nom Qulï（Yamada 1993：RH04和RH13）；一份出借契约中有Nom Qulï（Yamada 1993：Lo30）；一张流传甚远的吐鲁番支出明细的主人是某个叫Nom Qulï的人（Radloff 1928：Nr. 31；Raschmann 1992：181）；一封信的收件人是Nom Qulï（Moriyasu 1985：84 Z. 4）；曾校正过回鹘语《阿毗达摩俱舍论（Abhidharmakośabhāṣya）》的一位新戒（šabi qy-a），其名Nom Qulï出现在一处跋文中（Kudara 1984：76）。百济康义（K. Kudara）认为这位新戒就是喃忽里（Nom Qulï），作为豳王出伯（Čübei）之子，他在十四世纪初的河西地区颇具政治影响力（Kudara 1984：78-83），其子喃答失（Nomtaš）于1326年命人为其刻录碑文（Geng 1986）[7]，这也证明了他是虔诚的佛教徒。

总结如下：

Dharmadāsa（梵语）⟶ 法奴 fanu（汉语）⟶ Nom Qulï（回鹘语）
⇓ ⇓
Tarmataz（回鹘语）　　Vapdu（回鹘语）

接下来要探讨的是被解读为"僧的奴仆（梵语 Saṃghadāsa）"名字类型的例证。首先，这类名字表明使用该名字的人和佛教文化是紧密关联的。但是根据这种关联性我要事先说明的是，这种曾经和某种宗教信仰关联的人名后来逐渐"飞入寻常百姓家"成为普通的名字，很难单从名字去解读出人的宗教归属。

从回鹘语名字的形式入手，我们可以确定出以下变体：

Sangadas，Sangadazi 等；Sangka- tu；Sing Qulï；Quvraγ；Snkt'z（用阿拉伯字母书写）。

1. 源自梵语词 Saṃghadāsa 的名字词形可证有以下衍生词：

1.a. 首先要讲的是一位著名佛教高僧桑嘎达萨（Sangadas < Saṃghdās-a），他是世亲（Vasubandhu）的徒弟，根据回鹘语《十业道譬喻鬘经（Daśakar-mapathāvadānamālā）》的跋文，是 Sangadas 把这部只在中亚闻名的故事集从龟兹语（ugu küsän tili）翻译成焉耆语（toxrï tili）的（Müller 1931：678-679）。

1.b. 在邦格（W. Bang）和葛玛丽辑录的忏悔文写本 C 中有两处例证，即破戒僧人 Samali（Somali?）和 Sangadizi（Bang—Gabain 1930：444 Anm. A10）。

1.c. 一份由庄垣内正弘辑录的押头韵诗（Shōgaito 1979：013 Z. 21）写成的《父母恩重难报经》（Zieme 1985：78）伪经残卷中，在第 21—22 行（Zieme 1985：78 Z. 63）再次出现了上述的两位僧人，但是名字写法不同：即 Sumili 和 Sangatazi。

上述两种情况所指的都是同一个名字，它们都可以溯源至梵语词 Sumedha①和 Saṃghadāsa。1.a.[8] 中的手稿 C 已不可查证，但是 1.b.[9] 中文献字体清晰，与假设契合，即该名同为梵语名 Saṃghadāsa。

1.d. 在该首字母离合诗（Arat 1965：110 ZZ. 89-96）的第十二节如下：

z ušik-nïng sav-ïn unïḍtïm saqïnïp tapmaz mn töläk ·
sarïlm-a yu̱räkim saqïnu köräyin· sanga yaraγ-lïγ yo̱läk ·
sanggadaz baxšïm-nïng sav-ïnga öčäšmäk· sanga tängšü iläk ·
sarvaḍyna bilig-ni tapmïš ärsär· sav-ïnda ïdzun ay bäläk ...
字母 s 对应的话语我已然忘记。每念至此我便无法静心。
我的内心你莫要忧伤！我定会冥思苦想为你找寻合适的依靠。
若与吾师僧伽奴之言争论，只会临受应有的指责，
若已获萨般若识，喔，没错，便会从其言中受益！(Zieme 1991：274)

1.e. 柏林收藏品 U5941 是一封信，其中诸多收信人里有一个人的名字叫作 Sngadaz，这个名字无疑可以解读为梵语的 Saṃghadāsa（Raschmann 1991：147 Z. 14）。

这五个已证的名字形式可以总结为两类：(a) 1.a.、1.d. 和 1.e. 不以元音结尾，(b) 1.b. 和 1.c. 以元音结尾[10]。这两种不同的形式反映出两种不同的从吐火罗语借词的途径。莫尔鲁斯（Moerloose 1980：63f）认

---

① 于阗塞语文书 MT a IV 00170 中有人名作 Sumelä（Bailey 1968：96）。

为两种写法都可以：名字中作为尾音的梵语元音-a，既可以不要，也可以用-e来呈现（回鹘语做-y，可解读为-e或者-i）。sanga（梵语的saṃgha）这种写法还可以写作sangga，后面这种写法是梵语-ṃ-更准确的语音转写方式。

1.f. 在一份回鹘语买卖契约中出现过一个叫Sängäkdäz Aγa的名字（Yamada 1993：Sa 24 Z. 4 und 10）。这样就出现了一个问题：是否不能把Saṃghadāsa读作Sanggadaz？遗憾的是，并没有复制本或者照片可供查证该问题。作为之后几个版本的源头，很可能是拉德洛夫（Radloff 1928：Nr. 57）把-ä-错放到双写的-kk-中间去了。据此猜测把这个名字读成Sanggadaz是可行的。

2. Sangka-tu（Tezcan 1974：9）这个形式的名字已经详细论述过了（见Zieme 1991：317页及以后）。因为这个名字的词形源于汉语"僧伽奴"，所以不禁还是会有此疑问：比起Sangga-tu这个读法，是不是本来就应该读作Sangka-tu？因为像"梵语词sangga+汉语词"这种混合构词的可能性应该不是很大。出身回鹘的元代名臣孟速思（卒于1267年）有一孙子名唤僧伽奴（Ögel 1964：98）。

3. 黑水城（Charachoto）的一份蒙古语出借契约中出现过Sing Qulï这一名字（Cleaves 1955：24 Z. 2，Ligeti 1963：164），克里弗斯（Cleaves）在其文脚注5（Cleaves 1955：27-28）中详细讨论过这个名字，撇开他将Sing看作姓氏不谈，确也没有得出明确的论断。如果能看出sing源自回鹘语的话，那么sing这个词就应该是汉字"僧"的一种转写。在汉语文献里大乘奴（dashengdu，卒于1299年）的一个儿子的名字被记作僧奴（Ögel 1964：123）。

4. 我们讨论的Quvraγ Qulï一名是纯粹的回鹘语词的变体，它的含义同样是僧的奴仆，以下也有几个例证：

4.a. 在一封信（柏林收集品：U 5941）中曾提到一位来自托克逊[11]（Toqzïn）的叫作 Quvraγ Qulï 的人运送细棉布[12]（Zieme 1976：248；Raschmann 1991：146 Z. 9）。

4.b. 在柏林收藏品 TM 73（U 5279）号租赁文书中有名为 Quvraγ [Qulï] 的知见人（Zieme 1980：235：I. 6-7）。

4.c. 在未编辑的柏林收集品 T III 273/505（U 5893）吐鲁番残卷第二行中还提到一位 Quvraγ Qulï。

4.d. 在黄文弼（Huang：fig. 82）公开的一份吐鲁番文书复制本中有一位 Quvraγ Qulï（Z. 14）。这里不采用梅村坦建议的读法 quyaq qulï（Mei 1991：162）。

4.e. 在一份未编辑的关于棉布的清单文本中出现 Quvraγ Qulï 一名（TM 208 [U 5937] Z. 33）（Raschmann 1992：202）。

5. 苏莫尔（F. Sümer）在他关于蒙古人攻占安纳托利亚的深入研究中提到了波斯语故事 Abu'l Qāsim 'Abdullāh[①]，其中列出了在 13 和 14 世纪随蒙古人行军在安纳托利亚（Anatolien）定居的回鹘伯克们（Bägs）。在第 16 节提到了回鹘人 Emir Tarmdaz 和他的两个哥哥 سنكتاز Snktaz 和 أرانتا Ärätnä（Sümer 1969：22）。苏莫尔把第一个名字读作 ترمتاز Tarımutaz，可以肯定的是，这个名字是梵语名 *Dharamadāsa"法的奴仆"的一种形式，所以苏莫尔的读法也是可行的。但是苏莫尔第二个名字的读法是站不住脚的。我的观点是：Samghadāsa 应该还有一个读音和 Sangtaz 类似的变体。

---

① 请参见 Kadyrbaev 1987，他阐明了回鹘人在伊朗和近东地区扮演的重要角色。

该名字的衍变概览如下：

Saṃghadāsa（梵语）⟶ 僧奴 Sengnu（汉语）∞ 僧伽奴 Sengjianu ⟶ Quvraɣ Qulï（回鹘语）

⬇   ⬇   ⬇

Sangadaz(i)（回鹘语）Sing Qulï（回鹘语）Sangkatu（回鹘语）

⬇

Sanktaz（新波斯语）

偶尔还会出现一些留存下来的某某奴这样的名字（Dāsa-Namen），但是没有对应的译名。著名的译者 Karunadaz（梵语的 Karuṇadāsa，意为"慈悲的奴仆"）的名字就是这样，在汉语传世文献（迦鲁纳[13]答思）和波斯语传世文献（Qrnt's）中都可证实（Kara 1981：233-236）。另外一个例子是 Artadaz（梵语的 Arthadāsa，意为善果（Nutzen?）的奴仆），是菩提瓦伽（Bodhidhvaja）家谱中其曾祖父的名讳（Zieme 1985：Nr. 46）。单独的名字 Taz（Nadeljaev 1969：543b）可以溯源至梵语词 Dāsa"奴仆"。在一部蒙古语《金光明经（Goldglanz-Sūtra）》的跋文中有 Qaradaš 一名，卡拉（G. Kara）认为 -daš 是古突厥语 taš，意为"石头"。当然，鉴于这两个词如此频繁出现在人名里，二者混用的可能也是有的。Āryadāsa（回鹘语的 Arya-dazi），意为"贵人的奴仆"，是一位佛教高僧的名字（Röhrborn 1977：219a；Kudara 1982：374-375），由 Tözünlär Qulï（善男子奴）翻译为"贵人的奴仆"。另外一个该词的回鹘语名 Arya-taz 被证实是出自一份伦敦藏吐峪沟文书（Toy. IV iii 02）：Ary-ataz-ta iki qapaq tarïɣ Yïɣmïš-ta üč küri uyür altïm，意为"从 Aryataz 处获两瓢[14]（qapaq）小麦，从 Yïɣmïš 处获三斗（Scheffel, küri）大麦"。

如上所示，在回鹘语的固有人名中，用 qul 表达"奴仆"一词。司义律推测，元代大量使用该类名字肯定是在一定程度上受到了穆斯林的影响（Serruys 1958：355 Fußn. 7）。在一部佛经的跋文中，有一个名字中有 Abdula 一词（或：Abdala）（Zieme 1985：Nr. 46.35），这就印证了这一推测，因为 Abdula 这个词无疑可以溯源至阿拉伯语词 Abdullāh，意为"真主的奴仆"。再者说，这个推测并不牵强，因为某某奴这类名字在佛教文化命名中是一种惯例。马皮洛夫（V. Machpirov）曾更进一步写道，这类名字和穆斯林的名字很相似并对其如法炮制（Machpirov 1988：50.51）。除了上述提到的名字，如 Nom Qulï，Buxan Qulï 和 Quvraγ Qulï 之外还有以下名字：

Toyïn Qulï："和尚的奴仆"（Zieme 1978：79f；Yamada 1993：Sa23 和 Mi12；Radloff：Nr. 17：[①]未公开的信件残片 T II Y 54［U 5759］）。

Buyan Qulï："功德（梵语 Puṇya）的奴仆"（Zieme 1985：175 Z. 27）

Bušï Qulï："布施的奴仆"（Zieme 1987：275 Z. verso 6）

*Ïduq Qulï："圣人的奴仆"，该名只有汉语转写"亦都忽立"（Ch'ên 1966：96）

这里还应提到的是 Tängri Qulï"上天的奴仆"，他是上文提到的《父母恩重难报经》手抄经的委托人（Zieme 1985：71）[②]。

有某位叫 Ïnaγ Qulï"皈依的奴仆（Sklave der Zuflucht，Zuflucht 可能是佛的修饰语）"的人以知见人的身份出现在一份回鹘语文献中（Yamada 1993：Mi01）。

---

① 这里第5行写道：T. Q. 阿阇梨（Ačari）是一份 Turï（文书中出现的人名）文书的书写者。这里还提到这类名字在粟特语中也很常见。吉田丰（Y. Yoshida）使我们注意到大谷残卷6341号中粟特文书写的粟特语名字 Vaγïvandak"神的奴仆"和一份汉语撰写的文书中该名字的汉语语音转写（Yoshida 1991：241-242）。

② 请参见奥斯曼语 Tanrıkulu（Erol 1989：230）。

在一份跋文中有位名叫 Xan Qulï "汗的奴仆"的兄长（Tuguševa 1978：255 Z. 11）。在一份尚未鉴别的佛教文书（T II D 507［U 2665］verso 8）中有一位施主叫 İl Qulï "国家的奴仆"。这个名字使原来名字中的宗教氛围彻底消失。

《弥勒会见记》四号写本的跋文中有两个施赠人的名字，但是他们的名字里只含有 Qulï 这一个部分（Tekin 1980：215）。

我们再回到某某奴这个名字（-du/tu Namen）上来，还有把其他的佛教专有名词使用在某某这个部分的情况。

高昌（Qočo）有一位文书叫作 Šulaidu（Zieme 1985：Text10.13）。该名肯定是源自汉语的如来奴，"如来的奴仆"（*梵语 Tathāgatadāsa），这也是司义律提到的名字（Serruys 1958：354）。

一份跋文中有一位叫 Taišingdu 的人（Zieme 1978：74 verso Z. 6, 83）。在一份文书中也提到了一位 Taišingdu（Moriyasu 1988：424）。该名源自汉语的大乘奴 "大乘（Mahāyāna）的奴仆"。在汉语文献中记作大乘都（Ögel 1964-123；Rachewiltz 1983：305），此人1295年任职翰林学士，别失八里（Bešbalïq）人。该名的回鹘语对应发音应为 Taišing-du。①

在一幅地狱变相图上的榜题里有两位朝圣者，一位叫 Taibodu，即汉语的大宝奴 "大珍宝的奴仆②"（Zieme 1985：Nr. 59）。在一封信中写信人也叫 Taibodu（Moriyasu 1985：76 Z. 2）。在一件1339年的蒙语吐鲁番文书中也提到了一位 Taibaodu（Kara 1972：170-171）。

---

① du 这个音节和都统（Dutong）这个常用官职名（后期成为人名组成部分）的第一个字相同，容易搞混（请参见 Oda 1987）。

② 梵语 Mahāratna "大珍宝，最为珍贵的事物，即法或佛法；菩提萨埵"（Soothill 1990：87b）。

至少根据跋文的记载，《因萨底经》（Insadi-Sūtra）的作者和抄书人叫做Čisimtu（Tezcan 1974：9）。该名字毫无疑问地可以在汉语名正心奴"正直心灵的奴仆"的基础上进行解释（Zieme 1991：315）。

Taisimtu，另外一位文书的名字，百济康义认为该名可以溯源至汉语名大心奴"大心的奴仆"（Kudara 1984：79）。[①]

Sinsidu（Yamata 1993：Sa15；Kämbiri- Umemura- Moriyasu 1990：17 sqq.；其他例证：Ch/U 6976，Ch/U7329[②]）作Šinšidu，可能也是由汉语词禅师奴"禅师的奴仆"衍变而成的，因为šinši是汉语词禅师一词准确的回鹘语音译（Zieme 1990：135）。

另外一个在契据中经常出现的名字是Qaitso Tu（Yamada 1993：P101），该名也被建议读作Qaitso-tu。以此为前提，就可以确定此名字是由汉语词开藏奴"开藏（？）的奴仆"衍生来的。在Ch2384和Ch2112号文书合缀而成的文本背面有汉语标注，但是是用回鹘文写成的，里面两行文字里有Qaitso-tu的类似变体形式：

(a) 此杂呵含三卷我开奴都统诵

ci Zaehan san juan wo kainu dutong song

(b) 此杂呵含之三卷我开藏奴都诵

ci Zaehan zhi san juan wo Kaizangnu du song.

结合以上两行内容应该可以得出以下释义："这三卷（书）杂呵我开藏奴诵读过了。"这条证据之所以受到关注是因为开藏奴（回鹘语的

[①] 百济康义也考虑过回鹘语的-tu是由汉语词都统（dutong）的du音演化而来的。对此请参见第13页脚注①中我的注释。

[②] 这里的Šinšidu很可能是同一个人，因为在Ch/U 7329残卷中有一份关于八卷（säkiz kün）佛经（nom）的出借契约，一个叫Sinpindu（？）的人从Šinšidu这里借走了这些佛经。

Qaitsotu）这个名字后缀有都统 Dutong 这个官职名，这里就不会让人搞不清。

还有一位在一篇跋文中出现的都统（Tutung）叫作 Vapšintu，可能就是汉语名法身奴"法身（Dharmakāya）的奴仆①"（Tuguševa 1978：258 verso 6）

在 T II 3063（Ch/U 7348）号雕版印刷的汉语佛教文献残片背面的标注中出现了 Taišidu 一名，即汉语的大士奴"大士的奴仆②"：(…) mn taišidu ildim s[adu] bolzun "我，大士奴，将它写下了。善哉！"

在未公开的 T III 76 Nr. 49（U 5792）文书中出现了四个此类的名字。第五行的 Qayïmdu 我们已经了解。Sipidu 一名我认为是从汉语词兹[15]悲奴"慈悲的奴仆"衍化来的。这里的慈悲可能是指观音菩萨（Bodhisattva Avalokiteśvara）或者就是菩提萨埵（Bodhisattva），但是无法确定。第四行中的两个 Kisidu 也不能毫无歧义地准确释读出来。回鹘语《玄奘传》的一位阅读者叫 Kinsidu，这个名字目前亦无解（Ölmez 1993：165）。

此外，还有几个-du/-tu 结尾的名字，其前面的部分（即 x）不是无法释读就是释读仅限于推测。

---

① "Dharmakāya, 真理与戒律的化身, 精神体或者真实的身体; 根本的佛性, 存在的本质;（……）"（Soothill 1990：273a）。

② 梵语，"Mahāsattva（……）一个伟大的存在,贵族,人的领袖,一位菩提萨埵; 也可以是一位声闻者(śrāvaka), 一尊佛"（Soothill 1990：87a）。

参考文献

1. Arat, Rešid Rahmeti, Eski Türk Šiiri, Ankara, 1965.

2. Bailey, H. W., Saka Documents, London, 1968.

3. Bang, Willi und Annemarie von Gabain, Türkische Turfan-Texte IV, Sitzungsberichte der Preussischen Akademie der Wissenschaften, Berlin, 1930: 432-450.

4. Baski, Imre, A Preliminary Index to Rásonyi's Onomasticon Turcicum, Budapest, 1986.

5. Ch'ên, Yüan, Western and Central Asians in China Under the Mongols, Los Angeles, 1966.

6. Cleaves, Francis Woodman, An Early Mongolian Loan Contract from Qara Qoto, Harvard Journal of the Asiatic Society, 18, 1955: 1-49.

7. Clauson, A late Uyğur Family Archive, Iran and Islam, Edinburgh University Press, 1971: 167-196.

8. Erol, Aydil, Šarkılarla šiirlerle türkülerle ve tarihî örneklerle adlanmız, Ankara, 1989.

9. Gabain, Annemarie von, Das Leben im uigurischen Königreich von Qočo(850-1250), Wiesbaden, 1973.

10. Hamilton, James R, Un acte ouïgour de vente de terrain provenant de Yar-choto, Turcica I, 1969: 26-52.

11. Hamilton, James R, Les titres šäli et tutung en ouïgour. Journal asiatique 272, 1984: 425-437.

12. Hamilton, James R, Manuscrits ouïgours du IXe-Xe siècle de Touen-

Houang, Paris, 1986: 1-2.

13. Hartmann, Jens-Uwe, Das Varṇārhavarṇastotra des Mātṛceṭa, Göttingen, 1987.

14. Huang, Wenbi, Tulufan kaoguji, Peking, 1954.

15. Kadyrbaev, A. Š, Ujgury v Irane i na Bližnem Vostoke v epochu mongol'skogo gospodstva (XIII-XIV vv.), In G. Sadvakasov (ed.) Voprosy istorii i kul'tury ujgurov, Alma-Ata 1987: 41-51.

16. Kara D = György, Knigi mongolskich kočevnikov, Moskva, 1972.

17. Kara, György, Qaradaš, Translator's Note to Professor Damdinsüren's Two Mongolian Colophons, Acta Orientalia Academiae Scientiarum Hungaricae 33, 1979: 59-63.

18. Kara, György, Qaradaš, Weiteres über die uigurische Nāmasaṃgīti, Altorientalische Forschungen VIII, 1981: 227-236.

19. Kara, György, Qaradaš, Mittelchinesisch im Spätuiginischen, In Horst Klengel und Werner Sundermann (Hrsg.) Ägypten Vorderasien Turfan, Probleme der Edition und Bearbeitung altorientalischer Handschriften, Berlin, 1991: 129-133.

20. Kämbiri, Dolkun—Umemura, Hiroshi—Moriyasu, Takao, A Study of the Uyghur Order Document of Receiving Buddhist Portraits: Interpretation of the word "čuv" seen in the USp, No. 64 and others combined Journal of Asian and African Studies 40, 1990: 13-34.

21. Kudara, Kōgi, Uiguru yaku "Abidarimaronsho" ni mieru ronshi·ronsho no bummei, Journal of Indian and Buddhist Studies, XXXI, 1982: 374-371.

22. Kudara, Kōgi, Uiguru yaku "Abidatsumakusharon" shotan (A Preliminary Study of a Uigur Version of the 'Abhidharmakośabhāṣya — A fragment preserved at the Museum of Fujii Yūrinkan) Ryūkoku daigaku ronshū (Journal of the Ryūkoku University) 425, 1984: 65-90.

23. Le Coq, Albert von, Bilderatlas zur Kunst und Kulturgeschichte Mittel-Asiens, Berlin, 1925.

24. Ligeti Lajos, Mongol Nyelvemlékár, Preklasszikus emlékek 1, Budapest, 1963.

25. Machpirov, V, Antroponimy ujgurskich juridičeskich dokumentov (k postanovke problemy), In A. Kajdarov et al. (Hrsg.) Issledovanija po ujgurskomu jazyku, Alma-Ata, 1988: 47-52.

26. Maue, Dieter, Alttürkische Handschriften Teil I. Dokumente in Brāhmī und tibetischer Schrift, Wiesbaden (im Druck), 1994.

27. Mei, Cuntan, Zhong guo li shi bo wu guan zang "Tulufan kaoguji", suo shou hui gu wen gu wen xian guo yan lu, Bulletin of the National Museum of Chinese History 15-16, 1991: 157-163.

28. Moerloose, Eddy, Sanskrit Loan Words in Uighur, Journal of Turkish Studies (TUBA) 4, 1980: 61-78.

29. Moriyasu, Takao, Uiguru go bunken (Uigurische Literatur), In Kōza Tonkō VI, Tokio, 1985: 1-98.

30. Moriyasu, Takao, Tonkō shutsudo gendai Uiguru monjo jū no kinsai donsu (Damask [Silk] Appearing from Kinsai as Seen in the Yuan Period Uighur Documents Unearthed in Tun-huang), In Studies in Asian History Dedicated to Prof, Kazuo Enoki on his Seventieth Birthday, Tokio, 1988: 417-441.

31. Müller, Friedrich Wilhelm Karl, Zwei Pfahlinschriften aus den Turfanfunden, Abhandlungen der Königlichen Preussischen Akademie der Wissenschaften, Nr. 3, 1915.

32. Oda, Juten, Uiguru no shōgō tutungu to sono shūhen (On the title "Tutung" in Uigur), Tōyōshi kenkyū 46, 1987: 57-86.

33. Ögel, Bahaeddin, Sino-Turcica, Taipei, 1964.

34. Ölmez, Mehmet, Eski Uygurca Xuanzang biyografisine ait bir okuyucu kaydı, Türk Dilleri Araştirmaları 3, 1993: 159-166.

35. Pelliot, Paul, Recherches sur les chrétiens d'Asie Centrale et d'Extrême-Orient, Paris, Rachewiltz, Igor de—May Wang (Lou Chan-mei), 1988. Repertory of Proper Names in Yuan Literary Sources, I-III, Taipei, 1973.

36. Rachewiltz, Igor de—Maz Wang (Lou Chan-mei), Repertory of Proper Names in Yüan Literary Sources, I-III, Taipei, 1988.

37. Radloff, Wilhelm, Uigurische Sprachdenkmäler, Leningrad, 1928.

38. Raschmann, Simone, Die alttürkischen Turfantexte als Quelle zur Erforschung der sozialökonomischen Geschichte Zentralasiens, In Horst Klengel und Werner Sundermann (Hrsg.) Ägypten Vorderasien Turfan, Probleme der Edition und Bearbeitung altorientalischer Handschriften, Berlin, 1991: 141-149.

39. Raschmann, Simone, Philologische und wirtschaftshistorische Untersuchungen zur Bedeutung des Baumwollstoffs (böz) anhand der alttürkischen Texte aus Zentralasien (9-14. Jh.) Dissertation, Berlin, 1992.

40. Röhrborn, Klaus, Uigurisches Wörterbuch, Sprachmaterial der vorislamischen türkischen Texte aus Zentralasien, Wiesbaden, 1977.

41. Serruys, Henry, Some Types of Names Adopted by the Mongols during the Yüan and the Early Ming Periods, Monumenta Serica 17, 1958: 353-360.

42. Shōgaito, Masahiro, A Study of the Fragments of Uigur Text Found in the Fusetsu Nakamura Collection, The Toyo Gakuho 61, 1979: 1-29.

43. Soothill, William Edward—Lewis Hodous, A Dictionary of Chinese Buddhist Terms, Gaoxiong, 1990.

44. Sümer, Faruk, Anadolu'da Moğollar, Selčuklu Araštirmaları Dergisi I, 1969: 1-147.

45. Tekin, Šinasi, Maitrisimit nom bitig (Berliner Turfantexte IX), Berlin, 1980.

46. Tezcan, Semih, Das uigurische Insadi-Sūtra (Berliner Turfantexte III), Berlin, 1974.

47. Wu, Chi-yu, Les manuscrits de Touen-Houang concernant l'esclavage sous les T'ang et au Xe siècle, In Michel Soymié (éd.) Contributions aux études sur Touen-Houang, Genève/Paris, 1979: 161-167.

48. Yamada, Nobuo, Kaiimatu monju no koto(The Qayïmtu MSS.), Tōyōshi kenkyū (The Journal of Oriental Researches) 34:4, 1976: 32-57.

49. Yamada, Nobuo, An Uighur Document for the Emancipation of a Slave, Revised, Journal asiatique 269, 1981: 373-383.

50. Yamada, Nobuo, Sammlung uigurischer Kontrakte, Moriyasu, Takao-Oda, Juten——Umemura Hiroshi—Peter Zieme (Hrsg.) Osaka, 1993.

51. Yoshida, Yutaka, Sogdian Miscellany III, In Ronald E. Emmerick—Dieter Weber (eds.) Corolla Iranica (Festschrift D. N. MacKenzie), Frank-

furt/Bern/New York/Paris, 1991: 237-244.

52. Zieme, Peter, Zum Handel im uigurischen Reich von Qočo, Altorientalische Forschungen IV, 1976: 235-249.

53. Zieme, Peter, Uigurische Pachtdokumente, Altorientalische Forschungen VII, 1980: 197-245.

54. Zieme, Peter, Buddhistische Stabreimdichtungen der Uiguren (Berliner Turfantexte XIII), Berlin, 1985.

55. Zieme, Peter, Materialien zum uigurischen Onomasticon III, In Türk Dili Aragtirmaları Yılhğı Belleten 1984, Ankara, 1987: 267-283.

56. Zieme, Peter, Sur quelques titres et noms des bouddhistes turcs. In Rémy Dor (éd.) L'Asie Centrale etses voisins, Paris/Inalco, 1990: 131-139.

57. Zieme, Peter, Die Stabreimtexte der Uiguren von Turfan und Dunhuang, Studien zur alttürkischen Dichtung, Budapest, 1991.

（原载于 Petes Zieme：Samboqdu et alii. Einige alttürkische Personennamen im Wandel der Zeiten，*Journal of Turkology*，Vol. 2. No. 1.，summer 1994，119—133页，德语。）

注释

[1] 马赫图姆库里·菲拉格，Magtymguly Pyragy，1724—1807，土库曼斯坦伟大的文学家和思想家，名中的-gulï意思就是某某奴。

[2] 应为《元史》中的孛鲁合、不鲁花或孛鲁欢。

[3] 参见《元史》卷四十五《顺帝本纪》，昔班帖木儿舍子救主之事。

[4] 指买卖名为pin tung的汉人男孩文书。

［5］原文为（Clauson 1972：Z. 196），经与茨默先生沟通，改为现在的文献，并将此条文献添补在参考文献中。

［6］意为三宝的奴仆。

［7］指耿世民先生1986年发表的《元回鹘文〈重修文殊寺碑〉》一文，该条文献未出现在参考文献中。

［8］应为1.b.

［9］应为1.c.

［10］原文为Die vier belegten Namensformen lassen sich in zwei Gruppen zusammenfassen：a) 1.a. und 1.b. mit auslautendem Vokal，b) 1.c. und 1.d. ohne solchen. 经与茨默先生沟通，按照先生的翻译意见更改为现在的翻译文本。

［11］今作Toqsun，新疆托克逊县，位于吐鲁番西南50公里处。

［12］根据后注参考文献，可知此处为böz，棉布，吐鲁番出土的汉语文书中一般写作白氎布。

［13］茨默写作"钠"，这里根据史籍中的写法改为"纳"。

［14］原文中未翻译qapaq一词。

［15］兹应作慈。

艾尔米塔什博物馆藏柏孜克里克石窟婆罗门壁画及其题记

皮特·茨默（Peter Zieme）著

吴家璇 译，吐送江·依明 校对

一、前言

柏孜克里克（Bäzäklik）石窟以其精美的壁画而闻名，其中一些壁画中所附的回鹘文题记中包含有关于供养人、朝圣者、僧侣或俗众的有用信息，在少数石窟壁画中人物间的空白处甚至书写有回鹘文诗歌。一般而言，这些题记对于解释壁画中所描绘的场景或人物画像有所帮助，但是如我们所见，这些题记有时也会带来新的问题。一直以来，对柏孜克里克石窟中壁画的考察都是美术史学者们的主要任务，而壁画中所附的题记尚未得到充分研究。但是也有一些"例外"，整理如下。百济康义（Kudara Kōgi）撰文讨论了柏孜克里克第9窟[1]中三位僧侣的榜题①。他基于柳洪亮②的研究，在文中提到了汉语地名"宁

---

① KUDARA（1992）.

② LIU（1986）.

戎[2]"①，而直至近期，通过对大量回鹘文写本以及一些壁画中的题记的解读，方才得知回鹘语发音Nižuŋ或Nišuŋ是柏孜克里克的别称。松井太（Matsui Dai）在他最近的文章中给出了对这个地名完整的文献考证②。换言之，bäzäklik一词虽得到论证，但是对其解释仍存在争议③。森安孝夫（Moriyasu Takao）也曾发表对柏孜克里克第8窟壁画中人物图像所附题记的全面研究④。

首先，笔者想在此对现存于圣彼得堡艾尔米塔什博物馆（Hermitage of St. Petersburg）的柏孜克里克第9窟壁画和回鹘文题记做一些说明。德国和俄罗斯探险家的报告对柏孜克里克的文物进行了详尽的描述。第9窟的大部分壁画被带回柏林，部分壁画被收藏于圣彼得堡，然而想要研究柏孜克里克的文物我们必须把它放归原始环境中去进行整体研究。

二、艾尔米塔什博物馆藏柏孜克里克第9窟的婆罗门壁画Tu–532[3]

在格伦威德尔（A. Grünwedel）考察柏孜克里克第9窟时，他判断这幅壁画中尚存疑的主要人物图像被刻画为婆罗门[4]形象⑤。后来，

---

① KUDARA(1992), 4.

② MATSUI(2011).

③ 葛玛丽(A. v. Gabain)在这一小节：05 bäldä turgan beš on oglan / 06 bägim kayda tärmü ärki / 07 bäzäkliktä kızlar kırkın / 08 bärtärmü köŋülin(ärki)中将 bäzäklik 解释为 "Pracht, 华丽华美"(V. GABAIN(1974), 216-217), 阿拉特(R. R. Arat)认为其为 "后宫内堂"(ARAT(1965), no. 29; 将其定义为一个衍生自 bäzäk "装饰"的派生词。

④ MORIYASU(2006).

⑤ GRÜNWEDEL(1912), 259.

佳科诺娃（N. V. Dyakonova）[①]和普切林（N. G. Pchelin）[②]等研究人员基本承继他的说法，但是却将该人物判断为一位留有胡须的婆罗门形象的悉达多（Siddha）。图中人物的部分长发盘在头顶，部分披在背后；身着一条虎皮裙，裙上系着一条红色裙带[③]；小腿和胸前裹着梅花鹿皮制的护腿和长皮带，此外他还佩戴有耳环、遮住胸部的项链及臂环；左手持一枝花，右手持一串念佛珠。另在人物背景空隙处有几则出自不同人之手的回鹘文题记[④]。在《藏于艾尔米塔什博物馆的吐鲁番藏品清单（*Inventaire des pièces de Turfan conservées au musée de l'Ermitage*）》中这个人被称作"弟子"，再无更多叙述[⑤]。

在下文对题记的解读、注释中，为了便于定位，笔者将壁画的不同部分编号 1 至 13。在某些情况下，由于没有明确的分界，我们很难确定题记属于哪个部分。

（第 11 部分）

左手小臂上的由两个三角形交叉组成的星形图案引发了学者们的广泛兴趣。有人认为，这个六芒星象征着世界源头的和谐与统一：毁灭与重构[⑥]。

[①] ROXBURGH(2005), no. 6.

[②] Tu-532; Peshchery(2008), 230.

[③] 该描述的回鹘文术语例证见柏林藏 Ch/U 7524 残片背面 16 bars bäldürüklüg [……]"[婆罗门们]缠着虎皮裹腰布"。

[④] Peshchery(2008), 230.

[⑤] ZHANG/RUDOVA/PCHELIN(2007), 427.

[⑥] 通过 NHK 目录(1989)可知左臂的六芒星是代表密宗自然界阴阳调和的标志(natural world dualism)，请参见 NHK(1989), no. 136.

图1 六芒星和音节 oṃ

在六芒星（"大卫之星"）的中间刻有一则铭文①，读作音节 oṃ。这个音节有重大的宗教价值，它在印度教中普遍被视为一个象征物。在佛教中同样如此，尤其是在密宗中，这个音节也保留了其象征意义。在一般情况下，这个音节用元音写作 om 或 oom。现有一则回鹘人解释此音节的例子，即在《佛顶尊胜陀罗尼经》（Buddhoṣnīṣavijayādhāraṇī）的解释（yörüg）中②：oṃ [nizvan]ilarıg idäči basdačı∷ kamag-ta yeg admaŋal bolmıš-ka "oṃ（即）献给成为名誉与幸福的最佳化身的人以克服和纾解烦恼[kleśa]s"。

图2a 念珠　　　图2b 念珠细节

---

① Unicode：U+2721.
② U 2378a（Toyoq 301; T I T 301.500）反面 ll. 6-7.

组成这串念珠的珠子数量不是常见的108颗，而可能为27颗[1]。通常来讲，念珠的个数都是3的倍数：27、54、108颗。按照右侧露出的12颗黑色念珠来推断，左侧念珠数量也相同（因部分念珠被手遮挡住）。第13颗珠子可以看作是两侧珠子中间的点，端点下方还缀有两颗黑色的珠子，总共是27颗黑色的珠子。

最底部的最后一颗念珠为红色的，正因为它是红色的，所以由一颗黑色的珠子把它和两个由一个红色小珠子串起来的红色立方块连在一起。但是将垂下的红色念珠部分界定为基督教的十字架，这一说法是比较牵强的[2]，笔者看来这只是念珠末端的装饰。

三、回鹘文题记与涂鸦[3]

这幅壁画的大部分空白处都被用于书写回鹘文字。按照题记中的日期来看，这些题记明显书写于不同时间。虽然不太可能完全解释清楚这些专门写上去的小段文字，但是这些题记的释读可能对于进一步研究这幅壁画有一定帮助。

第1部分

在图像中人物头部上方，我们发现了以下几行字，这些题记仅保留了部分，因而几乎不能给出一个语义明确的翻译。

1. [yıl] bešinč ay
2. [burxa]n-ka

---

[1] YAMASAKI（1988），201. 通常真言宗的佛念珠有112颗佛珠［KIRFEL（1949），57］。
[2] PIOTROVSKIY 1998，193："četki s krestom v ruke siddkha poyavilis'v rezul'tate religioznogo sinkretizma". N. G. PCHELIN 也提到念珠中的十字架可以来考证在可能存在的宗教融合框架下东方教会的影响［Peshchery（2008），230］。
[3] 齿音的混用可能将断代指向晚期（元代）。

3. [ ] bir yıl

4. [ ] ambar namašri

5. [ ] nägü birk [ ]

6. [ ] šivtsuin

7. [ ]kadägi

第1行包含一个日期，但是仅保存了月份。bir yıl"一年"一词可能指书写题记的人停留的时间。在第4行中可能保留有两个人名：Namašri，推测源自梵语*Namaśrī，Šivtsun（汉译*寿泉，意为"长寿之泉"①）信息有限，我们无法判定他们的地位以及关系，但是开头的日期明确表明了此题记性质为巡礼题记。

第2部分

2.　taibodu d(a)rm-a ši[r]i kulud

3.　nišuŋ aran-yadan orun-ta

4. lenhu-a čäčäk-tä tugzun maŋa tapıgčı arıš（?）tegin

5. upasanč t(ä)ŋrim. tarmakadike nomčı tutuŋ ky-a-ka tapınmak üzä　　t(ä)ŋri yerintä ädg[ü or]on-ta

6. kulutı m(ä)n ök iltim

7. ärdinikä

8. taipodu②

9. yılan yıl bešinč ay

（涂鸦）

---

① 这是松井太提出的有趣建议。他补充道当读 sivtsuin 时第一个音节可能为"秀"或是"修"。
② 拼写不清。

"愿Taibodu①和Dharmaśrī，我们（奴隶）可以在Nišuŋ（= Bäzäklik柏孜克里克）寺院这个地方，在莲花上诞生！

对于我（？）奴仆 Arıš（Arıg？）Tegin，俗人女子 Täŋrim。通过侍奉说法者（dharmakathaka）② Nomčı Tutuŋ k(ı)ya（可以出生）在天上的好地方。我已经记了（＝写了）。

敬（佛）宝

大宝奴（Taibodu）

蛇年，第五个月。"

第3部分③

1. ［　］-nıŋ ičindä m(ä)n kalımdu④ k(ı)y-a
2. ［　］ky-a ädgü tegin-niŋ v(a)rhar-ında
3. ［　］bašaki atl(ı)g mahayan sudur ärdini-ni
4. ［　］bo buyan küčindä kayum-a küsüšüm kanzun
5. ［xxx yıl xxx ay］beš otuzka bitidim ken k［ör］gü-kä satu

---

① 可能源自汉语：大宝奴［dabaonu］。
② Skt. dharmakathaka"（佛教）讲师"，cp. LAMOTTE（1988），290："专门讲法者（dharmakathaka）"。其他两则回鹘语例子：B 128：18，l. 139 darmakadike，请参见 PENG/FANG（2002）；Bäzäklik：80TBI.500b darmakatike（contour script）。
③ 显然，这一部分的文字是另一种字迹。
④ 这一解读是松井太的见解。这个人名是从其他文献中获知的（笔者在此感谢拉舍曼提供的这则信息，她参考 Ch/U 6245 背面和 Ch/U 8026 背面）。

图 3　Tu-532（由圣彼得堡艾尔米塔什博物馆提供）

"我，Kalımdu k(ı)ya，在［……］（和?）［……］小，在善王子寺（读过?）被称为［……］bažaki 的大乘密严经（mahāyāna sūtra）法宝[①]通过这功德（puṇya）愿我所有的愿望都能实现！我是在 25 日写的。供后人们看吧！善哉！"

第 4 部分

1. m(ä)n sinpindu tut[uŋ]

---

① 或许［Tai］bažaki 在此意为大般若经 =（Skt.）Mahāprajñāpāramitāsūtra。

2. lenhua čäčäk yüüzlüg burhan-ıg čizmiš bolu tägindim

4.   lenhua

5.   tutuŋ käd čizmiš bolu tägindim

6. [   ] n m(ä)n sınxatu[①] tutuŋ

7. [   ] om tutuŋ[②] olur//un[③] ötig[④] bitid（i）m[⑤]

"我，Sinpindu[⑥] Tut[uŋ]绘了带有莲花脸的佛像。我，Sınxatu Tutuŋ,（……）[……]om Tutuŋ（……）（……）是以为记。"

"莲花佛脸"的说法是个谜，因为并没有特指的实物，但可指将一种特殊的莲花瓣分散在画的不同部分。

第5部分

（a）

1. ud ud yıl törtünč ay

2.   bir ygrmi-kä män

3.   ud yıl törtünč ay

4.   bir ygrmi-kä män kwyyʾw

5.   [y]ükünüp

6.   si// šila bitdim

（b）

---

① 由拉舍曼指出，其他读法如 Sınandu 都是可能的。

② 或 twd-' = tuta？

③ 松井太希望读作 barır-ta（？）。

④ 'wydyk = ötig"写下题记，以为记"是松井太的建议。在柏孜克里克的另一幅壁画中，一位崇拜者交叉的双手之间写着一句话：bo eligtä ötiglätim" 我在这双手下发誓"，请参见BUSSAGLI（1965），图版26。

⑤ 这一读法为松井太的功劳。

⑥ 根据松井太的说法，该词可读作 Sipidu<汉语*慈悲奴 Cibeinu。

1. ud yıl törtünč ay

2. bir ygrmi-kä män

(c) 该句文字以放大的形式在右侧重复出现。

1. ud yıl törtünč ay

2. bir y(i)g(i)rmi-kä män Kwyy'w①

3. [t]ägürüp šila bit(i)dim

4. mn sy（？）

5.（涂鸦）

(a)"牛年，第四月十一日，我，Kwyy'w，…已经写了。"，

(b)"牛年，第四月十一日，我"

(c)"牛年，第四月十一日，我，Kwyy'w，…已经写了，我。"

第6部分

另有一则他人书写的不同日期的题记：

1. yılan yıl ikinti ay

2. on yaŋıka män bo burxan-ka

3. yükünürm(ä)n

"蛇年，二月十日，我敬拜佛。"

在这则题记下面，我们找到了祝福的通用表达：kutlug bolzun "愿吉祥"。

第7部分

这里有一些内容更为丰富的小诗，朝圣者们在这些诗句中描述了他们来此禅修和礼拜的目的②。

---

① 这个名字可能源自汉语。
② 首次收编于 BT XIII. 60e.

艾尔米塔什博物馆藏柏孜克里克石窟婆罗门壁画及其题记 | 33

(a)

1. burun-kı ädgü-lär-niŋ orun-ı

2. burhan-lar uluš-ı tegü täg ärmäz

3. bodistv-lar-nıŋ ärigi nom ä[rür]

4. bo[šgu]d-lar-ka tägiŋlär

5. ädräm išin ärtürüp azk(ı)y-a

6. äv-imzkä yanıp barır-ta m(ä)n [ ]

7. ädgü täŋrim-lärkä buyan ävi[rürmän]

8. ätäkim yadıp m-a yükü[nürmän]

9. ay [   ]

10. [   ]

"这个以前的高尚人之居所

不能被称作①佛土②

菩萨的居所是正法

开始教吧!

已经积累了些许功德,

(现在)我要回家了

我把功德(puṇya)回向给了善良的贵族

---

① -gü täg ärmäz,比较 ERDAL(2004),260:"-gU täg ärmäz 也表示不可能,例如在 ögrünč [ümüz]tükäti sözlägü täg ärmäz(TT II, l 55)'我们的愉悦是难以形容的。'如果说这个短语是用来表达动作的接受者是不可能的,那么就会用领属后缀加-gU 来指代主语:bo montag tod učuz savlarïn körüp särgümtäg ärmäz '我不忍心看到这种可耻的事情(发生在我的国家)'(U I 41)。"

② "佛土,佛国" 一般是梵语词 buddhakṣetra 的翻译。

铺开我的衣摆①,敬拜了。"

这首小诗的表达具有隐秘的氛围。一位朝圣者来到窟内,观察学习了一些礼仪然后现在准备回家了。他通过这次学习获得的功德首先要转让给被一些称作"神"(täŋrim)的贵族。由于这个头衔是复数形式,因而他可能指所有的王子、公主、贵族。

"以前的高尚人"指的是谁?是指不信佛的圣人吗,笔者对此存在疑问。

(b)(已经损毁,难以识读)

(c)

1. ulug kičig tä ta……rlınč……

"伟大与渺小〔……〕。"

第8部分

1.(……)

2. küskü yıl

"鼠年"

第9部分

(a)

1. ulug ärži ärür

"这是〔……〕伟大的 Rṣi。"

(b)

1. ilä tägintim sadu

"〔 〕我决定附上(=写上)。善哉!"

---

① Ätäk"(衣物的)下摆";或许"铺开我的衣摆"意思为"去照顾、处理某事之类"。

(c)

1. turup bo ärži

2. makešvari täŋri

"〔……〕留下来，这个 Ṛṣi，〔……〕天神大自在天 Maheśvara"

第10部分

1. taŋlančıg ädgü bo makešvari kapıg-ında ol①

2. takšurup② bir šülük③bitidim sadu

ädgü bolzun tep män nom kulı

"它（？）就在美好的、高尚的大自在天 Maheśvara 门前。我创作（？）并写了一节偈颂（śloka）④。善哉！我，Nomkulı（法奴）"⑤。

bitidim 和 bolzun 的左侧写着一句汉语：我达摩⑥〔实啰弟子〕写矣。

再往左边，在膝盖右侧（第13部分），这两个汉字"写矣"分别重复出现。

这两个汉字的另一个同样的例子（图5）出现于同一窟的荼吉尼（Ḍākinī）壁画中，甚至可能出自同一人之手⑦。不仅仅这一事实表明了两幅壁画之间的密切关系，还有大自在天 Maheśvara 的名字也同样表示了二者之间的关系。

---

① 拼写不清。
② 拼写不太清楚，但从下文的表达来看很有可能是 tägšürüp?
③ 写作：swylwk。
④ 回鹘人在更广泛的意义上使用梵语词 śloka。
⑤ 这个人名意为"法奴（dharma）"。
⑥ 仅有"广"被写出，下面四个字与 Ḍākinī 壁画中的题记相同（松井太的建议）。
⑦ LE COQ（1913），图版34。

图4（右） 第13部分的写矣　　图5（左） 荼吉尼壁画中的写矣

大自在天（Maheśvara）

大自在天（Maheśvara）这个名字既出现在第9、第10部分的段落里①，也出现在柏孜克里克第9窟的著名的荼吉尼（Ḍākiṇī）壁画上。一些情况下②，此前辑录过诗文的释读现在可以有所增补。

（a）

1. makešvari täŋri-kä yükünüŋlär③ kälmišiŋ-kä

2. maŋgal kut ažun berzün temišiŋ-kä

3. makešvari täŋri bašlap munča terini kuvragı birlä

---

① LE COQ（1913）图版34；GRÜNWEDEL（1912），259；BT XIII, no. 60.幅壁画属于佚失的文物，请参见 DREYER ET AL.（2002），125 IB 6892：此句译为"三头荼吉尼，立于座骑鱼上。壁画。尺寸：高150cm；宽105cm.第二次吐鲁番探险队（1901—1905）。最后一次展出：Prinz-Albert大街，x,618号，出版：勒科克1913,169图版34（图2）；同见1925,74图128；格伦威德尔1912, 239,插图o"一块非常相似，几近相同的壁画残片，参见BUSSAGLI（1965），图版27。

② BT XIII. 60.

③ BT XIII. 60.b5 yükününgäli, 但其需被修正为 yükünüŋlär。

4. mayaklasun① yamu ［……］ i② säniŋ agızıŋ-ka

"因为你来（说:）尊敬的神大自在天！

因你说过：大自在天可以带来幸福③，祝福和生机！

愿神大自在天与他的随从

肯定会从你的嘴里得到原因（?）！"

（b）

1. sašımsız köŋül öritip

2. sačluk köŋül äy yokadıp

3. sarvartasidi tegin täg katıglanıp

4. sarılıp olurzunlar bo nišuŋ-ta tep

"唤醒平静的心灵

不安的心，哦，将会消失。

像 Sarvārthasiddhi 王子一样努力

一个人应该全心贯注起来④，在这个宁戎寺（＝柏孜克里克）Nišuŋ（＝Bäzäklik）！"

此外，在荼吉尼壁画上有下面这则汉文短句，部分由勒柯克（Albert von Le Coq）破译为⑤："我达摩实啰弟子写矣"，松井太认为 应读

---

① BT XIII. 60.b8 错写成 mayakansun。一个动词 mayakla-在目前尚未确认的小块残片 u1163 recto4（没有上下文：mayakladı）中得到了清楚的证明。在这两种情况下，含义都是未知的。名词 mayak 在一些回鹘语文本以及现代语言中被证实为"dung"，请参见 Clauson 1972，350b（*bañak "dung"）。

② 但更有可能的是，这个词被有意抹去了。

③ 回鹘语 maŋgal ＜ 梵语 maṅgala。

④ 这个词有问题，但之前人们因为认为它应该是头韵的音节 sa-而将其读作 särinip 是不正确的。

⑤ LE COQ（1913），图版 34。

作实"shi"，这个短句与第10部分（见上文）的相同，这进一步暗示了两幅壁画之间的紧密联系。

大自在天神这个名字出现在两幅壁画中，人们可能会好奇他在这里扮演着什么角色，这个神有着创造者以及被征服的女神的特殊形象①，这一点在密宗佛教文献中尤为显著。由于这一问题超出了笔者的研究范围②，而笔者这里仅提到大自在天与婆罗门具有一种特定的联系。弥永信美（N.Iyanag-i）曾提及在一则本生故事中，大自在天神 Maheśvara 曾劝止了一个婆罗门的错误信仰③。另一方面，通过一些经典，尤其是《莲华经》，（24品或汉文版本25品）可以联想到观世音菩萨（Avalokiteśvara），观世音菩萨给不同类别信众的33篇经文中的第7篇即是给大自在天。在回鹘语版本中，他被译作 mah-ešvar ulug täŋri "大自在天，伟大的神"④。

第12部分

在第12节出现了一个无法解释的汉字⑤，没有任何上下文：

此外还有一些游人的信手涂鸦，但是这些涂画不包含实质性的内容。

图6 不明的汉字

---

① IYANAGI(1983), 749 ff.
② DAVIDSON(1991); DAVIDSON(2002); IYANAGI(1983); LOKESH CHANDRA(2003).
③ IYANAGI(1983), 735b.
④ TEKIN(1960), 14 ll. 115-116.
⑤ 我非常感谢王丁的慷慨帮助，他提出了几个可行的方案，在我看来是最有可能为"欢"[huan]"joy"。

四、结论

通过这些题记可以得出如下结论,就其内容而言,它们仅一次提到这幅壁画本身。押头韵诗歌可能往往是由居住在寺院(vihāra)的巡礼僧侣在礼拜洞窟时临时创作的。我们从表达"ken körgü""供后人见,为给后人看"中不难看出,僧人们写下自己的经历,并将其分享给后来的人。朝圣者题记短则只包含一个人名,长则记录日期及朝圣的目的地。无论长短题记材料都是丰富的,但是迄今为止被研究的题记只占很少一部分。一般的表达或日期往往都是用潦草的草书体写成,这使得解读人名或其他掌握基本信息更为困难,但无论如何,这项工作都是今后吐鲁番学研究的重要任务。

参考文献

1. Arat, R. R., Eski Türk Šiiri, Ankara, 1965.

2. Bussagli, M., La pittura dell'Asia centrale (Forma e colore. I grandi cicli dell'arte), Firenze, 1965.

3. Clauson, G., An Etymological Dictionary of Pre-Thirteenth-Century Turkish, Oxford, 1972.

4. Davidson, R. M., Reflections on the Maheśvara subjugation myth. Indic materials, Sa-skya-pa apologetics and the birth of Heruka, The Journal of the International Association of Buddhist Studies 14, 1991:197-235.

5. Davidson, R. M., Indian Esoteric Buddhism: a social history of the Tantric movement, New York/Chichester, West Sussex, 2002.

6. Dreyer, Caren/lore Sander/friederike Weis (eds.), Dokumentation der Verluste. III, Museum für Indische Kunst-Staatliche Museen zu Berlin, Berlin, 2002.

7. Erdal, Marcel, Grammar of Old Turkic, Leiden, 2004.

8. Grünwedel, Albert, Altbuddhistische Kultstätten in Chinesisch-Turkistan. Bericht über archäologische Arbeiten von 1906 bis 1907 bei Kuča, Qarašahr und in der Oase Turfan, Berlin, 1912.

9. Iyanagi, N., Daijizaiten, in: Hōbōgirin. Dictionnaire encyclopédique du bouddhisme d'après les sources chinoises et japonaises, Vol. VI, Tokyo/Paris, 1983: 713-765.

10. Kirfel, W., Der Rosenkranz. Ursprung und Ausbreitung, Walldorf-Hessen, 1949.

11. Kudara, Kōgi, On the Trailof a Central Asian Monk: A Bäzäklik Portrait Identified, in: Studies on the Buddhist Art of Central Asia. The Ueno Memorial Foundation for the Study of Buddhist ArtReport No. XXII, Kyoto National Museum, 1992, 1-26 (English Summary p. II).

12. Lamotte, E., History of Indian Buddhism from the Origins to the Śaka Era, Louvain – La-Neuve, 1988.

13. Le Coq, Albert Von, Chotscho. Facsimile-Wiedergaben der wichtigeren Funde der Ersten Königlich Preussischen Expedition nach Turfan in Ost-Turkistan, Berlin, 1913.

14. 柳洪亮：《柏孜柯里克石窟年代试探——根据回鹘供养人像时洞窟的断代分期》，《敦煌研究》1986年第3期，第58—67页。

15. Lokesh Candra, Dictionary of Buddhist Iconography, Volume 7, New Delhi, 2003.

16. Matsui Dai, Nižüng "Bäzäklik" in Old Uighur texts, Studies on Inner Asian Languages XXVI, 2011: 141-175.

17. Moriyasu Takao, Chronology of West Uighur Buddhism: Re-examination of the Dating of the Wall-paintings in the Grünwedel Cave No. 8 (New: No. 18), Bezeklik, in: Peter Zieme (ed.): Aspects of research into Central Asian Buddhism. In memoriam Kōgi Kudara, Turnhout, 2007: 191-227.

18. NHK, Exhibition of the Central Asian Collection of the Hermitage in Tokyo, Tokyo, 1989.

19. Ol'denburg, S. F., Russkaya turkestanskaya ekspediciya 1909-1910 goda, Sanktpeterburg, 1914.

20. Peng Jinzhang, Wang Jianjun, The Northern Grottoes of Mogao, Vol-

ume I, Beijing, 2000; Volume II, Beijing, 2004.

21. Peshchery, The caves of the thousands Buddhas. The Russian expeditions on the Silk Road. Dedicated to the 190th anniversary of the Asian Museum. Exhibition catalogue, Sankt Peterburg, 2009.

22. Piotrovskiy, M. B. (Ed.), Christians in the Holy Land, Sankt-Peterburg, 1998.

23. Roxburgh, D. J.(ed.), Turks. A Journey of a Thousand Years, 600-1600, Royal Academy of Arts, London, 2005.

24. Tekin, Šinasi, Uygurca Metinler I. Kuanši im pusar (Ses İšiten İlaôh). Vap ḥua ki atlığ nom čečeki sudur (Saddharmapuṇḍarīka-Sūtra), Erzurum. (Atatürk Üniversitesi Yayınları. Araştırmalar Serisi. Edebiyat ve Filoloji. 2.), 1960.

25. Yamasaki, T. Shingon., Der Esoterische Buddhismus in Japan, Zürich/München, 1988.

26. Zhang Huiming, Les collections de Turfan conservées au musée de l'Ermitage: origine et conservation, in: J.-P. Drège, D'olivier Venture (eds.), Études de Dunhuang et Turfan, Genève, 2007: 367-410.

27. Zhang Huiming/M.L. Rudova/N.G. Pčhelin, Inventaire des pièces de Turfan conservées au musée de l'Ermitage, in: J.-P. Drège, D'olivier Venture (eds.), Études de Dunhuang et Turfan, Geneve, 2007: 411-448.

28. Zieme, Peter, Buddhistische Stabreimdichtungen der Uiguren, Berlin (Berliner Turfantexte. XIII.), 1985.

〔原载于 Unknown Treasures of the Altaic World in Libraries, Archives and Museums: 53rd Annual Meeting of the Permanent International

Altaistic Conference, Institute of Oriental Manuscripts, R﹝ussian﹞A﹝cademy of﹞S﹝ciences﹞St.Petersburg, July25‐30, 2010, ed.Tatiana Pang et al.（Berlin：Klaus Schwarz，2013）：181—195页，英语。﹞

译者注

［1］此窟号为格伦威德尔编，目前几个编号出入较大。现较为通行的编号为新疆石窟吐鲁番柏孜克里克石窟编号20窟。

［2］柳洪亮于《关于柏孜柯里克新发现的影窟介绍》中指出柏孜克里克石窟群建于麴氏高昌时期（499—640年），唐时名为"宁戎寺"，又称宁戎窟寺。吐鲁番地区文管所藏有一件唐初《西州下宁戎寺、丁谷寺帖为车牛事》，《西州图经》中也有关于其记载："宁戎窟寺一所，右在前庭县城界山北廿二里宁戎备中。"

［3］馆藏编号应为Ту—532。

［4］格伦威德尔于书中这样描绘："在入口的外壁上，我还发现了一幅面向前行走的婆罗门像，他身穿虎皮衣，脚上是虎皮的护腿，右手提着念佛珠，左手拿一束花。此画旁边有乱写的许多回鹘文，其中有咒语、游人留言等，对面的画像已被剥走。"（GRÜNWEDEL《新疆古佛寺》，469页）

大蒙古国及元朝多元文化精英丛考

皮特·茨默（Peter Zieme）著

吴家璇、陈泳君 译，吐送江·依明 校对

大蒙古国及元朝时期，色目人等回鹘民族后裔的大部分来自西域地区，包括吐鲁番、北庭（别失八里）、敦煌。研究这些异乡人扮演的角色和行使的职责已有很悠久的传统，尤其对一些研究中世纪亚洲中西交往的学者们而言。杰出的中国、日本和欧洲学者们为揭示元代历史和文化的发展脉络做出了极大贡献，然而很难将该领域取得的硕果在此一举罗列。尽管有过往先贤取得巨大成就，但我们探究这些问题时仍困难重重。

在研究回鹘语吐鲁番文献时，笔者的任务主要是围绕德国目前掌握的写本文献进行的。中国学者自然而然承担起汉文史料的研究，以陈垣对于西域民族历史的出色研究为代表，笔者对于中国同仁们在相关领域取得的成果乐见其成。

下述是一些学者对吐鲁番和敦煌的汉文及回鹘文史料的相关研究。通过综合审视这两个截然不同的地域资料，就可以对一些著名人士的生活有新的见解。由于他们与元朝的军事、行政、文学和宗教活动相关联，从而扩展了我们对这一多语言和多文化的历史时期的了解。

爱尔森（Thomas Allsen）注意到了一个政治上的有趣事实①，武宗时期（1308—1311年在位），纽林的斤（Neüril）被册封为亦都护；而到仁宗在位期间（1312—1320年），他获得了双重的地位[1]：被赐予了两枚官印，一枚用来在元朝政府中行使权力，另一枚册封他为其故乡之地的亦都护（ıdukkut）。这当然是一种政治行为，但是我们可以看到，许多杰出的回鹘人在他们的生活中也遵循着这个双重地位的传统。这意味着他们即使高度汉化后仍与他们的故土北庭或高昌保持着联系。

罗依果（I.de Rachewiltz）大规模收集了元代汉文史料中的人名，考察了蒙古时期许多情形下古代突厥人，特别是回鹘人扮演的角色②。

据称，回鹘人的数量在古代突厥人中呈现压倒性优势，是色目人中一个庞大的群体。学者们开启了许多汇编蒙古时代杰出人物的目录文献的项目，其中一个便是在罗依果（I.de Rachewiltz）、陈学霖（Chen Hok-Lam）和其他学者的领导下进行的③。但是汇编"元代人物传记"的项目——在国际合作中——将是未来进一步研究的重要任务。笔者的梳理仅仅是为这一研究领域做出一点十分有限的贡献。笔者的研究重点是可以同时从汉文、回鹘文材料中找到记载的人物。

一、Anzang 安藏

安藏是大蒙古国初期学习回鹘文的著名代表，他的生平已经在许

---

① Allen 1983, 260.

② de Rachewiltz, 281 sqq.

③ de Rachewiltz, I.&chan, Holklam&Hsiao, Ch'i-ch'ing&Geier, Peter W.1983.

多论文中得到了研究。他是大蒙古国统治下忠于民族传统并且与父母和故土保持紧密联系的文人群体中的典范。

安藏的传记都是根据程文海为《秦国文靖公神道碑》（纪念秦国王子文靖）所写的一篇（文章）编写的。森安孝夫根据这一则史料对安藏的生活作了全面描述[①]，小田寿典（Oda Juten）对他翻译的《华严经》上所附的回鹘语题跋进行了论述[②]。

安藏家族起源于北庭（别失八里），西回鹘汗国的夏都。但是没有记录表明安藏是否在那里长大，所有的史料记载都是关于他在大都的活动。无论如何，有关他家乡的记载不仅出自汉文史料，而且也在他的著作所附的题跋中反映出来。

傅海波（Herbert Franke）提供了安藏这一时期的活动资料。当时忽必烈下令，让安藏与其他28人一起编制一份佛教经文目录，这份目录被称为《至元法宝勘同总录》。安藏的职责为"译语、证义"[③]。

基于一些新发现的材料，笔者拟作一些新的注解。其中一幅出自敦煌莫高窟北区B464：141的照片首次由雅森·吾守尔（Yasin Hoshur）刊布[④]，彭金章、王建军[⑤]与张铁山[⑥]一同发表论文。阿不都热西提·亚库甫（Abdurishid Yakup）从图版中提取出了重要信息。他的翻译和论述如下："这是著名的回鹘文人安藏（？—1293年）辑录的一篇诗文的标题页，其中的标题和章节编目首先以回鹘文形式出现，后

---

① Moriyasu 1982, 9-10.

② Oda 1985.

③ Franke 1996, 109 sqq.

④ Shi&Yasen2000, pict.28.

⑤ Peng&WangIII(2004)plateXLVIII.

⑥ In: Peng&Wang2004, p.392,简短描述,并未解释回鹘文本内容。

以汉文形式出现：A[n]tsaŋ bahšı košmıš takšut-ı-nıŋ ütiki tört（一份安藏记录的四行诗），安亭四。最后一行的末尾记载赞美诗或汉文颂歌的总数，清楚地提到总共1288段：'凡一千二百八十八颂'。"①这意味着安藏的回鹘文诗歌集有1288段诗句，每段四行，共5142行诗文。鉴于目前仅有100行诗幸存，显然，我们损失了大约5000行诗文。

这件引人关注的木刻本的开头和末尾的跋文皆为安藏所题，跋文中回鹘文、汉文同行。值得一提的是，它的版面是用较大的主文和较小的注释来编排的，用较小的字夹写文本或注释。在某些地方，在双夹线中添加注释的这种做法也被沿用。

百济康义（Kudara Kōgi）曾撰文研究一篇关于释迦栴檀瑞像从印度西北部传入上京的有趣小记，这篇小记为汉族人和藏族人所熟知。但最后通过题跋我们才了解到该记是安藏将之由汉文翻译至回鹘文。同时Dhanyasena（梵语，汉译：弹压孙）创作了一个回鹘文翻译而来的古藏文版本[2]。不幸的是，这个回鹘文版本目前还没有被找到②。

总之，安藏是一位著名的译经师，他把梵文或藏文翻译成汉文，或是把汉文翻译成回鹘文和其他语言。他曾是翰林院的一员并享有很高的声誉。他一方面为政府效力，任翰林承旨；另一方面他也是一位著名的译者和作家，他的名字在吐鲁番地区的几条题跋的颂词中都有提及。

安藏的肖像并没有被保存下来，但是在柏孜克里克发现了一幅有趣的版画，绘制了与安藏并肩的翻译家弹压孙。弹压孙的大小几乎和上面的释迦牟尼佛一样。从这幅画中可以得出这样的结论：弹压孙被

---

① Yakup 2006, p.8, esp. fn. 36.

② Kudara 2004, 150; for recent Sandalwood statues cp. Charleux 2014.

尊为著名讲师或禅师，但他也是翰林院（承旨）。弹压孙的家族出身于哈密（Qomul），位于别失八里和敦煌之间。大概安藏和弹压孙共事，正如从《栴檀瑞像传入中国记》上所附的题跋中看到的那样。

这里还要讨论的是记载于 U244 的回鹘人真藏①，缀有都统（tutung）的头衔。西胁常记（Tsuneki Nishiwaki）提出，因为其名字中也带有"藏"字②，所以西胁常记也曾提及 Anzang。正如松井太所言，把真藏译为回鹘文 Čintso 的情况也不少见③。

二、Kitso

Дx17433 文书的题跋中记载了喜藏都统是金佛典编译者之一④，回鹘名"Kisto tutung"衍生自汉文"喜藏都统"。这个回鹘人名在艾尔塔氏/艾尔米塔什博物馆⑤收藏的一幅观世音菩萨（Avalokiteśvara）⑥的幡画 TY659 中以供养人形象出现。其左侧题榜处有以下文本：Kitso⑦ tutung-nung veti⑧körki，译作"这是喜藏都统的画像⑨"。

三、Sävinč kaya=小云石海涯？

标题中的问号并不意味着这个名字的回鹘文形式等同于汉文发

---

① 柏林勃兰登堡科学与人文学院吐鲁番研究小组的数字档案项目。
② 2014，27 fn. 37.
③ Matsui 2010，699.
④ Nishiwaki 2014，25-26.
⑤ 请参见 Oldenburg1914，p.75 和图版 L.W.Radloff 识读："Künüsü（?）tutung nung yivit（?）körki"。
⑥ 如菩萨左侧榜题所写：kuanši[qw'nšy]im bodis(a)t(a)v"观世音菩萨"。
⑦ Kytsw 这个拼写与另一个名字 kaytso（q'ytsw）不同。
⑧ 请参见 bet "face"（ED296b）。
⑨ "Face and figure"。

音，而是假定二者为同一个人。在汉文材料中，小云石海涯更为著名的是他的汉文名贯云石或他的笔名酸斋。他来自蒙古国统治时期北庭（别失八里）的一个有影响的回鹘家族，他的生平和著作曾在几本书中有过研究，最为全面的研究出自林理璋（R.Lynn）的著作①。小云石海涯的祖父阿里海涯（Arıg Kaya）于1227年"胞中剖而出"，并于1286年自杀，结束了他的生命[3]。同年，小云石海涯出生了。阿里海涯有六个儿子，有几个孩子像他们的父亲一样，姓名中带有海涯Kaya一词，他们的名字如下：（1）忽失（Kuš）Kaya，（4）鲁突鲁（Ögel：Bādur）Kaya，（5）阿昔思（Ögel：Aziz）Kaya，（6）突理弥实（Turmiš）Kaya。其中还有一个儿子名号为（3）华善和尚。第二个儿子仅仅记载汉名贯尺哥，而非海涯Kaya。但是，小云石海涯自己延续了这个海涯kaya家族的传统，以"海涯"作为他所有儿子的名字中的第二部分。这个回鹘海涯家族的历史可以追溯到12世纪下半叶到14世纪上半叶：曾祖父阿散合彻（活动于12世纪末几十年）；祖父阿里或阿尔（1227—1286年）；父亲贯尺哥（出生于1260年前后，亡于1326年以后）；和（儿子）小云石海涯（1286—1324年）。小云石海涯在十一二岁的时候，已经受过良好的训练，能够舞刀弄枪，同时是一个品行高洁的"乱世佳公子"，所以林理璋称他"文武双全"。这个作者从各种历史资料及小云石海涯的个人传记中不断探求线索。人们可以从陈垣的文字中理解为什么翰林院对年轻学者倾慕之至："妙年所诣已如此！听其言，审其文，盖功名富贵有不足易其乐者，世德之流，讵可涯哉！②"小云石海涯作为一个诗人，也享有很高的声誉："元人文学

---

① Lynn 1980.
② Chen 1966, 173.

之特色，尤在词曲，而西域之人以曲名者，亦不乏人，贯云石其最著也。"他作的曲，特别是他的书法也受到了极大的赞赏："贯云石，北庭人。官至翰林侍读学士。豪爽有风概，富文学，工翰墨。其名章俊语，流于毫端者，怪怪奇奇，若不凝滞于物，即其书而知其胸中之所养矣。"[1] 小云石海涯是如何与佛教产生联系的？这在汉文史料中几乎无法找到。因为元代的官修史书中对于汉化的人的记载或多或少都是关注朝廷事务、行政或是军队事务的，只有在必要的情况下才会记载艺术家的活动及其取得的成就。

通过对多次出现小云石海涯这一名字的一些回鹘文献的研究，笔者意外发现在一首诗中，小云石海涯作为佛学大师和文人，被致以崇高敬意。

（19~21）

传道这一活动——规模或大或小

是从早些时期传承下来的

哦！圣师小云石海涯！现在是属于你的传道的时期了。

（22~24）

在叹息着，呻吟着的奋斗过程中，困难几乎无法忍受，我不知道我现在应该做什么，我很忧伤，因此我曾离开60号房子，向着我主人的威严。

（24~26）

在我的希望前下跪（我说：）

---

[1] Chen 1966, 183.

愿我的主人——希望之光——怜悯我！

尽管从早期开始这种布道活动就是为你而准备,但我仍要谦卑地点亮这一盏灯。

(26~28)

我主的威严轻触我的额头,爱抚着我的灵魂,用各式各样的话语劝告我说:"是的,希望之光会怜悯你的。[①]"

可想而知,因小云石海涯在大都及其他地方公务繁重,因而能够到访吐鲁番已然是一件不寻常的事。正因如此,这一圣师参访的重大事件则更值得当地的群众写颂词去赞美。但是笔者也承认,将诗中的小云石海涯与朝中的名人视作同一人的结论是假设,尚未得到证实。

四、Sanbaonu 三宝奴

李鸣飞对元武宗统治时期的部分人做了一些研究,她研究的第三个人是三宝奴。因为三宝奴这一词的词源显而易见,李鸣飞对此也就没有多加论述。她的文章以"三宝奴族属不明"[②]开始。三宝奴真的如推断那样来自回鹘吗？由于三宝奴是一个佛僧所用的名字,这种名字在汉人、西夏人或者其他民族的人中都可以见到,因而很难给出一个清晰的界定。语音层面,我们已知有两个源自三宝奴的变体,分别是 Sambokdu 和 Sambodu。在迄今为止已知的回鹘族人中,还没有"三宝奴"这两种变体或是这个名字的其他变体的回鹘人在元朝的统治之下拥有和李鸣飞所研究的"三宝奴"一样重要的地位。故很难肯定他为

---

① Zieme 2018.

② Li 2017, 291.

回鹘人。

五、Čisön

　　Čisön何许人也？在敦煌文书中记载有一位元老级的佛经编撰者，名字读作Čïsuya[4]，但是对于这一名称的读法，目前学术界普遍接受其为汉人佛僧名的回鹘文拼音Čisön的观点。这种像安藏一样由两个字构成的汉文名即使在现在也非常普遍。但是我们是否能够在汉文史料中找到Čisön这一名字，取决于我们如何回溯这个名字的源流。阿布都热西提·亚库甫近来讨论了Čisön汉文翻译的各种观点，并且提出一个新的观点。他主张Čisön这个名字类似于Ci Sun，此人是几份藏文写本的校对者。因为这个名字源于汉语，藤枝晃（Akira Fujieda）和上山大峻（Daisyun Ueyama）将这个名字重新用汉语翻译并且认为它等同于"志遵"①。尽管藏文写本中的Ci Sun的记载没有问题，但显而易见，这和回鹘文Čisön所代表的不是同一个人，因为Čisön是元代的人②。阿依达尔·米尔卡马力（Aydar Mirkamal）已经收集到一些关于Čisön的资料③，在之前Čisön这一名字有译作智泉、智全和智宣几种说法④。尽管有一些学者比较偏向于智泉或是智宣，但目前笔者仍认为其为"智全"的对音，因为我们在不止一则史料之中找到"智全"。陈垣在其著作《西域入华考》中这样描述阿鲁浑萨里（Argun Säli）：

---

① 更多内容请参见 Yakup 2015, 58-64。
② Yakup 2016, 42-43.
③ Mirkamal 2016.
④ Yakup 2016, 43.

太祖皇帝既受天命，略定西北诸国，回鹘最强，最先附。自是有一材一艺者，毕效于朝。至元（1264—1294年）、大德（1297—1307年）间，在位之臣，非有攻城野战之功，而道包儒释，学际天人，寄天子之腹心者，惟赵国文定公而已。公讳阿鲁浑萨理A-lun-hun-sa-li，回鹘北庭人，今所谓畏吾儿也。以父字为全氏tsǔ, Ch'üan。祖讳阿台萨理A-t'ai-sa-li，父讳乞台萨理Ch'i-t'ai-sa-li，早受浮屠法于智全Chih-ch'üan末利可吾坡地沙Moli-k'owu p'o-ti-sha，圆通辩悟，当时咸推让之。①

在脚注中，他解释说上文中最后的词语或许指代两个人名。近来，马颂仁（Pierre Marsone）认为"末利可吾坡地沙"这个头衔来源不明②。在此可以补充一点，即这个称号仅作为智全的一个荣誉头衔而出现。

参考文书T.IL.2036.0727c24-27："十四 名诏。公讳乞台萨里。早受浮图法于智全末利可吾坡地沙。圆通辩悟。当时咸推让之，累赠纯诚守正功臣太保仪同三司上柱国追封赵国公。"

可以肯定的是，末利可吾坡地沙不是指另一个人或是另一个名字，而是一个尊称，这个尊称有两种解释，即为mallika-upadeśa（茉莉花优婆提舍）或mālika-upadeśa（花环优婆提舍）。upadeśa是梵语中的术语，意为说法、教、指示，也是佛教经典中的一个专有名词。

Čisön这个名字还见于莫高窟北区洞窟中新出土的文书材料上。在一些回鹘文文本之中，这个名字多次以都统的形式出现。一幅现藏于柏林圣彼得堡艾尔米塔什（Hermitage Museum of St. Petersburg）的柏孜

---

① Chen 1966, 64.《新元史》197卷以后。
② Marson 2011, 297 fn. 11.

克里克石窟壁画中存有Čisön的供养人像（MIK III8620①），判断的依据为其榜题中出现Čisön这一名字："čisön tutuŋ-nuŋ körki ol"，意为"这是Čisön都统的供养像"。在其他的几个例子中证实swyn//tswn这一双拼的原始发音甚至源自quan（全）这一发音。

六、Yïgmïš 亦黑迷失

最后，笔者想在此介绍一位著名的供养人。在铁穆尔合罕（Tämür Kagan）时期，最高级别的平章共有4人。"第四位是亦黑迷失平章（Yïghmïsh Finjan），系畏兀儿人②，取代了帖木儿平章（Temür Finjan）的位置。在合罕在位的后期，蛮子国（Manzi）襄阳府之外，有一个叫作Lukin[5]的濒海省份发生了叛乱。为了镇压这场动乱，合罕调遣了蒙古诸异密之亦黑迷失、答剌罕（Tarkhan）；契丹诸异密之速真（Suching）；大食人忽难参政（Ghulām Sam-Jing），并且任用赛典赤（Saiyid Ajall）的兄弟乌马儿右丞（Umar Yu-Ching）作为军队的统帅，率军讨伐。他们平息了叛乱，并将他们的领地洗劫一空③"。

在吐鲁番的回鹘文文书残片中，亦黑迷失Yïgmïš这个名字出现过数次。从西回鹘王国开始，便有一个名为Yïgmïš Totok的人出现在达官显贵之列，当然此人不属于元代。其他名字中带有亦黑迷失Yïgmïš的人都是元朝时期的，但是在他们之中，只有一个人是我们所谈论的亦黑迷失：一位已经确定身份的Yıgmıš Tegin（Täŋrim），见蒙古时期《大白莲社经》（现仅存回鹘文版本），是佛教著作Abitaki（《阿弥陀

---

① 圣彼得堡艾尔米塔什博物馆 ВД 753.
② Boyle 1971, 279.
③ Boyle 1971, 299.

经》)卷首语中列于供养人名单首位的重要人物。1292年后，在Yïgmïš去世不久之前，他被尊为"吴国公"[1]。但是，在此并不能够确定这个称号等同于"Tegin"，即"王子"。

陈得芝提到，根据一则碑文[7]得知在1316年亦黑迷失（Yïgmïš）给大都及其附近的佛寺布施了750000贯钱的巨资[2]。根据杏雨书屋收藏的碛沙版大藏经的目录可知，Yïgmïš这一名字以亦黑迷失形式在一些佛经的跋文中多次出现[3]。

---

[1]《元史》，卷131，请参见Groeneveldt 1876; Chen 2008。
[2] Chen 2008, 43. 碑文包括回鹘语的部分（松井太正着手研究它）。
[3] 碛沙版大藏经目录，卷5,140,154,194,238等。

参考文献

1. Allsen, Thomas T. , The Yüan Dynasty and the Uighurs of Turfan in the 13th Century, in: China among Equals, The Middle Kingdom and its Neighbours, 10th-14th Centuries, ed. by M. Rossabi, Berkeley/Los Angeles/London, 1983: 243-280.

2. Boyle, John A, The Successors of Genghis Khan, Columbia University Press, 1971.

3. Charleux, Isabelle, Studies on Sino-Tibetan Buddhist Art: Proceedings of the Fourth International Conference on Tibetan Archaeology and Art, ed. Xie Jisheng&Luo Wenhua&Shi Yangyang, Shanghai, 2014: 539-558.

4. 陈得芝:《从亦黑迷失身份看马可·波罗》,《燕京学报》, 2008年第26期, 第39—57页。

5. Chen, Yuan(Ch'ên Yüan), Western and Central Asians in Yuan China Under the Mongol Rule, Los Angeles, 1966.

6. Franke, Herbert, Chinesischer und tibetischer Buddhismus im China der Yüanzeit. Drei Studien: I. Tan-pa und sein chinesischer Temple. II. Der Kanonkatalog der Chih-yüan-Zeit und seine Kompilatoren. III. Eine buddhistische Quelle über Kaiser Qubilai: Das Hung-chiao chi, München, 1996.

7. Goodrich, L. Carrington, Western and Central Asians in Yuan China, in: Oriente Poliano. Studi e conferenze tenute all' Is. M. E. O in occasione del VII Centenario della nascita di Marco Polo (1254-195), Rom, 1957: 1-21.

8. Groeneveidt, Willem P, Notes on the Malay Archipelago and Malac-

cam, in: Verhandelingen van het Bataviaasch Genootshap van Kunsten en Wetenschappen, XXXIX, 1876: 28-33.

9. Kudara, Kōgi, Uigur and Tibetan Translations of the "History of the Buddha Statue of Sandalwood in China", in: Turfan Revisited—The First Century of Research into the Arts and Cultures of the Silk Road, Berlin, 2004: 149-154.

10. 李鸣飞:《元武宗尚书省官员小考》,《欧亚研究》英文版,余太山、李锦绣主编,2017年第5期,第285—312页。

11. Lynn, Richard J, Kuan Yün-shih, Boston, 1980.

12. Marsone, Pier, Alghun shari(aluhun Sali, 1245-1307): A Uyghur at the Head of the Administration in China, in: WATARID 2, Control and Management in Arid and Semi-arid Zones, Paris, 2011: 295-304.

13. Matsui, Dai, Uigur Manuscripts Related to the Monks Sivšidu and Yaqšidu at "Abita-Cave Temple" of Toyoq, in: Academia Turfanicum(ed.), Journal of Turfan Studies: Essays of the Third International Conference of the Turfanological Studies, Shanghai, 2010: 697-714.

14. 米尔卡马力·阿依达尔:《回鹘文诗体注疏和新发现敦煌本韵文研究》,上海,2015年。

15. 米尔卡马力·阿依达尔:《回鹘佛经翻译家Čisuin诸统其人》,《西域研究》,2016年第3期,第94—100页。

16. Moriyasu, Takao, An Uigur Buddhist's Letter of the Yüan Dynasty from Tun-huang——Supplement to Uigurica from Tun-huang—, in: Memoirs of the Research Department of the Tōyō Bunko, 40, 1982: 1-18.

17. Nishiwaki, Tsuneki, Chinesische Bloockdrucke aus der Berliner Tur-

fansammlung, Stuttgart, 2014 (Verzeichnis der Orientalischen Handschriften in Deutschland).

18. Oda, Juten, On the Uigur Colophon of the Buddhāvatamsaka-sūtra in Forty-Volumes, in: Toyohashi Tanki Daigaku Kenkyū Kiyō. The Bulletin of Toyohashi Junior College, 2, 1985: 121-127.

19. Oldenburg, Sergey F, Russkaya turkestanskaya ekspediciya 1909-1910 goda, Sanktpeterburg, 1914.

20. 求芝蓉、马晓林：《安藏家族人名考——兼论13世纪回鹘佛教徒的汉文化修养》，《西与研究》，2016年第2期，第82—88页。

21. de Rachewiltz, Igor, Turks in China under the Mongols: A Preliminary Investigation of Turco-Mongol Relations in the 13th and 14th Centuries, in: China among Equals. The Middle Kingdom and its Neighbours, 10th-14th Centuries, ed. by M. Rossabi, Berkeley/Los Angeles/London, 1983: 281-310.

22. de Rachewiltz, I. &Chan, Hoklam&Hsiao, Ch'i-ch'ing&Geier, Peter W, In the Service of the Khan. Eminent Personalities of the Early Mongol-Yüan Period 1200-1300, Wiesbaden, 1983 (Asiatische Forschungen 121).

23. 史金波、雅森·吾守尔：《中国活字印刷术的发明和早期传播：西夏和回鹘活字印刷术研究》，北京：社会科学文献出版社，2000年。

24. Yakup, Abdurishid, Uighurica from the Northern Grottoes of Dunhuang, in: A Festschrift in Honour of Professor Masahiro Shgaito's Retirement. Studies on Eurasian languages, Kyōto, 2006: 1-41.

25. 阿部都热西提·亚库甫：《古代维吾尔语赞美诗和描写性韵文的语文学研究》，上海：上海古籍出版社，2015年。

26. Yakup, Abdurishid, Altuigurische Aparimitāyus-Literatur und kleinere tantrische Texte, Turnhout, 2016 (Berliner Turfantexte XXXVI).

27. Zieme, Peter, Sävinč Kaya = Xiaoyunshi Haiya (1286-1324)?, in: International Journal of Eurasian Studies ,VIII (2018): 1-23.

［原载于《中古中国研究》，2020，3（00），93—107页，英语。］

译者注

［1］元武宗于1308年任命纽林的斤为畏兀儿亦都护，并赐予他"亦都护"金印。1311年仁宗即位不久，即任命纽林的斤为高昌王，赐予他"高昌王"印，并允许世袭。

［2］藏文文本中记述的 da na si，很有可能指的就是 dhanyasena，但是认为 dhanyasena 的直接来源是由回鹘语 tanyasin 通过变换音韵而来的看法也不无道理。这种情形与汉语拼音"弹压孙"也是同样的，而这三个音节很有可能是由回鹘语 tanyasin 写成的。梵文 dhanyasena—回鹘语 tanyasin—汉语弹压孙。

［3］阿里海牙与湖广行省左丞要束木互相钩考弹劾对方贪贿，失败后愤而自杀。具体考证，请参见杨镰《贯云石评传》附录《史料与考证》，新疆人民出版社，1983年。

［4］Čïsuya 为回鹘文本《说心性经》现存写本的抄写人。

［5］关于 Linkin fu 的解释仍存在争议，纷纭难据，伯希和认为是龙兴，即江西南昌。冯承钧作 loukinfou，疑为桂林府；张星烺译为鲁京府，Boyle, John A. 以其为证爪哇之役，周良霄注认为其所在地为湖广。

［6］亦黑迷失于延祐三年（1316年）立《一百大寺看经记》碑。

（原载于《中古中国研究》，2020，3（00），93—107页，英语）

Altınköl第一碑文考释

塔拉特·特肯（Talât Tekin）著
刘晓恒 译，吐送江·依明 校对

目前拉德洛夫（Radloff）、奥尔昆（Orkun）、马洛夫（Malov）、克里亚施托尔内（Kljaštornyj）、瓦西里耶夫（Vasil'ev）和护雅夫（Mori）几位学者已经对Altınköl第一碑文进行了研究，并订正了碑文中一些误读的字词，但仍然有部分释读错误的地方。本文则提出一些新的释读和翻译方法，比如：yirildim当译为"（我被）分隔、分离开"；qaymatın当译为"不转身、不转向"；iläz当译为"痛苦、悲痛"；atsar alp ärtiŋiz i tutsar küč ärtiŋiz ä当译为"噢！你射箭如此厉害！擒敌如此勇猛"；inilig bört当译为"拥有幼弟的狼崽"；oča bars当译为"小老虎"；botomuz当译为"我们的小骆驼"；säčlinmä当译为"不被分开"；bars tägim ä当译为"噢！我那老虎一样的（同伴）"；altun soŋa yıš当译为"Altun山和Songa山"；art oγul taš oγul当译为"我的小儿子，我的在外地的儿子"；tad čına barsım当译为"我的小老虎"，等等。

1878年，科尔萨科夫（Korčakov）和马尔科夫（Markov）两人在阿巴坎河右岸，距离邦达雷沃（Bondarevo）十公里处的捷列茨科耶湖

（Altınköl Lake）①附近墓地里发掘出两方碑铭。1881年，这两方碑铭由马尔蒂亚诺夫（Mart'janov）收入米努辛斯克博物馆，馆藏编号为27和28。

两方碑石皆为棕色砂岩质地，碑身为长方体，上半部分呈弧状。

第一碑铭的测量数据为136.54×43.5×25厘米，碑文内容一共有九列，竖写在三个碑面上，由犁刻线区分隔开每一行文字。碑铭正面行文呈倒"U"形（拉德洛夫1895：332；克里亚施托尔内1976：285—259；瓦西里耶夫1983：25）。

拉德洛夫、奥尔昆、马洛夫、克里亚施托尔内、瓦西里耶夫和护雅夫几位学者已经对第一碑铭进行了详细的研究，成果陆续出版发表。

确定三个碑面阅读的先后顺序并不容易，拉德洛夫、奥尔昆和马洛夫三位学者就是按照"正面→右面→左面"的错误顺序来进行解读的。克里亚施托尔内与瓦西里耶夫认为恰当的阅读顺序应当是"左面→正面→右面"，而护雅夫认为"右面→正面→左面"的顺序更合适。但笔者还是赞同克氏与瓦氏两位学者的看法。

还有关于碑铭右面的阅读顺序问题。拉德洛夫、奥尔昆、马洛夫和护雅夫四位学者按照"下→上"的方向进行研究其实完全颠倒了行文顺序，而克里亚施托尔内和瓦西里耶夫提出了正确的阅读顺序应当是"上→下"。

此外克氏与瓦氏对碑铭正面的阅读顺序也提出了自己的看法：①顶部外行→②底部外行→③顶部内行。不过笔者认为，正确的阅读顺序应当是：①底部外行→②顶部内行→③顶部外行。

---

① 译者注：护雅夫在《アルトウン-キョル第一碑文考釋》一文中将Altınköl湖注解为汉字"黄金湖"。

一、碑铭录文

L1. on(a)y:iltdi:ög(ü)m ä:k(ä)l(ü)rti:il(i)mkä:(ä)rd(ä)m üč(ü)n:m[(ä)n]y(ı)r(i)ld(i)m[ä]

L2.(e)l(i)m ök(ü)nč(i)ŋä:q(a)l(ı)n:y(a)γ(ı)qa:q(a)ym(a)t(ı)n:t(ä)g(i)p(ä)n:(a)dr(ı)ld(ı)m a:y(ı)ta

L3. in(i)ŋ(i)zkä:ič(i)ŋ(i)zkä:ing(ä)n yüki:il(ä)z:tüš(ü)rt(ü)ŋ(ü)z

F1.(a)ts(a)r(a)lp:(ä)rt(i)ŋ(i)z i tuts(a)r küč:(ä)rt(i)ŋ(i)z ä:(i)n(i)l(i)g börtoča b(a)rs:(a)dr(ı)lm(a)yıtu

F2. bot(o)m(u)z um(a)y b(ä)g(i)m(i)z:biz uya:(a)lp(ä)r:özin:(a)l(ı)tı qılm(a)d(ı)ŋ:özl(ü)k(a)t:öz:(i)n:üc(ä)r(i)g(a)lm(a)d(ı)ŋ:yıta:(e)z(ä)nčüm ä:küz(ä)nčüm ä:(a)dr(ı)lma:s(ä)čl(i)nm[ä]:ögürd(i)m

F3. y(e)rd(ä)ki b(a)rs t(ä)g(i)m ä:(a)rd(ä)ml(i)g(i)m ä:bökm[(ä)d(i)m]

R1.(a)ltun soŋa y(ı)š k(e)y(i)ki:(a)rt(o)γ(u)l t(a)š(o)γ(u)l t(a)d čına b(a)rs(ı)m (a)dr(ı)lu b(a)rd[ı]:y(ı)ta

R2. tört(i)n(i)l(i)gü(ä)rt(i)m(i)z:b(i)zni:(ä)rkl(i)g:(a)d(ı)rtı:y(ı)ta

R3.(ä)r(ä)r<d>(ä)m(ü)č(ü)n:in(i)m(e)č(i)m:uy(u)r(ı)n üč(ü)n:b(ä)ŋ:güm(i)n:tikä:b(e)rti

二、翻译

L1. 噢，我的母亲！她怀我怀了十个月（在她的腹中），（然后）生下了（我）。为了向我的人民宣扬我的品德，我离开了（这个世界）。

L2. 令我的人民感到遗憾的是，我勇往直前地征服了无数的敌人，（却）离开了（这个世界），唉！

L3.（由于你的死）我兄弟们感到非常悲伤。直译为：雌骆驼背负的悲伤放在了我兄弟的肩膀上。

F1. 啊！你射箭如此厉害！噢！你擒敌如此勇猛！有弟弟的小狼崽、小老虎！请不要离开我们啊！唉！

F2. 噢！我们的小驼驹！啊！我们的像乌迈女神一般的伯克！您没有让（敌人）带走我们的生命，没有让（敌人）带走您勇敢族人的生命。您没有带走您最爱的马匹和三名族人。唉！噢！我的先锋军！噢！我的守卫者！请不要与我们分离！噢！我（生命中）的喜悦！

F3. 噢！在这片土地上我那老虎一般的勇士、品行高尚的勇士！我还没有拥有全部的你！

R1. 阿尔泰山与 Songa 山上的动物们，我的小儿子去世了（直译为：我的小儿子外出了），我年轻的小老虎已经离开了我们，他走了，唉！

R2. 我们四个兄弟将永远在一起，Erklig（冥府的神）将我们分开了，唉！

R3. 由于我的男子品质和他们的能力，我的兄弟们为我树立起了这块永恒的碑铭。

三、注释

1.L1. *iltdi*：在芬兰考古学会出版的《叶尼塞碑铭》和拉德洛夫刊布的图集（以下简称"两个图集"）中，该词最后一个字母是 I，而瓦西里耶夫认为是 A（瓦西里耶夫 1983：65），不过他虽然在第 25 页里换写成 ä，但是第 103 页的图版上字母很清楚显示是 I。

2. L1. *ög(ü)m ä*：拉德洛夫、奥尔昆和马洛夫都认为最后一个字母 A 应该是个分隔符号，但是碑文此处已经用一个冒号隔开了，克里亚施托尔内和护雅夫则将 A 解释为突厥语族语言里的感叹语气词，此为正解。

3. L1. *k(ä)l(ü)rti*：第二个音节的唇元音符号缺失。

4. L1. *män*：这个单词出现在拉德洛夫的鲁尼文译本里，随后学者如奥尔昆、马洛夫、克里亚施托尔内和护雅夫都采用了他的译法。瓦西里耶夫在换写里并没有录出这个单词，但在第 102 页的图版中能看出一个类似 m 的字母。

5. L1. *y(i)r(i)ld(i)m ä*：拉德洛夫在鲁尼文译本中拼读成 *YrldmA*。拉德洛夫（Radloff 1895：334）、奥尔昆（OrkunⅢ：103）、马洛夫（Malov 1952：25）和克里亚施托尔内（kljaštornyj 1976：261）都读作 *yerledim*，译为"我定居下来，我降落下来"。护雅夫则读作 *yerildim*，译为"我（与我的家乡）分离开了"（Mori 1986：5）。瓦西里耶夫在换写时将此处空了出来（Vasil'ev 1983：25），但是在第 102 页刊布的图版上我们能够看到字组 rSdmA，此处可以读成 *är(a)s(ä)d(i)m ä*，并译为"噢，我的男人女人还有子民们"。不过这个短语并不能构成以 *il(i)mkä(ä)rd(ä)m üč(ü)n*……开头的完整句子。

另外，瓦西里耶夫将字组 rSdmA 放到了第八行末尾（Vasil'ev 1983：25），但是从第 102 页的图版中很明显能看出这个字组应该是碑铭第一行句末的内容。

如果此处的字组是 Yrldm，便可以读成 *yɪrildim* 或者 *yirildim*，译为

"（我被）分隔、分离开"。动词 yiril- 在回鹘文书里有"裂开，分离"的意思，在一些语境下会与同义词 adrıl- 一起组成偏正短语，比如 adrılyalı yirilgäli 就译为"从此我们分开并且分离了"（HtⅦ 2064），等等。

另外一个同样的动词形式是 yrltm，即 y(i)r(i)lt(i)m（马洛夫误读为 yäriltim），在赫姆奇克·奇格拉克碑（Xemčik-Čırgakı）背面的第一行出现过。

动词 yiril- 广泛存在于现代语言中：乌兹别克语 yiril-，维吾尔语 žiril-，哈萨克语 žırıl-，吉尔吉斯语 jırıl- 等。而他们的词根 yir- 也存在于部分现代语言中，比如雅库特语 si:r- "分裂；裂开；使脱离；变成两半"，土耳其语 yir- 语义同上，yirik 有"分裂，裂开"之意。维吾尔语、哈萨克语和吉尔吉斯语的动词形式表明 yiril- 一开始应该是后元音（参考 OAT ırıl- "ayrılmak, uzaklašmak"），而从雅库特语的形式来看，元音 ı 又是个长元音。因此克劳逊（EDPT：955，965）和厄达尔（OTWF：256，295，686，815）将其释读为 yer-，yeril-，yerük/yerök 的看法都是不正确的。

6. L2.(e)l(i)m. 这个单词在两个图集中被拼读成 Ilm，奥尔昆、马洛夫以及护雅夫也采用了这种读法，即 il(i)m，但是在第 103 页的图版中，这个词组很明显是 lm，瓦西里耶夫在他的录文和译文中也拼成了 lm。

7. L2. q(a)ym(a)t(ı)n. 这个单词在两个图集和瓦西里耶夫的解读版本里拼成了 KYmTN，但拉德洛夫将其读成 kıymıtu，奥尔昆、马洛夫和克里亚施托尔内则读作 qıymatın，意为"拥有勇气"。不过他们的读法都是错误的。

而护雅夫（护雅夫 1986：5）的翻译才是合适的，他将其译为 qay-

matın，即"不返回；不回头"之意。学界普遍认为，动词 *qay*- 的这个词义可以在回鹘文献中找到类似的例子。同样在喀喇汗语中也能找到它的存在：*qay*- "返回"，*qay-a kör*- "向后看，回头看某人"，*qaytar*- "返回" < *qay-ı-t-ar*-（EDPT：674，675）。

8. L3. *ing(ä)n* 意为"雌骆驼"，拉德洛夫在 *ingän*（?）后打了个问号，也没有解释其意思。奥尔昆读作 *in?ğin*，不过他也没有给出相应的译文。马洛夫首次给出了正确的解读 *ingän yüki* "verbljužij v"juk'"雌骆驼的货物"（马洛夫 1952：55），克里亚施托尔内和护雅夫也采用了同样的解读方式。

9. L3. *il(ä)z*. 芬兰考古学会版刊布的释读为 Ilz，拉德洛夫刊布的版本则解读为 Iŋz，瓦西里耶夫认为是 Ild。

拉德洛夫误认为该词是第二人称领属的附加成分：-*iŋiz*，并与前文的 *yüki* 结合起来读作 *yükiŋiz* "eure gewaltige last（你的巨大的负担）"（第 334 页）。奥尔昆读作 *iŋiz* "idiniz'（?）"。马洛夫读作 *iŋäz* "v nerešitel'nosti, v zamešatel'stve"。克里亚施托尔内读作 *ild* "spuskat', snimat"。护雅夫解读为 *eš[s]iz*（接在 *ingän yüki* 后面）"deve yükü（kadar）yalnızlığı"。

这几种读法和翻译笔者都不认同。

古突厥鲁尼文字母的 d 和 z 非常相似，尤其是字迹很小的时候。笔者认为 Ilz 的释读是正确的，不过应该转写成 *iläz*，这个单词与哈卡斯语中 *iles*（译为：疼痛，痛苦，悲伤）的意思差不多。*ing(ä)n yüki il(ä)z* "雌骆驼的悲伤"应该是一种表达悲伤的比喻手法，表现了亡故战士的兄弟对其死亡感到悲伤。哈卡斯语中的 *iles* 可能源自同语言里的词根 *ile*- "感到悲伤" < *elä*-。

10. F1. *(a)ts(a)r(a)lp(ä)rt(i)ŋ(i)z i.* 拉德洛夫读作 TSRLp：rtŋzI，瓦西里耶夫则读作 TSzLp：rtŋz。

两个图集中前三个字母是 TSR，但是拉德洛夫将这个小句读作 *at ašar alp（atsar alp）ärtiŋiz*，并译为"ihr waret ein Held, der Pferde verzehrte（ein schiessender Held）[你们等待一位吃掉了许多马匹的英雄，正在战斗（直译是"射击，开炮"）的英雄]"（第333页）。奥尔昆的读法相同，也转写成 *at ašar alp ertiŋiz*，并译成土耳其语"At ašan kahraman idiniz（你是骑马的英雄）"。

不过这几种读法都不正确，因为这篇碑铭中本身就有š的特殊写法，所以与后元音结合的S不能读成š。

马洛夫将其正确地转写为 *atsar alp ärtiŋiz*，并翻译为"Vy byli geroem-strel'kom"（Malov 1952：53）。护雅夫的解读也与其类似，译为"Ok atarsanız cesur idiniz [（将它）射出去，你是勇敢的]"（Mori 1986：6）。

但是瓦西里耶夫和克里亚施托尔内认为前三个字母应该换写成TSz而非TSR，因此克里亚施托尔内将第一个单词读作 *atasız*，并将整句话译为"Bez otca Vygeroem byli! [（你是）没有父亲的英雄]"（Kljaštornyj 1976：261），但是要这么翻译的话，第一个单词应该拼做TASz。而且在这篇碑铭中对于"父亲"的称呼是 *qaŋ*，并不是他们读出来的 *ata*。

因此笔者认为前三个字母应该是TSR，整句话应当是 *atsar alp ärtiŋiz i*，而且与下文句式对仗工整（关于末尾i的分析见下文）。

11. F1. *tuts(a)r küč(ä)rt(i)ñ(i)z ä* 芬兰考古学会版换写为tUTSRkÜč：rtLzA；拉德洛夫和瓦西里耶夫将其与前面的字母I结合，换写为ItUTSRkÜčrtŋz。

拉德洛夫的转写为 *ät ut ašar（ät utsar）küč ärtiñiz*，译为 "Ihr waret ein Mächtiger，der Fleisch und Rinder verzehrte（der Habe gewann）[你是一个强者，能获得肉和牛（一个胜者）]"（第333页）。奥尔昆读作"*it ut ašar küč ertiñiz 'et*（?）*öküz ašan güč idiniz*"（奥尔昆1936—1941第3册，第101—102页）。马洛夫则认为前两个字母不能这么读，应当将整个段落结合起来转写为 *utsar küč ärtiñiz*，并译作"Vy byli sil'ny，priobretaja bogatstvo"（Malov 1952：53）。克里亚施托尔内将同样的段落读作 *it utsar köč ert（t）iñiz a*"Kogda psy presledovali（dič'），Vy pronosilis' mimo kočevij!"（Kljaštornyj 1976：261）。护雅夫释读为 *it utsar küč ärtiñiz a*"Köpeği kovalarsanız güčlü idiniz（如果你追那条狗，你是强大有力的）"（Mori 1982：6）。

但是这几种读法从语法和语境来讲都说不通。克劳逊将其转写为 *utsar küč ertiñiz* "you were strong in conquering（你强悍地征服）"（EDPT：693），但这种读法忽视了前面的两个字母 It，所以也是不对的。

笔者认为，暂时将首字母 I 不读，则剩下的部分可以读作 *tutsar küč ärtiŋiz ä*，这样便能与前文的 *atsar alp ärtiŋiz* 构成一组对仗句。

在词组 tUTSR 中，用前元音对应的 t 取代后元音对应的 T 是没有问题的，因为碑文中还有很多类似写法的例子，比如第二行的 YtA，第五行的 YItU 和第六行的 LtI 等。

至于第二个小句中暂时不读的首字母 I，在芬兰考古学会版中解读为 A。不过，如果首字母确实是 I 而并非 A，那么这里它很可能只是一个感叹词，表达赞美、仁慈和亲昵等情绪（参考雅库特语中的 i：可译为"噢!"；吉尔吉斯语中的 i 和 i：可译为"对! 是!"等例子）。

因此我们可以将两个小句结合起来读作 *atsar alp ärtiŋiz i tutsar küč ärtiŋiz ä*。另外一种可能的读法是 *atsar alp ärtiŋiz itu*，*atsar küč ärtiŋiz ä*，将第一个小句末尾的 *itu* 视为感叹词 YItU，即 *yitu* 的一种变形，并放在行末。但由于 *atsar* 和 *tutsar* 在对仗句中非常押韵，笔者更倾向于第一种 *atsar alp ärtiŋiz i*，*tutsar küč ärtiŋiz ä* 的解读。

12. F1.*(i)n(i)l(i)g*. 芬兰考古学会版：nrg；拉德洛夫：Inlg；奥尔昆、马洛夫：Inlg；瓦西里耶夫：nlg。

拉德洛夫将其与后文的 BÜrI 结合起来释读为 *inilig böri* "der jüngere Brüder habende Wolf（有弟弟的狼）"；奥尔昆释读为 *iniliğ böri* "yavru kurt（狼崽）"；马洛夫读作 *inilig böri* "Volk……imejuščij mladšix brat'ev（狼……最小的弟弟）"；克里亚施托尔内读作 *inilig bürt* "(dux) smerti so svoej mladšej brat'ej"；护雅夫读作 *inilig bürt* "Küčük erkek kardeš sahibi ölüm tanrısı"。

毫无疑问，nlg 肯定是抄写错误，正确的形式应当是 Inlg 或 InIlg，即形容词 *inilig* "拥有弟弟的"。没有首字母与中间元音的换写形式是 nlgÜ，即 *(i)n(i)l(i)gü*，出现在第八行中。

13. F 1.*bört*. 芬兰考古学会版：bÜrt；拉德洛夫：bÜrI；瓦西里耶夫：bÜrt。

拉德洛夫、奥尔昆和马洛夫读作 *böri* "狼"，但在 *Korpus tjurkskix runičeskix pamjatnikov bassejna Eniseja*（即瓦西里耶夫所著 *Корпус памятников тюркской рунической письменности бассейна Енисея*《叶尼塞盆地突厥文碑铭语言集》）一书中（下文简称 *Korpus*），这个词拼写为 bÜrt。克里亚施托尔内将其读作 bürt，译成俄语为 "(dux) smerti"，即"死亡的灵魂"，并认为这个单词与喀什噶里（MK）著作中的 bürt "噩梦"有关。护雅夫也认同这种释读法。

笔者认为 bürt 这个单词与古突厥语中的 böri "狼"从词源上讲的确非常相似，但这个单词是一个孤语（hapax legomenon）。不过现代土耳其常用短语 börtü böcek（< ?bört ü böcek）"昆虫和类似的（东西）"中存在名词 böri 或 börtü。众所周知，狼长期以来被古代突厥人视为一种神圣的动物，直呼其名则是禁忌，因此往往用乌古斯语群中"蠕虫""昆虫"之类的词汇，比如古突厥语中 kurt、阿热语中的 gurd，来取代古突厥语中的 bö:ri。在土库曼语中，除了旧有用法 bö:ri，mö:jek "昆虫"也可以用来表示"狼"。另外需要指出，在一些安纳托利亚方言（Anatolian dialects）中，短语 böcü börtü 用于表示狼、豺、野猪等野生动物：böcü börtü "kurt、čakal、domuz gibi zararlı sayılan hayvanlar（狼、郊狼、野猪等有害动物）"（DS Ⅱ：755-756）。如果土耳其短语 börtü böcek 中的 bört 或 börtü 与 böri 同源，那么 böri 很有可能并非古突厥人对狼的原始称呼。

14. F1.oča. 拉德洛夫：uča "entflieht（fliegt）"；奥尔昆：uča "uča?"；马洛夫：böri uča "Volk bežal"（第53页）；克里亚施托尔内：inilig bürt uč a "Sgin'（dux）smerti so svoej mladšej brat'ej!"（1976：261），护雅夫：inilig bürt uč a "Ah! Küčük erkek kardeš sahibi ölüm tanrısı, def ol!"（1986：6）。

这几种读法和翻译都是错误的。笔者认为此处应该是形容词 oča "年轻；小的；最小的"用来修饰 bars。在早期和中期古代突厥语中暂时还没发现 oča 这个单词，不过在一些东北语支中出现了 oča 和 oči: 的形式，比如绍尔语中有 oča "jüngster, kleinster, letzter（最年幼的，最小的，最后的）"和相同意思的 *oči*（拉德洛夫，Wb.I：1135，1137）。哈卡斯语中亦有类似意义的 *oči*。

15. F 1. *(a)dr(ı)lm(a) yıtu*. 芬兰考古学会版、拉德洛夫和瓦西里耶夫的解读都将其换写为 /DRLmYItU/。

拉德洛夫读作 *adırılmay itü*，译为"so trennt sich doch der Tiger nicht（von den Seinen）"（第332—333页）；奥尔昆读作 *adırılmay itu* "ayrılma ey!"（奥尔昆 1936—1941，3：101—102）；马洛夫读作 *bars adırılmay itu（?）* "bars ne otdelilsja"（马洛夫 1952：53）；克里亚施托尔内读作 *adırılma yitu* "ne pokidaj（naš）!"（第261页）；护雅夫读作 *adırılma yitu* "Bars，adırılma（ölme）. Üzgünüm!"（护雅夫 1986：6）。

拉德洛夫、奥尔昆和马洛夫都认为词组 *yitu* 中的字母 Y 应该附属于前面的动词，但是在古代突厥语中不大可能出现类似于 *adırılmay* 的动词形式。第一个单词可以确定是 DRLm，很明显撰碑者只是纯粹忘记将最后一个字母 A 写上去罢了。克里亚施托尔内和护雅夫的读法都是正确的。

第二个单词不应该拼做 YITU，应当拼写成 YItU，这是一个带有遗憾、怜悯意味的感叹词，或许是常用词 *yıta* 的一种变体。

16. F2. *bot(o)m(u)z*. 芬兰考古学会版中换写为 UKmz，拉德洛夫和瓦西里耶夫换写为 BUTmz。

拉德洛夫解读为 *bu atımız* "dieser unser Name"；奥尔昆：*bu atımız* "bu bizim adımız"；马洛夫：*bu atımız* "Éto naše imja"，*bu atımız*；克里亚施托尔内：*[bu?] atimiz* "naše zvanie"；护雅夫：*bu atımız* "Bu bizim adımız（or adımızdır）"。

这几种读法都是错误的，因为一个已死的人是不会用 *bu atımız* 来表达"我的名字"这种意思，况且在这种表达方式中一般是不会出现 bu 这个单词的。笔者更倾向于认为这里的单词应该是 botu 或者 boto，即"骆驼驹"之意。后面跟着第一人称复数形式的所属后缀，这里用来比喻去世的弟弟。

17. F2.*um（a）y b（ä）g（i）m（i）z* "恳请我们的乌迈女神（似的）……"芬兰考古学会版：UmY：bgmd；拉德洛夫：UmYbgbz；瓦西里耶夫：UmYbgmz。

拉德洛夫：*um（a）y bäg biz*（与前文的 *bu atımız* 构成一个小句）"（Dieser unser Name ist）Umay Beg，（der sind）wir"；奥尔昆：*umay beğ biz*"（bu bizim adımız）Umay beğ'dir"；马洛夫：*Umay bäg biz*"（Ėto naše imja-Umay beg"，克里亚施托尔内：*umay begimiz（begmiz）*"（Naše zvanie...），naš beg-Umaj（var.：naše zvanie takovo-my umaj-begi）"；护雅夫：umay baγbiz"Umay boyuyuz biz"。

这几种读法和解释都是不正确的。这组字母肯定是 UmYbgmz，即 *umay bägimiz*，字面上理解为"我们的 Umay beg"。克劳逊认为 *Umay* 是一个男性的名字，但是 Umay 往往被认为是一位照顾女性和儿童的女神，因此这种克劳逊的看法似乎有些匪夷所思（EDPT：165）。

那么 *Umay bägimiz* 一词应该如何理解呢？目前我认为唯一的解读方法是"我们的像 Umay 一样的 *beg*"，也就是"我们的 *beg* 保护我们，像 Umay 女神保护我们一样"。

18.F 2. *biz uya（a）lp（ä）r özin* "我们的生命，（你的）勇敢的族人们的生命……"拉德洛夫误解了该短句中的 *uya* "亲戚，族人（男性亲属）"这个单词，并将整句话翻译为"Uns folgend, hast den Hel-denmann selbst nicht erniedrigt（?）"（Radloff 1895：333）。奥尔昆解读为：

biz uya alp er "Biz kahraman kardeš"；马洛夫：biz uya alp är "My-nasledstvennyj muž geroi"；克里亚施托尔内：biz uya alp er "my xrabrye vojny（naševo）rodaplemeni（var.：my rodiči, xrabrye vojny）"；护雅夫：biz uya "Biz bir boyuz"。

以上所有的释读都是错误的。在古突厥语中，表示"跟随，追随"意思的动词是-ud而不是-uy。其次古突厥语中uya的意思是"兄弟，血亲兄弟，同族人"，而不是"英雄"或"部落，宗族"的意思。

此外，öz在这里的意思是"生命"而不是"自我"。比如下面的例子：özüŋ uzun bolzun "愿你的生命长久！"（《占卜书（Irk Bitig）》：47），sansız tümän özlüg ölürür "他们杀死了无数生命"，qısγa özlüg yašlıg tınlıγlar "短命的人类（凡人）"，uzun özlüg yašlıγ "活得很长的"等（EDPT：286）。

19. F2.(a)l(ı)tı qılm(a)d(ı)ŋ. 拉德洛夫：/LtIKILmDñ/ alti kılmadıŋ "nicht erniedrigt（?）"；奥尔昆：eleti kılmadıŋ "göndermedin"；马洛夫：äläti（alti?) kılmadıŋ；克里亚施托尔内：altı er almadın "Sesteryx mužej s soboj tyne vzjal!"；护雅夫：altı qılmadıŋ "altı kiši yapmadınız"；瓦西里耶夫：LtIKILmDŋ。

所有的读法和解释都是错误的，而且不符合上下文语境。第一个单词中与前元音结合的t实际上是拼写错误，应当是与后元音结合T才对，因此前三个字母应当转写成alıtı。这里的动词短语alıt-ı qıl意为"让某人被（敌人）带走"。

20. F2. özl(ü)k(a)t. 拉德洛夫：özläk at 'Reitpferd'；奥尔昆：özlük at "kendi at"（!）；马洛夫：özläk at "sobstvennaja（ili žirnaja?）lošad"；克里亚施托尔内：özlük at "skakun"，即"纯种马，跑得快的

马"；护雅夫：*özlük at* "hızlı košabilen at（跑快的马）"。这些解释都是错误的。众所周知形容词 *özlük* 的意思是"私人的、个人的"，因此与下文的 *öz*:(*i*)*n* 结合起来，整个短语的意思是"（您）个人的马的性命"。

21. F2.*öz*：(*i*)*n*，即 *öz*(*i*)*n*. 这个单词错误地被冒号分隔开了，参考右面第三行 *b*(*ä*)*ŋ*：*güm*(*i*)*n*。

这里的 *öz* 在前人解读的版本里也都是不对的，应该是"生命"而并非"自我"的意思，与录文第五行里的 *biz uya* (*a*)*lp* (*ä*)*r özin*... 段（见注释18条）中用法类似。此处的意思是：已故的年轻战士用自我牺牲的壮举，不仅保护了他三个兄弟，也挽救了他爱马的性命，但这场战争却夺去了他的生命。

22. F2.*üč* (*ä*)*r*(*i*)*g*. 芬兰考古学会版与拉德洛夫的版本：Üčrg；瓦西里耶夫则换写为 ÜčKg。拉德洛夫解读为 *öčürüg* "selbst nicht vernichtet"，并将该句与前文的 *özin* 和后文的 *almadıŋ* 结合起来理解；奥尔昆：*üč eriğ* "üč adamı"；马洛夫：*üč ärig* "trex mužej" "这三个男人"；克里亚施托尔内：*üč qag* "trex sosudov"；护雅夫：*üč ärig* "üč savaščıyı"。

第二个词在 Korpus 中换写为 Kg，读作 *q*(*a*)*g*，并且可以看作 *ka* "族人、亲族"的宾格形式。而克里亚施托尔内认为 *ka* 是"容器、容纳物"之意，但这样释读出来的词不符合上下文，所以克氏对 *ka* 的理解是不对的。

笔者认为 *üč* (*ä*)*r*(*i*)*g* 是正确的。瓦西里耶夫刊布出来的图版中，鲁尼文字母 K 更像是与前元音结合的字母 r 稍微不同的形式。此处被保护下来的"三个人"无疑是死者（即被杀的战士）的三个兄弟。

23. F2. *(e)z(ä)nčüm ä küz(ä)nčüm ä*. 拉德洛夫：zněčÜmA kÜznčÜmA；瓦西里耶夫：znčÜmA；kÜznčÜmA.

拉德洛夫：*äzänčümä küzänčüm ä* "von meinen Gewohnheiten und Wünschen"；奥尔昆：*ezinččüme közünčüme* "šöhretimden"；马洛夫：*äzänčümä közüčümä* "ot moix dobryx obyčaev i moix želanij（ili javlenij）"；克里亚施托尔内：*ezün čüm（?）a közün čüm a* "O，moja dragocennost'！O，moe sokrovisče!"（1976：261，263）；护雅夫：*ezünčüm a közünčüm a* "Benim hazinem(?)，ah! Benim servetim，ah!"（1986：6）。

拉德洛夫的解释有不妥之处，因为像 *äzänč* 或 *äzänč* 这样意为"Gewohnheit（习性）"的词并不存在，而在古突厥语中表示"希望，渴望"意思的动词是带有 s 的 *küsä-*。奥尔昆则错误地将他释读的 *ezinččü* 与喀什噶里著作中的 *ıdınču*（意为"被放开的东西"）进行了对比。至于第二个单词，克里亚施托尔内与护雅夫将其读作 *közüčnčüm*，显然他们想将此词与 *közünč* "Schätze"（宝物，复数）联系起来，并在ＵⅠ的著作合集中进行了释读翻译（6：14）。这里还需要补充一下，罗本（Röhrborn）将其读作 *küzünč* "Kostbarkeiten"（珍贵的东西，复数）（罗本 1979：113）。

实际上，这是碑文中最令人费解的两个词组，不得不承认解决这一问题非常困难。因为这两个词紧跟在表达哀叹、怜悯或者遗憾的感叹词 *yıta* 之后，前面第一部分可以读作 *(e)z(ä)nčüm ä* 或者 *(e)z(i)nčüm ä*，能够与卡拉伊姆语 H 方言中的 *ezents* "讨厌的，可憎的，可恶的"和卡拉伊姆语 T 方言中的 *izinč* "不愉快的，厌恶的"进行对比。这两个卡拉伊姆语词汇可以追溯到一个更古老、更原始的单词 **ezänč* 或 **ezinč*，而从中派生出的单词 **ezänčü* 或者 **ezinčü* 能够与黄金湖第二碑铭中的 *er-*

inč"不幸的，悲惨的"相比较：(ä)rd(ä)ml[(i)g] bols(a)r bod(u)n is (i)rk(ä)yü (e)rm(ä)di。(e)r(i)nč(i)m i[s](i)z(i)m ä "由于我有男子气概，人们对我的死感到悲痛，也不轻视我。多么悲伤啊！唉（为了我的生命）!"（第四行）。但是(e)r(i)nč是一个词根为(y)er-"厌恶，责备"加后缀-(X)nč构成的名词（OTWF：284）。另一方面，铭文中的*ezänčü是词根*ezä-加后缀-(X)nčU构成的名词。词根*ezä-的用法已经很古旧，而且似乎只在哈卡斯语中出现过。izä-有"摧毁，毁灭"的意思，其派生词izäg意为"毁灭，破坏，毁坏"。izäl-意为"被摧毁"，izälig则有"毁灭，毁掉"之意。第二部分的小句可以读作küz(ä)nčüm ä，也可读作küzänčü，是词根*küzä-加-(X)nčU构成的名词。词根*küzä-同样也是一个过时的动词，并且只在哈卡斯语里存在，küzä-有"诽谤，使蒙羞"之意。ezänčüm ä küzänčüm ä 这一整句话可以翻译为"噢！这令人多么不愉快！噢！这令人如此羞愧！"

另一种可能的读法是把第一个词看作*ezä-的派生词，或许是yezd-"巡逻，站岗，监视，守卫"（EDPT：985）的一个去掉首字母/y/的旧变体。在回鹘语中有不少在e前脱落首字母y的例子，比如yer-/er-"厌恶，反对，鄙视"，yerinč/erinč"可怜的，不幸的"，yerinčü/erinčü"罪恶，令人厌恶的东西，受到指责的某事"，yelkür-/elkür-"翱翔，扇动"，yelküt-/elküt-"激发，激活"，等等。动名词*ezänčü可以理解为"先遣部队，先锋队"，与喀什噶里《突厥语大词典》中的yezäk"先锋队"意义类似（EDPT：986）。动词yezä-似乎已经从古突厥语传入了蒙古语中，在蒙古语里它的形式是jese-和jise-"站岗，守卫，看护，保卫"（道尔菲1965—1975，IV：164）。

第二个单词也可以读成küzänčü或者küzünčü，是从*küzä-"看守，看管，保护"这个词派生出来的名词。目前在古代或者中古时期古突厥文书中还没有发现后一种读法，但笔者认为在其他语言中存在类似的情况，比如在吉尔吉斯语中 *küzö-* 就是 *küzöt-* "守护，监视，保护"（古突厥语中是 "*küzäd-* 或者 *küzä-d-* 的形式"）这个单词的同义词。因此 *küzänčü* 或者 *küzünčü* 可以看成是施动者名词，意为 "守护者，保护者，保卫者"，类似于喀什噶里提到的 *akinču* "袭击者，突袭队"。这样分析，*ezänčüm ä küzänčüm ä* 这句话就可以翻译成 "噢！我的先锋队！噢！我的保护者"。顺便一提，阿拉特将《突厥语大词典》第二卷8—14 中的 *közünčüm* 这个单词读作了 *küzünčüm*，并翻译成了土耳其语的 "koruyucum"（Arat 1965：17）。

结合上下文，我更倾向于第二种读法，因为单词 *ögürd(i)m* 或者 *ögürd(ü)m* "噢！我人生中的快乐！" 是紧接在 *(e)z(ä)nčüm ä küz(ä)n čüm ä* 之后发生的（见下文注释25条）。

24.F 2.*s(ä)čl(i)nm[ä]*. 芬兰考古学会版：sčlnmÜ；拉德洛夫：IčlnmÜ；瓦西里耶夫：sčlnmÜ。

拉德洛夫：*ič älinmü* "beim inneren Volke?"；奥尔昆：*ič elinmü* "…mi?"；马洛夫：*ič älinü(?)* "u vnutrennego naroda(?)"；克里亚施托尔内：*sečilenmü*（无译文）；护雅夫：*es ečili inim ö* "ağabeyim ve küčük erkek kardešlerim，beni düšün"；瓦西里耶夫：sčlnmÜ。

这个字组中的第一个字母是与前元音结合的符号，都是 s 而不是 I，另外，最后一个字母符号的解读都是 Ü，包括瓦西里耶夫在 Korpus 中的解读也是如此。但这是字母 A 的一个书写错误，我们应当将其订正为 sčlnmA，即 [*s(ä)čl(i)nmä*] "不要分开"，也就是前文 *adrılma* "不要分开" 的同义词。这两个并列动词 *adrıl-* 和 *säčlin-* 也见于 Kızıl

Čıra 第一碑铭的第 1—2 行中：[oγl(u)ma yut(u)z(u)ma adr(ı)lt(ı)m s(ä) čl(i)nt(i)m（Vasil'ev 1983：30）。]《福乐智慧》中也有常见的并列动词 adrı- 和 säč- "选择，挑选，摘选"，比如 adr-a säč-ä yör-，adr-a säč-ä tut-，等等。

25. F2.ögürd(i)m. 芬兰考古学会版，拉德洛夫：IYÜrdmm；瓦西列耶夫：ÜgÜrdm。拉德洛夫：ıyu ärdämim；奥尔昆：iyü erdemim "erdemim"；马洛夫：iyü（?）ärdämim "moja doblest"；克里亚施托尔内：ögürdim[iz] "My（prežde）radovalis"；护雅夫：ıyu ärdämim "Ah!（?）Benim（?）cesaretim"。

关于这一行的最后一个字组，旧有图版与瓦西里耶夫刊布的图像有很大不同。不过 Korpus 中刊布的图片非常清晰，能够支持瓦西里耶夫的解读：ÜgÜrdm。个人认为这个词组末尾没有 z，克里亚施托尔内的读法是不对的。

当然，词组 ÜgÜrdm 可以转写成 ögürd(ü)m "我变得高兴"，但是无论是这种解读，还是克里亚施托尔内将其读作的 ögürdimiz "我们（从前）很高兴"，都不大符合上下文的内容。

以笔者个人观点，这里应当是从 ögür- "变得高兴的；开心；愉快"派生出来的动名词，与 -DI 或者 -DU 结合构成 ögürdi 或者 ögürdü "喜悦，快乐"（参考回鹘语 ögdi "赞美，称赞"。alkadı 同上。喀什噶里 tamdu "光芒，燃烧"，umdu "请求，恳请"等）。以上这些类似的单词还是比较符合上下文内容，特别是与前文的祈使句 adrılma säčlinmä "不要离开（我们）!"保持了前后一致。

26. F3. b(a)rs t(ä)g(i)m ä (ä)rd(ä)ml(i)g(i)m ä. 芬兰考古学会版：BRrtgmA：rdmlgmA；拉德洛夫、瓦西里耶夫：BRStgmA：rdmlg-

mA。

拉德洛夫：*bars tägimä ärdämligimä* "Bei meinem auf der Erde lebenden Tigergeschlechte, bei meinen mit Trefflichkeit Begabten"；奥尔昆：*bar ertigime erdemligime* "yerdeki var olduğuma, erdemliğime"；马洛夫：BRr (*ili* S)tgmA *bar ärtigimä*(*ili bars tägimä*)"moim byt'em i(vsem)moim doblestnym *ili* moim zemnym rodom 'bars'"；克里亚施托尔内：*bars etigim a erdemligim a* "moimi dejanijami i moej doblestvju-ja, Bars,"；护雅夫：*Bars ätigim a ärdimligim a* "Yeryüzündeki Bars, benim davranıšım, ah!"。

瓦西里耶夫（1983）认为，第一个词组经过对勘很明显是 BRStgmA，在第 103 页的图版中也能很清晰地看出来。因此只能读作 *bars tägimä* 或者 *bars tägim ä*，并构成一个完整的句子 *Yerdäki bars tägimä, ärdämligimä bökmäidim*。不过在这里第一人称单数的与格后缀是 +KA，而黄金湖第二碑铭中则是 *il(i)mkä*（第一行），*oγl(u)mqa* 和 *bod(u)nt(u)mqa*（黄金湖第二碑铭正面第二部分），甚至还有 *y(a)s(i)ma*（正面第四部分）。因此依笔者个人观点来看，这里应该是两个短语：*bars tägim* "我那老虎一样的家伙" 和 *ärdämligim* "我善良的家伙"，后面都跟着感叹语气词 A。需要注意的是，这里的讲话者不是死者，而应该是他的母亲。因为在碑文的右侧她用同样的比喻来形容她死去的儿子：*t(a)d čina b(a)rs(i)m*（第一行）。

27. F3. *bökm[(ä)d(i)m]*. 在前三个字母后面有一个：：形状的标点符号，可能表示该行结束于此。但这个词是不完整的，很显然是撰碑者忘记誊抄字母 dm。拉德洛夫将其读作 *bükmä(dim)*；马洛夫、克里亚施托尔内和护雅夫则补全了 dm，即 -*dim*，并将 ü 订正为 ö；奥尔昆将其误读为 *bükme(?)* 并翻译成了 "doyma"。

28. R1. *(a)ltun soŋa y(ı)s.* 芬兰考古学会版，拉德洛夫，瓦西里耶夫：ILTUNSUŋAYš。拉德洛夫转写为：*altun šunda yaš* "Sechzehn sind hier seine Jahre"；奥尔昆：*alun suña yaš* "altın tuma"；马洛夫：*altun suña yas* "zolotnyx utok i molodyx gazelej"；克里亚施托尔内转写（与下文的 *keyiki* 结合）：*altun suŋa yıš* "O, dič'zolotoj černi Sunga"，护雅夫转写（与下文的 keyiki 结合）：*altun Soŋa (Suña?) yiš* "Altın Songa (or Sunga?) ormanının yabani hayvanı"。

第二个单词的首字母是与后元音结合的符号 s，因此所有解读成 š 的读法都是错误的。第三个单词应当拼成 Yš，与克里亚施托尔内和护雅夫一样转写成 *yıš*。

很明显，此处提到了两个地名：*altun yıš* "Altay 山" 和 *soŋa yıš* "Songa 山"。*soŋa* 这个名字可能与察合台语和土库曼语中的 *sona* "雌性野鸭"、吉尔吉斯语中 *sono*（意义同上）、巴什基尔语中的 *huna, huna öyräk*（意义同上）、土耳其语中的 *suna*（意义同上）等词汇有关，抑或是类似。但是 *soŋa* 中的鼻音 ŋ 排除了这种可能性。

29. R 1. *(a)rt(o)γ(u)l t(a)š(o)γ(u)l.* 芬兰考古学会版：RTGL：TšGL；拉德洛夫：/RTGLTUGL/；瓦西里耶夫：RTGLTšGL。

拉德洛夫转写（与后文/TDčINA/结合）：*artıγlatu aγlatdačına (ga?)*；奥尔昆：*artıglat ogul* "čoğalt"；马洛夫：*arıt ıγlat uγlat* "razyskivaj, zastavljaj plakat' i rydat'"；克里亚施托尔内：*artγıl toγ(γ)ıl* "... množ' sja! Roždaj (svoe potomstvo)!"；护雅夫：*artγıl toγ(γ)ıl* "čoğalt, doğur!"。这些读法和翻译都是不正确的。

在这一句的开头使用了小句 *(a)ltun soŋa y(ı)š k(e)y(i)ki* "Altay 和 Songa 山上的野生动物" 之后，死者的母亲继续用短句 *(a)rt(o)γ(u)l*

"我的最后一个儿子（小儿子）"和 t(a)š(o)γ(u)l "我外出的儿子"来进行她的描述。名词 taš "外部、外面"的修饰用法并不罕见，可参考 taš y(a)γı "外面的敌人，外敌"（Kežeelig-Khovu，4），喀什噶里记载 taš ton "外衣，外套"等。这里唯一的问题是 oγul 的首元音 o 没有清楚地写在这两个地方。但是在此文还有其他铭文中都有许多类似的例子，例如 tört (i)n(i)l(i)gü（右面第 2 行），(ä)r (ä)r⟨d⟩(ä)m (ü)č(ü)n（右面第 3 行），(ö)l(ü)rm(ä)dük(ü)m（Elegest 第一碑铭第 8 行），等等。因此，我们可以推测撰碑者只是忘记在这两处写明 oγul 的首元音而已。

30.R 1. t(a)d čına b(a)rs(ı)m. 芬兰考古学会版，拉德洛夫，奥尔昆，马洛夫：TDčI：NABRSm；瓦西里耶夫将其换写为：TDčUNA：BRSm（第 25 页），但是在鲁尼文文本中写成了 TDčINABRSm（第 64 页）。

拉德洛夫将其与前文的 GL 结合起来转写成 aγlatdačina (ga?) barsım；奥尔昆：tad ečinä barsım "yabancı ičine"；马洛夫：udačina barsım "Po ego moguščestvu moj bars"；克里亚施托尔内则将其与下文的 adrılu bardı 结合起来转写为 at ud ačun a barsım adırılu bardı "Moj Bars pokinul konej i bykov，(ves'étot) mir, on ušel!"；护雅夫也将其与下文的 adrılu bardı 结合起来：tad ičiŋä barsım adrılu bardı "Baška boy(?) un ičine, benim Bars ayrılıp gitti"。

不用多说，这些解读和翻译都是错误的。笔者认为前两个字母应该读作 t(a)d，可以与喀什噶里著作中的 tadun "小牛，一两岁的牛犊"或者 ta:dun "一岁的小牛"进行对比。这个单词的完整形式在卡什语和科伊巴尔语中仍然存在，tazın "der Ochs"；哈卡斯语中是 tazın

"公牛，阉牛"（EDPT：457）。同样，在哈萨克语中也有类似的单词 *tayınša* "一头一岁的小牛" < **tadun+ča*。

中古突厥语中的 *tadun* 很可能是来源于*tad 的第二种形式，最初的意思是"小牛犊或者公牛"。但是用在这里应该是"年轻"的意思（参考古突厥语中 *bod* 是"聚落"的意思，而 *bodun* 则有"部落民众、人民"的意义。

至于第二个单词，笔者认为是 *čına*，也就是"小"的意思。

čına 一词尚未在古突厥文本中得到证实，但在现代语言中，它是表示"小指头"词组的词基或者根词。比如哈萨克语中的 *šınašak* "小指头或小脚趾" < **čına + čak*，克里米亚鞑靼语中 *čınajak*（意同上），巴尔卡尔语中的 *čınačık*（意同上），诺盖语中 *šınatay*（意同上） < *čına tay*，等等。

31. R 2. *tört(i)n(i)l(i)gü.(ä)rt(i)m(i)z*. 芬兰考古学会版：tÜrtnlgÜ：rtmz；拉德洛夫：tÜrtnlgÜ：rtm；瓦西里耶夫：tÜrtnlgÜ：rtmz。

拉德洛夫：*tört änligü ärtim* "die vier（Winkel）habe ich erstrebt"；奥尔昆：*tört inilgü ertim*[iz]"dört kardešli idik"；马洛夫：tört änilgü(?) ärtim(iz) "Naš bylo četyre mladšix brata"；克里亚施托尔内：*tört inelgü ertimiz* "Naš bylo četvero vysokorodnyx"；护雅夫：*tört inälgü ärtimiz* "Dört mešhur aileden idik"。

以上所有读法和翻译都是错误的，实际上这里的单词是 ini 加上了从格后缀+*lIGU*（参考 Tekin 1990）。

32. R3. *(ä)r(ä)r<d>(ä)m(ü)č(ü)n*. 在碑刻中我们能辨别出词组 rrmčn。显然撰碑者在第二个 r 后面脱漏了一个 d，在后文的(ü)č(ü)n 中也省略了首字母 Ü。

33. R3. *uy(u)r(ı)n üč(ü)n.* 拉德洛夫、奥尔昆、马洛夫、克里亚施托尔内：*uyarın*；护雅夫：*uyurın*。这里面只有护雅夫的读法是正确的，这个单词是-yUr的现在分词形式。这个单词的完整发音形式在《占卜书》中有记载：*(ä)dgüsi uyurı* "他的优秀的、有能力的（人）"（IB28）。

34. *b(ä)ŋ：güm(i)n.* 该单词被错误地断为两部分，可与正面第二行的 *öz：(i)n*，即 *özin* "……的生命"这个单词做对比。

参考文献及缩略语

1. Arat, Rešid Rahmeti, Eski türk šiiri. Türk Tarih Kurumu yayınlarından. VII. Seri, No. 45. Ankara: Türk Tarih Kurumu, 1965.

2. Doerfer, Gerhard, Türkische und mongolische Elemente im Neupersischen I-IV, Wiesbaden: Franz Steiner Verlag, 1965-1975.

3. DS = Türkiye halk ağzından Derleme Sözlüğü II, Türk Dil Kurumu yayınları 211/2. Ankara: Türk Dil Kurumu. 1965.

4. EDPT = Clauson,Sir Gerard, An etymological dictionary of pre-thirteenth-century Turkish Oxford: Clarendon Press, 1972.

5. Fatlas = Inscriptions de l'Énisséi, recueillies et publiées par la Société Finlandaised'Archéologie, Helsingfors, 1889.

6. Kljaštornyj, S. G, Stely zolotogo ozera, k datirovke enisejskix runičeskix pamjatnikov. In: Turcologica, Leningrad, 1976: 256-267.

7. Korpus = Vasil'ev, D. D, Korpus tjurkskix runičeskix pamjatnikov bassejna Eniseja. Leningrad:Akademija Nauk SSSR. 1983.

8. Malov,S.E, Enisejskaja pis'mennost'tjurkov, Akademija nauk SSSR. Institut Jazykoznanija, Moskva, Leningrad: Akademija nauk, 1952.

9. Mori, Masao, Arutun-Kyoru dai-ichi hibun kōshaku [An interpretation of the first Altïn-Köl inscription].Tōhō-gaku 72, 1986: 1-17.

10. Orkun, Hüseyin Namık, Eski türk yazıtları. 1-4, Türk Dil Kurumu Yayınları, Istanbul, 1936-1941.

11. OTWF = Erdal, Marcel, Old Turkic word formation: A functional approach to the lexicon, 1-2, Turcologica 7, Wiesbaden: Har-rassowitz, 1991.

12. Radloff, W., Die alttirkischen Inschriften der Mongolei. St.Petersburg: Kaiserliche Akademie der Wissenschaften, 1895.

13. Radloff, W., Atlas der Alterthümer der Mongolei, Dritte Lieferung, St.Petersburg, 1896.

14. Radloff, Wb I = Radloff, W., 1893. Versuch eines Wörterbuchs der Türk-Dialecte I, St. Petersburg, 1893.

15. Röhrborn, Klaus, Uigurisches W ö rterbuch.Fascicle 2., Wiesbaden: Franz Steiner Verlag, 1979.

16. Tekin,Talât, On a misinterpreted word in the Old Turkic inscriptions, Ural-Altaische Jahrbücher 35, 1964: 134-144.

17. Tekin, Talât, A grammar of Orkhon Turkic, Uralic and Altaic Series 69., Bloomington, The Hague: Indiana University Publications, 1968.

18. Tekin, Talât, The comitative case in Orkhon Turkic. In: Brendemoen, Bernt(ed.) Altaica Osloensia. Proceedings from the 32nd Meeting of the Permanent International Altaistic Conference, Oslo June 12-16, 1989. Oslo: Universitetsforlaget, 1990: 355-359.

19. UI = Müller, F.W.K., Uigurica 1, Abhandlungen der Preußischen Akademie der Wissenschaften, 1908: 2.

缩写词对照表

缩写词	原词	缩写词	原词
Bashk.	Bashkir（巴什基尔语）	MK	Maḥmūd al-Kāšɣarī（喀什噶里）
Blk.	Balkar（巴尔卡尔语）	Nog.	Noghay（诺盖语）
Chag.	Chaghatay（察合台语）	NUyg.	Modern Uyghur(= New Uyghur)（维吾尔语）
Crim. Tat.	Crimean Tatar（克里米亚鞑靼语）	OT	Old Turkic（古突厥语）
Kach.	Kacha/Qača（卡什语）	Sag.	Saghay（塞盖语）
Kar. H	Karaim, Halič dialect（卡拉伊姆）	Trk.	Turkish（土耳其语）
Kar.T	Karaim, Troki dialect（卡拉伊姆北部方言）	Trkm.	Turkmen（土库曼语）
Khak.	Khakas（哈卡斯语）	Uyg.	Uyghur（回鹘语）
Kirg.	Kirgiz（吉尔吉斯语）	Uzb.	Uzbek（乌兹别克语）
Koyb.	Koybal（科伊巴尔语）	Yak.	Yakut（雅库特语）
Kzk.	Kazakh（哈萨克语）		

［原载于《突厥语言学研究》（Turkic Languages）第1卷，1997年，第210—226页，英语。"The First Altinköl Inscription", Turkic Languages 1/2 s. 1997：210-226，Wiesbaden：Harras-sowitz Verlag.］

回鹘佛教中的八识

希纳斯·特肯（Šinasi Tekin）著

阿不都日衣木·肉斯台木江 译，吐送江·依明 校对

引言

佛教是印度重要的哲学体系之一，佛教教义认为：世界充满烦恼和苦难，万物皆由因缘而来，无一例外，连生死也遵守因果关系。佛教认为：生命是一个运动状态，任何现象具有三种本质：（1）转变；（2）烦恼和苦难；（3）无。关于尘世的这些观点是佛教生命哲学的判断标准，这样的判断会导致这样几个问题：生命可以解脱烦恼和苦难吗？如何解脱？具体的方法是怎样的？

摩揭陀（Magadhā）国王的儿子乔达摩（Gaumata）太子深感人生的苦痛与无常，于是至苦行林苦修六年。在苦修中他发觉只有拥有足够强的精神才能解脱烦恼与痛苦。在觉悟这一点之后，他入尼连禅河（Nairañjanā）沐浴，之后静坐于一棵大树之下冥想，在四十九日后的破晓时分，他豁然大悟，修成佛陀，自称如来。乔达摩总结出成佛的三个必需条件：（1）四谛；（2）十二因缘；（3）八正道。其中"十二

因缘"是佛教哲学重要的理论基础之一，虽然在后来的传播与发展过程中，"十二因缘"得到进一步充实，但都起源于乔达摩提出的"十二因缘"学说。

本文的重点与"十二因缘"密切相关，因此简单说明"十二因缘"是有必要的。"十二因缘"是自修自证得到真理的必要过程，它的内容如下：

1. 老死（Skr. jāra-māraṇa=Uyg. karımak-ölmek）[①]；

2. 生（jāti=togmak）；

3. 有（bhava=kılınč）[②]；

4. 取（upādāna=tutyak, tutyaklanmak）；

5. 爱（tṛṣṇā=az almır）；

6. 触（sparśa=teginmek）；

7. 受（vedanā=böritmek）；

8. 六入（ṣaḍ-ayatana-indriya=altı kačıg orunlar）[③]；

9. 名色（nāma-rūpa=at öng）[④]；

10. 识（vijñāna=bilig köngül）；

11. 行（saṃskāra=tavranmak）[⑤]；

12. 无明（avidyā=biligsiz bilig）。

此排序按照事物的产生顺序而编排。从理论上讲，因缘的形成排

[①] F.W.K.MÜLLER, Uigurca Ⅱ. Berlin 1910 13-14. s.; A. v. GABAIN, Alttürksche Grammatik, Leipzig 1950.266-267.s.; R.R.ART, Uygurlarda ıstılahlara dair, Tükiyat Mecmuası Ⅶ–Ⅷ.c.80-81.s.

[②] 另一个文本中"bolmak"；见 Altun yaruk 367, 14。

[③] 见 J.MASUDA, Der individualistische Idealismus der Yogacara-schule, Heidelberg 1926.11, s.

[④] 生物的这种状态也叫"复杂结构"。

[⑤] 另一个文本中"kılınč"；见 AY.367, 11。

序与上述排序吻合①。

公元100年左右，一位名叫伽曷树那（Nāgārjuna，龙树）的佛教论师的思想进一步发展了佛教哲学。他提出，缘起法的本质是空，世间的真相莫不依因待缘而起，所以真相是空无自性的。由此可见，伽曷树那因缘理论体现在人与世间万物的联系之中。按照这个说法，世界上任何事物（dharma=nom）的本质都是虚空的（śūnya=yok kurug②），它/他的存在只表现在他与另一个事物的联系，因而精神现象也是虚空的。伽曷树那指出："如世间万物的本质是空，那么来自外界的识也是空③"。

伽曷树那在研究了外界的结构后得出上述的结论。公元5世纪瑜伽行派有一名论师婆薮槃豆（Vasu-bandhu），他从外界的万物与精神世界的根源方面进行思考。他认为，如果"无"（外界与精神），那么通过感官可以达到真理的境界，它是最真实、最圆满的最高真理。他的结论推出第二个问题：这个"有"是真实还是真理的反相？他的回答是："外境本来并不存在，由于识生起的作用，外境转变成为心的对象，如同病目见空花。"也就是说，真正存在的只有"识"。

这个结论会推出第三个问题：什么是"识"？《唯识论》（Vijñaptimātratasiddhi）④中指出："识，一切认识与感知活动的综合。"也就是说，它就是辨别各种事物的官能活动。

大小乘佛教都承认"识"，阐释"识"之前，我们要弄清楚跟

---

① 见 E.FRAUWALLNER, Geschichte der Indischer Philosophie, Salzburg 1953. 1.c., 196.s。
② 见 M.WALLESER, Die Mittlere Lehre des Nagarjuna, Heidelberg 1911。
③ 见 J.MASUDA, 25.s。
④ 见 L.d.L AVLLEE POUSSIN 出版社版本。

"识"密切相关的另一个术语："法"（Skr. dharma=Uyg. nom törü）。在佛典中，法之用例极多而语意不一。即把法分为，1. 色蕴（Skr. skandha）；2. 处（Skr. āyatana）；3. 界（Skr. dhātu）①。其中的处是"托以生识"之意，指内六根（indriya=altı orun，kačıg）加外六境（viṣaya=altı atkangu），此又叫作"十二处"。六根是指生理学的全部范围，从六根接触而产生的判别力与记忆力上说，称为六识。他们之间的关系如下：

1. köz kačıg — öng orun = Skr. cakṣus-āyatana — rūpa
   眼   色、形

2. kulgak kačıg — ün sav = Skr. śrotra-ayatana — śabda
   耳   声

3. burunk kačıg — yıd yıpar = Skr. ghrāṇa-ayatana — gandha
   鼻   香

4. til kačıg — tatıg = Skr. jihva-ayatana — rasa
   舌   味

5. etüz kačıg — agır yinik = Skr. kāya-ayatana — sparśa
   身   触

6. köngül kačıg — nom törü = Skr. manas-ayatana — dharma②
   心   法

所以，六识是六根的操纵者，六根是六识用来接触六尘的工具，六根与六尘的共同参与产生六识。

1. köz bilig（眼识）= Skr. cakṣur-vijñāna

2. kulgak bilig（耳识）= Skr. śrotra-vijñāna

---

① 见 O.ROSENBERG，Probleme der buddhischen Philosophie，Heidelberg 1924. 133. s。
② 见 Altun Yaruk（AY）364，7 vd。

3. burun bilig（鼻识）= Skr. ghrāṇa-vijñāna

4. til bilig（舌识）= Skr. jihvā-vijñāna

5. etüz bilig（身识）= Skr. kāya-vijñāna

6. köngül bilig（意识）= Skr. mano-vijñāna

前五识，其实并没有先后，所以统称为"五识"，前五识是感识，感受具体对象。比如，眼对色与形[①]，生眼识[②]；耳对声，生耳识；鼻对香，生鼻识；舌对味，生舌识；身对触，即生身识。

第六识：排位第六的是"意识"或者"心识"（mano-vijñāna= köngül bilig），第六识与前五识颇有不同，别为一类，是人类的心灵结构中最重要的功能，第六识对过去法尘的分别妄想，理解为"感受想象的对象"[③]，此又叫作"外面的心"[④]。它和前五识一起，才能展现出自己的存在，因此，第六识依靠五官。没有抽象参与的情况下，五官帮助第六识感受色、形、声、触、味、香等外界世尘[⑤]。前五识是感识，感受具体对象，所以前五识相对独立。而第六识和前五识在一段时间内，一同接触到外面的种种境界[⑥]。比如说，眼识看见形象的东西，同时也有意识起着分别的作用，由于有意识的活动，使得眼识对于色境分别得更加清晰，而意识本身同时也通过它的"念"心把眼识所见的色境摄存下来，以便引起回忆分别。

第七识：瑜伽（yogācāra）行派提出第七识的存在，我们讨论第七

[①] 见 Sekiz yükmek, s.151。

[②] 见 AY.364, 8: körünčleyür。

[③] 在 Sekiz Yükmek 中，"心识"这样解释："köngli bilig yime turkaru adruk adruk alkïnčsïz törü sakïnur adïrar"（心识经常帮助理解、解释各种各样未形成的想象）。

[④] "外面的心"回鹘文叫"taštïn sïngarkï köngül", TT VI s.187。

[⑤] 见 J.NOBEL 54. s., 2.not。

[⑥] 见 JN 54. s., 2.not。

识之前看看下面的几个问题：第六识具有认识抽象概念的功能，但这个功能只有在人清醒时才能发挥作用。那么睡眠时间的思维活动怎么被控制？这时控制思维活动的就是第七识，第七识跟随至生命的最后一刻。第七识在回鹘文文献中出现形式如下：

1. adra atlıg bilig（分类的识）；

2. adra tigme köngül（分类的心）；

3. adra tigme bilig（分类的识）；

4. adıra tip tutuglı bilig（分类、抓紧的识）；

5. adra tuyuglı bilig（分类的、发觉的识）

6. … turguruglı bilig（…创造的识）。①

"识"在回鹘文献中有不同的名称，都是梵文中 adānā-vijñāna 的意译。上述所说，前五识不能够离开所依的五官，第六识也不能够离开第七识，"第七识能够将第六识与前五识区别开来"（adra bilig）。另外，第七识把前五识与第六识紧密联系到一起，所以它叫作"抓紧识"（tutuglı bilig）；第七识中隐藏"信念""意愿"，所以它叫作"发觉识"（tuyuglı bilig）；第七识的形成需要第六识的支撑，第七识形成后把前五识重新分类、发觉与创造。所以它又叫作"创造识"（turguruglı bilig）。

第七识的对象是什么？为解释此问题，瑜伽行派提出第八识。他们认为，前七识都属于第八识，第八识包含无量七识，包含万法。当人一旦死去，那么前六识随即随肉体死亡而消失，第七识随着六识的消失而消失，但第八识则不生不灭地流转，受业力牵引，寻找下一个

---

① Sekiz Yükmek, s.399-414.

载体，因缘和合则形成另一个众生，也就是世人所说的"轮回"①。

第八识：如果我们仔细观察自己的思维活动，许多想法或念头很快浮现在脑海中，然而马上就会消失。那么，这些想法或念头从哪里来？往哪里去？这就像戏剧中的角色，每一个角色演完自己的节目后，在幕后等候并准备下一个场景。想法或念头像思维活动中的角色，他们在完成自己的任务后，在脑海深处等待下次的浮现并被加工。瑜伽行派（yogācāra）引用这现象、想法或念头的隐藏处视为一个"识"。通俗地讲，这是一种无形的识，它包含前七识，而且它是思想活动的活跃源泉。因此它在回鹘文献中叫作"神识"（agılık koymso bilig）。

agılık koymso bilig，koymso agılık bilig=Skr. alaya-Vijñāna②

第八识的属性与任务可以这样解释：如果思维活动像一个海面，那么五官感受和潜意识波涛汹涌，每天巨浪滔天，变化无穷。前六识是波浪，第七识是水流，第八识就是大海，包容包纳一切。外界的所有想法、欲望（vasana=Uyg.?）和种子（bīja=Uyg.?）在第八识中保存③。梵文 vasana 的原意是指经过香料熏制的布上存留下来的香味，或未经烧制的花瓶土坯上散发的泥土芬芳，比喻事物的原质所残留的气味。就像这样，从外界来的想法与感受在思维活动中留下痕迹及保存，成熟后再次参与思维活动。这些想法与感受具有创造力，因此叫作"bīja"（种子）。

佛教认为，人的善行中的一种隐藏力量，决定人的重生，这种力

---

① J.MASUDA, 28.s. vd.

② 见 Sekiz Yükmek, 79.s。

③ 见 J.MASUDA, s.29。

量叫作"karman"（业）。这种力量和涅槃有着密切关系，并且自混沌初开以来就存在。"karman"把外界的感受重新加工后，创造思维活动。由此可见，vasana 与 karman 互补与并存。佛教的 karman 学说更像现代心理学的记忆。因为，记忆也会记录、保存并加工外界的感受[①]。

因为我们对外界感受不同，所以这些感受在记忆中的痕迹也不同。因此，佛教把外界感受分成三类：

1. "意识"。

这一组也可分两个成分：（1）观想；（2）意义。

外界的感受跟某种对象接触之后形成感知；首先给外界的感受起名，然后论述并形成意义。可是全部感受不一定形成意义，因为有些感受不会提升。具有命名或者可论述的感受都会被思维保存。观想指的是没有被命名的、没有被提升的感受。瑜伽行派（yogācāra）认为，前五识形成观想；但意义因第六识的参与而形成[②]。

2. "我识"。

第七识乃是一个内在的、深藏的、无间的自我中心，没有第七识思维活动无法运转。跟观想密切相关第七识也分两类：

（1）先天的识；（2）观想所创造的识。

3. "藏识"。

存在的原因指的是与功德有关的观想，功德分成福德与阴德。

总之，外界对我们的影响，用上述三种范畴之一来完成。

第八识中，种子形式的感受来自外界，可是佛教中拒绝世界的永恒性及其提倡虚无。因此前七识在思维活动中起重要作用。另外名叫

[①] 见 J.MASUDA, s.30。

[②] 见 J.MASUDA, s.31。

samudācāra 的这些感受在第八识中以种子形式存在并产生各种事物。如此看来可以得到以下结论：

1. 种子可产生各种事物；

2. 各种事物也能产生种子。

关于种子，佛教有不同的说法，下面四个句子可以把这些说法联系起来：

"所有的想象在神识中保存。"

"识也在想象中保存。"

"识与想象的互相作用产生某种结果。"

"识与想象可当成彼此的因。"①

瑜伽行派拒绝外界与精神的存在，但他们不拒绝"识"，而且相信"识"能够帮助万物提升到涅槃。因此，回鹘文献中有"错误识"②记载：

bu sekiz türlüg yangluk biligin arıtu usar, inče bilgey ukgay ol tınlıg bu sekiz türlüg köngül bilig ičinteki yangluk sakınč tözi yıltızı alku yok kurug ermıš.

译：如果这八种识能够改变，可以看到错误的八种识的根也是空或虚。

佛教的有些学派认为，第八识与永恒的真理联系到一起，但是他们基本上不承认第八识。

佛教中"因果"的地位非常重要，瑜伽行派把外界的感受和想象联系之后，提出第八识。外界的感受由第六识和第七识的参与组织思

---

① 见 J.MASUDA, s.38。

② Sekiz yükmek, 第 400 行。

维，在第八识中留下的痕迹，这些痕迹跟其他因素结合到一起创造外界。无头无尾的永恒世界就此形成。

结语

在这个小报告中，笔者试图展示了瑜伽行派哲学家关于不同意识模式的理论，并特别参考了回鹘语文本。

我们从佛陀，或者说从最古老的佛教文献中了解到对经验世界和灵魂的否定，传统上把这些文献归于释迦牟尼佛。然而，后来大乘教义的代表坚持认为，至少要根据我们的感官来假设外部世界的存在。因此，您发问：那么这个外部世界是如何产生的？这个问题的答案是八识。前五种识，如眼识、耳识等，之后是第六识（mano-vijñāna =回鹘语的köngül'心'）。它运行至五种意识形态，并产生了它们；但在第六识里面还没有辨别能力。只有第七识能区分颜色和声音，因此在回鹘语中被称为"区分"（adra），其中有一个"意志"，从中产生一个"创造"，因此它的另一个名字是"创造"（turguruglı）。

第八识（ālaya-vijñāna =回鹘语 agılık koymso bilig），顾名思义，被称为"记忆识"。经验世界在这个意识中留下痕迹，就像种子一样，反过来，经验世界就是从这里产生的。因此，我们可以把这种意识称为经验世界的原始来源。

对于救赎来说，这些类型的识形成了巨大的障碍，这就是为什么回鹘语文本称它们为"八重误会之识"。

参考文献

1. Altun Yaruk, Radloff- Malov, nešri, St.Peterburg 1913. —čincesi: J. NOBEL, I-tsing's chinesische Version, I.c.Leiden, 1958: LXIII+s.422.

2. R.R.Arat, Uygurlarda istilahlara dâir, Türkiyat Mecmuasi VII- VIII, s.56-81.

3. W. Bang, A. v. Gabain, G. R. Rachmati, Sekiz Yükmek(Tüekische Turfan Text VI), Berlin, 1934: s.102.

4. E. Frauwallner, Geschichte der Indischen Philosophie I.c., Salzburg, 1953: s.495.

5. J. Masuda, Der individualistische Idealismus der Yogacara- Schule, Versuch einer genetischen Darstellung, Heidelberg, 1926: s.76.

［原载于 Şinasi TEKİN，（2014），Felscfc Arkivi，Cilt 0，Sayı 14，1963，97—107，土耳其语。］

古代突厥语文献中的吐蕃

阿尔汗·阿伊登（Erhan Aydın）著
索南才旦 译，吐送江·依明 校对

古代突厥鲁尼文碑铭不但提供了关于古突厥部落的信息，还证实了操突厥语族语言的民族和政权对本土与邻近地区的占领。在其他民族的文献中自然也可了解到这些人本族的名称或跟他们有关的其他信息。在古突厥碑铭中，代指朝鲜或其国家与人民的 bükli、代指布哈拉国人民的 buqaraq uluš、代指阿瓦尔人或波斯人的 apar 或 par 和代指罗马帝国的 purum 等诸如此类的部落或民族的名称已有丰硕的研究成果。然而关于这些名称的争论还在继续，或许还会维持一段时间。

在古突厥碑铭文献中，吐蕃一词既指民族也指政权。本文除了探讨古突厥语文献所载吐蕃名称及其词汇 bölün 以外，还涉及居于叶尼塞地区的古突厥诸部落与吐蕃的关系。

一、古突厥语文献中的吐蕃

1. 古突厥碑铭文献中的吐蕃

吐蕃这一名称以 töpöt 的形式见于古突厥鲁尼文碑铭中。众所周知，由于圆唇元音的灵活性及其可发出两种音的事实，该词可读作 töpüt 或 tüpüt。töpöt 一词见于阙特勤碑、毗伽可汗碑以及两通叶尼塞碑中。以下为该词在上述碑文的出处：阙特勤碑南面第 3 行；阙特勤碑东面第 4 行；阙特勤碑北面第 12 行；毗伽可汗碑北面第 3 行；毗伽可汗碑东面第 5 行；Altın-Köl II（E29），7；Eerbek II（E149），6。

阙特勤碑南面第 3 行：bergärü toquz ärsinkä tägi sülädim töpötkä kičig tägmädim "我征战到了南边的 Toquz Ersin，几乎到达吐蕃。"[1]

阙特勤碑东面第 4 行：tawγač töpöt par purum qïrqïz üč qurïqan "唐人、吐蕃人、波斯人、罗马人（拜占庭人）、黠戛斯人、三姓骨利干人。"[2]

阙特勤碑北面第 12 行：töpöt qaγanta bölün kälti "从吐蕃可汗处来了伦。"[3]

毗伽可汗碑北面第 2—3 行：bergärü t[oquz]（3）ärsinkä tägi sülädim töpötkä kičig tägmädim "我征战到了南边的 Dokuz Ersin，几乎到达吐蕃。"[4]

毗伽可汗碑东面第 5 行：[t]awγač töpöt par purum qïrqïz üč qurïqan "唐人、吐蕃人、波斯人、罗马人（拜占庭人）、黠戛斯人、三姓骨利

---

[1] Aydın, E. *Orhon Yazıtları*, *Köl Tegin*, *Bilge Kağan*, *Tonyukuk*, *Ongi*, *Küli Çor.* istanbul：Bilge Kültür Sanat，2017：p.47.
[2] Aydın, E. *Orhon Yazıtları*, *Köl Tegin*, *Bilge Kağan*, *Tonyukuk*, *Ongi*, *Küli Çor.* istanbul：Bilge Kültür Sanat，2017：p.52.
[3] Aydın, E. *Orhon Yazıtları*, *Köl Tegin*, *Bilge Kağan*, *Tonyukuk*, *Ongi*, *Küli Çor.* istanbul：Bilge Kültür Sanat，2017：p.68.
[4] Aydın, E. *Orhon Yazıtları*, *Köl Tegin*, *Bilge Kağan*, *Tonyukuk*, *Ongi*, *Küli Çor.* istanbul：Bilge Kültür Sanat，2017：p.75.

干人。"①

Altın-Köl II（E29），7：är ärdäm üčün töpöt qanqa yalawač bardïm kälmädim "出于男子汉的勇气，我作为使节去了吐蕃可汗处，却未还乡。"②

Eerbek II（E149），6：töpöt üpädä? birkä tükändim ä "我会死在吐蕃吗？（或是我的）家乡？"③

正如上述所见，除了 Eerbek II 碑东面第149行的例子以外，其他都以 TWPWT（𐰚𐰇𐰯𐰇𐱅）的形式出现。在 Eerbek II 碑文中，唯一省略的是第二个元音 W（𐰚𐰯𐰇𐱅）。在该碑的末行第6行，Kormushin 将 töpöt üpädä? birkä tükändim ä 这一句的第一个单词读作 töp töpädä。笔者认为该字读作 töpöt（吐蕃），并且像这样的短语可反映在笔者所研究的叶尼塞碑铭中。④无论如何，当对比 töpöt 一词的其他使用时，笔者发现其最后音节中的元音被省略了。

2.回鹘文文献中的吐蕃

吐蕃这一族名亦见于回鹘语文献中，学者们认为其拼法有两种不

---

① Aydın, E. *Orhon Yazıtları*, *Köl Tegin*, *Bilge Kağan*, *Tonyukuk*, *Ongi*, *Küli Çor*. istanbul：Bilge Kültür Sanat, 2017：p.81.
② Aydın, E. *Yenisey Yazıtları*. Konya：Kömen, 2015：p.85.
③ Aydın, E. *Yenisey Yazıtları*. Konya：Kömen, 2015：p.177.
④ Aydın, E. *Yenisey Yazıtları*. Konya：Kömen, 2015：p.177.

同的形式，即 töpüt 和 tüpüt。[①]

3.喀喇汗王朝文献中的吐蕃

喀喇汗王朝的语言是一种源自古代突厥语时期的书面语言。关于这一时期，有必要列出麻赫默德·喀什噶里（Mahmud Kashgarî）《突厥语大词典》、玉素甫·哈斯·阿吉甫（Yusuf Has Hacib）《福乐智慧》和阿迪甫·阿赫买特（Edib Ahmed）《真理的入门》等著作。下文将指出这些著作中关于吐蕃的信息。

《突厥语大词典》："吐蕃（tüpüt），居于突厥地区的一个大部落。在他们那个地区发现了麝，而麝香就是从麝的肚脐割下来的。吐蕃人是一位名叫 Ṭābit 的人的后裔。他原是也门人，因犯了罪，所以畏罪乘船潜逃到了 Ṣīn。他喜欢这个地方，便定居下来了。后来，他的子孙繁衍，占据了突厥人的居地一千五百法尔萨赫。"该地东接 Ṣīn，西接克什米尔，北邻回鹘，南连印度洋。他们的语言受阿拉伯语的影响，把"母亲"叫作"uma"，把"父亲"叫作"aba"。[②]在《福乐智慧》与《真理的入门》中，未曾提及或出现关于吐蕃的信息。

[①] tüpüt 一词见：Caferoğlu, A. *Eski Uygur Türkçesi Sözlüğü*. istanbul：Enderun，1993：169；tüpütčä 一词见：Kara, G., Zieme, P. *Die uigurischen Übersetzungen des Guruyogas "Tiefer Weg" von Sa-skya Paṇḍita und der Mañjuśrīnāmasaṃgīti*. Berlin：Akademie Verlag，1977：58；"tüpüt til-intin uyɣur tilingä ävirtim"这一句见回鹘文《金光明经》30/8-9（Kaya, C. *Uygurca Altun Yaruk. Giriş, Metin ve Dizin*. Ankara：Türk Dil Kurumu，1994：72，749）；"tüpüt til-intin uyɣur tilingä ävirtim"一句见：Kasai, Y. *Die Uigurischen Buddhistischen Kolophone*. Turnhout：Brepols（Berliner Turfantexte XXVI），2008：87，207。此外，请参见 Zieme, P. "Some Notes on the Ethnic Name Taŋut (Tangut) in Turkic Sources". I. F. Popova (ed.)：*Тангуты, в Центральной Азии. Сборник статей в честь 80-летия профессора Е. И. Кычанова*. Moskva：Izvadel'skaya Firma，2012，pp. 461-68。

[②] Dankoff, R., Kelly, J. *Compendium of the Turkic Dialects*. Part. I. Cambridge：Harvard University，1982：179。另与以下文章对比，Ercilasun, A. B., Akkoyunlu, Z. *Kâşgarlı Mahmud, Dîvânu Lugâti 't- Türk*. Ankara：Türk Dil Kurumu，2015：152。

二、古突厥碑铭文献中的吐蕃及其词汇

吐蕃一词源于藏文文献中的 *bod* 一词的这一观点虽被普遍接受[1]，但这一观点还是受到了众多学者的质疑。*bod* 一词在唐代汉语中被记作"蕃"，而且那时还出现了以"吐蕃"为其名称的形式。巴赞（L. Bazin）与哈密屯（J. Hamilton）二位[2]把吐蕃一词读作 *töpät*，该音被古突厥文文献所证实，且这一书写形式还见于哈剌巴剌哈逊三语碑文。*töpöt* 这一名称在近期出版的哈剌巴剌哈逊 I 碑中未曾出现[3]。克劳逊（Clauson）认为，这一名称不是以首领的形式出现的，无论如何我们已知该词的拼法为 *tüpüt*[4]。兰司铁（Ramstedt）[5]在卡尔梅克语言中引其为 *tüud*，并表示 *tübüd* 或 *tübed* 为其古老的形式[6]。

贝利（H. W. Bailey）[7]指出，吐蕃一词来自形容"*toɣut*"或

---

[1] Scharlipp, W.-E. "China and Tibet as Referred to in the Old Turkish Inscriptions". *Diogenes* 43 (3), 1995: 48.

[2] Bazin, L., Hamilton, J. R. "L'origine du nom Tibet". E. Steinkellner(ed.): *Tibetan history and language*, Studies dedicated to Uray Géza on his seventieth birthday, Arbeitskreis für Tibetische und Buddhistische Studien. Wien: Arbeitskreis für Tibetische und Buddhistische Studien, Universität Wien, 1991: p.11-17.

[3] 与以下文章对比，Aydın, E. *Uygur Yazıtları*. istanbul: Bilge Kültür Sanat, 2018: p.66-70。

[4] Clauson, G. *An Etymological Dictionary of Pre-Thirteenth-Century Turkish*. Oxford: Oxford University, 1972: 420a-b & 611a。

[5] Ramstedt, G. J. *Kalmückisches Wörterbuch*. Helsinki: Lexica Societatis Fenno-Ugricae III, 1935: 417。

[6] 请参见 Radloff, W. *Die alttürkischen Inschriften der Mongolei*. St-Petersburg, 1895: p.131; Räsänen, M. *Versuch eines etymologischen Wörterbuchs der Türksprachen*. Helsinki: Lexica Societatis Fenno-Ugricae XVII, 1, 1969: p.506; Nadelyaev, V. M., Nasilov, D. M., Tenishev. R., Sçerbak, A. M.. *Древнетюркский Словарь*. Leningrad: Akademiya Nauk SSSR, 1969: p.598。

[7] Bailey, H. W. "Ttāgutta". *Bulletin of the School of Oriental and African Studies* 10 (3), 1940, pp. 604-605.

"togut"的外来词，在粟特文中的形式为 twp'wt，中古波斯文为 twpyt，阿拉伯文和波斯文为 tubbat，叙利亚文为 twpty-，梵文为 bhoṭa，于阗文为 ttāgutta，后者以 toγut 或 togut 为其原生形态的外语。尽管如此，该词不可能是 tagut。贝利试图将该词同 tangut 连接起来，后者亦见于古代突厥文碑文。他指出 tāha'tta 和 tâha'tta 形式的于阗文可同梵文 bhoṭa 对比，并提议 toγut 或 toxat 同古突厥文 töböt 对比的同时，上述 toγut 的形式或可演变为像 towut<tobot 的形式。

哈密屯（J. Hamilton）[1]不相信 tibät 这一名称源于读作 töpät 的古突厥文或阿尔泰语，并表明他确实没有采纳贝利读作 töböt 形式的建议。他建议 Ttāgutta 一词应为 tongra，即汉语中的党项或唐古，而不是 töböt 或 töböt。对吐蕃名称的一个有趣的词源学提议是 tüpü+t：tüpü'高地'++t：古突厥语复数附加成分，此类名称被用于表明吐蕃为高原地区[2]。töpö 或 tüpü 本义为"山丘"而不是"高山"，这一事实向其假设提出了挑战[3]。

另外，多尔（R. Dor）[4]尝试推断吐蕃这一名称来自于 *töpä+n/ 或 töpä+t 的形式，并指出该名称通过粟特人传到波斯语和阿拉伯语中。

---

[1] Hamilton, J. "Nasales instables en turc khotanais du Xe siècle". *Bulletin of the School of Oriental and African Studies* 40(3)，1977：519-520.

[2] Scharlipp, W.-E. "China and Tibet as Referred to in the Old Turkish Inscriptions". *Diogenes* 43(3)，1995：48.

[3] Aydın. E. *Eski Türk Yer Adları*. istanbul：Bilge Kültür Sanat, 2016：149-151。关于吐蕃这一名称请参见 Eren, H. "Coğrafî Adların Etimolojik Sözlüğü". *Türk Dili Araştırmaları Yıllığı Belleten* 2003(II)，2005：182-183, Chirkova, K. "Between Tibetan and Chinese：Identity and language in Chinese South-West". *Journal of South Asian Studies* 30(3)，2007：410; Aydın, E. *Yenisey Yazıtları*. Konya：Kömen, 2015：86 和 177。

[4] Dor, R. "Une pomme turke dans un jardin tibétain ?". *Revue d'Etudes Tibétaines* 30，2014：32-33.

作者指出，由于词中有复数附加成分+t，所以 *töpät* 一词意为"所有山峰形成吐蕃"。

bölün 一词是见于古代突厥鲁尼文碑文的藏语。包括阙特勤碑北面第12行在内的该词都以 𐰇𐰠𐰆𐰋 的形式刻于碑面。第二音节中的元音省略使其读音为 *bölün/bölön* 或 *bölän*。众所周知，该词被大多数学者读作 *bölün*。沙尔立普（Scharlipp）[①] 倾向于 *bölän* 这一读法。现已知该词源于藏文 *blon*，是一个高级别的头衔，可理解为"代表吐蕃的高级官员"。确切地说，*töpöt kaɣanta bölün kälti* "从吐蕃可汗处来了论"[②]其中的访问者代表吐蕃统治者是无疑的。

在耶司克词典（H. A. Jäschke's dictionary）中[③]，以动词 *blon* 的形式出现："建议""进谏""安排"以及"倾听"。以 *blón-po* 为其构词的词义被定为"官员"和"大臣"。在萨拉特·钱德拉·达斯（Sarat Chandra Das）所编《英藏词典》中[④]，*on* 一词被解释为"建议，劝告"，如在 *blon-ḥdebṣ-pa* 和 *ḥbebṣ-pa* 中被解释为"建议，进谏；教令"，也可据此理解为"作出安排"。因此我们可以断定，阙特勤葬礼上的是一位吐蕃统治者的顾问。

---

① Scharlipp, W.-E. "China and Tibet as Referred to in the Old Turkish Inscriptions". *Diogenes* 43（3），1995：50.

② Aydın, E. *Orhon Yazıtları, Köl Tegin, Bilge Kağan, Tonyukuk, Ongi, Küli Çor.* istanbul：Bilge Kültür Sanat, 2017：68，关于藏文 blon 见 Aydın, E. "Eski Türk Yazıtlarındaki Bazı Yabancı öğelerin Yazımı çerçevesinde Eski Türk Yazıtlarının Yazımı Üzerine Notlar". *Turkish Studies, International Periodical For the Languages, Literature and History of Turkish or Turkic* 3（6），2008：p.101.

③ Jäschke, H. A. *A Tibetan-English Dictionary.* Compact Edition. Kyoto：Rinsen Book Company，1985：p.385.

④ Sarat Chandra Das, Rai Bahadur. *A Tibetan-English Dictionary with Sanskrit Synonyms.* Calcutta：Published by the Bengal Secretariat Book Depôt，1902：p.905.

三、古代突厥与吐蕃的关系

除古代突厥语碑铭文献中的 *bölün* 一词是藏语以外，比较引人注意的问题还有古代突厥人与吐蕃人之间的接触。阿拉伯人对中亚腹心地区的入侵和公元751年在怛罗斯的胜利，促进了他们在丝绸之路上的影响。因此，可以这样说，在贸易上，阿拉伯与吐蕃商人同他们的对手唐人相比更突出，也就是说，阿拉伯与吐蕃商人优越于其对手唐人。据称，每三年就有一队20~24头骆驼在内的商队，带着印织物从哈里发的管辖地来到米努辛斯克盆地[①]。

显然，将蒙古高原第二突厥汗国时期所立碑文与两通叶尼塞碑文中的吐蕃相比，在叶尼塞碑文中遣使的吐蕃与叶尼塞地区的古突厥部族之间的关系更为重要。巴赞[②]根据Altın-Köl II碑东面（29）第7行：är ärdäm üčün töpöt qanqa yalawač bardïm kälmädim "由于男子汉的勇气，我作为使节去了吐蕃可汗处，我未还"一句，提出了这通关于黠戛斯与吐蕃关系的碑很有可能立于公元840年至846年。因此，基于碑文中的主人公出使吐蕃这一事实，或许可以这样说，叶尼塞——位于南西伯利亚的古突厥部族同吐蕃在政治和经济上都有关联。然而，他没有回来，或许死在吐蕃了。

四、结语

本文中探讨的一个主题是以鲁尼文所刻古代突厥语碑铭文献中的

---

① Gumilëv, L. N. *Eski Türkler.* Turkish tr.：D. A. Batur, istanbul：Selenge, 2002：464.

② Bazin, L. *Les systemes chronologiques dans le monde Turc ancien.* Budapest：Akadémiai Kiadó, 1991：95-96.

tibät这一名称，以及见于那些碑文中唯一的藏文词汇 *bölün*。对于后者的结论是，冠以 *bölün* 头衔的这位来者为吐蕃统治者的顾问或参事。在本文中提及的另一个问题是，古突厥语规则可以解释该藏文词汇。除 tibät 这一名称和唯一的藏文词汇 *bölün* 以外，本文探讨的另一个重要问题是，古代突厥诸部落与吐蕃之间的关系体系，尤其是根据叶尼塞地区的碑文，入蕃使者可以作为居于叶尼塞地区的古突厥部落与吐蕃之间关系密切且最重要的理由及其证据。

参考文献

1. Aydın, E, Eski Türk Yazıtlarındaki Bazı Yabancı Öğelerin Yazımı Čerčevesinde Eski Türk Yazıtlarının Yazımı Üzerine Notlar, Turkish Studies, International Periodical For the Languages, Literature and History of Turkish or Turkic 3(6), 2008: 96-108.

2. Aydın, E., Yenisey Yazıtları, Konya: Kömen, 2015.

3. Aydın. E., Eski Türk Yer Adları, İstanbul: Bilge Kültür Sanat, 2016.

4. Aydın, E., Orhon Yazıtları, Köl Tegin, Bilge Kağan, Tonyukuk, Ongi, Küli Čor. İstanbul: Bilge Kültür Sanat, 2017.

5. Aydın, E., Uygur Yazıtları, İstanbul: Bilge Kültür Sanat, 2018.

6. Bailey, H. W., Ttāgutta, Bulletin of the School of Oriental and African Studies 10(3), 1940: 599-605.

7. Bazin, L., Hamilton, J. R. L'origine du nom Tibet, E. Steinkellner (ed.), Tibetan history and language, Studies dedicated to Uray Géza on his seventieth birthday, Arbeitskreis für Tibetische und Buddhistische Studien, Wien: Arbeitskreis für Tibetische und Buddhistische Studien, Universität Wien, 1991: 11-17.

8. Bazin, L., Les systemes chronologiques dans le monde Turc ancien. Budapest: Akadémiai Kiadó, 1991.

9. Chirkova, K., Between Tibetan and Chinese: Identity and language in Chinese South-West, Journal of South Asian Studies 30(3), 2007: 405-17.

10. Dankoff, R., Kelly, J., Compendium of the Turkic Dialects, Part. I, Cambridge: Harvard University, 1982.

11. Dor, R., Une pomme turke dans un jardin tibétain? Revue d'Etudes Tibétaines 30, 2014: 31-46.

12. DTS = Nadelyaev, V. M., Nasilov, D. M., Tenishev. R., Sčerbak, A. M.. Древнетюркский Словарь. Leningrad: Akademiya Nauk SSSR, 1969.

13. ED = Clauson, G., An Etymological Dictionary of Pre-Thirteenth-Century Turkish. Oxford: Oxford University, 1972.

14. Ercilasun, A. B., Akkoyunlu, Z., Kâşgarlı Mahmud, Dîvânu Lugâti't-Türk, Ankara: Türk Dil Kurumu, 2015.

15. Eren, H., Coğrafî Adların Etimolojik Sözlüğü". Türk Dili Araştırmaları Yıllığı Belleten, 2003(II), 2005: 171-86.

16. EUTS = Caferoğlu, A. Eski Uygur Türkčesi Sözlüğü. İstanbul: Enderun, 1993.

17. Gumilëv, L. N., Eski Türkler, Turkish tr.: D. A. Batur, İstanbul: Selenge, 2002.

18. Hamilton, J., Nasales instables en turc khotanais du Xe siècle, Bulletin of the School of Oriental and African Studies 40(3), 1977: 508-21.

19. Jäschke, H. A., A Tibetan-English Dictionary, Compact Edition, Kyoto, Rinsen Book Company, 1985.

20. Kara, G., Zieme, P., Die uigurischen Übersetzungen des Guruyogas "TieferWeg" von Sa-skya Paṇḍita und der Mañjuśrīnāmasaṃgīti, Berlin: Akademie Verlag, 1977.

21. Kasai, Y., Die Uigurischen Buddhistischen Kolophone. Turnhout: Brepols, [Berliner Turfantexte XXVI], 2008.

22. Kaya, C., Uygurca Altun Yaruk, Giriš, Metin ve Dizin. Ankara: Türk

Dil Kurumu, 1994.

23. Radloff, W., Die alttürkischen Inschriften der Mongolei, St-Petersburg, 1895.

24. Ramstedt, G. J., Kalmückisches Wörterbuch, Helsinki: Lexica Societatis Fenno-Ugricae III, 1935.

25. Sarat Chandra Das, Rai Bahadur, A Tibetan-English Dictionary with Sanskrit Synonyms, Calcutta: Published by the Bengal Secretariat Book Depôt, 1902.

26. Scharlipp, W.-E., China and Tibet as Referred to in the Old Turkish Inscriptions, Diogenes 43(3), 1995: 45-52.

27. VEWT = Räsänen, M., Versuch eines etymologischen Wörterbuchs der Türksprachen. Helsinki, Lexica Societatis Fenno-Ugricae XVII,1, 1969.

28. Zieme, P., Some Notes on the Ethnic Name Taŋut (Tangut) in Turkic Sources, I. F. Popova (ed.), Тангуты, в Центральной Азии. Сборник статей в честь 80-летия профессора Е. И. Кычанова. Moskva: Izvadel'skaya Firma, 2012: 461-68.

（原载于《藏学研究》Revue d'Etudes Tibétaines，2018年，第90—97页。英文。）

胜光阇梨和回鹘人的翻译机制[1]

克劳斯·罗本（Klaus Röhrborn）著
宋博文 译，吐送江·依明 校对

胜光阇梨（Šiŋko Šäli）（或胜光法师）作为翻译汉语文书的回鹘语译者，很早就引起了吐鲁番文书研究者的注意，且至今能与其比肩者只有一人。但是令人瞠目的不止于此，其译文的数量和规模尤其发人深省。

在回鹘语《玄奘传》中，同一个汉语词组有时会出现完全不同的回鹘语译文：汉语词"轮奂"（意为"庄严的，辉煌的"，用来形容较大型建筑物）的释义不少于4种：（1）čäkür "塔顶"（HT VIII 1516）（2）čäkür etigi "塔顶的装饰"（HT VII 971）（3）ediz körklä čäküri "它那高大的、美丽的塔顶"（HT VIII 2110-11）（4）čäküri ärtiŋü körklä yaltrıyur "它的塔顶光彩夺目"（HT VIII 1856-60）。这绝非该文本中的个例。我们可以通过这样的设想来解释词语对应的多样性以及对汉语文

---

[1] 文中未予说明的缩略符号，参见 K. Röhrborn：*Uigurisches Wörterbuch. Sprachmaterial der vorislamischen Texte aus Zentralasien.*（Wiesbaden 1977, pp. 13-33）的参考文献（包括第2—5册的补充书目）。

本理解程度的差异性：虽然在题记中只有胜光法师被记作译者，但在翻译工作中有众多人手。因而，胜光法师很可能不是独自一人工作，而是和众多且不固定的合作者一起工作的，即当时有一个翻译团队。

我们能想到的实例就是福克司（Walter Fuchs）展示给我们的中国僧人译经活动中的翻译团队：通常来说，译经者只能掌握足够程度的原文本语言（即源语言）或者译文语言，所以必须建立翻译团队，以便精通这两种语言的专家在团队中通力合作。这样一个团体的核心人物通常是精通原文本语言的专家，正如福克司所述，此人职务名为"执本"，唐宋时称"译主"，有主编之权。他给团队朗诵要翻译的文本，并对其进行解释。"译语"（职务名）是实际上的译者，在团队中只扮演第二位的角色。即便是译语也通常只负责原文语言，但是译语也可以只负责译文语言。在理想情况下，如果执本熟练掌握译文语言，二者职能可以同时进行，执本也是译语。此外，此类团队可能还包括录写者（笔受）和校对者（校勘）。[①]

回鹘语《玄奘传》很可能也是一个翻译团队的产物。译文本身就有多种证据证明：（A）部分译文是作为集体翻译中间环节的谐音转录文本，即（1）用汉字做语音转写的多余部分。我们知道宋代以来，把印度语言翻译成汉语时，首先要根据译主（即执本）的朗诵把印度语言用汉字进行语音转写，另一个合作者就"将转写的印度语言的汉字语音写下来并据此写成汉语语句"[②]。

同样，将汉语翻译为回鹘语时可能也要把汉语文本进行语音转写。我们知道，柏林收藏品中有一本完整的小册子，它是元代时对于

[①] 以上内容根据 Fuchs, pp. 86-88 所述；亦可参见 Held, pp. 82-84。
[②] Fuchs, p. 101.

汉语的语音转写①，卡拉（Georg Kara）计划对其进行研究并在不久前刊布了几份样本。毫无疑问，这样的转录对于熟悉汉语口语但不熟悉汉语书面语的译者，即对我们案例中精通回鹘语这一目标语言的人来说，并非没有意义。

回鹘语《玄奘传》第八卷里有两处给人的印象是：虽然汉语文本的语音转写已经翻译成了回鹘语，但是这些转写仍保留在终校版本里。第 1489~1490 行的 tapıgı yaramıš ši-čuŋ tasoikau atl(ı)g bäg 与汉语"侍中崔光"相对应②。tasoikau 对应回鹘语的崔光之名。tapıgı yaramıš "适合他的职务的"可看作是官名"侍中"的翻译。这样的话对于这一官名的谐音转写 ši-čuŋ 则是多余的。在《玄奘传》同一章节中，第 1537~1539 行的 tsag baglıg tunlii süen han y(a)rlıgın kälürdi inčä tep 对应汉文"崔敦礼宣敕曰……"③。tsag baglıg tünlii 对应崔敦礼的名字，han y(a)rlıgın kälürdi inčä tep "带来汗的敕令说道"对应汉文"宣敕曰"。süen 是多余的，它是对汉文"宣"的语音转写。

所以我们假设，译者首先对汉文文本进行语音转写，并用回鹘语的词汇对转写的文本进行逐词替代。tasoikau 和 tsag ... tunlii 这些名字是后来从转写的文本抄录到翻译的文本中去的，在此过程中，无意中夹杂了邻近的字词，即已经翻译过的 ši-čuŋ 和 süen。

（2）第八卷第 1550 行的一处翻译错误也表明，存在一个起媒介作用的转写文本。汉语版的这部分文本里 li bu 接连出现了两次。第一次出现的 li bu 汉字写为"吏部"，即任命官吏的部门，第二次出现的地方

---

① Kara, p. 129 及其以下内容。
② Cien VIII, p. 266 a 24.
③ Cien VIII, p. 266 b 4-5.

对应的汉字是"礼部",即司礼部门。回鹘文本在两处都写为 törö bölöki"司礼部门(执掌礼乐的部门)",这和第1550行的内容不相符。此处正确的翻译本来应该是"任命官吏的部门"。将"吏"和"礼"两个汉字相混淆显然是不可能的,因为这两个字是完全不同的,所以或许可以推测,这两处都是译者用语音转写的 li bu 进行翻译并都认成"礼部",从而产生错误。

(B)文本部分存在重复也表明翻译之后还进行了对文本再次审核的工作。茨默(Peter Zieme)已经看出,第五卷的一个片段是由于疏忽未经删去的翻译初稿。这段内容是关于于阗国文字的:"文字,远遵印度,微有改耳。"这段文字在回鹘语版本里起初被相当机械地逐字翻译为:[už]ikı[1] bitigi ırakta [ä]n(ä)tkäk užikın agırlayurlar yagukta öz užikların tutar"就他们的字母和文字而言,他们在远方尊崇印度的文字,他们在近处保持着自己的文字"。如果这句话果真有意义的话[2],它的意思可能是说,在于阗使用着两种文字系统,一种用于对外通信,另一种用于对内[3]。所以说,这与底本的意思也不相同,但回鹘语版本中,接下来的内容是对同一汉语片段准确的意译:öz užikları ymä änätkäkčäsig ök ärip inč[ip][4] yänä ančak(1)ya tägšilür"尽管[5]他们的文字与印度的十分相似,但还是有一些不同"。很明显,在这项工作中有校

---

[1] 补充内容 už 一定是位于前面的一行。行首没有足够的空间添加茨默建议的内容(Zieme 1992, p. 356)。

[2] 如果根据茨默对这段话的翻译来判定,他显然认为这个句子没有意义(Zieme 1992, p. 353)。

[3] 吐古舍娃(Ju. Tuguševa)首刊本对于此处的理解亦同(请参见 Zieme 1990, p. 76)。

[4] inčip yänä 在表示对立意义的情况下使用更为常见(例如 Suv 371, 9; TT VI 17; U II 5, 2),而茨默补充的 inčä yänä(Zieme 1992, p. 352),没有证据能够证实。

[5] ärip 经常有表示让步的含义。

勘（校对者），他们可能是以批注的形式来标注正确内容的。"笔受（录写者）"抄录了批注的内容，但没有将错误的内容删去。此处我们还发现团队中另一个成员即"证义"工作的痕迹[1]。

基于上述情况，胜光法师可能不是理想中兼通汉语和回鹘语的译师，一切都表明，他在团队中扮演的是"译主"的角色。由此可见，胜光法师很可能不是回鹘人，他的名字似也可以证实这一点[2]。所以说，回鹘语并不是这位团队智囊核心人物的母语，据此就不难理解回鹘语《玄奘传》在形式和内容上的严重缺陷了。即便是掌握整个团队共创作品的译主，也不能说这个回鹘语版本的译文是他的一人之功。因为这样的译者会将他不理解的地方重新释义，或者将其省略，所以对比胜光法师名下译文作品的翻译风格是徒劳无用的。译文的风格和质量很可能有巨大的变化，因为必须要考虑到胜光法师是与不同的团队以及不同的"译语"合作的。

同时，胜光法师的谜团我们还没有解开。我们已经谈到，他可能是汉人出身。哈密屯（James Hamilton）已经认识到这一点，同样，名号šäli的来源也要追溯到汉语"闍梨"，它是梵语名号阿闍梨（ācārya）的缩略形式[3]。

根据我们所知道的证据，šäli在回鹘语中似乎并非宗教等级制度中的高阶职位，而是直指僧侣。因此，回鹘语版《玄奘传》的译者没有把回鹘词语šäli翻译为汉语的"闍梨"：汉语版《玄奘传》中只有三藏法师本人以"闍梨"的身份为杰出的尼师宝乘（音译Baocheng）受具

---

[1] 参见HT VIII 第1506行及其注释。
[2] 哈密屯（Hamilton, p. 431）已经将这一名字作为他汉人出身的证据。
[3] Hamilton p. 426 及其以下。

足戒。九位陪同他的大德（婆檀陀），即高僧，是见证人。因而，此处回鹘语的šäli并不是对汉语"阇梨"的正确翻译，正确的译文是我们在回鹘语版本中发现的pahši"法师"一词①。

汉语版《玄奘传》的撰写与其回鹘语版本的翻译显然相差几个世纪。当回鹘语的šäli可能在某一时期借入时，汉语词"阇梨"或已经发生了显著的词义贬降，成为对普通僧众的称号。作为人名的组成部分，回鹘语šäli不一定表示僧人真实的阶位。这样的话，这位最为知名的回鹘语译者姓名中的šäli该做何解？

---

① HT VIII 第1681行及其注释。

参考文献和缩略语

1. Cien VIII = Uwe Frankenhauser, Cien-Biographie, VIII, Wiesbaden, 1995（Xuanzang Leben und Werk. 4. Veröffentlichungen der Societas Uralo-Altaica. 34）.

2. Fuchs, Walter, Zur techinischen Organisation der Übersetzungen buddhistischer Schriften ins Chinesische, In: Asia major 6, 1930: 84-103.

3. Hamilton, James, Les titres šäli et tutung en ouïgour. In: Jouenal asiatique 272, 1984: 425-437.

4. Held, Axel, Der buddhistische Mönch Yen-tsung (557-610) und seine Übersetzungstheorie, Phil, Diss, Köln 1972.

5. HT VII = Klaus Röhrborn, Die alttürkische Xuanzang-Biographie, VII, Nach der Handschrift von Leningrad, Paris und Peking sowie nach dem Transkript von Annemarie v, Gabain herausgegeben, übersetzt und kommentiert, Wiesbaden, 1991(Xuanzangs Leben und Werk. 3. Veröffentlichungen der Societas Uralo-Altaica. 34).

6. HT VIII = Klaus Röhrborn, Die alttürkische Xuanzang-Biographie. VIII, Nach der Handschrift von Paris, Peking und St. Petersburg sowie nach dem Transkript von Annemarie v. Gabain herausgegeben, übersetzt udn kommentiert. [Im Druck].

7. Kara, György, Mittelchinesisch in Spätuigurischen, In: Horst Klengel und Werner Sundermann (edd.), Ägypten, Vorderasien, Turfan. Probleme der Eidition und Bearbeitung altorientalischer Handschriften, Tagung in Berlin, Mai 1987, Berlin, 1991: 129-133(Schriften zur Geschichte und Kulten des Al-

ten Orients. 23).

8. Zieme, Peter, Xuanzangs Biographie und das Xiyuji in alttürkischer Überlieferung. In: Jens Peter Laut und Klaus Röhrborn (edd.), Buddhistische Erzählliteratur und Hagiographie in türkischer Überlieferung, Wiesbaden, 1990: 75-117(Veröffentlichangen des Societas Uralo-Altaica. 27).

9. Zieme, Peter, Alternative Übersetzungen in alttürkischen buddhistischen Werken, In: Christa Fragner und Klaus Schwarz (edd.), Festgabe an Josef Matuz. Osmanistik-Turkologie-Diplomatik, Berlin, 1992: 343-353（Islamkundliche Untersuchungen. 150）.

（原载于Klaus Röhrborn：Šiŋko Šäli und die Organisation der Übersetzungstätigkeit bei den Uiguren，Turkologie heute-Tradition und Perspektive，Materialien der dritten Deutschen Turkologen-Konferenz，Leipzig，4.-7. Oktober 1994，*Veröffenlichungen der Societas Uralo-Altaica*，Band 48，第255—260页，德语。）

吐鲁番地区回鹘人社会的连保组织

松井太（Matsui Dai）著
李圣杰 译，白玉冬 校对

前言

从以吐鲁番盆地为中心的东部天山地区获得的回鹘语世俗文书，是在历史学领域重构10—14世纪回鹘社会的第一手资料[1]。海内外的各位学术前辈，以回鹘语文书中契约文书为主要研究对象，获得了巨大成果。

进而言之，笔者以至今未得到充分研究的杂类文书为资料，尝试展现大蒙古国及元朝统治时期（13—14世纪）回鹘人社会的各个方面。尤其是在旧作中，笔者尝试重构蒙古时代的税役制度和税收系统，文中在以行政命令文书、账簿类文书等各类文书以及契约文书为综合分析对象的基础上，指出回鹘居民原则上被编成onluq"十户"、yüzlük"百户"等十进制性组织，组织中的成员在负担各种正规税、临时税及非正规税时负有连带责任，基层的征税实务由十户长（on bägi）负责实行。（松井2002，esp. 100-106）

但是，正如在前作中所提到的，除了百户、十户这种十进制性组织外，能确定的是回鹘文书中还记载有多种其他的居民组织。所以本文以蒙古时代吐鲁番地区回鹘人社会中存在的居民组织为例，首先提出回鹘语中 borun "保证人"及 borunluq "连带保证团体；连保"等术语，并考察其社会功能与渊源。

出于行文上的考虑，佐证这些术语的3件文书，其校订文本、日语译文、注释附在本文后半部分的资料篇中，并分别编号为文书A、文书B、文书C。此处先行讨论术语本身，以及对其历史学方面的考察。

一、回鹘文书中所见的 borun 和 borunluq

本文资料编中的3件回鹘语文书[2]里，存在转写为 PWRWN bägi（PWRWN 的长，文书 $A_{2,27}$）及 PWRWNLWX—PWRWN-LWX（文书 B_2；文书 C_{v3}）的术语。其中 PWRWN 可转写为 borun-burun，PWRWNLWX—PWRWN-LWX 则是 PWRWN = borun—burun 缀接构词词缀 -luq / -luγ 组成的派生名词（OTWF，121-131，139-155）。在查阅了笔者所能见的古突厥语词典后，发现 burun 有"鼻；以前的；最初的"等含义（ED，366-367；DTS，126；ESTJ II，269-272；CTD I，304）。不过，这些意思在文书 A—C 的语境中均解释不通。

不过，俄罗斯的古突厥语学者拉德洛夫（W. W. Radloff）在19世纪末编纂的《突厥方言词典试编（*Versuch eines Wörterbuches der Türk-Dialekte*）》里收录的维吾尔语词汇中有 borun "保证人（Bürge）"，以及其变体 burun "担保，保证（Sicherheit, Bürgschaft）"等词（VWTD IV，1663，1821）。另外，曾担任瑞典外交官的古突厥语学者雅林（G. Jarring）编纂的《维吾尔语—英语方言词典（*An Eastern Turki-English Dialect Dictionary*）》中也记录了 borun "保证人"一词（Jarring，58）。目前常用的中国出版的维吾尔语词典中borun被认为来源于汉语"保人"一词，意为保证人（WHCD，60）。最完备的维吾尔语词典《维吾尔语详解词典（Uyġur tilining izahliq luġiti）》中，关于borun意思是"代理他人并在一定时间内负责的人"之意，同时收录有borunluq一词，意为borun的抽象名词形式（UTIL I，457）。

但正如前文所述，borun"保证人"一词并没有收录在常用的古突厥语词典中，在包含11世纪喀什噶里（Maḥmūd al-Kāšġarī）的《突厥语大词典（Dīwān Luġāt al-Turk）》、14世纪后形成的《华夷译语》等在内的各种古突厥语对译资料中也未能见到。因此，在下文中笔者将所关注的回鹘语文书A—C中所见的可以被解释为"保证人""保人""连带保证组合，连保"的borun及borunluq两个词的例证展示出来，同时考察这些词所代表的居民组织的社会功能。

（一）文书A

这件文书是记录了各种物品支出情况的账簿文书。从文书中可见，这些物品的支出者是亦都护（$_{31}$Ïduq-qut> Chin.亦都护，即回鹘王）、使臣（$_{12-13}$elči，即蒙古政权派遣的使者、使节），以及书记员（$_{38}$bitkäči）等蒙古时代的官方人员。另外，文书中包含了蒙古时代驿传制度中把应对临时征发的物品支出折算成番驿的记载（本文资料编注释A4-5，A23-25，A29-31）。故而笔者认为，文书A记录的物品支出应是以资代驿向官府纳征的相关内容。文书A中的玉出干（$_3$Öčükän）、撒里（$_{21}$Sarïγ）等只提到名字的人，和第14—15行里"柳中出身的法师"，这些人的身份尽管还不能断言，但应该是可以要求当地居民团体上供公共财产的官员或者社会地位比较高的人。

顺便要提到的是，该文书的书写者在撰写该文时就做出了以下说明：在前半部分第3—26行他写道：₁bošaču ₂borun bägi bolmïš-₃ta bermiš-im udčï borun bägi bolmïš bermišim "卜萨奇（bošaču）在职borun长期间我上交的物品"，后半部分第29—42行记录着"乌特奇（udčï）任职borun长期间我上交的物品"。这里需要注意的是，笔者在拙作（松井2002）中对使用的4本蒙古时代回鹘语账簿文书中和文书A中相同的物品支出也进行了说明，在那篇文章里言及的不是文书A中的borun bägi而是十户长（on bägi）。下面是相关的4条史料：

1. U 4845v = 松井2002, Text D

ušaq-a on bägin-gä bermiš-im … ₇paɣsipa on bägin-gä bermiš-im …

我缴纳给乌沙哈十户长（on-bägi）的东西。……我缴纳给拔合斯八十户长（on-bägi）的东西。

2. Ch/U 7460v = 松井2002, Text E

₄bïɣ on bägi bolup bermišim…₁₁[…on bä](gi) bolup bermišim

博格做十户长（on bägi）时我缴纳的东西。……[某人做十户]长时，我缴纳的东西。

3. Ch/U 6986v = 松井2002, Text F

₂yetinč ay [t]ört ygrmikä tapmïš on bägi bolup ₃atay turmïš-qa bir böz alïp b

在第七月十四日，塔必迷失做十户长（on bägi）时，我取了1匹棉布交给了阿泰·吐迷失。

4. U 5665v = 松井2002, Text G

₁[…ot]uz-qa(…)r on bägi bolup kälmiš berim

在[□月]三十日，(…)r做十户长（on bägi）时，征收的租税。

正如在拙文中所指出，1—4这四件支出账簿文书记载的内容反映了作为居民组织"十户"的负责人"十户长"征收自己管辖的各户赋课的税物这一征税系统，以及十户长在一定时期内（可能与十户长的任期交替有关）征收的税物进行统计的回鹘居民账簿制作的惯例。（松井 2002，103-105；VOHD 13，21，Nos. 206，196，186，35）据此可知，从1—4中所见的十户长（on bägi）和行为几近相同的文书A中的borun之长（borun bägi）职能相同，故可以推测十户长（on bägi）负责公共税役以及税物征收实务。

另外，回鹘语中的on-luq～onluq"十户，十人组"是由数词on"十"缀接词缀-luq"作……用的，为了……的；预定……，分配……"而成的术语，on bägi"十户长"则是其长官。由此可以推断，文书A中"borun之长官（borun bägi）"应该也是borun的派生词borunluq—borun-luq这一居民组织的长官。

鉴于此文义，可以得出：这里的borun即前文中的现代维吾尔语"保证人；担保"之意，他们组成borunluq"连带保证团体；连保"，称呼其长官为borun bägi"连保长，保长"。

（二）文书B

此文书是一份要账单，内容是忽都鲁·海牙（Quḍluγ-Qaya）、帖木儿·秃儿迷失（Tämir-Turmïš）、华林奴（Qalïmdu）、燕铁木尔（El-Tämür）、玛西（Masï）、把间察（Baγalča）6人组成的borunluq，派遣了名为帖木儿·海牙（Tämir-Qya）的人，向名为金刚（Kimqo < Chin. 金刚）的人征求衣物之代价。

通过本文书，可以佐证回鹘语术语borunluq的用法。同时，根据本文书的语境可以认为borunluq是由6名borun"保证人，保人"构成的"连带保证团体；连保"。

（三）文书C（背面）

这件文书的正面先用作支出账簿，之后再把背面用作收条交付（yanuḍ bitig）（松井2005a，31—34；本文资料编文书C概要部分及注释Cv6）。从背面的记录可知，收据由月的迷失（öḍämiš）、跃里不花（Yol-Buqa）、朵尔只弟子（Torčï-täsi）、速克—怯里吉思（Sug-Kärgiz）4人组成的borun-luq开具。

这份收据记录了月裂（Yöläk）支付"番役棉布（käşig böşi-käzig bözi）"一事，其中"番役棉布"指的是通货、货币替代物，用来代纳番役（番役制下的徭役）的棉布（注释Cv5）。文书C反映的应该是优莱克为了不承担实际劳动，向自己所在的borunluq支付番役棉布，从而代替徭役的事情。

这样看来，可以认为文书C中的borun-luq是有着管理番役职能的团体，其成员的身份是共同、连带承担番役及其他税役的borun"保证人"，他们为了相互帮助而结成了borun-luq"连带保证团体；连保"。另外，这也和文书A中所记代纳番役所用的物品（第23—25，29—31行），由"borun之长官（borun-bägi）"征收一事相合。

综上所述，蒙古时代回鹘语文书A—C中所见的borunluq（—borun-luq）和borun bägi，与现代维吾尔语borun"保证人；保证，担保"相联系，同时结合文书A—C（背面）记载的这些词的性质与功能，可知其意为"连带保证团体，连保"与"连保长，保长"。因此，可以认为蒙古时代的吐鲁番回鹘人社会中，普遍存在4—6人组成的borunluq"连保；连带保证团体"，他们共同从事商业、经济活动，与"十户

（onluq）"成员一样连带承担税役。其代表人borun bägi"连保长，保长"与十户长（onluq）相同，负责征收、征发所在borunluq"连保；连带保证团体"番役及其他税役。

二、多种回鹘语文书和连带保证习俗

据笔者浅识，能够佐证borun"保证人"、borunluq"连保；连带保证团体"与borun bägi"连保长，保长"等词存在的回鹘语世俗文书尚未得到发现。但是，笔者认为只要牢记前一章分析的borunluq"连保；连带保证团体"及其社会功能，就可以对至今尚未完全了解的多种回鹘语文书进行历史学分析。

从这一点出发，本章将选取那些没有直接记录borun"连保；连带保证团体"、borun bägi"连保长"，但存在密切联系的回鹘语文书，并尝试分析历史背景。

（一）回鹘文供出命令文书中所见的连带保证

在前一节中，本文考证出文书A是与物品征缴有关的支出账簿，并且由borunluq"连保；连带保证团体"的代表人borun bägi"连保长，保长"负责实际征调。这一论据，与证明十户长（on bägi）负责征收税物的十户（onluq）成员合计支出账簿文书群（松井2002，Texts D，E，F，G）类似。

一方面，这些与十户相关的支出账簿文书记录的物品征缴中，多与回鹘文征用命令文书中的官方临时征缴有关[3]。另一方面，文书A中提及的面粉（min）、肉（äḍ—ät）、食用马（boγuz at）、仆人（tapïγčï）、草（oḍ—ot）、棉布（böz）等物品，也出现在许多回鹘语征用命令文书中[4]，此种文书例证还有很多。因此，笔者推测文书A记录的物品征缴,同征用命令文书的关系十分密切。

而且,在14世纪中叶察合台汗国统治时期制作、发行的2件"Qutluγ印文书"(本文称作文书D、E)中,也可以瞥见征用命令文书中物品征缴和 borunluq "连保;连带保证团体"的关系。笔者已在旧文(松井1998b)中对2件文书全部进行了转写与翻译,本文中仅引用翻译部分,并对部分译文加以修正(为方便理解,译文中⑤—⑮部分附加了下划线):

文书D:U 5309 = 松井1998b,Text 5(cf. VOHD 13,21,No. 22)

1. 在狗年第八月初(旬)七

2. 日。应预先准备的羊

3. 中,除tüḍün税外,⑤火不思·帖木儿计

4. 1,⑥诺因、P[⋯](.)、亦难赤、

5. 鲁巴哈共计1,⑦兀赤、雅必克、

6. 曼出克共计1,⑧sing'ging(新兴、胜金)出身的

7. (..)W(..)L(.)Y计0.5,共计缴纳1头羊。

8. (另外)再缴纳5斤面粉。

文书E:U 5291 = 松井1998b,Text 6(cf. VOHD 13,21,No. 14)

1. 在狗年第十一月初(旬)四日。

2. 应向铁木儿·普华使臣缴纳yulïγ税

3. 1件毛皮上衣,除tüḍün税

4. 外,⑨月的迷失·海牙计1,⑩南(门)[5]的铁木耳计

5. 1,⑪摩西的儿子别右思[6]计1,⑫南(门)的

6. 跃里赤计1,共计1件衣服。⑬南(门)的

7. 答儿麻计2，⑭哈剌火察计1，

8. ⑮月烈计1，共计1件衣服。把这2件

9. 含棉的衣服换下，缴纳1件

10. 毛皮上衣。

如上文下划线标出的⑤—⑮部分所示，这两件文书有着特殊的格式：因为它的数值与每件文书末尾的上交物品数量和总数不匹配，所以，笔者在旧文中把缴纳者名字后面跟随的数字解释为文书规定的物品缴纳比例。

换言之，文书D中⑤火不思·帖木儿，⑥4人团体（诺因、P［…］(.)、亦难赤、鲁巴哈），⑦3人团体（兀赤、雅必克、曼出克），⑧sing'ging（新兴、胜金）出身的某人"(..)W(..)L(.)Y"，分别按1：1：1：0.5的比例分担"1头羊"和"5斤面粉"。（松井1998b，31；cf. 松井2002，111-112）

另一方面，文书E中⑨—⑫下划线所示组成的4人团体，与⑬—⑮组成的3人团体，各缴纳1件（共2件）含棉的衣服（käpäz-lig ton），而且在后面还将上述合计，换算为一件毛皮上衣（kürk dägäläy）。所以，各人名后跟随的数字，可认为是各团体内部的缴纳比例（⑨：⑩：⑪：⑫ = 1：1：1：1；⑬：⑭：⑮ = 2：1：1）。（松井1998b，35）

但是，这种由多人组成团体，但与个人同样负担缴纳物品现象的历史背景，拙作（松井1998b）中并没有做详细说明。不过，结合本文前面关于回鹘语文书中所见的borunluq（连保，连带保证的团体）的探讨结果来看，文书D、E中所见的不论是4人（文书D⑥、文书E⑨—⑫）或是3人（文书D⑦、文书E⑬—⑮）团体，都应该是borunluq

"连保；连带保证团体"。

换言之，文书 D、E 尽管没有直接提及 borunluq "连保；连带保证团体"，但这些官方发出的征用命令文书在吐鲁番地区回鹘人社会中普遍存在，也佐证了在官方发出的征用命令文书的基础上共同负担或连带各种物品的征发一事。

同样，下文中的文书 F 也是以 3—4 人为对象的回鹘文征用命令文书，这一情况也常见于其他文书[7]。笔者认为这些征用命令文书中的征收对象，和文书 D、E 记载的 4 人、3 人团体同属某个 borunluq "连保，连带保证团体"，这个 borunluq 连带承担官方的物品征缴。

(二) onluq "十户" 与 borunluq "连保；连带保证团体"

至此，本文已对同十户（onluq—on-luq）社会功能类似的 borun-luq—borun-luq "连保；连带保证团体" 进行了充分讨论。下面，本文将从实际层面分析 onluq "十户" 与 borunluq "连保；连带保证团体" 的关系，并研究两者具体的包含关系。

首先，通过对比文书 C 正反两面，我们推测认为存在由相同的十户成员组成的 borunluq "连保；连带保证团体"。文书 C 的正面是棉布、小麦酒、葡萄酒、侍从等财物的支出记录，其中可见 "番役（r6, r11 käzig）" 一词，由此可推测其与税役缴纳有关（参照注释 Cr6a）。这份支出记录中，共提到了 11 个人：①小云赤（r2 Sävinč）、②跃里不花（r3, 6-7 Yol-Buqa）、③朵儿只（r3 Torči）、④答儿麻（r4 Darma）、⑤脱烈（r4 Töläk）、⑥桑哥答思（r6 S(a)ngadaz）、⑦速克—怯里吉斯（r7 Sug-Kärgiz）、⑧朵儿只弟子（r8 Torči-täsi）、⑨大宝（r9 Taypo）、⑩乃古柏兄（r9 Nägbäy-iči）、⑪别·帖木儿（r11-12 B(ä)k-Tämür）。但是，⑥桑哥答思和⑩乃古柏兄应是接受物品的一方（参照注释

Cr6b，Cr9），其他9人是缴纳物品的一方。另外，根据文书C背面上收据的记录，其他9人中的②跃里不花、⑤脱烈、⑧朵儿只弟子3人，和背面上的⑫月的迷失（ötämiš）、⑬月烈（Yöläk）2人同属一个borun-luq。同时，背面的书记员③朵儿只很有可能与⑧朵儿只弟子是同一人（请参照注释Cv8）。

综合文书C两面内容来看，这个承担物品缴纳的borun-luq"连保；连带保证团体"共有十名成员，即①、②、③/⑧、④、⑤、⑦、⑨、⑪、⑫、⑬。因此，可以认为，文书C正面记录的应该是由此十人团体，共同分担税课的支出，文书C正面的ygrim yarïm böz的出现也说明了这一点。ygrim yarïm böz并非指"20.5棉布"，应解释为"20×半棉布（=一端规格的棉布），半棉布20份。"（请参照注释B4，Cr5），因为这可以看作是十户中各户都同样支出2份的半棉布来支付税役。而正面文本中不见的⑫、⑬两人，可能是被记在了缺损部分中。然后，背面中记录了属于十户的②、⑧（③）、⑦、⑫、⑬五人作为连保（连带保证团体）应该是负责番役棉布的，这五人的borun-luq"连保；连带保证团体"可能是十户组织内部的下层组织。

为了更进一步探讨这个问题，还需要提到F、G两件文书。这2件文书，即"亦涅赤（Inäči，或称亦难赤ïnačï）文书"，即是属于亦涅赤及其家族相关的总计22件文书之一，年代大致为13世纪（梅村1977a，020—022；梅村1987，91—105；森安1994，69）。这2件文书已由拉德洛夫译为德文，马洛夫也进行了回鹘文摹写校订（USp，214，256），本文大体上沿用了李经纬的校订文本（李经纬1996a，194—197），但做了几点必要的修正[8]。下文来自笔者准备中的校订文本，此处仅引用日语译文：

文书 F：3Kr 29a = USp 122 = ClarkIntro, No. 119

1. 在狗年第八[月]初(旬)四

2. 日。曲先出克(出)2个男丁，

3. 秃儿迷失(出)1个男丁，按普=脱忽怜

4. (出)2个男丁，亦涅赤(出)2个男丁，也里

5. (出)1个男丁，月鲁=脱忽怜(出)1个男丁，

6. 吐鲁克、也帖谷=脱忽怜、[……]、

7. 小云赤(Sävinč)合计1(个男丁。把他们？)一起…

8. 为了…让他们做工吧。

文书 G：SI 3Kr 29b = USp 123 = ClarkIntro, No. 112

1. 作为狗年地税而注入(=纳入)[的谷子]

2. 中，亦涅赤(交)[3]斗黍，Käd[……]

3. [……] süčük(交)3斗、牙儿=斡忽勒

4. (交)2斗谷子。共计8斗

5. 黍，缴给以也先=脱忽怜

6. 为首、到来(kälmiš)的贵人(bayan)们

7. 吧。这个印章，是我等税吏(tsangči)们

8. 的。

文书F是一件征用男丁劳动力的命令文书，目前可以识读出9名缴纳者（曲先出克、秃儿迷失、按普=脱忽怜、亦涅赤、也里、月鲁=脱忽怜、吐鲁克、也帖谷=脱忽怜、小云赤），文书命令每人各缴纳1个或2个男丁（är）的劳动力。但是，第6行末的缺损部分也很有可能记有人

名，因此笔者推测文书中应有10名缴纳者。笔者曾提出在回鹘文征用命令文书中，常以十户为单位征缴物品的观点（松井2002，103—104），由此观之，文书F中缴纳男丁劳动力的10人团体应该也是十户组织。

但是，在本文书的第6—7行，有让吐鲁克、也帖谷=脱忽怜、某人（［……］，第6行末）和小云赤4人合计缴纳1个男丁劳动力的命令。结合前文对文书D、E中缴纳者的推定分析，这4人应该也同属一个borunluq"连保；连带保证团体"。同时，文书F是以十户作为对象发布征缴男丁劳动力命令的，可见这4人组成的borunluq"连保；连带保证团体"也是十户内部的组织，和文书C中十户所包含的borunluq"连保，连带保证团体"的方式有共通之处。

不过，borunluq"连保，连带保证团体"并非全都是十户内的下层组织。在文书G中，命令亦涅赤（Ināči）、某人（Käd［…］-［…］sü̆čük）和牙尔·斡忽勒（Yar-Oγul）3人合计缴纳8斗黍。这3人应该也同属一个borunluq"连保；连带保证团体"，所以可以分担要缴纳的黍。但是，文书G中的亦涅赤也出现文书F中，此外两文书中并无重复人名。加之两文书都有"狗年"这一纪年，很有可能是同一年。换言之，如果前文中文书F中缴纳人同属一个十户组织、文书G中3人同属一个borunluq"连保；连带保证团体"的推测成立，那么两文书中出现的亦涅赤，就几乎同时参加了两个成员完全不同的borunluq"连保，连带保证团体"。

综上所述，在蒙古时代吐鲁番回鹘人社会里，与十户这种多层性、排他性组织不同，borunluq"连保；连带保证团体"并没有确定的组织原则。但是，这里作为研究材料使用的文书C—G中并没有直接提到"十户（onluq）"，而且除了文书C背面外也见不到borunluq"连保，连带保证团体"，不算彻底超出了讨论范围。

尽管如此，除了本文引用的文书A—C外，在其他各类回鹘语世俗文书中见不到borunluq"连保；连带保证团体"或borun bägi"保长，连保长"等词，笔者认为这种情况本身就暗示了其性质。吐鲁番地区作为高昌回鹘领地，在被蒙古征服后，和欧亚大陆其他地区一样基于户籍调查，将居民编成十户、百户等十进制的行政组织并以此为基准征收各种税役（松井2002，87—92）。蒙古时代吐鲁番回鹘人社会里，之所以由十户长负责税役事务，是因为他们处于行政组织中最基层的位置（松井2002，100—106）。换言之，十户是十进制居民组织下末端的"正规""官方"征税单位，而borunluq"连保；连带保证团体"则不同，是"民间""私人"组织的互助组织，因此二者并非同一体系，性质也全然不同。

正如本文所指出的，文书A的borun-bägi"连保长"或文书C的borunluq"连保，连带保证团体"，确实在负责番役及其他税役。但是，这并非"制度"的原貌，它反映了"正规的、官方的"十户组织没能发挥作为征税系统末端单位功能[9]的历史背景下，例如假设十户成员贫穷或逃散等情况，回鹘居民自发应对各种税役科征行为的情况。

(三) borunluq"连保；连带保证团体"的渊源

如前文所述，在中国出版的各种现代维吾尔语词典中，都把borun的来源解释为汉语"保人"。但是，在VWTD成书的19世纪末，borun一词确已出现在当时的东部古突厥语方言现代维吾尔语中。在当时，推测汉语对现代维吾尔语的影响还不是很显著，因此borun一词来源于汉语的可能性比较低。

另一方面，正如在本文中所讨论的，尽管目前只有3件文书，但足以证明 13—14 世纪的回鹘语文书中确实存在 borun、borunluq 等词，并且和现代维吾尔语 borun 的语义有合并关系。另外，在同时代的回鹘文契约中，除 borun 外还有直接使用汉语"保人"（paošǐn）的例子，而且 paošǐn 也被蒙古语借用变为 baosin（Cleaves 1955，11，16，21，25，39；护 1961，240—251；ClarkIntro，164，320—324；SUK 2，161—162；吉田，齐木德道尔吉 2008，41—42，52，54）。

因此，回鹘语中的 borun 并非来自汉语"保人"，而是在 13—14 世纪的回鹘语中就成为固定术语，然后被东部古突厥语方言的现代维吾尔语继承。把现代维吾尔语 borun 的词源归为汉语，或许是基于"保人"的汉语拼音 bao-ren 与罗马字母表述 borun 相似而推得的俗词源（folk etymology）。

然而，由于不能确认元代以前，即 9—12 世纪，高昌回鹘时期的回鹘语文书中是否存在 borun 和 borunluq，所以还不清楚这是古突厥语固有词，还是来自古突厥语、汉语以外语言的借词。但是，在柏林国立图书馆所藏吐鲁番出土汉文文书 Ch 1028 中，可以确认在高昌回鹘时期的吐鲁番地区，确实存在居民互助性质的连带保证组织。下文是西胁常记早先的录文（VOHD 12，3，82—83，Nr. 142），本文进行了若干补正：

［前　缺］

1　径 陌 殁　第二保儋意第三医
　　　　　　不得断绝第相传
　　□

2　吕 善 庆　第二保摩句第三医？
　　　　　　不得断绝第相传？

3　汤 阿 语 骨 咄 禄　□

4 卖苟奴 _{第二保摩叔第[三？]保？} _{不得断绝 [第相？]传？}

[后　缺]

在第2行"吕"字右侧，有因错字（似"冒"）而抹改的痕迹。各行的人名都用大字写成，第1、2、4行人名后有双行小字夹注。第3行人名"汤阿语骨咄禄"后续部分虽有缺损，但推测应该也有相同形式的夹注。西胁常记恐怕是基于"第二保""第三保"等词，将本文书解释为"相保名籍"，即"互助团体的保证人名簿（Namensliste von Bürgen einer Kooperative auf Gegenseitigkeit）"。另外，第3行人名"汤阿语骨咄禄"中的"骨咄禄"，应该是古突厥语、回鹘语常见人名 Qutluγ 的发音，故将本文书的年代定为高昌回鹘时期的观点[10]，是比较妥当的。

从现存第1、2、4行的夹注来看，都有"第二保……第三保……不得断绝、第相传"等项。笔者推测文书中"第二保""第三保"应该是某种连带保证组织，但其实际情况，以及夹注的意思仍不得而知。然而，可以确认在高昌回鹘时代的吐鲁番地区，已经出现居民组成了"保"，即连带保证组织。

既然已经通过回鹘文文书和汉文文书，确定了高昌回鹘时期的吐鲁番地区存在居民互助的连带保证组织，那么就可以讨论它是延续了唐代时期西州的制度或民间习惯的可能性。这里需要注意唐代律令体制中的邻保制，即由5家或5户组成"保（五保、伍保）"，成员相互监视，在犯罪行为发生时承担连带责任，同时相互保证缴纳各种税役（若有人逃亡，剩余成员负责代纳其税役）。通过研究德国吐鲁番探险队获得的唐广德三年（765年）交河县连保请举常平仓牒（共5

件[11]），可知1个"保（五保）"由5家（5人）编成，其中1家（1人）为"保头（保长）"，他们借了常平仓的粟，如果"保"中成员逃亡，或因贫穷无法偿还粟，其他成员要为其代偿（仁井田1937，310—329；仁井田1980b，663—682；松本1977，434—437）。这里的粟并非由常见的州仓借出（出举），而是属于常平仓的特别借贷（大津2006，313），文书中的"五保"也并不是一直存在的，有可能是临时编成的。但是，在开元二十一年（733年）前后吐鲁番出土73TAM509：8/5（a）号汉文文书"唐西州天山县申西州户曹状为张无疡请往北庭请兄禄事"（《吐图》4，334）中得知这样的例子，当张无疡向官府请求兄长俸禄需要身份担保之际，里正张仁彦和"保头"高义感向天山县递交了书状。

换言之，唐代吐鲁番地区很有可能就使用了基于法令制度的邻保制下的行政组织"五保；连保"，前面文书H中的"保"应该就是继承于此。像文书H谈及"保"的"名籍"的制成背景，可能暗示"保"已经成为行政层面上的居民组织。

相对地，正如本文所探讨的那样，回鹘语文书中的borunluq"保证团体"确实是承担税役的一种单位，从与十户的所管辖关系并非一成不变这一点来看，borunluq在正式的行政组织（十户、百户、千户等）以外（参见前文注(2)），这明显和唐代行政组织中占有一席之地的"五保"不同。也就是说，13—14世纪吐鲁番回鹘人社会中普遍存在的borunluq，尽管其词源可能为唐代的"五保"或高昌回鹘时代的"保"，但其作用也仅限于居民间连带保证、互相帮助等。基于这种判断，笔者建议borunluq可译为"连保"、borun-bägi可译为"保长"。

当然，考虑到时代变迁产生等种种因素，关于唐代的五保与蒙古时代吐鲁番回鹘人社会的连保（borunluq）在行政功能上的差异，现在无法得出最终答案。但是，如果吐鲁番地区确实在唐代实行五保，又在高昌回鹘时代继承下来，在发生若干变化后保存到蒙古时代的话，各种唐代税役方面的术语继续在蒙古时代使用（松井 1998a，43—47）的推测也是自然而然。

吐鲁番地区的居民组成互相帮助、连带保证团体的行为，可能历经唐代、高昌回鹘时代而一直未变。不过，由于蒙古时代实行基于户口调查的十进制居民管理组织，连保（borunluq）的行政、征税职能被十户、百户、千户承担，成为了非正式的民间自发性组织。

结语

在13—14世纪蒙古时代吐鲁番地区的回鹘人社会中，普遍存在居民相互帮助、连带保证组织——borunluq "连保"。这一组织规模在3—6人，borun bägi "保长"有一定任期，成员共同从事商业、经济活动，并与十户（onluq）成员一样对税役承担连带责任。borunluq "连保"的成员可以来自同一十户，也可以来自不同的十户。与官方的居民行政组织十户不同，borunluq "连保"是满足居民需要的"民间的、私人性"组织。

作为术语的 borun "保证人；担保"并非来自汉语，作为居民间的相互帮助、连带保证组织，其更有可能来自于唐代吐鲁番地区实行的"五保；连保"制度。但是，考虑到蒙古时代的 borunluq "连保"并非行政化的编制，不能和唐代的"五保"、高昌回鹘时代的 borunluq "连保"等同视之，蒙古帝国施行的十进制居民组织（十户、百户、千户）是造成这一现象的重要因素。

以上，本文在讨论回鹘语 borun、borunluq 的存在的实例与语义外，结合未出现两词的各种回鹘语世俗文献，从历史学视角出发考察了两词与连保（borunluq）的关系。尽管如此，现阶段可供分析的回鹘语世俗文书数量有限，加之文中许多观点仅停留在推测、推论层面上，希望各位研究吐鲁番出土的各语种文献的学者对本文批评指正。

资料编

文书 A：U 5311（T II D 360）（BBAW）

文书内容：连保（borunluq）成员所承担税役及相关物品的支出记录，详情参见本文第 1 章第 1 节。

转写：USp 91；Raschmann 1995，123—124，Nr. 27（lines 13—19, 22, 35—40）；李经纬 1996a，184—187.

研究：Tixonov 1996，98；ClarkIntro，450，No. 125；Zieme 1976，245；梅村 1977b，013—014；杨富学 1990，19.

附注：9.2 × 40.5 cm，Beige clair—chamois α，上部、左部完整，右部、下部缺损，纸张厚度不均，有 5cm 的纹样，质量较差。字体为草书体，因文中有蒙古语借词 öčüken（> $_3$öčükän）故推测年代为蒙古时代。

1. bošaču	亨沙术
2. bo(r)un bägi bolmïš	担任保长
3. -ta bermiš-im öč(ü)kän-	时我缴纳的东西。给了玉出干
4. -kä iki baḍman min b	2斤面粉。
5. iki baḍman äḍ tügi	2斤肉，米

6. iki baḍman bir boγuz　　　　2,1匹肉用

7. at bir küri borsu[　　]　　　马,1斗豆子,……

8. tapïγ-čï oḍung [　　](.)　　仆人,柴……

9. ödüš ävintä bir　　　　　　替月朵失家(户)把1个

10. tapïγ-čï beš baγ　　　　　仆人,5捆

11. oḍ bir tïngčan yaγ　　　　　草,1灯盏油,

12. üč baγ oḍung ürüng　　　　3捆柴,向玉龙·

13. tämir elči-kä [　　]　　　　铁木耳使臣……

14. yarïm böz b lük[čüng-]　　给了半(匹)棉布。给柳中

15. -lüg baxšï-qa yarïm böz　　的法师半(匹)棉布。

16. b yana yarïm böz turpa[n]-　又给了吐鲁番的人半(匹)棉布。

17. -lïγ-qa b sïčγan-čï-nïng　　给了西赤罕赤

18. yumšaq böz-kä bir böz　　　做柔棉布用的1(匹)棉布。

19. b sïčγan-čï 'W(..)[　]　　　萨奇堪赤……

20. ulaγ-qa iki [　　]　　　　　作为驿传马的2……

21. qarï sarïγ-qa(.)[ ]　　　　尺,给撒里……

22. böz b yaşmïš　　　　　　　给了棉布。错了?

23. käzig-tä üč baḍman　　　　给了作番役用的3斤

24. äḍ üč baḍman tügi　　　　　肉,3斤米,

25. min b bir tapïγ-[čï]　　　　面粉。[给了]1(个)仆人,

26. bir tïngčan ya[γ b]　　　　1灯盏的油。

27. udčï borun bägi　　　　　　兀的赤担任保长

28. bolmïš-tä bermišim　　　　 时我缴纳的东西。

29. käzig-tä iki baḍman　　　　给了作番役用的2斤

30. min b iki baḍman	面粉。给了2斤
31. äḍ b ïduq q(u)[t-]	肉。给了亦都护
32. -qa bir tapïγ-čï [b]	1(个)仆人。
33. yana šišir äv-in(tä)	又替失失儿家(户)
34. bir(ba)ḍman äḍ b	给了1斤肉。
35. yana yeti qarï böz	又把7尺棉布
36. lükčüng-lüg-kä b	给了柳中的人。
37. čaqïr tayši äv [.]	[替?]察乞儿大师家
38. bitgäči-lär(..)[ ]	书记员们……
39. qoyn-qa bir[ ]	羊，1……
40. böz(b)(…)[ ]	给了棉布。……
41. [ ]kä(...)[ ]	……
42. [ ](.)[z]	……
[missing]	[后 缺]

注：

A1，bošaču：正如拉舍曼注意到的，本处的原文为PW S'(.)W。但结合第27行的人名udčï来看，本处也应该被视作人名。即使是原文书，PW与S'(.)W之间的笔画也很难辨清，拉舍曼将其读作bušačï，马洛夫将其改为(bu)S'ČW。笔者在博士论文（未出版）中转写为bo[q]satu（VOHD 13，21，213），现在则赞成Malov的观点将其视作人名bošaču。同样的人名也出现在俄罗斯科学院圣彼得堡东方文献研究所所藏（未出版）账簿文书SI Kr IV 700（line 9）中，从语感来说应该来源于汉语，但词源尚无定论。

A2，bo(r)un：将其译为"保头"的缘由，请参照前文的论述。这里的borun一直以来被误读为buyruq，即古突厥汗国、漠北回鹘汗国时期传统的突厥称号，用于表明人物地位（e.g., Gabain 1973，55—56；ClarkIntro，450，No.125；梅村1977b，013-014；李经纬1996a，184），但从字形上来说明显是PWRWN = borun。

A3，öč(ü)kän：Radloff的转写为öngü，但笔者认为此处应为人名，是蒙古语öčüken "small"（Lessing，629）的借词，故作了订正。

A4，baḍman：文中频现的重量单位，对应13—14世纪汉语的"斤"，约合640克。（松井2002，111—112）

A4—5：本处记录了2斤面粉（min）、2斤肉（äḍ～ät）、2斤米（tügi）的支出情况，但是在蒙古时代的驿传制度中规定，使用驿传的公务人员每人每日有1斤肉、1斤面粉、1升米、1升（瓶）酒的食物配给（松井2004a，167—168）。因此，本处记录的同一量级的面粉、肉、米之支出情况，反映的应是蒙古时代驿传制度中粮食配给相关的物品征派情况。那位有蒙古名字的öčükän支出人（参见注释A3），应该是受蒙古统治者派遣，利用了驿传的使臣。另外，第23—25行及第29—31行的记录，应该也是与驿传制度中粮食配给相关的支出，详情请参照注释A23—25，A29—31。

A5，tügi："crushed or cleaned cereal; husked millet"（ED，478）。即脱谷后的谷物，对应汉语中的"米"。明代《高昌馆译语》和《畏兀儿译语》中，汉语"米"对译的回鹘语为Uig. tögi—tügi（>土几）-*čügi（>取吉）（Ligeti 1966，270—271，307；庄垣内正弘1984，140）。

A6—7，boγuz at："食用马"这一术语，也出现在察合台汗国时期征用命令文书U5285号中（松井2002，107—108）。USp中在boγuz后补缀了-lïγ，但从文书的残存情况来看，貌似并没有继续写字的余地。

A7a，borsu："豌豆，或其他豆科植物（gorox i drugie rastenija iz semejstva bobovyx）；炒豆子（podžarennyj gorox）；窄叶野豌豆，箭筈豌豆（vika）；扁豆（čečevica）"（ESTJ II，275）。柏林所藏账簿文书 Ch/U 6156v 号中，也有"2 斤豌豆（₃iki baḍman borsu）"的记录可以佐证。

A7b：拉德洛夫在本行末补加了 bir"一"一词，但现在无法确认。

A9，ödüš ävintä：人名 ödüš 在 SUK Mi03 及 BT XXVI，Nrn. 134，137，152 中也有记录。拉德洛夫识读为 öktüš，与上一行末的 oḍung—otung 相连，解释为"劈柴（Holzspalten）"。李经纬（1996a，186）也采用了这一观点，但笔者认为有必要订正。

后词 ävintä 为 äv"家，户"缀接第三人称从格后缀-intä 而成，之所以译为"替某户"，请参照后文注释 A33。另外，这里的 ävintä='VYNT' 中-V-字的笔画用勾（逗号）作以强调写得与-W-相似。

A11，tïngčan：汉语"灯盏"的借词（USp，154—155；ED，516），尤其是常作为 yaγ"油"的计量单位出现（e.g.，Ch/U 6213$_{19-20}$，Ch/U 6256$_2$，Ch/U 6851$_6$，or Ch/U 8136$_{7, 9, 11}$）。

A12，ürüng：也有可能是蒙语人名 örüg。不管怎样，词末的-K 写得稍稍沿水平方向左移了些，可以看出本文书下端的缺失部分并没有多大。

A17，sïčγan-čï：sïčγan"鼠"（ED，796）缀接了构名词附加成分-čï"与根词相关的人"，意为"鼠匠"，或许指旱獭猎人。《大明一统志》卷89（叶21a）中记载火州（即高昌）"土产"中有"砂鼠，大如貔鸶，禽捕食之"，可见此物能吃。本处应该是人名。

A19，'W(..)：拉德洛夫辨读为 öz-[ingä]，但第三人称与格附加成分-ingä = YNK'这部分完全无法辨认出来。

A21，qarï sarïγ：拉德洛夫把此处视为人名 qay saqïq，有必要订正。前词是与汉语"尺"相当的长度单位，后词 sarïγ"黄色"常作为人名出现。

A22，yaşmïš：这句话的意思不明确。目前，可将其视作 v. yaz- "犯错"的完成体，是为了提示后续第 23—26 行的记录"错了"而补写上去的。

A23，käzig-tä："顺番（译者注：日语词，今意为陆续、顺序、轮流）"的原意为"番役，轮番制下的徭役；值勤"（松井 1998a；松井 2006；Matsui 2008；后文注释 Cv5）。Radloff 把本处译为"陆续地（In der ausefallenen Reihenfolge）（译者注：原文为「順番に」）"，但从文书所载征用物品的用途来看，这个翻译并不合适。从后续征用的肉和米（以及仆人和油？）可知，这些都是代纳番役之物。关于支出账簿文书中"käzig-tä（番役）"的使用情况请参见后文的文书 C（r6，r11）及注释 Cv5。另外，关于番役和驿传制度的关系请参见注释 A23—25。

A23—25：如果把本处的记录理解为"出了 3 斤肉、3 斤米、（3 斤）面粉"，那么这些东西应该是被官府征来用于驿传制度中公务人员的粮食配给，详述请见注释 A4—5。另一方面，这些支出的目的被记作"作番役用（käzig-tä）"，说明驿传的粮食配给可能来自临时征发，然后再换算成正式徭役，文书后半部分第 29—31 行的记录应该也是这种情况。

A26—27：这两行间有相当大的空白，把文书的内容分成了两半（cf. VOHD 13，21 #212）。

A29—31：缴纳了"做番役用（käzig-tä）"的"2斤面粉、2斤肉"，可见驿传的粮食配给是来自临时征发，再换算成正式徭役，请参照A4—5，A23—25。

A31，ïduq qut：拉德洛夫误读作ägḍäčin qu。原意为"神圣的来自上天的恩宠"，后用作西迁后高昌回鹘君主的称号，进而被世人熟知。

A33，šišir äv-intä：šišir有"水晶"之意（ED，868），此处为人名。本处一直以来被译作"在失失儿家"（USp，154；李经纬1996a，187）。但是，正如本文第一章所述，本文书是连保（borun-luq）成员向公家支付税、役的物品支出记录。考虑到本文书的性质和作用，文书必然不会记下缴纳物品时的"地点"。结合当时的历史背景，笔者推测：文书A是西席尔家没能清偿税役的情况下，与他同一连保（borun-luq）的人所作的连带责任担保书，故此处的äv-intä应解释为"替某户"，第9行的ödüš ävintä也应解释为"替月朵失家"。

文书B：*U 9187（TⅡ035）=Arat1964，VIII［120/035］

概要：本文书由第二次德国吐鲁番探险队获得，故校订文本为Arat 1964，VIII，李经纬（1996b，275—276）也沿用了此文本。原文书在第二次世界大战中下落不明（VOHD 13，22 #413），但留有Arat在柏林留学时拍摄的相片，笔者参考图版完善了阿拉特的校订文本[12]。

1. biz quḍluɣ qay-a tämir turmïš qalïmdu el
2. tämür masï baɣalča bašlap borunluq sö(z)-
3. ümüz kimqo-qa bo tämir qy-a-qa ton {sa}
4. saḍïyï iki yarïm böz-ni bergil

5. osal bolmašun bo nišan biz-ning'ol

1. 我等忽都鲁·海牙、帖木儿·秃儿迷失、华林奴、燕·
2. 帖木儿、玛西、把间察等人为首的连保之
3. 言，致金刚：请向铁米儿·海牙，支付作为衣服
4. 代价物的2(个)半棉布吧。
5. 不要疏忽大意。此为我们的手印。

注：

B2，borunluq：字迹明显是PWRWNLWX = borunluq，但词尾的-X上加有两点。Arat读作boruluqa，把Borulu当作本文书的接受者，此处作了订正[13]。另请参照注释B3。

B3，kimqo-qa：阿拉特转写为yemü sän，却又把后面的"君（sen）"单独译出，估计是把yemü当作助词yamu（ED，934）的变形，和前面的sözümüz"我们的话"连了起来。但是，把此处改为kimqo-qa"致金刚"是没什么问题的，做人名用的kimqo是从汉语的佛教用语"金刚"借用而来（cf. 松井2004b，6），另外也有可能是YYMXW = yimqo（＜Chin. 严光？）。

B4，iki yarïm böz：古代中国、中亚各地流通的通货是棉布，基本的规格是把1匹长的棉布从两端向中间卷起，最终形成2束棉卷。这样的1匹棉布，在回鹘语中被形象地称作iki baγlïγ böz"2束棉布；两端（卷起的）棉布"。所以，回鹘语社会经济文书中常见的yarïm böz"半（匹）棉布"，指的就是对半切开的"2束棉布"之一，同汉语量词"端"（0.5匹）（田先2006，013—014；cf, Raschmann 1995，46—

47)。故而本处的 iki yarïm böz 并非"2.5 个棉布",而是"2 个半棉布",另请参照注释 Cr5。

文书 C：U 5960（BBAW）

概要：文书正反面都写有草书体回鹘文,正面的 12 行回鹘文为支出记录,背面的 8 行为收据（yanut bitig）。支出记录的首尾有缺失,但因上部、中部、下部共有 3 条横向的墨线,故支出簿这一面是正面,画有墨线的那一面为反面,背面的收据是旧纸再利用的结果[14]。正面文本仅有拉舍曼（1995,133）以及 VOHD 13, 21 #155 做过部分释读。关于背面,请参见拙稿（松井 2005a,31—34）中的校订与日语译文。

正面

r1 (....)[　](.....)(....)[　　　　　]

r2 (...)[　](..)(b)öz(...) yarïm böz säv[i](nč)

r3 yarïm(bö)[z] yo(l)(bu)[q]-a yarïm böz(t)[o]rčï

r4 y[a]rïm böz darm-a yarïm böz töläk

r5 yarïm(bö)z bilä(ygrmi) ya(rïm böz)

r6 käzig-tä s[n]gadaẓ-qa bir som-a yol

r7 buq-a b bir tapïγčï sug krgiz

r8 bir tapïγčï torčï täsi b bor-qa

r9 yarïm böz taypo b nägbäy iči

r10 -ning yarïm böz b tört yngïq-a

r11 käzig-tä saq äḍ-kä yarïm böz bk

r12 tämür b. iki qar[ï] böz-(k)ä(....)

吐鲁番地区回鹘人社会的连保组织 | 145

r1 ……

r2 ……棉布……半(匹)棉布。塞维奇的

r3 半棉布。约勒不花的半(匹)棉布。朵儿只的

r4 半(匹)棉布。塔鲁玛的半(匹)棉布。吐来克的

r5 半(匹)棉布。合计20个半(匹)棉布。

r6 作为番役,跃里不花上交了桑哥答思的

r7 酒。速克—怯里吉思上交了1个仆人,

r8 朵儿只弟子上交了1个仆人。大宝上交了

r9 半(匹)棉布的葡萄酒。上交了乃古柏的

r10 半(匹)棉布。在初(旬)四日,

r11 作为番役,别·帖木儿上交了能抵腿肉的

r12 半(匹)棉布。2尺棉布……

背面

v1 yunt yïl yetinč ay bir yangïq-a　　在马年第七月初(旬)一日。

v2 biz öḍämiš yol buq-a torčï t(ä)[si]　　我等月的迷失、跃里不花、朵儿只弟子、

v3 sug krgiz bašlap borunluq bo　　速克=怯里吉思为首的连保,这个

v4 yöläk-ning yetinč ay-qï　　月烈的第七月份

v5 käşig böşi biz-kä t(ü)käl tä(gip)　　的番役棉布已全部交付我们,

v6 tuḍup turɣu yanuḍ bitig　　所以把必须持有的收据

v7　berdimiz bo nišan bišing ol　　　给了他。这个手印是我们的。

v8　mä(n t)orčï(a)yïḍ(ïp bitdi)m　　本人朵儿只据口述所写。

注：

Cr1：拉舍曼（1995）中并没有标明行数，本文予以标明。

Cr5：ygrmi yarïm böz"20个半（匹）棉布"这个部分磨损十分严重，此处根据残存笔画推测补全。关于"半（匹）棉布（yarïm böz）"，换言之"1端棉布"的解释请参考前文注释B4。另外，关于本处"20个半（匹）棉布"作为支出合计的历史背景，请参见本文第2节（2）项。

Cr6a，käzig-tä："作番役用"。第11行中也有出现，请参见注释A23。

Cr6b，s[n]gadaẓ：~sangadaẓ <Skt.ṃ saṃghadāsa"僧众奴"（Zieme 1994，124）。此处指的并非支出物品的一方，应该是为物品支出提供便利的公务人员之名。

Cr6c，som-a："麦子酿造的啤酒，葡萄酒"之意。（Zieme 1997，441-442）

Cr7，sug krgiz：人名，也出现在背面v3行中。在拙作（松井2005a，33）中，笔者将相关人名的词根 krgiz-k(ä)rgiz 和后世突厥语族语言方言中的一种猛禽 kerges 联系起来进行了解释，但现在笔者认为这是基督教徒人名 kövärgiz（←P. kūrkūz<Syr. Gīwargīs）的变形。相应的，前面的人名词根 sug 也应该是基督教神职人员称号 sugvar—suvar

"monk（＜Sogd. swγβ'r—swqb'r）"（Gharïb，364-365，Nos. 9032，9054）的省略形式。这是 Zieme 2015，186 的观点，笔者也表示认同。称号 suvar 也出现在柏林所藏回鹘语书简 U5293 中，即 ärkägün yarγun yošumuḍ yavisip bašlap suvar bägi-lär-kä "致管理基督教徒优素秣·亚维涉等人的基督教僧侣（suvar）官员们"[15]。

Cr8，torčï täsi：这个名字，应该和正面第 1 行中的朵儿只是同一人（参照注释 Cv 8）。本书中的 täsi，应该是 tisi(tesi) ~ titsi ~ tïtïs（<Chin. 弟子）的笔误或变形。

Cr9，nägbäy iči：应该是借用自常见的蒙古语人名 negübei（＞Chin. 聂古伯 ~ Pers. nīkpāy）。后面的 iči "兄"，或读作 ägči ~ ägäči，应该也是借用自蒙古语 egeči "姐"。不管怎样，由于这个人名后面缀有属格后缀 -ning，故不是下一行中半匹棉布（即 1 端棉布）的直接支付者。同理，第 6 行中的桑伽达斯应该认定为接受物品的一方。

Cv11，saq äd：本处的 saq 和柏林所藏的征用命令文书 U5284 中的例子相同，应该借用自波斯语 sāq "脚"（松井 2002，108—109），可以参考蒙古语 köl "脚"及汉语"脚"的用法（松井 2004a，154）。

Cv 4-5，yetinč ay-qï käšig böṣi："第七月份的番役棉布"。其中 käšig böṣi ~ käzig bözi 这样的写法应是唐代汉文文书中"番课缁布"（即代纳番役用的棉布）的借译词。柏林所藏的回鹘语支出账簿文书 Ch/U 7373v 中，也有 [...] (.) ygrmikä käzig-tä ingadu baxšï-qa bir yarïm böz "在十口日，做番役用，（给了）印伽度师 1 个半（匹）棉布"的记载，可以确认棉布是代纳番役所用的通货。另外，这里开头的"第七月份的（yetinč ay-qï）"，也体现了回鹘社会中的轮番制徭役，即番役（käzig），是以月为单位征收的（松井 2005a，33—34），以上整合了唐代汉文文书中番课继布以月为单位代纳番役的相关研究成果（周藤1965，557）。

Cv6，yanuḍ bitig："收据"。同样，yanuḍ bitig作为术语也出现在回鹘契约 SUK Mi18 中，另外其变形 yanḍut bitig 也出现在 SUK Mi23。SUK 的编者将这些文书分别解释为"再发行证书""返还证书"，但结合本文书的情况来看应该是"收据"，笔者曾撰文论证（松井2005a，25—36）。另外，yanuḍ"收据"的说法应该是照搬蒙古语 yanud（Matsui 2016）松井太（白玉冬：译）[黑城出土蒙古语契约文书与吐鲁番出土回鹘语契约文书：黑城出土蒙古语文书F61：W6再读（北方文化研究）檀国大学校附设北方文化研究所，2016.12，203—214]。

Cv8，torčï：像本文书这样的"收据"，在发行的时候很难想象会安排专门的书记员。本文书的书记员朵儿只，可能和连保成员朵儿只弟子（第v2行）是同一人。这种判断，和把正面第3、8行中的朵儿只、朵儿只弟子视作同一人的判断一致。

参考文献及缩略语

1. Arat, Rešid Rahmeti, Eski Türk hukuk vesikaları. Türk Kültürü Araştırmaları 1, 1964: 5-53.

2. ATG = Annemarie von Gabain, Alttürkische Grammatik (3 ed.). Wiesbaden, 1974.

3. BBAW = Berlin- Brandenburgische Akademie der Wissenschaften, Turfan-forschung.

4. BT XXVI = Yukiyo Kasai, Die Uigurischen Buddhistischen Kolophone. Turnhout (Belgium), 2008.

5. ClarkIntro = Larry Vernon Clark, Introduction to the Uyghur Civil Documents of East Turkestan (13th- 14th cc.). Ph.D. dissertation submitted to Indiana University. Bloomington, 1975.

6. Cleaves, Francis Woodman, An Early Mongolian Loan Contract from Qara Qoto, Harvard Journal of Asiatic Studies 18, 1955: 1-49, + 4 pls.

7. ED = Gerard Clauson, An Etymological Dictionary of Pre-Thirteenth Century Turkish. Oxford, 1972.

8. ESTJ = Ervand Vladimirovic Sevortjan, Etimologicheskij slovar' tjurkskix jazykov, 4 vols. 1974-1989.

9. Gabain, Annemarie von., Das Leben im uigurischen Königreich von Qočo (850-1250). Wiesbaden, 1973.

10. Gharib, Badresaman, Sogdian Dictionary. Tehran, 2004.

11. Jarring, Gunnar, An Eastern Türk-English Dialect Dictionary. Lund, 1964.

12. Kara, György, Mittelchinesisch im Spätuigurischen. In: H. Klengel/ W. Sundermann (eds.), Ägypten, Vorderasien, Turfan, Berlin, 1991: 129-133.

13. Lessing = Ferdinand D. Lessing, Mongolian-English Dictionary. Berkeley/Los Angeles, 1960.

14. Ligeti, Louis, Un vocabulaire sino-ouigour des Ming: le Kao-tch'ang-kouan yi-chou du Bureau des Traducteurs. Acta Orientalia Academiae Scientiarum Hungaricae 19-2, 1966: 119-199.

15. 李经纬：《吐鲁番回鹘文社会经济文书研究》，乌鲁木齐：新疆人民出版社，1996年。

16. 李经纬：《回鹘文社会经济文书研究》，乌鲁木齐：新疆大学出版社，1996年。

17. 松井太：《モンゴル时代ウイグリスダン税役制度とその渊源》，《东洋学报》79—4，1998年，第26—55页。

18. 松井太：《ウイグル时代クトルグ印文书》，《内陆アジア言語の研究》13，1998年，第1—62+15页。

19. 松井太：《モンゴル时代ウイグリスタンの税役制度と徴税システム》，松田孝一（编）《碑刻等史料の総合的分析によるモンゴル帝国・元朝の政治・経済システムの基礎的研究》，JSPS科研费报告书（12410096），2002年，第87—127页。

20. 松井太：《ヤリン文書：14世紀初頭のウイグル文供出命令文書6件》，《人文社会论丛》人文科学篇10，2003年，第51—72页。

21. 松井太：《モンゴル时代の度量衡》，《东方学》107，2004年，第166—153页。

22. 松井太：《モンゴル时代のウイグル農民と佛教教団》，《东洋

史研究》63—1，2004年，第1—32页。

23. 松井太：《ウイグル文契約文書研究補説四題》，《内陸アジア言語の研究》20，2005年，第27—64页。

24. Matsui Dai, Taxation Systems as Seen in the Uigur and Mongol Documents from Turfan: An Overview. Transactions of the International Conference of Easten Studies 50, 2005: 67-82.

25. 松井太：《回鹘语 käzig 与高昌回鹘王国税役制度的渊源》，载《吐鲁番学研究：第二界吐鲁番学国际学术研讨会论文集》，上海：上海古籍出版社，第196—202页。

26. Matsui Dai, Uigurn käzig and the Origin of Taxtion System in the Uigur Kingdom of Qočo, Türk Dilleri Araştırmaları 18, 2008: 229-242.

27. Matsui Dai, Bezeklik Uigur Administrative Orders' Revisited. 载张定京，Abdurishid Yakup 编：《突厥语文学研究：耿世民教授八十华诞纪念文集》，北京：中央民族大学出版社，第339—350页。

28. Matsui Dai, Taxation System and the Old Uigur Society of Turfan in the 13th- 14th Centuries. Presentation at Collegium Turfanicum 50, 2010 (June 23, 2010, Berlin-Brandenburgische Akademie der Wissenschaften)

29. 松井太：《西ウイグル時代のウイグル文供出命令文書をめぐって》，《人文社会论丛》人文科学篇33，2010年，第55—81页。

30. Matsui Dai, Dating of the Old Uigur Administrative Orders from Turfan. In: M. Özkan/E. Doğan (eds.), VIII Milletlerarası Türkoloji Kongresi (30 Eylül-04 Ekim 2013-İstanbul) Bildiri Kitabı, Vol. IV, İstanbul, 2004: 611-633.

31. 松井太：《古ウイグル語行政命令文書<みえない>ヤルリグ》，

《人文社会论丛》人文科学篇33，2015年，第55—81页。

32. Matsui Dai, Uigur-Turkic Influence as Seen in the Qara-Qota Mongolian Documents. In: N. N. Tenishev/J. N. Shen (eds.), Actual Problems of Turkic Studies: Dedicated to the 180th Anniversary of the Department of Turkic Philology at the St. Petersburg State University, St. Petersburg, 2016: 559-564.

33. Matsui Dai. (forthcoming): Onï "Decury" in the Old Uigur Documents. Türk Dilleri Araştırmaları 24-1, in press.

34. 松本善海：《中国村落制度の史的研究》，岩波书店，1977年。

35. Mori Masao, A Study on Uygur Documents of Loans for Consumption. Memoirs of the Research Department of the Toyo Bunko 20, 1961: 111-148.

36. 森安孝夫：《ウイグル文書箚記（その四）》，《内陸アジア言語の研究》9，1964年，第63—93页。

37. Moriyasu Takao, On the Uighur Buddhist Society at Čiqtim in Turfan during the Mongol Period. In: M. Ötmez/S.-Chr. Raschmann (eds.), Splitter aus der Gegend von Turfan: Festschrift für Peter Zieme anläβlich seines 60. Geburtstags, İstanbul / Berlin, 2002: 153-177.

38. 森安孝夫：《日本に現存するマニ教絵画の発見とその歴史的背景》，《内陸アジア史研究》25，2010年，第1—29页。

39. 仁井田陞：《唐宋法律文書の研究》，东方文化学院东京研究所，1937年。

40. 仁井田陞：《中国法制史研究：土地法・取引法（补订版）》，东京大学出版会，1980年。

41. 仁井田陞：《中国法制史研究：奴隷農奴法・家族村落法（補訂版）》，东京大学出版会，1980年。

42. 小口雅史：《在ベルリン・トルファン文書の比較的分析による古代アジア律令制の研究》科研费报告书（No. 17320096），2008年。

43. 大津透；《日唐律令制の財政構造》，岩波书店，2006年。

44. OTWF = Marcel Erdal, Old Turkic Word Formation, 2 vols. Wiesbaden, 1991.

45. Raschmann, Simone-Christiane, Baumwolle im türkischen Zentralasien. Wiesbaden, 1995.

46. Raschmann, Simone-Christiane, Traces of Christian Communities in the Old Turkish Documents，载张定京/Abdurishid Yakup编：《突厥语文学研究：耿世民教授八十华诞纪念文集》，北京：中央民族大学出版社，第408—425页。

47. 庄垣内正弘：《〈畏兀兒館譯語〉の研究》，《内陸アジア言語の研究》1［1983］，1984年，第51—172页。

48. 周藤吉之：《唐宋社会経済史研究》，东京大学出版会，1965年。

49. SUK = 山田信夫：《ウイグル文契約文書集成（Sammlung uigurischer Kon-trakte）》全3卷，大阪大学出版会，1993年。

50. 田先千春：《古代ウイグル語文献に見えるbaγについて》，《东洋学报》88-3，2006年，第1—26页。

51. Tixonov, Dmitrij Ivanovič, Xozjajstvo i obščestvennyj stroj ujgurskogo gosudarstva X-XIV vv. Moskva/Leningrad, 1966.

52. TT VIII = Annemarie von Gabain, Türkische Turfan-Texte VIII.

Texte in Brāhmīschrift. Berlin, 1954.

53. TTD III = Yamamoto Tatsuro, Ikeda On(eds.), Tun-huang and Turfan Documents Concerning Social and Economic History III: Contracts, 2 vols. Tokyo, 1986-1987.

54.《吐图》= 中国文物研究所等（编）《吐鲁番出土文书》（图文对照本）全4卷，北京：文物出版社，1992—1996年。

55. 梅村坦：《違約罰納官文言のあるウイグル文書》，《东洋学报》58-3/4，1977年，第1—40页。

56. 梅村坦：《13世紀ウィグリスタンの公権力》，《东洋学报》59-1/2，1977年，第1—31页。

57. 梅村坦：《イナンチ一族トゥルファン-ウイグル人の社会》，《东洋史研究》45-4，1987年，第90—120页。

58. USp = Wilhelm Radloff, Uigurische Sprachdenkmäler. Ed. by S. E. Malov. Lenningred, 1928.

59. UTIL = Uyġur tilining izahliq luġiti, 6 vols. Beijing, 1990-1998.

60. VOHD 12,3 = Nishiwaki Tsuneki, Chinesische und manjurische Handschriften und seltene Drucke, Teil 3: Chinesische Texte vermischten Inhalts aus der Berliner Turfansammlung. Tr. by Christian Wittern, ed. by Simone-Christiane Raschmann, Stuttgart, 2001.

61. VOHD 13,21 = Simone-Christiane Raschmann, Alttürkische Handschriften 13, Dokumente, Teil 1. Stuttgart, 2007.

62. VOHD 13,22 = Simone-Christiane Raschmann, Alttürkische Handschriften 13, Dokumente, Teil 1. Stuttgart, 2009.

63. VWTD = Wilhelm Radloff, Versuch eines Wörterbuches der Türk-

Dialekte, 4 vols. St. Petersburg, 1893-1905.

64. WHCD = 新疆维吾尔自治区语言工作委员会：《维汉词典（Uyɢurqə-Hənzuqə luɢət）》，乌鲁木齐：新疆人民出版社，1982年，第1982页。

65. 山田信夫：《イスタンブル大学図書館所蔵東トルキスタン出土文書類》，《西南アジア研究》20，1968年，第11—32页。

66. 山田信夫：《カイイムトゥ文書のこと》，《東洋史研究》34-4，1978年，第32—57页。

67. 杨富学：《海外见刊回鹘文社会经济文献总目》，《中国敦煌吐鲁番学会研究通讯》，1990年，第9—23页。

68. 吉田順一・チメドドルジ（编）：《ハラホト出土モンゴル文書の研究》雄山閣，2008年。

69. Zieme, Peter, Zum Handel im uigurischen Reich von Qočo. Altorientalische Forschungen 4, 1976: 235-249.

70. Zieme, Peter, Samboqdu et alii. Einige alttürkischen Personennamen im Wandel der Zeiten. Journal of Turkology 2-1, 1994: 119-133.

71. Zieme, Peter, Alkoholische Getränke bei den alten Türken. In: Á. Berta (ed.), Historical and Linguistic Interaction between Inner-Asia and Europe, Szeged, 1997:435-445.

72. Zieme, Peter, Altuigurische Texte der Kirche des Ostens aus Zentralasien. Piscataway. 2015.

（译自 MATSUI Dai 2017：*Joint Surety Association in the Old Uigur Society in Turfan.* In：Y. Dohi / Y. Kegasawa（eds.），The Worlds of Dunhuang-Turfan Documents and Their Ages，Tokyo，287—310，日语。）

注释

（1）本文中回鹘语的转写大体上以 SUK 方式为基准。

（2）关于这些文书的时代判定，请参照资料编中的解释。

（3）回鹘文征用命令文书中的征缴物品，和账簿文书中缴纳给十户长的物品类似，这可以佐证拙作的观点（松井 2002，103—105）。这里还可以补充一个论据：回鹘语文书中频频出现的 üy ～ ųy，一直以来被解释为缀在人名后面的"户"（山田 1968；松井 1998b；松井 2002），但笔者认为'WNY =onï 才是正确的转写，即 on"十"缀接属格后缀+ï 而成，应该和前面的人名组合解释为"十户"。而回鹘语 yüz"百"单独出现时表示"百户"（松井 1998a，035；松井 2002，97，103—104；松井 2015，63—64），而且蒙古语中也有 arban"十"、jaɣun"百"分别有"十户""百户"之意的例子。根据这次的订正，可以证明有许多回鹘文征用命令文书是十户（onï）为征发单位发出的［Matsui 2010a；松井 2015；Matsui（forthcoming）］。

（4）请参见松井 1998a，文书Ⅶ；松井 1998b，Texts 2，13；松井 2002，Texts A，B；Raschmann 1995，Nr. 85；Matsui 2009，Text Ⅲ。另外，目前为止笔者所能确认的 99 件各国探险队在中亚发掘获得的回鹘文征用命令文书中，也记录有和文书 A 相同的征缴物品，目前这些文书尚未刊行，笔者正在整理包含校订文本在内的合集（cf. Matsui 2014）。

（5）之前，笔者把回鹘文征用命令文书中人名前面的 aldïn—altïn"下、下方的"，结合唐代以来的户等制翻译为"下等的"（cf. 松井 1998b，41—42；松井 2002，108）。但是现在，笔者改变了观点，认为此处 alḍïn—altïn 的意思是"南",从本义"下"演变而来,具体来说指"居住在高昌城南门附近"。关于这一点,笔者打算在其他文章中详细论述。

(6) 摩西(Moši)< Syr. Mōšē "Moses",别古思(Bäküz)< Syr. Bakkōs "Baccus",两者均为基督教徒人名。

(7) 暂从已公开的文书中看到如下文书:U 5665r = 松井 1998a,文书 VIII（缴纳者 4 人）; U 5283 = 松井 2003, Text A（同 3 人）; Ch/U = 松井 2003, Text B（同 3 人）; Ch/U 6954 = 松井 2003, Text C（同 2+α 人）; Ch/U 6910 = 松井 2003, Text D（同 2+α 人）; Ch/U 7213 = 松井 2003, Text E（同 1+α 人）; MIK III 6972(b+c) = 松井 2003, Text F（同 2+α 人）。除了最初的部分,其余文书属于 1320 年左右做成的"雅林（Yalïn）文书"。

(8) 相关修正请参见 ClarkIntro, 148;梅村 1987, 109;松井 2002, 104。

(9) 关于这种情况,请参见山田信夫关于蒙古时代地主经济发展和农民分散化、小农化的观点（山田 1978）,以及回鹘居民因蒙古过重的差发（Uig. qalan）赤贫化以至逃亡的情况（SUK Mi19;松井 2004b, 23—24）。但是,由于资料方面极度困难,很难明晰蒙古时代吐鲁番地区全体回鹘居民的经济变动情况。

(10) 骨咄禄（< Qutluγ）前面的"汤阿语"中,"汤阿"应该是回鹘语中常见人名 Tonga 的音译,但是"语"却得不到明确解释。后得到京都大学吉田丰先生赐教,"汤阿语"也有可能是汉语人名,这样看来,汤阿语是汉人,还称回鹘语人名"骨咄禄"。

(11) TTD III, 34-35; Ch 5606、Ch 5611a、Ch 5611b、Ch 5616

等5件文书现由柏林国立图书馆保管。

（12）笔者在调查、研究 Arat 旧藏照片资料时，得到了 Osman Fikri Sertkaya 教授的许多帮助，在此表示由衷的感谢。

（13）关于 Arat 在 1964 年的论文，选用了收录于遗稿集 Makaleler（ed. by O. F. Sertkaya, Ankara, 1987）的 Journal de la Société Finno-Ougrienne 65（1964）这一通用版本。文中将此处的 boruluqa 转写为buryčulu，但在现在土耳其语中仍作"Boru/u'ya"，而似乎 Arat 本身的最终解释是将与格-qa 加在人名 Borulu 之后。

（14）本文在旧文（松井 2005a）分析的基础上，确定了与本文一致的正反面顺序。拉舍曼所作的柏林所藏回鹘语世俗文书目录中，尽管提到了旧文，但把文书的正反面顺序搞反了（VOHD 13, 21, 170-171）。这虽是 Arat 将本文书两面上的文本整理序号（225a/77；225b/77）当作了判断依据，但没有注意到正面支出记录的墨线，因而笔者不同意其观点。

（15）因此，此处有必要追加拉舍曼（2009）中列举的与基督教相关的 U5293 号回鹘语文书。森安孝夫认为，蒙古时代的 Uig. ärkägün ~ Mong. erke'ün 意为"基督教俗教徒"（森安 2010, 12—16）。U 5293 号文书中的 yarγun，应为 v. yar-"切开；裁决、治理"缀接后缀-γun 而成（cf. OTWF, 327—329）。而在圣彼得堡所藏 SI Kr IV 598 号文书的 yošumbud，应为基督教徒人名 yošumuḍ（<Sogd. ywšmbd"周日"）的变形（Gharīb, 451）。另一个人名 yavisip，应也是 Syr. yausēph"Joseph"的借词（cf. Sertkaya 2010, 104, 108）。

回鹘语行政命令文书中"未写出的"yarlïγ

松井太（Matsui Dai） 著

红梅 译，白玉冬 校对

前言

13—14世纪的大蒙古国及元朝时期，蒙古大汗（qaγan > P. qān ~ qā'ān）、蒙古皇族、后妃以及将相、帝师所颁布之命令，作为蒙古统治各地的规范、法源，具有很大的权威。这些命令中，蒙古大汗（包括世祖忽必烈以后的大元）颁布的被称为"jarlïγ（蒙古语）"或是"yarlïγ（突厥语族各语言）"，即"圣旨"。这与表示其他皇族、将相之命令的蒙古语üge"话语"一词相对，象征着作为至高无上君主的蒙古大汗之命令具有特别、绝对的权威（杉山1990，1＝杉山2004，372—373）。但是，这种原则在蒙古帝国分权化的14世纪后半叶不再被严格遵守。

因此，本文以蒙古控制下位于欧亚大陆中部的新疆吐鲁番地区发现的回鹘语行政命令文书为研究对象，探讨文书中未见"yarlïγ"这一指称"圣旨"的突厥语、回鹘语词汇的现象，反证专属蒙古大汗的"圣旨（jarlïγ ~ T. yarlïγ）"一词的不可侵犯性，以及相关文书的历史背景。

一、蒙古时代各种文书程式化开头所见 ǰarliɣ·yarliɣ

蒙古语的 ǰarliɣ "圣旨"，不仅在蒙古大汗下达的诏书中用来表示大汗之命令，而且在皇帝以外的皇族、将相、官府所发布文书程式化开头处的发令者的自称（Intitulatio）中也常用"皇帝福荫里（qaɣan-u ǰarliɣ-iyar）"这一词句（译者注：Intitulatio 是西欧中世纪时期关于诏书、敕令格式的术语，指表示君主、发信人身份的语句，近似于明清圣旨中的"皇帝诏曰""皇帝制曰"等）。在同时代汉文的史料与出土文书中，也常见到"皇帝圣旨里"之类的汉语译语。以下，是同时代蒙古语文书中的例子：

① 敦煌莫高窟北区出土，14 世纪下半叶（?）蒙古文文书 B163:46

₁qaɣan-u ǰarlɣ-iyar ₂arka'širi-yin lingǰi-(b)[er] ₃čautauš[i-yin noyad üge manu?]

奉大汗的圣旨，奉 Arka'širi 之令旨（lingǰi ＜ Chin. 令旨），[我等]招讨司[的官人们之言语（?）][1]

② 敦煌（?）发现，14 世纪下半叶蒙古文文书，京都，藤井有邻馆 No.4

₁qaɣan-u ǰarliɣ-iyar ₂sultanš-a si-ning ong-un ₃ongvuu-yin noyad-ta ₄buyanquli üi-uu si-ning ong-un ₅vuu-ui sun-g? günsi bič[i]g ögümü

奉大汗的圣旨，Buyanquli 威武西宁王的府尉（或傅尉）Sung(?) Günsi 至书 Sultan ša(＜ Sulṭān Šāh) 西宁王王府的官人们。[2]

③ 内蒙古黑水城（Qara-Qota）出土蒙古文文书 F9:W31b（吉田顺

一, 齐木德道尔吉2008, 72）

₁qaγan-u ǰarlγ-iyar ₂qong tays-i-yin lingǰiber ₃(i) šin-e luu sunggon vuu-yin noyad üge manu

奉大汗的圣旨, 奉皇太子（qong tayzi）之令旨（lingǰi）, 我等亦集乃路总管府的官人们之言语。

④ 吐鲁番出土蒙古文文书MongHT 073（BT XVI, Nr. 73）

₁qan-u ǰarliγ-iyar ₂bigtemür üge manu

奉大汗的圣旨, 吾辈Bigtemür之言语。

从出土地或发现地来看, 可以确定①②③号文书是在元朝统治时发行的。每个文书开头都有的固定短语"奉大汗的圣旨（qaγan-u ǰarliγ-iyar）", 表示自身的权威性来自于蒙古大汗。此外, 虽然④一直以来被视为是14世纪以后统治中亚的察合台汗国颁布的文书, 但发行者别帖木尔（Bigtemür）本人承认元朝皇帝权威的可能性很大（cf. 杉山1987, 47; 杉山1990, 1 = 杉山2004, 365, 394）。

另一方面, 在察合台汗国所颁布的蒙古文命令文书开头固定的权威来源句中, 有3个把本应专属蒙古大汗的"圣旨（ǰarliγ）"一词, 用在察合台王室身上的例子：

⑤ 吐鲁番出土, 1338年蒙古文文书MongHT 074（BT XVI, Nr. 74）

₁yisüntemür-ün ǰrlγ-iyr ₂temür satilmiš ekiten ₃toγačin šügüsüčin üge ₄manu

奉也孙帖木尔（Yisüntemür）的圣旨, 我等Temür（和？）Satilmiš为首的会计官们（toγačin）、粮食管理官员们（šügüsüčin）之言语。

⑥ 吐鲁番出土，1368年蒙古文文书 MongHT 068（BT XVI, Nr. 68; cf. 松井2008a, 18）

₁ilasqoǰa-yin ǰarlγ-iyar ₂kedmen baγatur üge manu

奉 Ilasqoǰa 的圣旨，吾辈 Kedmen Baγatur 之言语。

⑦ 敦煌北区出土，14世纪下半叶，蒙古文文书 B163 : 42［Matsui 2008b］

₁[ ]（……）boladun ǰarlγ-iyar ₂k[e](d)men baγatur üge [manu]

奉……Bolad 的圣旨，[吾辈？] Kedmen Baγatur 之言语。

⑤中的 Yisuntemür 是察合台汗国的君主（1338-1339年在位）[3]，⑥中的 Ilasqoǰa（< P. Ilyās-Ḥwāǧa）也是察合台汗国的君主（1363-1370年在位）。⑦中的 [……] - Bolad 由于文书损坏而无法判断，但其发令者 Kedmen-Baγatur 与⑥的发令者是同一人。因此和⑥中出现的 Ilasqoǰa 一样，可以认为是和在14世纪初期复兴察合台汗国的都哇（1282—1307年在位）家族有关系的察合台王室（松井2008b，27）。

并且，在察合台汗国和伊利汗国所发布的行政文书中的发令者的自称权威来源句中，可以见到把蒙古语"…ǰarliγ-iyar（奉…的圣旨）"突厥语化的"…yarlïγ-ïn-dïn"，使用于蒙古皇帝以外君主身上的例子：

⑧ 吐鲁番出土，1302（或1290）年，回鹘文文书 *U 9168 II（松井太2008a; cf. VOHD 13, 22, # 272）

₁ṭuu-a yrlγ-ïn-dïn ₂[t](ü)män sözüm

奉 Ṭuua 的圣旨，我 Tümän 之言语。

⑨ 1293年，波斯文文献（Soudavar 1992）

₁[Irīngī]n Durğī yarlīgīndīn ₂Šiktūr Aqbūqā Ṭaġāğar sūzīndīn ₃Aḥmad ṣāḥib dīwān sūzī

奉[Irīngī]n Durğī的圣旨，根据Šiktūr(< Šigtür)、Aqbūqā(< T. Aq-Buqa)、Tachaer(Ṭaġāğar < Tayačar)之言语，Aḥmad 财务长官之言语（sūzī < T. sözi）。

⑩ 阿尔达比勒（Ardabīl）发现，1305年波斯文文献（PUM, Urkunde V）

₁tawakkaltu 'alā' llāh ₂Ūlğāytū sulṭān yarlīgīndīn ₃Qutluġ Šāh sūzī

皈依神。奉Ūlğāytū sulṭān的圣旨，Qutluġ Šāh的言语。

⑪ 阿尔达比勒（Ardabīl），1305年波斯文文献（PUM, Urkunde VI）

₁bi-ism allāh al-raḥman al-raḥīm ₂Ūlğāytū sulṭān yarlīgīndīn ₃Qut-luġšāh Čūbān Būlād Ḥasan Sawinč sūzīndīn ₄Sa'd al-Dīn sūzī

以至慈普爱的神之名。奉Ūlğāytū sulṭān的圣旨，根据Qutluġšāh、Čūbān(< M. Čoban)、Būlād(< M. Bolad)、Ḥasan、Sawinč(< T. Sävinč)之言语，Sa'd al-Dīn之言语。

⑫ 阿尔达比勒（Ardabīl）发现，1321年波斯文文献（PUM, Urkunde VIII）

₁Abū Sa'īd bahādur ḫān yarlīgīnd[ī]n ₂Čūbān sūzī

奉Abū Sa'īd bahādur ḫān的圣旨，Čūbān之言。

⑬ 阿尔达比勒（Ardabīl），1323年波斯文文献（PUM, Urkunde IX）

₁al-musta'ān huwa'llāh ta'ālā ₂Abū Sa'īd bahādur ḫān yarlīgīnd[ī]n ₃Dimašq Ḫwāğa sūzī

[受]至高神的庇护，奉Abū Sa'īd bahādur 汉的圣旨，Dimašq=

Ḫwāǧa 之言语。

⑭ 阿尔达比勒（Ardabīl），1342 年波斯文文书（PUM, Urkunde XIV）

₁bi- ism allāh al- raḥman al- raḥīm ₂Sulṭān Sulaymān yarlīgīnd［ī］n ₃Šayḫ Ḥasan Čūbānī sūzī

以至慈普爱的神之名。奉 Sulṭān Sulaymān 的圣旨，出班（Čoban > Čūbān）家 Šayḫ Ḥasan 之言语。

⑧中提到的 Ṭuu-a（～Duu-a～Duwa～Duγa）正是 14 世纪复兴察合台汗国的都哇。该文书表明都哇在位期间，察合台汗国曾一度直接统治东部天山地区的回鹘汗国领土（松井 2008a）。

另一方面，⑨到⑭是伊利汗国统治下颁布的波斯语命令文书开头的发令者的自称。包括以阿拉伯语固定句开头的⑩⑪⑬⑭，也都是用阿拉伯字母书写的突厥语族语言"...yarlīgīndīn（< T. yarlïγ-ïn-dïn）"，⑨作于亦邻真朵儿只（［Irīnǧī］n Durǧī < M. Irinčin-Dorji），即弟乞合都（M. Kiqatu ～ *Kiqa'atu ～ *Kiqaγatu > P. Kīḫātū，1291—1295 年在位）时期，⑩⑪作于完者都（Ūlǧāytū < M. Öljeitü，1304—1316 年在位）时期，⑫⑬作于不赛因（Abū Sa'īd > M. Busayid，1316—1335 年在位）时期，⑭作于速来蛮（Sulaymān，1338—1353 年在位）时期，速来蛮是旭烈兀的后裔，是丘拜尼王朝 Čūbānī 的傀儡统治者，性质上等位伊利汗国君主。

据迄今所知，无论是察合台汗国还是伊利汗国，在君主亲自颁布的命令文书中，都称自己的命令为"言语（M. üge）"（BT. XVI, Nrn. 70，71，72，75，76；伯希和 1936；田清波/柯立夫 1952；柯立夫1953；田清波/柯立夫1962；李盖提1972；特穆尔陶高2006；特穆尔陶高2010），可见他们承认蒙古大汗的权威（杉山1990，1=杉山2004，393—394）。鉴于此，上例⑤—⑭的权威来源语中，不是蒙古大汗，而是察合台汗国和伊儿汗国的君主使用"圣旨（M. ǰarlïγ-T. yarlïγ）"一词的行为，可以被视为侵犯了至高无上的蒙古大汗的权威。

关于这点，可参考14世纪初察合台汗国君主也先不花（Esen-Buqa，1310-1318年在位）的使节和元朝镇守官脱火赤（Toγači>脱火赤／脱忽赤）之间发生的争论，这也是波斯语编年史《完者都史（*Tarikh-i ūljāitū sulṭān*）》中很重要的一节（TU，224b8-11）：

会谈时，（也先不花的）众使臣（īlčiyān <īlčī < T.-M. elči）说了"也先不花（Īsānbūqā 〈 Esen-Buqa）的'圣旨'（yarlīġ < T. yarlïγ）"之类的话。脱火赤（Ṭūġāčī < M. Toγači）对此大喊："闭嘴（ḥamūš）！'圣旨'是大汗（qān）颁布的。诸王子的命令（farmān-i pisarān）是"令旨（līnkǧī <M. lingǰi < Chin. 令旨）"，即'王子们的命令'"。（其中一个使臣）塔里尔帖木儿（Tāltīmur）说："也先不花是（成吉思汗）的子孙（ūrūġ < M. uruγ），对我们来说和大汗是一样的"。

从这段话中，可以推测出尽管元朝的将相严肃地认为"圣旨（T. yarlïγ ~ M. ǰarlïγ）"一词只能用于蒙古大汗的命令，但相对地，察合台汗国的大臣常常直接称察合台汗国君主的命令为"圣旨（T. yarlïγ ~ M. ǰarlïγ）"。这种情况，我们也可以从⑤—⑧的例子中得到旁证（松井 2008a，15；松井 2008b，27–28）。

《完者都史（Tarikh-i ūljāitū sulṭān）》的作者哈沙尼（Abū al-Qāsim Qāšānī）是一名为伊利汗国宫廷服务的历史学家（大塚 2014），应该熟知在伊利汗国"圣旨（P. yarlīġ < T. yarlïγ ~ M. jarliγ）"一定是仅限于蒙古大汗命令的称呼。然而，从⑨—⑭的例子中可以看出，伊利汗国的将相和大臣都不避讳地称自己君主的命令为"圣旨"。并且，关于伊利汗国君主的命令以 ḥukm-i yarlīġ "命令；敕令"等形式出现的例子，在包括上述⑨—⑭在内的波斯语行政文件、《史集》以及伊利汗国编纂的波斯语史料中也经常看到。

对于与伊利汗国君主敕令有关的 yarlīġ（< T. yarlïγ）一词，杉山正明很早就指出并非与蒙古大汗的"圣旨、命令"对等，而应该理解为将君主的命令书面化的"敕许状"（杉山 1990，1 = 杉山 2004，393）。14 世纪的也门拉苏勒王朝编纂的《国王字典（Rasūlid Hexaglot）》中的对译例子（A. kitāba "writing, record" = P. misāl "royal mandate" = T. yarlīġ（< yarlïγ））能成为杉山观点的旁证，这已在拙稿中指出（松井 2008a，15；松井 2008b，27；cf. Golden 2000，202）。关于通过伊利汗国的继承者札剌亦儿王朝的君主谢赫·兀歪思（Šayḫ Uways，1356-1374 年在位）于 1358 年颁布的蒙古语和波斯语合璧文书中的"jarliγ"一词，宫纪子依据对语境的理解，给出了"文字（かきもの，书写物）"这一日译（宫 2014，25—26）。但宫纪子未注意到，从这份文书的蒙古文第 12—13 行中"以此 jarliγ 的背面（的波斯语文中）所写的为准（ene jarliγ-un kerü-dür bičigsen yosuγar）"的表述来看，可以再次确认在 14 世纪后半叶的伊朗，蒙古语"jarliγ"一词明确指文书化的"敕许状，命令书，证书"。顺提一下，关于 14 世纪末至 15 世纪以后的钦

察汗国和它的后裔政权颁布的突厥语族语言行政命令文书中也有作为书面化的"敕许状，命令书，证书"的敕令（T. yarlïγ）的例子，例如在"有朱印的圣旨（al nišanlïγ yarlïγ；al tamγalïγ yarlïγ）""把持圣旨（bu yarlïγnï tutup turγan）""看圣旨（yarlïγ körüp）"等表现中可以得到确认（e.g., Özyetgin 1996，105，106，107，114，115，116，132；Özyetgin 2000，172，173）。

然而，上述⑤到⑭的权威来源句中的"M. jarliγ ~ T. yarlïγ"，很难扩展为"（书面化）敕书，命令书"。例如，⑥的发布者 Kedmen Baγatur 是驻扎在吐鲁番地区主城高昌的察合台汗国的代理长官，⑥文书的内容为新兴（Singing < Chin. 新兴），[即现在的胜金（Sänggim）]村有土地的人免除税金的相关事务（松井 1998b，33—34；松井 2008a，15—16；松井 2014a，271—272）。这种局部地区的案件，文书的颁布者不太可能逐一仰照察合台汗国君主"来自书面化的敕许状（jarliγ）"的裁决。这方面，⑨—⑭的伊利汗国文书与元朝①—④的文书一样，它并不一定表示该命令来自于大汗或汗国君主的书面命令，应该只是一个文书颁布者表明自己所依靠权威的套话。

综上所述，"M. jarliγ ~ T. yarlïγ"一词仅能表示蒙古大汗的命令之规定，在13世纪末以后的察合台汗国和伊利汗国的大臣作为发行者"面向国内"颁布的——如上述⑤—⑭——行政文书中已不再被严格遵守。

二、具有特殊开头格式的回鹘文征缴命令文书

下面，笔者将对以吐鲁番盆地为中心的天山东部地区出土的回鹘文世俗文书中下令征缴物品（包括金钱和人力）的行政文书，即征缴

命令文书进行历史学研究。

目前，据笔者所知相关的回鹘文征用命令文书总数超过99件。根据字体、公章的形态特征、几个特征性的书写体例及闰月记录等，可以判定这些文书的大致年代为10—12世纪的西州回鹘王国时期、13—14世纪初的元朝统治时期及14世纪后的察合台汗国统治时期。但从整体来看，文书的格式有共通之处：开头为（1）十二生肖纪年、月日，接着是（2）征用理由、目的（3）征用物品及数量，（4）承担者，这几项的顺序会视情况变化，在末尾的（5）命令语上会加盖公印（官印）（松井1998a，032；松井1998b，11—13；松井2002，94—100；松井2003，55—57；松井2009；松井2010，33—35；松井2014b）。

但是据我所知，有4件回鹘文征用命令文书在开头（1）十二生肖纪年、月日之前有例外的记录。下面，笔者将对这4件文书进行文献学校订、翻译及必要的词注。另外，在笔者目前正在准备的，包含回鹘文征用命令文书在内的校订文本资料集中，分别将4件文书编号为B3、B4、D20、E2（cf.松井2014b，629—630），本文沿用这些编号。上述文书都是用草书体回鹘文书写的，并且从解释、词注等处来看，其年代属于13～14世纪的大蒙古国及元朝时代无疑（cf.松井2014b，617-618，620—622）。

B1 + B2 + B3 + B4　　SI 6544

这4件回鹘文征缴命令文书都有"羊年"这一纪年，且连贴在一起，由俄罗斯罗波洛夫斯基（V. I. Roborovskij）、克莱门兹（D. A. Klemenc）在调查高昌故城时发现，现藏俄罗斯科学院圣彼得堡东方文献研究所，原所藏编号为 SI. Uig. 14（cf. 吐古舍娃2013，135）。

很早之前笔者就在分析第一文书（USp 53.1 = 后文 B1）时，论证了这4件文书都是为了临时提供驿传马而征缴人头税（qupčïr ~ P. qupčūr < M. qubčiri）的命令（松井1998a，035—037）。这4件文书的全校文本首先发表在USp 53.1—4中，之后被诸多研究者引用[4]。最近，李经纬、吐古舍娃（Tuguševa）发表对USp进行了轻微修正的校订文本（李经纬1996，198—203；吐古舍娃2013，135—138）。但遗憾的是，他们对内容的理解还不充分。不过，吐古舍娃2013中首次公开发表该文书的写真复制件，这是很有益的。

笔者在整理亲自调查得到的古文献学资料后，发现4件文书使用了带纵向条纹（5/cm）的中等质量纸张，纸张尺寸分别为14.5×22.0厘米（B1）、15.0×19.0厘米（B2）、14.5×18.0厘米（B3）、14.5×19.0厘米（B4），粘连在一起后约为15.0×75.0厘米。此外，4件文书均加盖同一个汉字朱印（9.0×9.0厘米），印文可判读为"高昌王／总管府／□□印"[5]。

如后文所述，4件文书中的纪年"羊年"应该是同一年，推测为元宪宗九年（1259年）（参见词注B3r1）。元宪宗蒙哥（Möngke）在即位元年（1251年），就在天山山脉北麓的回鹘王国的夏都别失八里（Biš-Balïq > Chin. 别失八里/别十八里）设置了别失八里等处行尚书省，管理含回鹘王国领地在内的中亚、西域地区（安部1955，49—57；本田1967，89—91）。本文书中朱印所见的"高昌（王？）总管府"，应该是别失八里等处行尚书省属下的，负责高昌王（即回鹘王）的领地的行政机关[6]。

本文中进行历史学研究的B3、B4文书是粘连在一起的4件文书中的后两件，笔者会将4件文书放在一起介绍，并根据实际调查情况进行校正。

B1	1	qo(yn) yïl (yi)tinč (a)y	在羊年第七月
	2	yägirmikä ngtünčärig-	二十日。从先锋军(东方军?)
	3	-tin at alγalï klgüči	处前来取马的
	4	aḍay toγrïl-qa qošang-	Aḍay·Toγrïl 与 Qošang，
	5	-qa balïq-ta müngü	向他们缴纳的在城市中骑乘用的
	6	iki at-ta bačaγa trqan	2匹马之中，Bačaγa-Trqan
	7	yu̞z-intä bolmïš taz	百户(内)的 Bolmïš-Taz
	8	(b)ir at ulaγ birip iki	缴纳1匹铺马，2
	9	kün birip üč baqïr	天内缴纳，折算成3钱
	10	kümüš qupčïr-qa	银子的
	11	tutzun·	人头税吧。
B2	1	qoyn yïl säkizinč ay yiti yngïqa	在羊年第八月初七日。
	2	toqsïn-taqï yiti yïlqï ba(..)[ ]	在 Toqsïn 处的7年份的 ba(..)[…]
	3	käpäz alγalï barγučï yägänčük-	向来收取棉花 Yägänčük
	4	-kä turmïš-qa nampï-	和 Turmïš 所需,去往南平
	5	-qa barγu iki at-ta	的2匹马之中，
	6	bačaγ-a tarqan yu̞z-intä	Bačaγa-Tarqan 百户(内)的
	7	bolmïš taz bir at ulaγ	Bolmïš-Taz 缴纳1匹铺马。
	8	birip üč baqïr kümüš	折算成3钱银子的
	9	qupčïr-qa tutzun	人头税吧。
B3	1	arïq[①] bökä-ning	阿不里哥的
	2	qoyn yïl onunč ay bir	羊年第十月十

	3	ygrmikä bor sïqturɣlï	一日。为压榨葡萄酒
	4	kälgüči qulan ilči qra	而来的 Qulan 使臣、Qra
	5	ilči soɣdu ilči	使臣、Soɣdu 使臣
	6	olar-qa balïq-ta müngü	们，所需的在城市骑乘用的
	7	altï at ulaɣ-ta bačaɣ-a	6 匹铺马之中，Bačaɣa-
	8	trqan yu̇z-intä·bolmïš	Trqan 百户（内）的 Bolmïš-
	9	taz bir at iki kün	Taz 在 2 天内缴纳 1 匹马，
	10	birip üč baqïr kümüš	换算成 3 钱银子的
	11	qupčïr-qa tutzun	人头税吧。
B4	1	qorumči oɣul-nung	在忽林失王子的
	2	qoyn yïl birygrminč ay	羊年第十一月
	3	bir otuz-qa bor-či	二十一日。葡萄酒官
	4	sulɣqr-qa bor tarɣlï	Sulɣar，为收集葡萄酒
	5	balïq-ta müngü bir	所需的在城市骑乘用的 1 匹
	6	at ulaɣ bačaɣ-a trqan	铺马，由 Bačaɣa-Trqan
	7	yu̇z-intä bolmïš taz	百户（内）的 Bolmïš-Taz
	8	birip bir yarïm	缴纳，折算成 1.5
	9	baqïr kümüš qupčïr-	钱银子的
	10	-ïnga tutzun	人头税吧。

词注：

B1r2，öngtün čärig：öngtün 意为"前方；东方"，故 öngtün čärig 译为"先锋军；东方军"（USp，90；吐古舍娃2013，126）。如后文语注 B3r1 所述，本文书中的"羊年"可能为元宪宗九年（1259年）。当时，蒙哥汗亲自出征南宋，并抵达最前线四川地区，在本文书发行（农历七月二十日，西历8月10日）8日后的七月二十八日癸亥（西历8月18日）驾崩。本文书中，为了调集马匹而派遣使臣的 öngtün čärig "先锋军；东方军"，可能就是这一支南宋远征军。

B1r6-7，bačaɣa trqan yŭz-intä bolmiš taz：结合粘连在一起的全部4件文书来看，很长一段时间内这一记录都被误解了（USp，92；ClarkIntro，388-389；李经纬1996，200），笔者已经在拙稿（松井1998a，035；松井2002，97，103—104）中进行了解释。此处的yŭz ~ yüz "百，100" 应视作从原意衍生出的"百户"之意，前面的是百户长之名，后续的人名是缴纳者[7]。但是，本文中对yüz前后人名的转写作了略微修正，人名Bačaɣa后续的trqan ~ t(a)rqan ~ tarqan是突厥时期以来的突厥语族语言官号，缴纳者的名字Bolmïš后续的taz "秃"，也常作为人名要素出现。

B2r2，toqsïn：源自麴氏高昌、唐代的笃新，应该是《元史》地理志中的他古新，现在的托克逊（Toqsun）（松井2014a，169，fn. 6）。

B2r2-3，yiti yïlqï baɣ[ï?] käpäz：开头的yiti "七，7" 与末尾的käpäz "棉花；棉" 很明确。后续的词语ili不再沿用拉德洛夫（F. W. Radloff）的读法，根据字面所示读作yïlqï。诸先学将后面的词语识读为P'R = bar "（存在）有，在"，但实际上的字形更长，把下端较短的短缺部分补齐的话，就不得不读作其他词语了。

T. yïlqï有"……年份的"和"家畜；畜生"两个意思（ED，925—926），吐古舍娃（L. Yu. Tuguševa）采用了后者，把本处解释为

---

① 松井太先生认为其原作中arïq转写有误，现订正为arïɣ。

"7匹马（yïlqï）的束（baγ）的棉（xlopok [količestvom] v sem' lošadinyx v'jukov）"。但是，一般棉或棉花的重量单位使用tang或batman来计量，此处用yïlqï"家畜"来计量是很不合常理的。不如说本来要作为税物征收的棉花中，滞纳了7年份（yiti yïlqï）的未交，这样或许还能和本文书中的征收命令产生联系。

B2r4，nampï：在麴氏高昌时代至唐代，吐鲁番南部有一座绿洲城市，名为南平（GSR，650a + 825a，*nậm-bi̯wɒng），是以"回鹘字音"形式音译的地名。回鹘文契约文书SUK Ad01中所见的城市名Ambï，应该修正解读Nampï蒙古时代的回鹘语文书中，也有Nampï词首的N-与L-交换的形式（Lampï），这应该是现在拉木伯/让步（Lampu）之一聚落名的直接来源（松井i 2014a，278—282）。本文书中被提供便利Yägänčük和Turmïš二人，应该是从高昌出发前往托克逊期间，在途中的南平更换马匹。

B3r1，arïγ bökä：此处名为Arïγ-Bökä的人物，应该是成吉思汗（Činggis-qan）的幼子托雷（Tolui）的幼子阿里不哥（Arïγ-Böke），文书B3中只在第1行抬头这一尊敬表现也可以佐证[8]。

本文书提到阿里不哥，反映了他在大蒙古国及元朝中的政治地位。阿里不哥在帝国中枢的时间，应该从长兄蒙哥即位第4代蒙古大汗（元宪宗）的1251年开始，到与次兄忽必烈（Qubilai，1260—1294年在位）争夺汗位失败的中统五年（1264年）农历七月为止。这期间的"羊年"只有元宪宗九年（1259年）己未，据此可以确定本文书B3的年代，粘连在一起的文书B1、B2、B3的"羊年"明显也是同一年（松井2014b，617—618）。

该年农历七月二十八日癸亥元宪宗驾崩，阿里不哥作为元太祖成吉思汗幼子托雷的幼子，有继承成吉思汗宗室财产的资格，加之他在蒙哥南征之际留守蒙古本土，并在本土主持蒙哥的葬礼，属于正统继承者中最有力竞争第5代蒙古大汗的人。但忽必烈的军事实力更强，在翌年中统元年（1260年）三月初一即位，成为第5代蒙古大汗。

本文书的内容，大致是在蒙哥去世后不久的元宪宗九年（1259年）农历十月十一日，奉阿里不哥权威的使臣，负责吐鲁番地区葡萄酒的制造（或运输）一事。众所周知，回鹘王国领土内产出的葡萄酒，一直被视作珍品（松井1998b，29）。本文书提到的葡萄酒，应该是给蒙哥葬礼的参加者，或者是给阿里不哥即位的忽里勒台大会的参加者提供的。

B3r3，sïqturɣlï：从11世纪的《突厥语大词典（*Dīwān Luɣāt al-Turk*）》中也有 ol üzüm sïqturdï "他压榨葡萄"的表现来看，本处遵循克劳逊（G. Clauson）的解释 sïqtury(a)lï < v. sïqtur-(caus.)< sïq- "压榨（葡萄酒）；安排压榨工作（制作）"（ED，807；cf. CTD II，55；吐古舍娃2013，195）。

B4r1，qorumčï oɣul：T.oɣul "儿子（> P. ūġūl）" 及其派生词 T.oɣlan "少年（> P. ūġlān）"，与 M. kö'ü(n) ~ ke'ü(n) "子，儿子（> P. kā'ūn）" 相同，使用时常有 "王子，诸王"之意（羽田1925 = 羽田1958，176，179；TMEN II，Nrn. 502，198；Boyle 1971，286）。本处的 Qorumčï 也伴有 oɣul 的称号，加之同文书B3的阿里不哥一样用抬头方式表现尊敬，可见其确实为蒙古王族。

结合历史背景来看，这位 "Qorumčï 王子"，应该是第2代蒙古大汗窝阔台的第六子合丹（Qada'an ~ Qadaɣan）的第五子忽林失（Qorumši ~ Qurumši）[9]。第四代蒙古大汗蒙哥，对反对自己即位并计划政变的窝阔台系、察合台系王族进行了彻底弹压，这时属于窝阔台系但未参加政变的合丹，从大汗蒙哥的军队中分得一支万人队，并继承了窝阔台的部分斡鲁朵与后妃，还获得了别失八里地区的游牧地［波伊勒 1958，595；村冈 1992，43；松田 1996，48；cf. 安部 1955，56—57；《元史》卷 3·宪宗本纪，宪宗二年（1252 年）夏条］。尽管在东西方史料中基本都没有关于忽林失王子的记录，但本文书中的忽林赤（Qorumči）身为哈丹之子忽林失（Qorumši）合丹之子，从父亲的牧地别失八里处向南越天山，对高昌、吐鲁番地区施加影响力的可能性很高。这一点，对于判定本文书而言非常重要。

B4r4，tarɣlï：自拉德洛夫以来，一直被释读为 T'RYXLY = tarïɣ(a)lï，认为与 v. tarï- "种植（作物）；耕作（土地）"[10]。但是，前面的 bor 只是作为产品"葡萄酒"，并非"葡萄树"或"葡萄园"，所以"耕种；栽培"之意不合适。另外，实地观察原文书的时候，笔者发现实际文字为 T'RXLY = tarɣ(a)lï，把它解释为 T'RYXLY = tarïɣ(a)lï 是很勉强的。

古突厥语的 v. tar- 有"解散，分配"之意（e.g., ED, 529），虽然不一定背离本处的文意，但同 B3 文书的使臣制造葡萄酒相比较，本文书的使臣很难认为是"为了分配葡萄酒"而派遣到吐鲁番地区的。故笔者在此处，根据拉德洛夫认定为新回鹘语而收录的 v. tar- "在某地收集（auf einer Stelle zusammendrängen, sammeln）"（VWTD III, 836）进行解释。

D20 U 5709 + *U 9261（T III 66）

本文书由第三次德国吐鲁番探险队发现，现藏柏林勃兰登堡科学与人文科学院（Berlin-Brandenburgischen Akademie der Wissenschaften，以下简称 BBAW），现仅存 U 5709 号文书上半部分残片（VOHD 13，

22 #270；本文 Fig. II, 1）。但是，根据阿拉特（R. R. Arat）在柏林留学（1928—1933年）时拍摄的照片（本文 Fig. II, 2）来看，可以确认其原来的状态[11]。*U 9261 即是 BBAW 对这一破损部分的编号。

现存的 U 5790 号文书尺寸为 9.0×8.6㎝，据此可以推测原来的文书长度约为 16.5㎝。

1	milik tämür oγul-nung	在明理帖木儿王子的
2	ït yïl onunč ay altï yangïqa	狗年第十月初六日
3	uz-a b(o)r iltür siliba liči	向匠人运送葡萄酒的 Siliba 使臣
4	-ning noḳör yn-a yisüdär il(č)[i]	的侍从，及 Yisüdär 使臣
5	yol aṣuq-luq birgü üč tayaq äḏ	行粮所需的 3 串肉和
6	altï küri min-tä turpan-ta qanimdu	6斗面粉中，吐鲁番的观音奴筹集
7	bir tayaq äḏ iki küri min	1 串肉，2 斗面粉
8	büḍürüp b(i)[r](sü)[n]	缴纳吧！

词注：

D20r1，milik tämür：有关人名要素 milik（~ melik ~ mälik ~ M. melig ~ P. malik）拉舍曼（S.-C.Raschmann）解读为 tillik，但这没有必要。此处应为阿里不哥的幼子明里帖木儿/灭里铁木儿（Melig-Temür ~ P. Malik-Tīmūr，1307年去世），后面接续的 oγul（参照前文语注 B4r1）这一由本义"儿子"延伸出"王子"之义的词语也可以佐证。

元世祖忽必烈在阿里不哥去世（1266年）后，让幼子明里帖木儿继承了阿尔泰地区的牧地与牧民。至元八年（1271年），明里帖木儿为对抗海都，同元朝军队一起进军阿力麻里。至元十三年（1276年），由于失烈吉（Širegi）叛乱导致驻扎阿力麻里的元军崩溃，结果明里帖木儿同海都合流，与元朝政权敌对。之后，他曾一度在至元二十九年（1292年）归降元朝，但最终归顺元朝是在大德十年（1306年），即忽必烈曾孙元武宗海山（Haišan，1307-1311年在位）为平定窝阔台后裔而向阿尔泰以西进攻之时。明里帖木儿在安西王阿难答（Ānanda）的陪伴下，于大德十一年（1307年）正月庚午抵达大都宫廷。在三日后（正月癸酉）元成宗铁穆耳（Temür，1294—1307年在位）驾崩，明里帖木儿曾帮助阿难答登基，但遭海山之弟爱育黎拔力八达（Ayurbarwada，1311—1320年在位）宫廷政变而失败，五月同阿难答一起在上都被处刑（松田1983；村冈1985；松田1988；杉山1995）。

因此，本文书第2行中的"狗年"，应该在1266—1307年这40年之间，分别有至元十一年（1274年）甲戌，至元二十三年（1286年）丙戌，大德二年（1298年）戊戌3种可能。关于这一点，将在本文第3节详细讨论。

D20r2-4：此部分前有空格（即"降格"），表现了对第一行首处明里帖木儿的尊敬。松川节指出"降格"这种行文格式，是察合台汗国时期蒙古语回鹘语文书的特征（松川1995，112—115），笔者亦表示认可并称之为"察合台汗国式敬意表现"（松井1998b，8）。但在本文书中应作于明里帖木儿去世（1306年）之前，而察合台汗国在14世纪20年代后半期才对天山东部地区建立起稳定统治，两者相差近20年。因此，"降格"就不能被视作察合台汗国统治时期的特征，其由来及"察合台汗国式敬意表现"这一称呼也必须重新讨论。

D20r3a，uz-a b(o)r iltür：uz-a 由 uz "匠人，工匠" 缀接与格词缀-a 而成。"葡萄酒（bor）" 后续的 iltür 应为 v. ilt- ~ ilät- "搬运，带来"（ED，177）的中立形（译者注：Aorist，不定过去时，表示一般的、习惯的事物）。

D20r3b，siliba：Syr. Ṣelībā ~ Ṣelīvā 演变而来的基督教人名 Siliba ~ Seliba，在柏林旧藏的回鹘文契约 *U 9000、七河地区发现的东方基督教徒突厥语墓志铭中也有出现（拉舍曼 2008，129；科尔森 1890，134—135）。

D20r4a，nọkör：~ nökör < M. nökör "侍从，侍者，仆人；僚属；伙伴"（雷兴，593；TMEN I，Nr. 388）。关于大蒙古国及元朝时期成吉思汗宗室的 nökör "随从，从者" 在历史上扮演的角色，护雅夫做了先驱性研究（护雅夫 1952a；护雅夫 1952b），志茂硕敏在此基础上发表了一系列研究成果，大大深化了研究（志茂 1995；志茂 2013）。但在本文书中，该词应该理解为普通名词。BBAW 所藏的 U 5284 号征用命令文书也有同样的用例（松井 2002，108）。另外，在《元朝秘史》《至元译语》《高昌馆译语》杂字中，全部译作汉语 "伴当"。（石田 1934 = 石田 1973，175；Ligeti / Kara 1990，314；Ligeti 1966，185—186，299）。

D20r4b，yisüdär：~ P. yīsūdar ~ Chin. 也速迭儿/也速答儿/也速带儿，etc. < M. yesüder "第 9 的"，是常见的蒙古人名（芮跋辞 2006，740）。

D20r5a，yol aşuq-luq：同样的形式也出现在后文中 "Yalïn 文书" 群所属 Ch/U 7213v（松井 2003，Text E = Matsui 2014b，E3）号文书中。

D20r5b, tayaq：根据第5、7行的文意来看，该词应是肉（äḍ）的计量单位，有"支持，支撑物"及"杖，棍棒，竿"等意（ED, 568；TMEN II, Nr. 864）。本文书中被缴纳的肉，应该是棒状（tayaq）的干肉、肉肠等，或者是用细棒（tayaq）串起来的状态。

D20r6, qanimdu：来自汉语人名"观音奴"。

E2 *U 9234

由德国吐鲁番探险队发现，但在第二次世界大战中下落不明，现在只能在阿拉特于柏林留学时拍摄的照片中得到确认[12]。文书没有出土地编号，阿拉特将其编号为197/48，并简要介绍了内容（阿拉特1964, 21, 36），*U 9234是现在BBAW对这一文书的编号。纸张尺寸等情况不明。

本文书，与笔者曾经校订的"Yalïn文书"群（松井2003）是在相同历史背景下制作的。它们的缴纳者皆为Kärsin与Yalïn两人，另外在本文书末尾所印的3颗墨印中，有2颗与"Yalïn文书"群中共同使用的墨印（松井2003墨印A・墨印C）相同。

"Yalïn文书"群整体上大致在至治二年（1322年）壬戌前后，仍不在察合台汗国对吐鲁番地区进行实际统治的14世纪20年代后半期（松井2003, 53—55）。因此，本文书的"羊年"最有可能是延祐六年（1319年）己未。另外，亦有可能是同为羊年的大德十一年（1307年）丁未。

[　oγul?-n]ung

　　　　qoyn yïl čxšpt ay toquz yangïqa y(u)rḍ(?) quruyu ṭniyäl ilči

alylï kälmiš üč küri čubaɣan üč k(ü)[ri] üzüm üč küri
alïma talqan-i on iki qalča ṭušab [ ]-ta munča\-ta/ lükcüng-
-kä tägir bir küri čubaɣan bir küri [ ] qurɣu üzüm
[bir k]üri alï(m)[a tal]qan-ï tort qalča ṭušab-ta kärsin yalïn olar
[küri] čubaɣan bilä bütürüp [bi]rzün

[……王子？]的

在羊年戌月(=第十二月)初九日。准备宿营地(?)的Ṭniyäl使臣前来收取的3斗枣、3斗葡萄、3斗

碎苹果干、12角杯的糖浆……里,在这些之中,给Lükcüng

(作为税)的(=被课征?)1斗枣、1斗葡萄干、

[1]斗碎苹果干、4角杯糖浆中,Kärsin、Yalïn等人

[……□斗]枣,全部筹措并缴纳。

词注：

E2r1,[…. oɣul?-n]ung：现存部分的笔画可判读为-WNK,这里解释为属格词缀-[n]ung,破损部分根据前文B4、D20文书第1行推测为oɣul"王子,皇子"。除此之外,也存在"王(> ong)""公主(> qunčuy)""后妃,可敦（qatun）"等其他称号的可能性。另外,此处如果是像文书B3的阿里不哥（Arïɣ-Bökä）一样写的是人名的话,有可能是Temür、Qutluɣ等末音节为圆唇元音的名词。

无论如何,从第2-4行开头"降格"来看,写在第1行的人物地位是非常尊贵的（参见前文语注D20r2-4）,应该同B3、B4、B20一样是蒙古王族,或者与之相似同属统治阶级上层人物。

E2r2a，y(u)rḍ(?) qurγu：前词的笔画可以识读出 YYRD = yird，但对应不到合适的词汇。即便读作"牧地；宿营地；帐篷"，但 yurt ~ y(u)rḍ = YWRD 中的 -W- 在笔画上并怎么对得上（TMEN IV，Nr. 1914），但结合后续的 qurγu < v. qur- "to put something in order；to set in order，to set up；to organize(a meeting)"（ED，643）只好试译为"准备宿营地"。以此为背景，可以推测本文书中征收的枣（čubaγan）、葡萄干（quruγ üzün）、苹果干（alïma talqan-i）、糖浆（ṭušab）等物，是在"宿营地（yurt）"的蒙古统治者召开的宴会所用之物，"准备宿营地"的工作包括筹集、准备这些食物饮料。

E2r2b，ṭniyäl：~ ṭ(a)niyäl ~ ṭaniyäl ~ daniyäl。Syr. d'nyl = dānī'el ~ dny'yl = dānīyel 处借用的基督教人名。

E2r4a，alïma talqan-i：alïma 是 alma "苹果"的变形。后续的 talqan 意为 "crushed parched grain"［ED，496］，故 alïma talqan-i 应该是"碎苹果干"之意。根据语境，第 6 行处也推补为该词。

E2r4b，qalča：M. qalǰa "inkstand made of horn"［Lessing，922］的借词，本处译为"角杯"，在这里明显用作饮料糖浆（ṭušab）的计量单位。

关于角杯的实际容量，可以通过 BBAW 所藏的账簿文书 Mainz 765 来大致推测出来。文书中有"［给］蒙古八哈失（Mongol bäxšï）葡萄酒 5 角杯、肉 1 斤、1 斤［面粉。］……用番役给兀剌带（Uladay）使臣 5 角杯葡萄酒、1 斤面粉、1［斤］肉。给阿合马（Axmaṭ）使臣 5 角杯葡萄酒、1 斤面粉、1 斤肉（₉mongol baxšï-qa biš qalča bor bir baḍman äḍ bir baḍman m[in b] ……… ₁₇uladay ilči-kä käšig-tä ₁₈biš qalča bor bir ba‹ḍ›man min bir äḍ b axmaṭ ilči-kä ₁₉biš qalča bor bir bamḍan min bir baḍman äḍ b）"的记载，这里被给予葡萄酒（bor）、肉（äd~ät）、面粉（min）的3人中，Uladay、Axmaṭ（< A.-P. Aḥmad）两人都被称作"使臣（ilči）"，明显是利用蒙古驿传制度的官吏，开头处的"蒙古八哈失"应该也一样[13]。换言之，这是与驿传制度的使用情况相关的支出账簿（cf. VOHD 13，21，#203）。

蒙古的驿传制度规定，1名使臣1日供给肉（U. ät~M. miqa）、面粉（U. min~M. künesün）各1斤（U.-M. batman），约合640克，另有酒（吐鲁番地区有bor"葡萄酒"或araqï~araki"蒸馏酒"）1升（U.-M. saba），约合840毫升（松井2004，165—163）。Mainz 765文书中给予3人的肉、面粉的量为1斤（batman），这与驿传制度的规定额度一致。因此，"5角杯的葡萄酒（biš qalča bor）"应该和驿传制度规定的1升相当，故1角杯（qalča）的容量约为170毫升。

另外，Mainz 765支出账簿中还记录了给Balïqčï使臣（10balïqčï-ilči）、Salɣar使臣（17salɣar-iči）、Buqa使臣（17buqa-ilči）、铁工们（11tämir-či-lär）及某伯克的侍从（12nokär < Mong. nökär~nökür）每人"2.5角杯葡萄酒（iki yarïm qalča bor）"，这相当于1日规定量5角杯的一半。《永乐大典》（卷19418，叶3a）所收《经世大典》站赤条中，记载了至元二十一年（1284年）四月驿传使用人员的供给规定"正使宿顿，支米一升、面一斤、羊肉一斤、酒一升、柴一束、油盐杂支钞三分；经过减半"。与在驿站"宿顿"的使臣不同，仅仅"经过"驿站的使臣只提供一半的额度。Mainz 765文书中仅收到"2.5角杯葡萄酒"的人，应该就是单纯"经过"的使臣。

此外，本文书E2中征收的物品总额为"3斗枣、3斗葡萄、3斗碎苹果干、12角杯糖浆"，其中向Lükčüng纳税的部分为"1斗枣、1斗葡萄干、[1] 斗碎苹果干、4角杯糖浆"，即总额的三分之一。其中的"4角杯糖浆"与前文1名使臣1天的定额5角杯相似，所以这应该是和供应使臣相关的征用行为。

E2r4c，ṭušab：因为用了前文所见的液体计量单位 qalča 来计量，故该词应和现代土耳其语的 duşab "葡萄或其他水果制作的糖浆（üzüm veya başka meyveden yapılmış şurup）"（蒂兹，664b）一词相同，来自 P. dūšāb "syrup of grapes or dates, anything upon which milk is poured"（斯坦嘎斯，544）的借词。本处的后续部分已缺损，但我们可以假设，在受损部分不会有任何文本。同其他"Yalïn 文书"中的例子（松井 2003，53）比较来看，本文书也是利用汉文佛典的纸背写成的，或许写成当时纸就已经破损了。

E2r4-5，lükčüng-kä tägir：地名 Lükčüng 来源于唐代的柳中，即现今鲁克沁（Lukčun），大蒙古国及元朝时期的汉文史料中也有音译为鲁古尘或吕中的例子。

属于"Yalïn 文书"的回鹘文征用命令文书 Ch/U 6757 + Ch/U 6756v（= 松井 2014b，E11）的 "₃sač idgü y[iti] baḍ[man tämür- tä 1](ükč)[üng]-kä(t)ägir iki [batman]〔为制造铁锅的7斤（铁之中）送至 Lükčüng 的2斤…铁之中〕" 一句中，也出现了同本文书一样的 "lükčüng-kä tägir" 形式来对征收物品进行说明。同属 "Yalïn 文书" 的 Ch/U 6954v（=松井 2003，Text C = Matsui 2014b，E8）中，有表意相近句子 "₄alïm-qa ₅t(ä)gmiš üč baḍman käpäz-tä（作为税送至的3斤棉花中）"。此外，更详细的说明应是 "Yalïn 文书" 中 *U 9233（= Matsui 2014b，E5）的 "₂mäl[i](k) bäg- kä birgü lükčüng alïm- ïnga tägmiš altï ₃šïγ buγday（向 Mälik-Bäg 缴纳的，作为 Lükčüng 的税（alïm）送至

的6石小麦）"一句。换言之，这些物品全部都作为Lükčüng地区居民的税物被"送至（täg-）"，即课征，因此在前面的译文中做了适当的补充。

E2r5，bir küri [ ] quruγ üzüm：笔者推测küri与quruγ之间的纸应该在文书作成之时就缺损了，详见前文词注E2r4c的推论。

三、"消失的"yarlïγ及其历史背景

如前文所述，回鹘文征用命令文书中一般从年月日开始记录。但是，上述4件文书的开头，在年月日之前，先书写了以下例外的事项：

B3：₁Arïq Bökä-ning "阿不里哥的"

B4：₁Qorumčï oγul-nung "忽林赤王子的"

D20：₁Milik Tämür oγul-mung "明里帖木儿王子的"

E2：₁[.... oγul?-n]ung "[.....]王子的"

B3、B4、D20三件文书，全部言及蒙古王族。另外，文本缺损的文书E2也确实提及了蒙古王族或统治阶级上层人物（参见注释E2r1）。

那么这种例外事项，具体是为什么而记下的呢？下面，笔者将分析诸位先学对已发表的B3、B4中用例做出的代表性解释。

首先是拉德洛夫，他对B3、B4等粘连在一起的4件文书理解为"收据"，并认为开头的人名是"收据发放对象的名字（der Name der Person ....，für die die Quittung ausgestellt wurde）"，即"收据"的接收者（USp，92）。但是，本文书是为征收驿传马而发布的人头税代纳命令，从这一性质/功能来看，本文书的接收者是"Bačaγa-Trqan百户（内）的Bolmïš-Taz"，故拉德洛夫的解释不成立。

其次是克拉克（L. V. Clark），他把这些人名解释为"发布命令文

书的官吏之名（the name of the official who issues the decree）"（ClarkIntro，389）。但是，从B3、B4中的朱方印来看，本文书应由"高昌王总管府"发布。而且，很难想象蒙古王族自己会在吐鲁番地区发布回鹘语行政命令文书。

从4件文书的目的、功能来看，它们分别是为使臣（ilči，B3）、葡萄酒官（borčï，B4）、使臣/侍从（nökör，D20）供给马匹、粮食并提供便利，E2文书则是征用使臣（ilči）所需的各种物品。这些使臣、葡萄酒官、侍从们，可能是来自蒙古王族或统治阶级的派遣，并在彼时从主君处得到了蒙古语命令文书。蒙古大汗以外的蒙古王族、贵族与官员派遣携带自己命令的使臣这一情况，在帝国各地并不少见。本文第1节列举的蒙古语行政命令文书之中，④⑤⑦等都是这种情况，而且原文书中现存的例子也不在少数（田清波/柯立夫1952；田清波/柯立夫1962；魏弥贤1967 = BT XVI，Nr. 72，75）。关于由蒙古王族及其宫廷、政权中枢发布这一点，本文第1节的波斯语行政命令文书中的诸例（⑨—⑭），也有与蒙古语文书相同的性质。

回鹘文征用命令文书B3、B4、D20、E2中被提供便利的使臣们，被这样派遣的话，他们到达吐鲁番地区后，利用所持的来自蒙古王族的命令文书指挥吐鲁番当地的行政机关。为了应对他们，回鹘官吏发行了回鹘语文书B3、B4、D20、E2，这就是笔者推测的文书由来过程。

通过比较本文第1节列举的蒙古语（①—⑦）、回鹘语（⑧）、波斯语（⑨—⑭）行政命令文书中的权威来源句，可以认为文书B3、B4、D20、E2开头的例外事项，与权威来源句相似，是用来彰显上级权威的，较征用命令文书而言使臣们更加依靠它。换言之，笔者推测这些记载本应该是 Arïq Bökä-ning *yarlïγ-ïndïn* "奉阿不里哥的圣旨"（B3）、Qorumčï oγul-nung *yarlïγ-ïndïn* "奉忽林赤王子的圣旨"（B4）、Milik Tämür oγul-mung *yarlïγ-ïndïn* "奉明里帖木儿王子的圣旨"（D20）、[…oγul?-n]ung *yarlïγ-ïndïn* "奉（……王子）的圣旨"（E2）。

但是，现实中没有"奉……的圣旨（yarlïγ-ïndïn）"一句。关于这种现象的原因，笔者作了如下推测：制作、发行文书B3、B4、D20、E2的吐鲁番地区的回鹘官吏、行政机关，他们的征用命令文书依靠蒙古王子、王族的权威，同时他们遵循了"圣旨（T. yarlïγ ~ M. jarlïγ）"一词只能用于大汗命令的原则，不把蒙古王族的命令称作"圣旨（T. yarlïγ ~ M. jarlïγ）"。但是，把蒙古王族的命令称作与蒙古语"言语（M. üge）"相当的回鹘语、突厥语族语言"言语（söz）"的话，就把他们的命令同非蒙古王族的回鹘官吏自身的命令放在了同一位置上，这也是非常不敬的行为。因此，不如在王族的任命后不写"圣旨（T. yarlïγ ~ M. jarlïγ）"也不写"言语（M. üge ~ T. söz）"，这样对蒙古大汗也好，对他们的蒙古王族也好，都能表示尊敬。

正如本文第1节所见，13世纪末以后，实质上脱离元朝直接统治的西方诸汗国的臣僚们，不再顾忌称呼自己君主的命令为"圣旨（T. yarlïγ ~ M. jarlïγ）"。与之相比，制作文书B3、B4、D20、E2的吐鲁番地区的回鹘官吏、行政机关更加承认蒙古大汗/元朝皇帝至高无上的权威。

在发布B3、B4文书的时期，即元宪宗蒙哥病殁前后，蒙古大汗可在帝国全境内实质上行使最高权力。同时在E2文书所属的"Yalïn文书"群中，没能确认察合台汗国施行了有效统治，可见直到14世纪20年代前半期元朝仍能对吐鲁番地区进行直接统治（cf. 松井 2003，52—

55）。在察合台汗国统治下发行的⑤⑥⑦⑧中，大汗以外的蒙古王族使用了"圣旨（T. yarlïγ）"一词，相比之下文书 E2 回避了该词，说明在发布当时，吐鲁番地区内元朝皇帝的权威和影响力仍大于察合台汗国。

从蒙古王族明里帖木儿没有使用"圣旨（T. yarlïγ）"一词来看，在文书 D20 的"狗年"这一时间点，元朝仍能对吐鲁番地区进行有力统治。此处的"狗年"，有至元十一年（1274年）甲戌、至元二十三年（1286年）丙戌、大德二年（1298年）戊戌等可能。另一方面，明里帖木儿由于至元十三年（1276年）失烈吉之乱与海都合流［参见语注 D20r1］，这样一来，文书 D20 的"狗年"基本可以确定为明里帖木儿与吐鲁番地区两者都在元朝统治下的至元十一年（1274年）甲戌。

但是，《史集（Ǧāmi'al-Tawārīḫ）》记载在忽必烈统治末期，回鹘王国的领土分属元朝与海都、都哇势力（波伊勒 1971，286；陈高华 1982，282；杉山 1987＝杉山 2004，361；松井 2008a，20—22）。实际上，明里帖木儿与其兄药木忽儿（Yobuqur ~ Yomuqur，当时属海都、都哇势力）不时与阿尔泰方面的元朝前线部队通好，后来药木忽儿在元贞二年（1296年）归降元朝（松田 1983，34—35；村冈 1999，19—20）。由此观之，在至元二十三年（1286年）丙戌、大德二年（1298年）戊戌两时间点，属于海都、都哇势力一方的明里帖木儿，在服从元朝皇帝权威的吐鲁番地区，仍有可能行使影响力（cf.松井 2014b，620—621）。总而言之，文书 D20 的年代仍无法最终确定。即便如此，能够确认在明里帖木儿在世时原回鹘王国领地承认元朝皇帝权威的优势地位，对于考察蒙古时期当地历史情况而言是一大重要发现。

结语

下面是对本文内容的概括总结。

蒙古时期，"圣旨（M. ĵarliɣ ~ T. yarlïɣ ~ P. yarlīġ）"一词仅用于蒙古大汗、元朝皇帝命令的行政文书体例，在13世纪末叶以后的西方诸汗国中已不再被严格遵守，尤其是在蒙古王族以外的臣僚发布的行政命令文书中，大汗以外的蒙古王族之命令也屡次被称作"圣旨"。与之相对，在新疆吐鲁番地区等原回鹘王国领土中发布的回鹘文征缴命令文书中，有4件写有例外的权威来源句的文书，句中对于作为行政命令权威之直接来源的蒙古王族命令，不称"圣旨（T. yarlïɣ）"亦不称"言语（T. söz）"，这应该是为了在不侵犯蒙古大汗、元朝皇帝最高权威的同时，对蒙古王族表达敬意，故作了不合常规的处理。也就是说，"圣旨（T. yarlïɣ）"一词在文书中"不见"的情况，反过来说，展示了回鹘王国领地中蒙古大汗权威的唯一性、不可侵犯性。

另外，这4件回鹘文征缴用命令文书，由于没有显示出察合台汗国对新疆进行有效统治的特征，故其中3件的年代在13世纪后半期，1件时间在14世纪20年代以前的可能性很高。另一方面，如前文所述察合台汗国发布的文书中屡次将察合台王室的命令称为"圣旨（M. ĵarliɣ ~ T. yarlïɣ）"。这考虑到这些，在权威来源句中不把蒙古王族的命令称为"圣旨（T. yarlïɣ）"与"言语（T. söz）"的行文方式，是察合台汗国对新疆进行有效统治之前（即14世纪20年代后半期之前）的一大特征，可以成为判断文书年代的有效依据。

以上论述中有许多依赖于推测的部分，另外受笔者视野所限，对于西方波斯语编年史料、古文书资料还有许多未涉及的部分，敬请专家批评指正。

此外，本文所研究的征缴命令文书中的B3、D20两件，显示了在阿尔泰地区占有据点的阿里不哥、明里帖木儿父子，能够对西域的回鹘王国领地施加政治影响。正如前人已经指出的，别失八里出身的畏兀儿高僧安藏（Antsang），受阿里不哥之命把《华严经》从汉语译为回鹘语，并在"道佛论争"之际向阿里不哥申诉道教的虚妄。另外，在忽必烈与阿不里哥争夺汗位之时，安藏作为使节被派遣到阿不里哥处敦促其投降，失败后又返回忽必烈处［Oda 1985；《至元辨伪录》卷3（北京图书馆古籍珍藏本丛刊77，书目文献出版社，511）；《程雪楼集》卷9·《秦国文靖公神道碑》］。可以推测在阿不里哥身边，有不少安藏这样的畏兀儿人佛教徒。但是，目前还不清楚这种人脉关系对之后的阿不里哥家族与回鹘王国领有什么影响[15]。另外，从蒙古高原史的视角来看，阿尔泰西麓、南麓地区的高昌、巴里坤（Bars-Köl>Barkul）等天山东部地区的交通网络也值得注意（村冈2003，45），本文研究的回鹘文征缴命令文书之内容，有必要从蒙古政治史、交通史的视角来重新研究。

参考文献

1. 安部健夫：《西ウイグル國史の研究》，汇文堂书店，1955年。

2. 敖特根：《莫高窟北区出土〈阿剌忒纳失里令旨〉残片》，《敦煌学辑刊》2006年第3期，第28—40页。

3. 敖特根：《敦煌莫高窟北区出土蒙古文文献研究》，北京：民族出版社，2010年。

4. Arat, Reşid Rahmeti,: Eski Türk hukuk vesikaları, Türk Kültürü Araştırmaları 1, 1964: 1-53.

5. BBAW = Berlin-Brandenburgsiche Akademie der Wissenschaften.

6. Boyle, John Andrew, The Successors of Genghis Khan. New York, 1971.

7. BTT XVI = Dalantai Cerensodnom/Manfred Taube, Die Mongolica der Berliner Turfansammlung. Berlin, 1993.

8. 陈高华：《元代新疆史事杂考》，《新疆历史论文续集》，乌鲁木齐：新疆人民出版社，1982年，第274‐294页。

9. Chwolson, Daniel A., Syrisch- nestorianische Grabinschriften aus Semirjetschie, Neue Folge, St. Petersburg, 1897.

10. Clark, Larry Vernon, On a Mongol Decree of Yisün Temür (1339), Central Asiatic Journal 19-3, 1975: 194-198.

11. ClarkIntro = Larry Vernon Clark, Introduction to the Uyghur Civil Documents of East Turkestan (13th-14th cc.). Ph.D. Dissertation of Indiana University, Bloomington, 1975.

12. Claeves, Francis Woodman, The Mongolian Documents in the Mu-

see de Téhéran. Harvard Journal of Asiatic Studies16-1/2, 1953: 1-107.

13. CTD = Maḥmūd al-Kāšγarī, Compendium of the Turkic Dialects (Dīwān Luγāt at-Turk), 3 vols. Tr. and ed. by R. Dankoff/J. Kelly. Cambridge (MA), 1982-1985.

14. ED = Gerard Calson, An Etymological Dictionary of Pre-Thirteenth-Century Turkish. Oxford, 1972.

15. Franke, Herbert, A 14th Century Mongolian Letter Fragment. Asia Major (N. S.) 11-2, 1965: 120-127, +1 pl.

16. 嘎日迪（Garudi）：《敦煌莫高窟北区出土蒙古文和八思巴文文献》，彭金章、王建军、敦煌研究院（编）《敦煌莫高窟北区石窟》第3卷，北京：文物出版社，2004年，第397—419页。

17. Golden, Peter B., The King's Dictionary: The Rasūlid Hexaglot. Leiden / Boston / Köln, 2000.

18. GSR = Bernhard Karlgren, Grammata Serica Recensa. Stockholm, 1957.

19. 羽田亨：《回鹘译本安慧的俱舍论宝义疏》，池内宏（编）《白马博士还历纪念东洋史论丛》，岩波书店，1925年。

20. 羽田亨：《羽田博士史学论文集下卷言语宗教篇》，东洋史研究会，1958年。

21. Herrrmann, Gottfried, Doerfer, Gerhard., Ein persisch-mongolischer Erlass des Ğalāyeriden Šeyḫ Oveys. Central, Asiatic Journal 19, 1975: 1-84.

22. 本田实信：《阿母河等处行尚书省考》，《北方文化研究》第2期，1967年，第89—110页。

23. 石田干之助：《关于〈至元译语〉》，《东洋学丛编》第1期，

1934年。

24. 石田干之助：《東亞文化史叢考》，东洋文库，1973年。

25. 卡哈尔·巴拉提（Kahar Barat），刘迎胜：《亦都护高昌王世勋碑回鹘文碑文之校勘与研究》，《元史及北方民族史研究集刊》第8期，1984年，第57—106页。

26. Kara György, Zhiyuan Yiyu: Index alphabetique des mots mongol, Acta Orientalia Academiae Scientiarum Hungaricae 44-3, 1990: 259‑277.

27. 久保一之：《ミール・アリーシールと"ウイグルのバフシ"》，《西南アジア研究》第77期，2012年，第39—73页。

28. Lessing, Ferdinand D., Mongolian-English Dictionary. Berkeley, Los Angels. 1960.

29. 李经纬：《吐鲁番回鹘文社会经济文书研究》，乌鲁木齐：新疆人民出版社，1996年。

30. Ligeti, Louis, Un vocabulaire sino-ouigour des Ming: le Kao-tch'ang-kouan yi-chou du Bureau des Traducteurs. Acta Orientalia Academiae Scientiarum Hungaricae 19-2, 1966: 117-199.

31. Ligeti, Louis, Monuments préclassiques 1, XIII-XIV siècles. Budapest, 1972.

32. Ligeti, Louis, Kara, György, Un vocabulaire sino-mongol des Yuan: Le Tche-yuan Yi-yu. Acta Orientalia Academiae Scientiarum Hungaricae 44-3, 1990: 100-22.

33. 松田孝一：《ユブクル等の元朝投降》，《立命館史學》第4期，1983年，第28—62页。

34. 松田孝一：《メリク・テムルとその勢力》，《内陸アジア史研

究》第4期，1988年，第91—102页。

35. 松田孝一：《オゴデイ諸子ウルスの系譜と繼承》，《ペルシア語古寫本史料精査によるモンゴル帝國の諸王家に關する總合的研究》，JSPS科研費（No. 05301045）報告書，1996年，第21—65頁。

36. 松井太：《カラホト出土蒙漢合壁税糧納入簿斷簡》，《待兼山论丛》史学篇31，1997年，第25—49页。

37. 松井太：《モンゴル時代ウイグリスタン税役制度とその淵源》，《东洋学報》79—4，1998年，第26—55页。

38. 松井太：《ウイグル文クトルグ印文書》，《内陸アジア言語の研究》第13期，1998年，第1—62, +pls., Ⅰ‐ⅩⅤ页。

39. 松井太：《モンゴル時代ウイグリスタンの税役制度と徵税システム》，松田孝一（編）《碑刻等史料の總合的分析によるモンゴル帝國・元朝の政治・經濟システムの基礎的研究》，JSPS科研費（No. 12410096）報告书，2002年，第87—127页。

40. 松井太：《ヤリン文書》，《人文社会论丛》人文科学篇10，2003年，第51—72页。

41. 松井太：《モンゴル時代の度量衡》，《东方学》107，2004年，第166—153页。

42. 松井太：《ドゥア時代のウイグル語免税特許状とその周邊》，《人文社会论丛》人文科学篇19，2008年，第13—25页。

43. 松井太：《東西チャガタイ系諸王家とウイグル人チベット佛教徒》，《内陸アジア史研究》第23页，2008年，第25—48页。

44. Matsui Dai, Bezeklik Uigur Administrative Orders Revisited, 2009.

45. 张定京、阿不都热西提·亚库甫：《突厥语文学研究：耿世民教授八十华诞纪念文集》，北京：中央民族大学出版社，第339—350页。

46. 松井太，《西ウイグル時代のウイグル文供出命令文書をめぐって》，《人文社会论丛》人文科学篇24，2010年，第25—53页。

47. Matsui Dai, Old Uigur Toponyms of the Turfan Oases. In: Elisabetta Ragagnin / Jens Wilkens (eds.), Kutadgu Nom Bitig: Festschrift für Jens Peter Laut zum 60. Geburtstag, Wiesbaden, 2014: 265-294.

48. Matsui Dai, Dating of the Old Uigur Administra-tive Orders from Turfan. In: M. Özkan/E. Doğan (eds.), VIII, Milletlerarası Türkoloji kongresi (30 Eylül‐04 Ekim - İstanbul) bildiri kitabı, Vol. IV, İstanbul, 2014: 611-633.

49. 松川节：《批評・紹介：D. Cerensodnom & M. Taube, Die Mongolica der Berliner Turfansammlung》，《东洋史研究》54-1，1995年，105—122页。

50. 宫纪子：《Mongol baqši と bičikči たち》，洼田顺平（编）：《ユーラシアの東西を眺める》，京都大学文学研究科，2012年，第37—64页。

51. 宫纪子：《ジャライル朝スルタン・アフマドの金寶令旨より》，杉山正明（编）《續・ユーラシアの東西を眺める》，京都大学文学研究科2014年，第15—52页。

52. MKT = 内蒙古大学蒙古学研究院蒙古语文研究所《蒙汉词典（增订本）》，呼和浩特：内蒙古大学出版社，1999年。

53. 护雅夫：《ネケル考》，《史学杂志》第61-8期，1952年，第100—105页。

54. 护雅夫：《ネケル考序説》，《东方学》第 5 期，1952 年，第 10—40 页。

55. Mostaert, Antoine/Cleaves, Francis Woodman, Trois documents mongols des Archives Secrètes Vaticanes. Harvard Journal of Asiatic Studies 15-3/4, 1952: 419–506

56. Mostaert, Antoine/Cleaves, Francis Woodman, Les Lettres de 1289 et 1305 des ilkhan Arɣun et Oljeitüä Philippe le Bel. Cambridge (MA), 1962.

57. 村冈伦：《シリギの亂》，《东洋史苑》24/25，1985 年，第 307—344 页。

58. 村冈伦：《オゴデイ・ウルスの分立》，《东洋史苑》第 39 期，1992 年，第 20—43 页。

59. 村冈伦：《オルダ・ウルスと大元ウルス》，《东洋史苑》第 52/53 期，1999 年，第 1—38 页。

60. 村冈伦：《モンゴル西部におけるチンギス・カンの軍事據點》，《龙谷史坛》第 119/120 期，2003 年，第 1—61 页。

61. 小田寿典《On the Uigur Colophon of the Buddhāvataṃsaka-sūtra in Forty-Volumes》，《丰桥短期大学研究纪要》第 2 期，1985 年，第 121—127 页。

62. 大塚修：《史上初の世界史家カーシャーニー》，《西南アジア研究》第 80 期，2014 年，第 25—48 页。

63. Özyetgin, Ayşe Melek, Altın Ordu, Kırım ve Kazan sahasına ait yarlık ve bitiklerin dil ve üslüp incelemesi. Ankara, 1996.

64. Özyetgin, Ayşe Melek, Altın Ordu Hanı Toktamış'ın Bik Ḥāci adlı kişiye verdiği 1381 tarihli tarhanlık yarlığı. Türkoloji Dergisi 8-1, 2000: 167-

192.

65. Pelliot, Paul, Les documents mongols du Musée de Ṭeherān. Aṯhār-é Īrān 1, 1936: 37-44+2.

66. Pelliot, Paul, Le nom du χwārizm dans les textes chinois. T'oung Pao, 2. s. 34-1/2, 1938: 146-152.

67. Pelliot, Paul, Qubčiri-qubčir et qubči'ur-qubčur. T'oung Pao, 2. s., 37-5, 1944: 153－164.

68. PUM = Gottfried Herrmann, Persische Urkunden der Mongolenzeit. Wiesbaden, 2004.

69. Raschmann, Simone-Christiane, Baumwoll-Nachlese. Vier alttürkische böz-Dokumente aus dem ARAT-Nachlaß (Istanbul), 《内陸アジア言語の研究》23, 2008: 121-150。

70. Rybatzki, Völker, Die Personennamen und Titel der Mittelmongolischen Dokumente. Helsinki, 2006.

71. 志茂硕敏：《モンゴル帝國史研究序説》,《东京大学出版会》, 1995年。

72. 志茂硕敏：《モンゴル帝國史研究：正篇》,《东京大学出版会》, 2013年。

73. Soudavar, Abdula, Farmān of the Il-Khān Gaykhātu. In: Abdola Soudavar, Art of the Persian Courts, New York, 1992: 34-35.

74. Steingass, F. J., A Comprehensive Persian-English Dictionary, London, 1892.

75. 杉山正明：《幽王チュベイとその系譜》,《史林》65-1, 1982年, 第1—40页。

76. 杉山正明：《西暦1314年前後大元ウルス西境をめぐる小札記》，《西南アジア研究》第27期，1987年，第24—56頁。

77. 杉山正明：《元代蒙漢合璧命令文の研究》，《内陸アジア言語の研究》5[1989]，1990年，第1-31+2頁。

78. 杉山正明：《大元ウルスの三大王國（上）》，《京都大学文学部研究紀要》第34期，1995年，第92—150頁。

79. 杉山正明：《モンゴル帝國と大元ウルス》，京都大学学术出版会，2004年。

80. 田卫疆：《元代新疆"站赤"研究》，《中国边疆史地研究》1994年第1期，第30—35页。

81. Tietze, Andreas, Tarihi ve Etimolojik Türkiye Türkçesi Lugatı, 2 vols. Istanbul / Berlin, 2002-2007.

82. Tixonov, Dmitrij Ivanovič, Xozjajstvo i obščestvennyj stroj ujgurskogo gosudarstva X-XIV vv. Moskva/Leningrad, 1966.

83. TMEN = Gerhard Doerfer, Türkische und mongolische Elemente im Neupersischen, 4 vols, Wiesbaden, 1963-1975.

84. TU = Abū al-Qāsim ʻAbd Allāh b. Muḥammad al-Qāšānī, Tārīḫ-i Ūlğāytū. MS. İstanbul, Aya Sofya Kütüphanesi, 3019/3, fol. 135-240.

85. Tuguševa, Lilija Yusufžanova, Ujgurskie delovye dokumenty X‐XIV vv. iz Vostočnogo Turkestana. Moskva, 2013.

86. Tumurtogoo, D., Mongolian Monuments in Uighur- Mongolian Script, Taipei, 2006.

87. Tumurtogoo, D., Mongolian Monuments in 'Phags-pa Script, Taipei, 2010.

88. USp = Wilhelm Radloff, Uigurische Sprachdenkmäler. Ed. by Sergej Malov. Leningrad, 1928.

89. VOHD 13,21 = Simone-Christiane Raschmann, Alttürkische Handschriften, Teil 13: Dokumente, Teil 1. Stuttgart, 2007.

90. VOHD 13,22 = Simone-Christiane Raschmann, Alttürkische Handschriften. Teil 14: Dokumente, Teil 2. Stuttgart, 2009.

91. VWTD = Wilhelm Radloff, Versuch eines Wörterbuches der Türk-Dialecte, 4 vols. St. Petersbourg, 1893-1911.

92. Weiers, Michael, Mongolische Reisebegleitschreiben aus Čaγatai, Zentralasiatische Studien 1, 1967: 7-54.

93. 吉田順一、チメドドルジ：《ハラホト出土モンゴル文書の研究》，雄山阁，2008年。

94. Zieme, Peter, Uigurische Pachtdokumente, Altorientalische Forschungen 7, 1980：197-245.

注释

（1）嘎日迪 2004，411—412；敖特根 2006 = 敖特根 2010, IV. 关于第二行开头的人名，嘎日迪读为 Qarajaširi，敖特根改为 Aratnaširi 并断定为东察合台出身的豫王阿剌忒纳失里（< Aratnaširi < Skt. Ratnaśrī）。不过，笔者在 2013 年 12 月查阅保存于敦煌研究院的原文书后，建议改为本文中的金顺（Arka'širi ~ Arkaširi < Skt. Arkaśrī），即占据敦煌的西宁王族后裔，在洪武二十四（1391 年）来降明朝的"蒙古王子阿鲁哥失里"（cf. 杉山 1982 =杉山 2004，272—274）。另外，嘎日迪和敖特根都将此王族视为本文书的颁布者。但是，第 2 行的圣旨

（lingǰi）后可以勉强认出词头是字母B-的残画，与后文③的例句相比较可以推补出-ber。另外，第4—7行的行首比第3行的"招讨司（> M. čautauš[i]）"要低，可以认为本文书是"招讨司"向相关的下属、下级单位发出的。"招讨司"后续的破损残缺部分，是参考后文③补充的。

（2）傅海波1965；李盖提1972，235—236；杉山2004，282. 文书的年代仅应在西宁王Sulṭān Šāh受封后，最早也在1353年之后（杉山1982＝杉山2004，272）。一直以来，本文书都被认为出土自吐鲁番地区的吐峪沟，但既然是从哈密的威武西宁王府发往敦煌的西宁王家，则本文书应被视作在敦煌发现的史料（松井1997，n. 13；松井2008b，fn. 3）。

（3）关于Yisuntemür，杉山认为是同名的第10代蒙古大汗泰定帝的可能性较大（杉山1990，1＝杉山2004，394），但克拉克将其认定为察合台汗国君主的判断毫无疑问是正确的（克拉克1975）。

（4）E.g., Pelliot 1944, 156—157; Arat 1964, 36; Tixonov 1966, 102; ClarkIntro, 388—389, 441—443（Nos. 105—108）; Zieme 1980, 202; 田卫疆1994，33.

（5）印文的解读得到了赤木崇敏（东京女子大学）先生的帮助，在此深表谢意。

（6）彰显历代回鹘王·亦都护（ïduq qut> Chin. 亦都护，"神圣的天宠"）事迹的《亦都护高昌王世勋碑》中，有著名的"仁宗皇帝，始稽故实，封为高昌王，别以金印赐之。设王傅之官。王印行诸内郡，亦都护之印则行诸畏吾而之境"一节（虞集《道国学古录》卷24；《元史》卷122·巴而术阿而忒的斤（Barčuq-Art-Tegin）传大致同文），元仁宗爱育黎拔力八达时代首次赐予当时的回鹘王纽林的斤（Nigürin-Tegin>Chin. 纽林的斤）"高昌王"称号，相应的"（高昌）王印"和"亦都护之印"也一并使用。《世勋碑》回鹘译文也沿袭了这一说法，"受 Buyanḍu qaɣan（仁宗）的恩赐，'被赐予了金印（altun tamɣa）与高昌王（Kao-čang ong）之名，正如之前的 Barčuq-Art ïduq-qut 一样，永远被这一族继承，新赐予的高昌王金印用于通行于外郡（yat taš il-lär）的令旨（lingči），其他的以前的金印用于周围的回鹘人之间（yaqïn-ta Uyɣur ara）'之圣旨（yarlïɣ boldï）"（卡哈尔、刘迎胜 1984，67）。《元史》卷108·诸王表也记载，高昌王始封于仁宗延祐三年（1316年）。但是，《元史》卷24·仁宗本纪·至大四年（1311年）五月甲辰条中，记载有设置"高昌王傅"，可见至少在此时"高昌王"的称号就已经被赐予了。如果本文书的朱印文"高昌王总管府"判读无误的话，可以推测早在元宪宗时代以前，回鹘王亦都护就已经在使用汉语"高昌王"作为自称或雅称了。汉文《世勋碑》中"稽故实"之言，反映的应该也是这一情形。

（7）吐古舍娃并未注意到拙稿的批评，仍误读为 bačaɣa taɣ yüz-intä bolmiš taɣ "面朝 Bačaɣa 山的畜群（tabuna naxodjaščegosja na gore Bačag）"（吐古舍娃2013，135-137）。

（8）自拉德洛夫以来的转写都是 qačan-kökä，此外就是吐谷舍娃最新的转写 qačïɣ-kökä（吐古舍娃2013，136），全都是错的。

（9）蒙古人名 Qorumči 的末音节 -či 经常和 -ši 交替，例如木华黎（Muqali）的曾孙第5代札剌亦儿部国王"忽林池/忽林赤"的蒙古语名，从汉字记录来看同样为 Qorumči，但在波斯语史料中记录为 Qūrumšī。另外，《元史》卷169中立传的贾昔剌（Šira > Chin. 昔剌）之孙虎林赤（< Qorumči），在同书卷9·世祖本纪·至元十四年（1277）六月丁丑条中记录为"忽林失（< *Qorumši）"。关于此人名 Qorumči（~ *Qorumši > Chin. 忽林池/忽林赤/虎林赤/忽林失~ P. Qūrumšī）的词意，伯希和认为是"花剌子模出身（者）"，借用自波斯语 Ḫwārizmī 并发生了讹变，一直到最近都被学界接受（Pelliot 1938, 149—152; cf. Cleaves 1949, 433—435; Rybatzki 2006, 525—526）。但其论据，却只有《元朝秘史》（§263, 11:50:05; 11:50:08）中花剌子模出身的穆斯林财务官员"马思中忽杨"（< Mas'ūd Beg）的"姓"之汉字表记"中忽舌鲁木石"（< *Qurumši）这一点。同时，他推测的 P. Ḫwārizmī > M. *Qurusmi 这一借用形式也没有任何实例，故向 *Qurumši ~ Qorumči 这种辅音转换不太可靠。《元朝秘史》中的"中忽舌鲁木石"，很有可能是蒙古语《秘史》原本中的笔误。人名 Qorumči ~ *Qurumši 的词源，可能是蒙古语 qorumji "减少，损失"（Lwssing, 967），或 qurim "婚礼；宴会"（MKT, 686; Golden 2000, 291）缀接表某种职业人员的词缀+či 构成的"宴会人员（qurimči）"。如果是突厥语的话，可能是 qorum "砂砾，岩石"（ED, 660; CTD I, 303）派生的"石匠（qorumči）"，等等。

（10）拉德洛夫转写为 tarïγlï，把 bor tarïγlï 翻译为"获得葡萄（树）的人［der die Wein(stöcke) besorgt］"（USp, 91-92）。克劳逊把本处译作"a wine grower"，明显是认同了拉德洛夫的观点（ED, 532）。马洛夫（S. E. Malov）把词末的 -γlï 修正为副动词缀 -γ(a)lï "为了做……"，但仍遵循拉德洛夫的观点把 bor tarï- 译为"耕作葡萄园（vozdelyvat' vinogradnik）"（USp, 231）。克拉克也沿袭此观点译作"cultivate wine"（ClarkIntro, 443）。

（11）笔者承蒙奥斯曼·费克里·塞尔特卡亚教授（Osman Fikri

Sertkaya）的允许，得以研究与发表阿拉特的写真资料，在此深表谢意。

（12）笔者承蒙奥斯曼·费克里·塞尔特卡亚教授（Osman Fikri Sertkaya）的帮助，得以研究与发表这份写真资料，在此深表谢意。

（13）此处关于Mongol-baxšï的解释存在问题。众所周知，回鹘语的baxšï来自于汉语"博士"，在吐鲁番出土回鹘语文献中的大多为"师，师僧"之意，把本处Mongol（< Mongγol）视作人名的话，自然可以解释为"Mongol大师"。但是，继承了伊利汗国行政文书制度的札剌亦儿王朝中，宫廷会任命"蒙古语命令文书记（M. bičigči ~ P. bitikčī < T. bitigči）"，如同回鹘系、蒙古系中占据着特殊地位的世袭"师傅"（baxšï > P. baḫšī）（宫 2012，45—51）一样。统治吐鲁番地区的畏兀儿王室及附近的蒙古王室中，或许也有这种家政机构。另外，帖木儿帝国中的"畏兀儿八哈失（Baḫšiyān-i ūyġūr）"（久保 2012）也值得注意。

（14）另外，《国王字典（*Rasūlid Hexaglot*）》中有 A. al-dibs "syrup, molasses, treacle esp. of grapes" = P. dūšāb = T. bekmez "syrups of fruit juice" 的对译例子（Golden 2000，326）。

（15）但是，《史集》中记录的阿里不哥幼子明里帖木儿的主要将相中，没有发现畏兀儿出身者（松田 1998，91—92）。

（译自《人文社会论丛人文科学篇第33号》，弘前大学人文部2015年出版，第55—81页。日语。）

关于回鹘文征缴命令文书的再考察

松井太（Matsui Dai）著

李圣杰 译，白玉冬 校对

一、前言

本文中的回鹘语文献/回鹘语文书，指存在于以吐鲁番为中心的天山东部地区以及敦煌、河西地区，使用回鹘文记录古代回鹘语的文献。大体而言，回鹘文献的年代一般为9世纪末至14世纪，即从天山东部的西州回鹘王国建立到并入蒙古统治时期。在15—16世纪初期天山东部地区基本完全伊斯兰化时，回鹘语文献也几乎同时在吐鲁番地区消失。有鉴于此，可以说回鹘语文献作为组成敦煌吐鲁番出土文献群的最后一批文献之一，反映了伊斯兰化以前中亚史发展的一个归结。

虽然回鹘语文献大多数属于宗教（佛教、摩尼教、基督教等）典籍，但在吐鲁番地区也发现了不少的世俗文书。这些回鹘语世俗文书甫一出土，便成为建构9—14世纪回鹘社会史乃至中亚史的第一手史料，并用于文献解读与历史研究。

在作为历史资料的回鹘语世俗文书中，研究者最为关心的是契约文书。这是因为研究者很早就通过分类归纳文书格式的方式在内容理解上取得了进展，加之部分文书含有较多的信息量，尤其是在论证回鹘文契约文书以唐宋时期汉文契约文书为雏形发展而来的过程中，在研究方法上形成了一定的准则、框架。这些关于回鹘文契约文书的研究在许多方面取得了丰厚成果，如回鹘当地居民的法律惯例、社会习俗、经济状态、文化要素等[①]。

但是，除契约文书外，回鹘语世俗文书中还有许多其他种类文书。早先，山田信夫等人曾把回鹘语世俗文书分为公文书、私文书两大类（参见表1）。尽管未明确提及两类的区分标准[②]，但以这种二分法来分析出土文献是有效的，所以被许多人接受（cf. VOHD XIII, 21, 15-16）。目前，所谓"公文书"，可以大致定义为从最上层的回鹘王族（后为蒙古王室）、将相，到与回鹘平民接触的下级官吏组成的"公权力者"阶层，为统治活动、行政运行而制作、发行的文书[③]。通过分析这些公文书，使得从多方面重构回鹘社会历史成为可能。

表1的"1.1 诏敕、行政·军事指令"分类中，也有回鹘政权向统治下的居民征用各种物品（包括金钱、劳动力等）的行政命令文书，换言之包含征缴命令文书。公权力对种种财物的征发，组成了广义上的税役。因此，这些回鹘文征缴命令文书在考察10—14世纪回鹘政权税役制度及相关各种制度的（土地制度、居民编制、村落制度、交通

[①] 关于回鹘文契约文书的研究史，请参见山田 1975；山田·小田·梅村·森安 1988；Matsui 2009b, 44—47。另外，笔者正在准备一篇关于蒙古时代回鹘语文书史料的导论，其中整理了主要研究成果（Matsui, forthcoming）。

[②] 即便是被认定为私文书的回鹘文契约文书，在某种条件下也有可能具有官方凭证的功能，参见荒川 1994, 117—118。

[③] 关于回鹘语文书中的公权力者阶层，参见梅村 1977 的分析。

制度等）功能上的价值是无与伦比的。

表1 回鹘语世俗文书的分类

1. 公文书	2. 私文书
1.1 诏敕、行政·军事指令（包含告身）	2.1 契约文书（含遗书）
1.2 国书	2.2 收据
1.3 赦令·国书·公验（公券）·度牒·过所·身份证明	2.3 信件·标签·货单
1.4 完税证明·税金收据	2.4 台账·账簿·存根·目录·一览表
1.5 上奏文·请愿书·申请书	2.5 祈愿文·回向文·供养文（含跋文）
1.6 报告书·申报书·手实·登记簿	2.6 其他
1.7 户籍·台账·账簿·清单	※主要参照 SUK II, ix–xi. 另有参照山田·小田·梅村·森安 1998, 10–11; VOHD 13,21, 15–16.
1.8 祈愿文·祭文（含跋文）	
1.9 其他	

基于这个视角，笔者首先对回鹘文征缴命令文书进行资料汇编和文本校订，并基于此开展了历史重构工作，完成了一系列文章（参见本文文献目录）。在这些文章中，笔者发现回鹘文征缴命令文书中涉及的物品征用、征发属于临时税或非正规税性质，并厘清了其各种情况下与正规、额定税役的充当与换算关系（松井1998a；松井1998b；松井2002）。

但是，这些临时税在回鹘居民的税役体系中的位置尚不明确。另外，关于回鹘文征缴命令文书中公文书的制作、交付、使用的行政制度和行政公文系统的实态与性质，也有许多未探明之处。为此，本文不仅要从物品征用、物资征发角度，更要从回鹘社会的角度对征缴命令文书的实际功能进行详细分析。

尤其是笔者曾在分析西州回鹘时期到大蒙古国及元朝时期回鹘社会实行的税役制度和居民组织制度时，将其与唐朝直接统治下的吐鲁番地区实行的各种制度进行了比较分析（松井 1998a，034—048；松井 2017，293—299）。基于这一点，本文会将回鹘文征缴命令文书反映的税役制度和行政制度的特征，同有着丰富研究基础的吐鲁番出土汉文文书中反映的唐代吐鲁番、中亚统治体制进行对比分析。

二、回鹘文征缴命令文书的格式与主要功能

到现在为止，笔者合计确认了99件回鹘文征缴命令文书，并根据格式、公印形状及印章样式、书写体例、提及的人名地名等，把这99件文书分为8类（A—H）。同时，各类文书包含可以根据历史人名与闰月记载等确定年代的文书，并以之为出发点确定各类文书的大致年代。关于这些，拙稿（Matsui 2014）有详细论述，其概要请参见图2①。

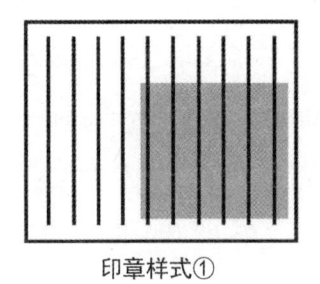

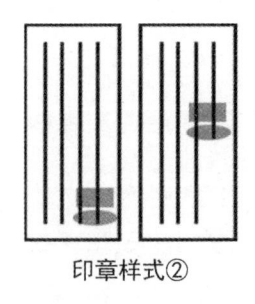

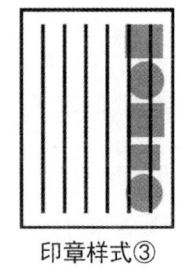

印章样式①　　　印章样式②　　　印章样式③

图2

---

① 印鉴样式可分为：①方形大朱印1枚；②长方形/椭圆形小墨印1~3枚，重盖在文末命令语上；③方形/圆形墨印1~6枚（边长/直径2.5~3厘米），盖在文书末尾上端。详情请参见示意图。

表2 回鹘文征缴命令文书的分类与大致年代

分类	大致年代	印鉴样式	参考文献
A1-A3	西州回鹘时代（10—12世纪）	样式①	Cf. 松井 2010
B1-B8	"大蒙古国"时代，约1259年		Cf. 松井 2015a（B1-B4）
C1-C11	Ināči 文书·ögrinä 文书（13世纪）	样式②	Cf. 梅村 1977a（C1-C4）
D1-D20	元代（13世纪—1320年左右）		Cf. Matsui 2009（D9-D13）
E1-E14	Kärsin·Yalïn 文书（1319？—1322？）		Cf. 松井 2003（E1,E3,E6-E9）
F1-F10	察合台汗国统治时期（1320年以后）	样式③	Cf. 松井 2002
G1-G20	"Qutluγ 印文书"（1349？—1362？）		Cf. 松井 1998b（G2-G16）
H1-H13	年代不明（大致为蒙古时代）	—	

另一方面，这些回鹘文征缴命令文书总体上有大致共通的格式，笔者已经作了一系列研究（松井 1998a，032；松井 1998b，11—13；松井 2002，94—100；松井 2003，55—57；Matsui 2009，344—345；松井 2010，33—35；Matsui 2014，613—616；松井 2015a，60—61）。下面，笔者将在A—H类文书中各取一例，展示其在格式上的共通之处（左栏译文前的下标数字表示原文书行数）：

A1 U 5329（松井 2010, Text A）

1.在猪年第三月［初（旬的）］一日。　　1.十二生肖纪年、月日

2. 把长老们的　　　　　　　　　　　4. 承担者

1 头旅行(马)　　　　　　　　　　3. 征用物品及数量

3. 向大海(道)的向导　　　　　　　2. 征用理由、目的

征用。　　　　　　　　　　　　　　5. 命令语

B3　SI 6554(3)(松井 2015a, Text B3)

1. [奉]阿里不哥[之命(yarlïγ-ïndïn)]　　授权方①

2. 在羊(1259)年第十月③第十一日。　　1. 十二生肖纪年、月日

给来榨取葡萄酒④而来的 Qulan 使臣、　2. 征用理由、目的

Qra 5. 使臣、Soγdu 使臣 6. 们的，

在城市骑乘用的 7. 6 匹驿传马中，　　※官府需要的总数

向 Bačaγa-8. Trqan 百户(内)的

Bolmïš-9. Taz,　　　　　　　　　　4. 承担者

做 1 匹马为期 2 天 10. 的征用，　　　3. 征用物品及数量

折 3 钱银 11. 的人头税。　　　　　　5. 命令语

C4　SI 3Kr. 29a(松井 2017, 文书 F)

1. 在狗年第八[月]初(旬 的)　　　　1. 十二生肖纪年、月日

2. 四日。

Küsänčük(出)2 个男丁，　　　　　　4. 承担者(3)物品及数量

---

① 这里的"授权方"是例外的记录项目，已知的文书中该项目只提了蒙古皇帝以外的黄金家族成员。左栏译文中的"奉……之命(yarlïγ-ïndïn)"，并没有出现在文书中。特别是元朝统治时期的王室成员常会用这个词，来避开蒙古各地公文书中的 yarlïγ ~ M. jarlïγ "命令"一词，它专指蒙古皇帝的命令(汉语为"圣旨")(松井 2015a, esp. 72-76)。

3. Turmïš(出)1个男丁，　　　　　4. 承担者(3)物品及数量

Alp-Toγrïl(出)4. 2个男丁，　　　4. 承担者(3)物品及数量

Ïnäči(出)2个男丁，　　　　　　4. 承担者(3)物品及数量

älig5.(出)1个男丁，　　　　　　4. 承担者(3)物品及数量

örük-Toγrïl(出)1个男丁，　　　4. 承担者(3)物品及数量

6. Turuγ、Ädgü·Toγrïl、[……]、

7. Sävinč 合计1个男丁。　　　　4. 承担者(3)物品及数量

(把他们?)一起……8. 为了　　　2. 原因(5)命令语

……劳动吧。

D9　74TB60:3(Matsui 2009, Text I)

　　在牛年第十一月初(旬的)九日。　　1. 十二生肖纪年、月日

2. 在给ïndu使臣普通马③提供的　　　2. 征用理由、目的

　　20束草、2石麦秆中，　　　　　　※官府需要的总数

4. Bökän-šäli 要　　　　　　　　　4. 承担者

　　提供10束草。　　　　　　　　　3. 物品及数量(5)命令语

E3　Ch/U 7213v + *Ch/U 9003v(cf. 松井2003, Text E; VOHD, 13, 28, No. 192)①

　　1. 在猴年(1320年?)第七月初二日。　　1. 十二生肖纪年、月日

也速迭儿使臣，从Täkä-Täpiz

出发所需的2. 行粮　　　　　　　　　　2. 征用理由、目的

---

① 文书上半部分 Ch/U 7213v 公布在松井2003, Text E 中，最近又发现了下半部分(*Ch/U 9003v)写真。

2 斗面粉	3. 征用物品及数量
由 Kärsin 和 Yalïn 等提供。	4. 承担者 5. 命令语
3. 还要提供 10 斤杜松。	3. 物品及数量 5. 命令语
还要提供 1 斤肉。	3. 物品及数量 5. 命令语

F5　SI 3131（a）（Kr IV 604）［Литвинский（ed.）1992, 351；松井 1998a, 030‐031］

1. 在羊年第十一月二十二日。	1. 十二生肖纪年、月日
2. 忽都别使臣的分例（käsig aš）3. 所需的 1 头羊和 1 斗 4. 面粉	2. 征用理由、目的 3. 征用物品及数量
由 Ayaγa-Buqa 的十户（onï）	4. 承担者
提供，5. 换算成第 9 番役。	5. 命令语

G10　U 5303（cf. 松井 1998b, Text 9）

1. 在鼠年（1360 年?）戌月（十二月）	1. 十二生肖纪年、月日
2. 六日。	
燕不花使臣 3. 征收的	2. 征用理由、目的
1 斗（qap）4. 葡萄酒，	3. 征用物品及数量
由南（门）的撒里的十户	4. 承担者
（altïn saïγ onï）	
5. 提供，换算成 6. 第 9 番役。	5. 命令语

H6　U 6160（cf. Raschmann 1995, Nr. 51）

1. 在□年□月初（旬的）六日。	1. 十二生肖纪年、月日

2. 给…布克，为忽都鲁·海牙大师 3. 带

走的葡萄酒的价格④而支付的棉

布中，　　　　　　　　2. 征用理由、目的

除脱欢 5. 筹措的行粮（aṣuq）外，

南[门的]6. ……1 棉布，

盛葡萄酒 7.[4]革袋，

筹措行粮……1 棉布，　　4. 承担者　3. 物品及数量

提供全部东西。　　　　　5. 命令语

这些回鹘文征缴命令文书尽管创作于不同时期，但格式上有许多相似之处。具体而言，开头是（1）十二生肖纪年、月、日，然后是（2）征用理由、目的，（3）征用物品及数量，（4）承担者，根据情况不同顺序会有变化，末尾是（5）命令语，上面盖有官印。从这一点来看，只要符合格式，从 10 世纪（西州回鹘时代）到 14 世纪后半期的征缴命令文书有着基本相同的功能。

考察征缴命令文书的功能，首先要注意文书末尾的命令语。一般而言，命令语可以分为两大类，一类是"提供（berzün）某物"（如 A1、D9、E3、H6），另一类是"提供某物，换算（tutzun）成某税役；提供某物，充当（san-ïnta tutzun）某税役的额度"（如 B3、F3、G4）。此前笔者称前者为"单独缴纳物品型"，后者为"代纳正规税役型"（松井 2002，94—97；cf. 松井 1998b，11—12）。关于后者，提供物品所代纳的"正规税役"，有人头税（qupčïr < M. qubčiri）、地税（tsang ~ sang）、粮食（azuq）、驿传马（yam at）、番役（käzig）等（Matsui 2014，623—625）。

再者，因为上文的C4是征发男丁的命令，所以命令语"为了……劳动（išläzün）"前面的缺损部分可能是征发男丁的目的。如果此处是表示徭役/丁役的术语（例如qalan）或男丁的劳动能够换算代纳的税额[①]，可以把它视作代纳（部分）正规税役的征缴命令文书了。

另外，在多数情况下，（2）"征用理由、目的"中，征用物品前面的人名（官府人员）、任务、征用物品用途以及各种情况下实际负担额度以外的必要总额等会记录得极为详细，这是征缴命令文书的一大特点。这一点说明了征缴命令文书中的"征用"基本全是临时的、非正规的，在居民应负担的"正规税役"之外（松井2002，98—100）。

笔者在旧文中把上述文书分为"单独缴纳物品型""代纳正规税役型"两大类的同时，还提出了"回鹘文征缴命令文书本质上只是物品的征用令，能否用来代纳正规税役是次要区别"的论断（松井2002，97）。但是，在征缴命令文书所反映出的物品征用系统中，这种格式的差异是怎么发生的？或者"物品缴纳是否能够为正规的税收和劳役所取代"是怎么决定的？这些都没有进行讨论。以下，另设一节，予以研讨。

三、回鹘文征缴命令文书与收据

在上一节所讲的回鹘文征缴命令文书中，C4（SI 3Kr. 29a）（松井2017，文书F）属于"Inäči文书"类。所谓Inäči文书，指10件出现Inäči这一人物的回鹘语世俗文书，年代大致为13世纪的蒙古时代（梅

[①] 西州回鹘时代到蒙古时代的回鹘语文书中记载了各种实物税、货币税、徭役、丁役的名称，松井2002，92-94中有列举。但当时我还没有准确把握税役的性质，在之后的Matsui 2005，78中又做了体系化整理。

村 1977，020—022）。笔者选取了其中的3件（C1—C3）与回鹘语征缴命令文书性质相同的文书（Matsui 2014），以下是原文转写与译文：

C1　SI 3Kr 30b（cf. Matsui 2014,619；USp, No. 119）

1. (qo)[y](n) yïlqï inäči-ning tsang-

2. [-qa] qudɣu tarïɣ-ta tört

3. [bat](man) min S[ ](...) samqa?-qa

4. (ber)[ip](a)ṣuq san-ïnta tutzun

1. 作为羊年的Inäči的地税

2. 而必须缴纳①的主粮（小麦）中，4

3. [斤]面粉，……向Samqa

4. 提[供]，充当行粮之额。

C2　SI 3Kr 30c（cf. USp, No. 121）

1. [　yïl]qï inäči-ning tsang-qa quṭ(ɣ)[u]

2. [　üü](r) bila iki šïɣ tarïɣ tägdi yan-[a]

3. [　] iki küri tarïɣ tsang-qa quṭdï b[o]

4. [tamɣa](biz) turmïš tägirmänči bačaɣ olar-n[ïng ol]

1. 作为□年的Inäči的地税而必须注入

2. ……的小米和2石主粮（小麦）送达（被缴纳）。另外

3. ……2斗主粮（小麦）作为地税缴纳。这个

4. [印章]是我等Turmïš、Tägirmänči、Bačaɣ之物。

C3　CI 3Kr 29b（松井2017,文书G；cf. USp, No. 123）

---

① Uig. qud-"倒入，注入"在搭配税粮时意为"纳入"，M. tüšür-"倒入，注入"也有这种用法（松井1997, 29-31）。

1. ït yïl[qï] ts(an)[g]-qa q(uṭ)[γu üür]

2. -tä inäči [üč] küri üür K'D[ ]

3. [ ]süčük üč küri yar oγu(l)

4. iki küri üür birla säkiz

5. küri üür-ni äsän toγrïl

6. bašlap kä(l)miš bayan-lar-qa berz-

7. -ün bo(t)[a](m)γa(b)[iz](t)sangči-lar-

8. -nïng o(l)

1. 作为狗年的地税而缴纳的[糜子]

2. 之中,Inäči[2]斗小米…

3. ……3斗,Yar·Oγul

4. 2斗小米,合计

5. 8斗小米,由 Äsän·Toγrïl

6. 为首缴纳给驾到的老爷们。

7. 这个印章,是我等收税吏

8. 之物。

前文中讲,C4 的格式与其他回鹘文征缴命令文书大致相同。但是同属 Inäči 文书的 C1、C2、C3 即是与地税（tsang ~ sang）[①]相关的文书,与标准的征缴命令文书格式有较大差异。

首先是 C1 "作为羊年的 Inäči 的地税而必须缴纳的主粮（小麦）中",与 C3 "作为狗年的地税而缴纳的（糜子）之中"这两句。它们

---

① 蒙古时代的地税(tsang ~ sang < Chin. 仓)以土地所有权为基准,按照农作物年产量课税（松井 2004c, 8-9; Matsui 2005, 72-78）。

作为文书的开头语，与同属 Inäči 文书的 C4 及其他回鹘文征缴命令文书不同，开头部分不是十二生肖纪年、月、日。

但是 C1 文末"充当行粮之额[(a)ṣuq san-ïnta tutzun]"一句，与"代纳正规税役型"的命令语相似。由于缺损让人很难把握原貌，但通过目前所见，我们可知 Inäči 本来要缴纳小麦、面粉、麦秆等作地税，后来被命令缴纳"行粮"①代地税。

其次是文书 C3，要求 Inäči 和其他 2 人②把本来要缴纳作地税的一部分糜子"缴纳给驾到的老爷们"。从第 6—7 行的命令语"缴纳（berzün）"来看，本文书属于"单独缴纳物品型"。但值得注意的是，命令语后追加了"这个印章是我等收税吏之物（bo tamɣa biz tsangči-lar-nïng ol）"一句。换言之，文书 C3 的盖印者（负责人）是税吏们（tsangči-lar）（松井 2002，104）。

文书 C2 与 C1、C3 一样以"作为□年的（Inäči 的）地税而必须缴纳……"开头，不过 C2 没有一般征缴命令文书中"提供（berzün）某物"或"提供某物，换算（tutzun）成某税役"等命令语，只记录了 Inäči 缴纳小米（üür）和主粮（tarïɣ，实际指小麦）的事实，与文末按印者 Turmïš、Tägirmänči、Bačaɣ 三人的名字。结合语境来看，他们与 C3 的税吏（tsangči）一样，都是前来向 Inäči 收税的官吏。所以文书 C2 应该视作 Inäči 纳完地税后，3 人交给他的收据（完税证明）。也就是说，严格来看，不能把 C2 视作命令缴纳正规/非正规税役的行政文书。

---

① Uig. azuq 原意为"粮食，旅行用粮食，便携食物"（cf. 松井 2003，64）。此处试译作"行粮"，即供给军人或使节移动、往来时吃的粮食。缴纳命令文书 D4（ʼU 9257：VOHD 13, 28, No. 200）中有 sang azuq"仓粮"这种熟语（Matsui 2014，624），从本文书语境来看指的是不同于地税（tsang ~ sang）的其他税种。

② 这里的 Inäči 和其他 2 人可能属于同一连保（borunluq）（松井 2017，294-296）。

综上所述，在4件Inäči文书中，C1、C3、C4有着征缴命令文书共有的命令语。但C1、C2、C3的开头有不同的年月日样式，其中C2严格来说只能视作地税的收据，且文末的责任人按印与C3末尾的语句相同。

下面，笔者将分析与Inäči文书在格式上有同样特征的C5—C8：

C5 *U 9259（Matsui 2014, 619; cf. VOHD 13, 28, Nr. 202）

1. küskü yïlqï ögrinä-ning bir yarïm

2. stïr qupčïr kümüš-in män älik alïp

3. ulaɣ tär-in-gä bertim bo tamɣa mäning'ol

1. 鼠年的ögrinä的1.5

2. 两人头税银，我Älik（由本人）收取，

3. 作为驿传马的借用金而支付。此印是我的。

C6 *U 9255［Matsui 2014, 619; cf. VOHD 13, 28, Nr.193］

1. küskü yïlqï ögrinä-ning qupčïr kümüš-

2. -intÄ mïsïra-nïng at-lar-ïn-ga üč

3. baqïr kümüš {…} berip san-ïnta

4. tutzun

1. 鼠年的ögrinä的人头税银

2. 中，为Mïsïra的马支付3

3. 钱银子，充当

4. 税额。

C7 *U 9258（cf. VOHD 13, 28, Nr. 201）

1. küskü yïlqï ögrinä-ning

2. qupčïr kümüš-intä altïn-a-

3. -nïng at tär-in-gä iki

4. baqïr kümüš berip san-

5. ïnta tutzun

1. 鼠年的 ögrinä 的

2. 人头税银中,为 Altïna

3. 的马支付2

4. 钱银子,充当

5. 税额。

C8 *U 9256（cf. VOHD 13,28,Nr. 194）

1. ud yïlqï ögrinä-n[in]g bir yarïm

2. stïr qupčïr män čaγan alïp

3. yam-ta käčär barïr elči-ning ul[aγ-]

4. -ïn-γa bertim bo nišan mäning ol

5. quš qar tamγa yaqṣun

1. 牛年的 ögrinä 的 1.5

2. 两人头税（银）,由我 čaγan 收取

3. 作为往来驿站的使臣使用马匹支付。

4. 此签押是我的。

5. 请 Quš-Qar 按印。

这4件文书,讲的都是 ögrinä 缴纳人头税银之事,而且 C5、C6、C7都是"鼠年",可见其中的 ögrinä 应是同一人。C8 中的 ögrinä 要缴纳"牛年的人头税"1.5两（stïr）,同 C5 中"鼠年的 ögrinä 的1.5两人头税银"额度一致,故 C8 中的 ögrinä 应该也是同一人,且此牛年应是鼠年

的第二年。鉴于这些点，故把C5—C8四件文书归为"ögrinä文书"[1]。

人头税（qupčïr《元朝秘史》汉译为"科敛"），是蒙古时代引入欧亚大陆东西部的税种，尤其在中亚和伊朗的都市及定居地区，为供养军队、驿传制度而征收，根据个人纳税能力，按年纳银，原则上不再追加征收（本田1961a，本田1969=本田1991，287—290，209—211）。但这个规定在实际操作中逐渐被打破，在蒙古统治下的回鹘王国，为了方便不时来往的使臣和其他官吏，经常直接征用马匹，然后折算成人头税额，在笔者对文书B1—B4的研究中也可窥见这种情况（松井2015a，B1—B4；松井1998a，035—037）。

这里展示的C5—C8四件文书，都涉及与人头税相关的驿传马（ulaγ）、马匹（at）调度。与B1—B4文书相同，这些文书可佐证在回鹘地区为驿站制度的运营而征收人头税。C6的Mïsïra、C7的Altïna应该是使用驿传制度的官吏。另外，C5、C8中ögrinä要缴纳1.5两（约60克）银子的人头税，远高于C6、C7中的纳税额（分别是3钱=12克、2钱=8克）[2]，文书B1—B4中每次提供马匹折合的价格（银1.5钱=6克、3钱=12克）相当。C5、C8中的1.5两，恐怕是ögrinä一年的人头税[3]。C5中已经缴纳了一年份的人头税，同年的C6、C7中又追加征收了"鼠年的人头税"，可见该制度的规定果然没有被遵守。

下面，让我们来分析一下C5—C8的行文格式。C5、C8的卷首是"鼠/牛年的ögrinä的1.5两人头税银"，C6、C7是"鼠年的ögrinä的人头

---

[1] 参见VOHD 13，28，195；Raschmann 2008，132-133；Vér 2017，298。

[2] 但是同文书B1—B4相比，C6、C7中提到的银子，体现的不仅是人头税要用银支付之制度，也有可能是百姓提供马匹所折合的银价。

[3] 韦尔（M. Vér）也基于文书C5、C8，推测蒙古时代1人每年要缴纳的人头税为1.5两（Vér 2017，298）。但正如本文所述，人头税会根据财产和纳税能力分级征收，需要特别留心这点。

税银中",这些与Ināči文书中的C1、C2、C3 "□年的Ināči的地税" 相同,不是生肖纪年与日期。而C5中的也里(älik)、C8的察罕(čaγan)认领ögrinä人头税银的这部分内容,与Ināči文书C2同为收据格式。从这点来看,恐怕也里、察罕2人应该和C2中的3人同为税吏。另一方面,C6、C7末尾使用了"支付(□钱银子),充当(人头税)额(berip sanïnta tutzun)"这种"代纳正规税役型"命令语,与Ināči文书C1的格式相同。换言之,与地税(sang)相关的Ināči文书C1—C3和与人头税相关的ögrinä文书C5—C8中,收据型(C2、C5、C8)格式和带有征缴命令文书之命令语(C1、C3、C6、C7)的格式并存。

接下来,本文将从文书发布过程来考察文书C1—C8的功能。如前文所述,征缴命令文书A类与B类中的方形大朱印,表明发布这些文书的是高级官员(松井2010,37;Matsui 2014,松井2015a,61—62)。但在C1—C8中,C1—C7上是长方形小公印,C8上是文字花押(nišan),和A类与B类的大朱方印不同(Matsui 2014,本文第2节)。从这点来看,C1—C8的发布者的级别较低,应该处于物品征收、征发流程的末端位置,是回鹘居民日常接触的下级官吏,或是百户(yüz ~ yüzlük)、十户(on ~ onluq)、连保(borunluq)等基层居民组织的负责人(cf. 松井2002;松井2017),负责各种临时性、非正规性征发与对正规税役的换算工作。

这样的话,C2、C5、C8应该是为证明缴纳过物品而发放的收据(作用与完税证明相似)。另一方面,从印章的尺寸与形状来看,C1、C6、C7三件写有"代纳正规税役型"命令语的文书应该也是下层官吏或居民组织负责人发布的。C1、C6、C7的命令语是官方对缴纳物可以换算成正规税役的保证,换言之,尽管它们在格式上是征缴命令文书，但也有证明物品缴纳完成的作用（实际上C1、C6、C7可能与完税证明一样在缴税完成后发布）。所以为了能充当或换算成正规税役，作为缴纳人的ögrinä必须要保存这些征缴命令文书（或称收据）。

总而言之，性质为收据（近似完税证明）的C2、C5、C8，写有"代纳正规税役型"命令语的C1、C6、C7，以及写有"单独缴纳物品型"命令语并同收据一样记有发布者姓名的C3，尽管在格式上不同，但都有证明所纳物品充当正规税役的功能，且都是由缴纳者保管。换言之，"代纳正规税役型"征缴命令文书的次要功能与收据相同①。

而且，与税役没有直接关联的"单独缴纳物品型"征缴命令文书，在一定程度上与"代纳正规税役型"文书一样具有收据功能。为证明这一点，本文将考察C类文书中剩下的3件（C9、C10、C11）文书（参照图1）。

C9+C10+C11 *U 9180_Seite 2（cf. Тугушева 2013, 101-102; VOHD 13, 28, No. 216）

[MISSING]　　　　　　　　　　　[前　缺]
C9[　　　　at]　　　　　　　……[马]
1.[-I](ar)-ïnda täm(ir)(yast)[uq-　 1. 群之中，Tämir-Yastuq
ï] bir at berz[ün]　　　　　　　 缴纳1匹马。
------------------------[J O I N T]----------------------------[纸　缝]

---

① 之前，拉德洛夫（Radloff）也将"代纳正规税役型"缴纳命令文书B1—B4及前文G10解释为"收据（Quittug）"（USp, 92, 37）。但那并不是基于文书文本和功能的严谨考证（松井1998a, 033, 036；松井2015a, 72），所以本文所做的分析是有很必要的。

C10

1. yunt yïlqï qupčïr kümüš-kä elči　　1. 作为马年的人头税银,使臣
2. [q]očo-qa barïr-qa kälir-kä yet[i　　2. 往来高昌时所用,折算成7钱
3. baqïr-qa bir at ulaγ altïm män　　3. 的1匹驿传马,我收取了。
4. čaγan bitdim　　　　　　　　　　4. 我 čaγan 写了（这个票据）。

------------------------[J O I N T]---------------------------[纸　缝]

C11

1. taqïγu yïl birygrminč ay yeti yangïqa　1. 在鸡年第十一月初(旬)七日,
2. ängüränä? elči-kä yar-qa bar γu　　2. ängüränä(?)使臣去往Yar所
on at-
3. -lar-ta tämir yastuq-ï bir at berzü(n)　3. 需的10匹马中,Tämir-Yastuq要提供1匹。

上面粘连的3件文书中,C11中有（1）十二生肖纪年、月、日,（2）征用理由、目的［Ängüränä（?）使臣去往Yar所需的10匹马］,（4）承担者（Tämir-Yastuq）,（3）征用物品及数量（1匹马）,（5）命令语（berzün）等项目,是典型的"单独缴纳物品型"格式（例如上引A1、D9、E3、H6）。而根据C9仅存的一行文字也可以看出其性质与C11相同,是"单独缴纳物品型"征用马匹文书,而两件文书中的Tämir-Yastuq明显也是同一人。

另一方面,两件文书间的C10以"作为马年的人头税银"开头,内容是čaγan收取马的证明,可见其格式与C2、C5、C8一样为收据[①]。从

[①] 尚无法确定C8和C10的察罕是否为同一人。

文意来看，提供1匹马可以折算人头税7钱银子。尽管C10没有写明交付对象，即马匹的缴纳者，但可以合理推测其是C9、C11中的Tämir-Yastuq。原因是，就目前所见的以粘连状态保存下来的回鹘文征缴命令文书中，交付对象基本都是同一人或属于相同团体的缴纳[①]。

总而言之，C9、C10、C11三件文书尽管在格式上不同，但内容都是要Tämir-Yastuq、缴纳一匹马给使臣或缴纳人头税。而Tämir-Yastuq粘连这3件文书的理由，应该是要证明已经缴纳过官府的马匹征发，所以收据格式的C10与"单独缴纳物品型"征缴命令文书格式的C9、C11具有某些相同功能[②]。从这一点出发，可以推测C9、C11包括前文的A1、D9、E3、H6在内的普通"单独缴纳物品型"征缴命令文书在物品缴纳完毕后，可以用于换算正规税役。

把各种缴纳物品换算成其他税役的习惯，在下面这件文书中也有体现。下面是文书的回鹘文转写与译文，笔者对前人研究进行了部分订正。

史料I：MIK III 50（T II čiqtim No. 5）（cf. 多鲁坤·梅村·森安 1990，22-24）

1. taqïyu yïl yetinč ay altï otuz-qa

[①] E.g. B1-B4（松井 2015a）；B7+B8（Matsui 2015b, 276-277; Vér 2017, 296-298）；D1+D2+D3（应该是同一佛寺）（松井 2004c; cf. Тугушева 2013, 40）；F5+F6〔cf. Литвинский（ed.）1992，351；松井 1998a, 030-031〕。另外，在粘连的C9+C10+C11背面写有向回鹘王（ïduq qut）宣誓的誓词（VOHD 13, 28, No. 121; cf. USp, No. 41）。尽管记录宣誓人姓名的第2行末已缺，但仍可读出词首的L-～'L-，可知二次利用纸背的人不是泰米尔·雅图克。

[②] C9、C11中缴纳的马，很有可能和C10中的一样可以换算成人头税。另外，尽管 Тугушева 2013, 101-102 也把本文书解释为"乘用马的收据（расписки об аренде ездовогоживотного）"，但由于对C9、C10的命令语及其他部分的释读有许多错误，所以不是通过分析文书功能得出的结论。

2. tamγačï tarïγ apïγ aṅgü äsän buqa

3. olar-taqï qoyn yïlqï üč stïr kümüš-

4. -ni män nikü tükäl altïm · bo üč stïr

5. tamγa kümüš-ni yunt yïlqï tamγa

6. kümüš-in-gä tuḍar män tägmäti

7. tesär män čuv körüp san-lašγunča

8. -qï munča-nï bitip bertim bo

9. tamγa mäning'ol öṣüm bitidim

1. 在鸡年第七月二十六日。

2. 商税吏 Tarïγ、Apïγ、Aṅgü、Äsän·Buqa

3. 等人羊年的3两银子，

4. 由本人 Nikü 收取。这3两

5. 商税银，我将充当做马年的商

6. 税银。(但)我说不足够，

7. 因此在调查收据并计算

8. 之前，我把事情经过写下并留存。这

9. 印章是我的。由我所写。

上述史料 I 第4行中的 Nikü 在某个羊年从4个商税吏（tamγačï）[①]手中接收了3两银子商税（tamγa），并把它充作马年的商税，但是数目

[①] 在蒙古统治下的伊朗地区，商税吏（P. tamġāčī < M. tamγačï）在多数情况下指负责商税征课实务的下级官吏，大多受上级哈提甫（ḥākim）和征税官（'āmil）的残酷压迫（本田 1961b = 本田 1991, 329-330）。史料 I 中征收税银的4个商税吏（tamγačï）应该也是下级官吏，收取银子的 Nikü 可能是他们的上司。

对不上，便暂时交由账房处理，基于收据（čuv < Chin. 秒）重新核算（多鲁坤·梅村·森安 1990，22—24）。这里重新核算时用的 čuv "收据"，恐怕和本文介绍的 C2、C5、C8 一样记录了征税年份（月日）、税目（史料 I 中为商税）、纳税额、纳税人名等项目。

由文书内容可知，在"调查收据并计算（čuv körüp sanlaš-）"的前提下，羊年的商税可以充当上一年份税额。这种使用收据对税款缺额或超额进行确认的操作，想必也存在于商税以外的地税、人头税等其他税役中。那么在进行这种操作时，除收据外，是否还会参考征缴命令文书换算各种税役或也是我们思考的方向之一。如前节与本节所述，在证明物品缴纳和纳税上，收据和征缴命令文书有着共通的功能。

例如人头税有年税额确定后不再追加征收的原则（本田，1961a；本田 1969 = 本田 1991，287—290，209—211），这个原则也存在于回鹘王国中，比如 C5—C8 开头"□年的（yïlqï）ögrinä 的人头税银"之记录。但前面讲过，本已纳完鼠年全年人头税的 ögrinä（C5），在同年又缴纳了两回人头税（C6、C7）。而且在"代纳正规税役型"征缴命令文书 B1—B4 中，也出现了同一人反复缴纳马匹并换算成人头税的情况（松井 2015a；本文第 2 节 B3）。这些征缴命令文书与收据的作用，应该是在百姓被追加征收后，做充当/换算当年税额的凭证。

在前面 Inäči 文书 C3 中，有命令把作为狗年的地税（tsang ~ sang）而缴纳的一部分小米上交临时驾到的贵族（bayan）。所以 Inäči 等 3 人在最终缴纳"狗年的地税"时，应该减去 C3 文书中缴纳的量。

而且在文书 C1 中，也命令"作为 Inäči 的地税而必须缴纳的主粮（小麦）"充当"行粮"。收到文书 C1 的 Inäči，应该会为了在地税总额中减去已缴纳的"行粮"额度而保管文书。

通过以上对C类文书的考察，可知C1、C3、C6、C7等非一般征用命令格式文书，C2、C5、C8等无命令语的收据，与C4、C9、C11等一般征缴命令文书的有效性相同。

顺带一提，根据征缴命令文书来记录临时性、非正规性物品缴纳的账簿类回鹘语文书中，也确认了这些点（松井2002，104—105，Texts D，E，F，G）。这些保存在百姓手中的征缴命令文书同收据一样，可以用来确认过去的缴纳记录。

综上所述，回鹘文征缴命令文书中的物品征用命令，无论"代纳正规税役型""单独缴纳物品型"的格式有何差异，都可以用来充当/换算某种正规税役。至少对百姓来说，由于缴纳的物品有望折算成正规税役，所以会把这些征缴命令文书和收据一道保管（有时粘连在一起）。且在文书C1—C11中可见，负责基层行政事务的下级官吏，与组成征税单位的各种居民组织（百户、十户、连保等）内部在处理折算事务时也是这样做的[①]。

另外，征缴命令文书同收据一样，有证明物品缴纳的功能，也说明百姓完全履行了文书中的征用命令。换言之，征缴命令文书在实施时有着强大的执行力。

四、从唐制到回鹘

正如笔者在一系列文章中指出的，回鹘语文献中的税目名称与税役术语，是唐代吐鲁番（西州）地区所用术语的回鹘语译词或仿造词

[①] 蒙古时代的回鹘社会里，在行政制度、税役制度中作为征税单位的十进制居民组织（百户、十户）不一定能充分发挥职能，所以居民自发组成了连带保证组织——连保（borunluq），其成员间有各种调整税役的行为（松井2017，295-296）。

(calque），一直使用到13—14世纪的蒙古时代（例如：Chin. 仓 > Uig. tsang ~ sang "仓→仓粮，地税"；番 > käzig "顺序→番役，当值者"；番课緤布 > käzig bözi "番役棉布"；大税 > uluγ berim "大的税→大税"；田租 > tintsui "田租"；长行马 > uzun ulaγ "长的驿马→长行马"；短行马 > qïsγa ulaγ "短的驿马→短行马"）（松井1998a，043-047；松井2002，107-108；Matsui 2005，70，78；松井2017，306）。根据这些与税役制度相关的术语，可以很自然地推测与税役相关的公文系统也一起传入了回鹘。而回鹘文征缴命令文书中的物品征用，也是广义上税役制度的一环。因此，在考察征缴命令文书中有关征发与充当/换算正规税役的公文体系诸侧面之前，应该先考察唐代西州地区的状况，尤其是8世纪后期至末期进行比较分析。

基于这一视角，本节将以吐鲁番地区及西边库车（龟兹）地区为例，对比分析8世纪后期以来唐朝的物资征发体制与包含回鹘文征缴命令文书在内的回鹘公文体系。

8世纪后半期以降，唐朝屯驻在包含吐鲁番地区在内的中亚各地的镇守军与军政机构，在安史之乱（755—763年）及吐蕃侵入河西走廊后，因与中央政府丧失了直接联系和补给而孤立化，各地不得不构筑起自给自足的物资征发体制（王永兴1994，373—425；荒川1997，15—16）。吐鲁番地区也施行了同样的征发体制，这体现在被称为"周氏一族文书"的收据（领抄文书、税抄）中（周藤1965，esp. 554—558）。下文表3列举了安史之乱爆发（755年）之后，发给周氏一族的周祝子、周思温的收据中对他们进行种种征发的17个例子。

这17个例子中，有14个是以"赊放"（②、③、⑮）或"预放"（④—⑬、⑰）的方式来课征绁布。"赊放"指官府赊买民户物资后征收继布,"预放"指官府强制民户贷款后收取利息的制度(周藤1965,556;王永兴1994,424—425)。周祝子在乾元三年(760年)八月中有2次赊放(②、③),并在同一年上元元年(760年)十月到上元二(761)年十月有9次预放(④—⑫),其中④—⑦这4次预放断断续续地记录在1张纸上(小田[编] 2003,图版34),可见官府必要时能够随时或固定地向居民预放、征收布帛[①],放的施行情况应该也是一样的。

另一方面,周思温在上元元年(760年)十月六日同时缴纳了"细继直钱"和"赊放继布"(⑭、⑮),可见唐代吐鲁番地区的行政机关,为了自给自足会频繁设立各种名目征收财物。这些大概都会作为户税的一部分被课征,对于居民来说则是过重的负担(周藤1965;陈国灿1999,473—476)。

表3 安史之乱后"周氏一族文书"中收据所见征发事例

	纳税人	年	月日	缴纳物	文书编号	录文[*1]
①	周祝子	至德二年(757年)	十二月二七日	第一限税钱151文	Ot. Ry. 5811	196
②	周祝子	乾元三年(760年)	八月一日	赊放继布2段	Ot. Ry. 5797	197(2)
③	周祝子	乾元三年(760年)	八月十二日[*2]	赊放继布1段	Ot. Ry. 5798	197(3)
④	周祝子	上元元年(760年)	十月卅日	长行预放继布2段	Ot. Ry. 5795	201(5)
⑤	周祝子	上元元年(760年)	十一月八日	(长行预放继布)2段	Ot. Ry. 5795	201(5)
⑥	周祝子	上元二年(761年)	正月廿八日	(长行预放继布)1段	Ot. Ry. 5795	201(5)
⑦	周祝子	上元二年(761年)	三月五日	(长行预放继布)1段	Ot. Ry. 5795	201(5)

[①] 王永兴1994,425中认为"长行预放"意为长行坊施行的预放,但是,根据荒川正晴(大阪大学)的教示,"长行"可能表示预放的常态化。

续表

	纳税人	年	月日	缴纳物	文书编号	录文[*1]
⑧	周祝子	上元二年(761年)	四月	长行预放绁布1段	Ot. Ry. 5799	200(1)
⑨	周祝子	上元二年(761年)	六月八日	长行预放绁布1段	Ot. Ry. 5799	200(2)
⑩	周祝子	上元二年(761年)	九月十一日	长行预放绁布5段	Ot. Ry. 5795	201(4)
⑪	周祝子	上元二年(761年)	十月七日	长行预放绁布1段	Ot.Ry. 5794	201(3)
⑫	周祝子	上元二年(761年)	十月十日	长行预放绁布1段	Ot.Ry. 5792	201(1)
⑬	周祝子	宝应元年(762年)	八月廿九日	瀚海等军赊放绁布1段	Ot.Ry. 5833	202(2)
⑭	周思温	上元元年(760年)	十月六日	细绁直钱2450文[*3]	Ot.Ry. 5800	198(1)
⑮	周思温	上元元年(760年)	十月六日	瀚海等军赊放绁布1匹[*4]	Ot. Ry. 5801	198(2)
⑯	周思温	上元二年(761年)	八月二十六日	科户绁价钱1100文	Ot.Ry. 5792	201(2)
⑰	周思温	宝应元年(762年)	八月二十四日	瀚海等军预放绁布1段	Ot. Ry. 5832	202(1)

[*1] 池田1979的序号。　　[*2] 根据小田(编) 2003,198修订。
[*3] 与其他2人共同承担。　　[*4] 与其他2户共同承担。

这样过重又繁多的物资征发，和西州回鹘时代以降的回鹘文征缴命令文书中反映的征税/征发系统有一定共通之处。例如，在B1—B4中，从1259年己未七月到十一月，对Bolmïš Taz征缴了4回马匹（代纳部分人头税）（松井2015a，61—66）。另外，在Ināči文书C5—C7中同一个鼠年内人头税被征收了3次（参照上节），在D9—D13中Bökän šäli（应该是佛僧）在同一个牛年的十一月到十二月间最少缴纳了4回草料（ot）和麦秆（saman）（Matsui 2009；cf. 梅村1981）。即使存在偶然收税的可能性，回鹘文征缴命令文书中的物资征发也可以视情况频繁施行。

下面，为更好地展示官府所征发的物品与预定的其他税役之间的换算情况，本文将研究下面几件可能属于"周氏一族文书"的文书：

史料Ⅱ：唐广德三、四年（765—766年）西州高昌县百姓周思温状（橘瑞超将来文书 No. 10）（内藤 1963，310—312；周藤 1965，543—544；池田 1979，No. 205；陈国灿 1999a，470—471；陈国灿 2002，453）

一、1.　　刺柴叁拾柒束
2. 牒。思温前件柴，被太典张元晖早衔捉，将供使
3. 院用。其直未蒙给付，贫下户内，见科行庄，付
4. 交无出处。请处分。谨牒。
5. 　　　　广德三年十一月
6. 柴即官捉，目
7. 下未有价直。
8. 待三五日计会。
9. 罗白。　九日。

---------------------------------信-------------------------------- ［纸缝］

二、1. 刺柴叁拾柒束
2. 右件柴，去年十一月九日，被所由典张元晖捉，将供
3. 曹卿厨。其直不蒙支给，便不敢征价直。今
4. 大例，户各税刺柴，供河西军将厨。今请，将前件
5. 柴，回充军将厨户科，公私俱济。谨连前判

6.　命如前。谨处分。

7.　牒。件　　　　　　　　状如前，谨牒。

8.　　　　　广德四年正月　　日，百姓周思温牒

9.　　付所由，准状折

10.　　纳。信示。

11.　　　十七日

--[纸缝]

三、　1. 周思温纳供使柴叁拾柒束了。四年

2. 正月十八日，典张进抄。

上述3件文书粘连在一起，与表3的⑭—⑰一样与周思温有关。文书一是周思温在高昌县提交的申请书，他在广德三年（765年）十一月九日前把37束刺柴（燃烧用的薪柴）交给了"使院"（即文书二中的"曹卿厨"），但没有收到报酬，又正值课征"行庄"（户税），便为了缴税而请求对方支付刺柴的报酬。相对地，高昌县官员"罗"下达了等待三五日再计算价值的判决，判词记于文书一第6—9行上发回周思温。但在2个月后的广德四年（766年）正月，周思温及其他西州各户被"河西军将"[①]课征刺柴，于是周思温作成文书二并和文书一粘连在一起上交高昌县，请求把前年未收到报酬的37束刺柴充当本次课征用。此请求在正月十七日被官员"信"批准，判词记于文书二第9—10行上。第二天正月十八日，周思温收到了37束刺柴成为"供使柴"，即证明物品被河西军课征的收据，它被周思温同文书一、二粘贴在一

[①] 这里的"河西军将"，应该是唐朝河西地区的军团，被进入河西的吐蕃压制，并向尚在唐朝统治下的塔里木盆地退却。（陈国灿 2002，453；陈玮 2014，57）

起保存（内藤 1963，310—312；周藤 1965，543—544；陈国灿 1999a，470—472）。

从史料 II 中可见，当时西州的官府会向居民购买物资（和市），但不一定会及时付款，而是经常在事后充当/换算成其他征用物资。所谓购买物资（和市）而不付款，实际上与临时征发物资或附加税、临时税无异。这种情况同本文第2节、第3节考察回鹘文征缴命令文书功能时提到的，官府的征发物资可在将来充当/换算成某种正规税役（至少百姓是如此期待的）的情况如出一辙。

几乎在同时代（8世纪末）的龟兹地区，唐朝当地政府、镇守军因安史之乱失去物资补给，不得不征发当地绿洲都市居民构筑自给自足的体制（荒川 1997，15—16）。反映这种情况的，是屯驻在龟兹的安西军属下之行政、财务机构孔目司发行的所谓"孔目司文书"，本文将其定为史料 III 引用如下：

史料 III：唐建中五年（784年）安西孔目司同行官赵璧抄（★Ot. Ry. 8058 = 旅顺博物馆 20.1609）（香川 1915下，14；荒川 1997；荒川 2009，280；陈国灿 1999b；陈国灿 2004，66-68；荻原·庆 2010，35）

一、　1. 孔目司　　帖莲花渠匠白俱满失鸡

　　　2. 配织建中五年春装布壹伯尺。行官段俊俊

　　　3. 赵泰璧　薛崇俊　高崇迪等

　　　4. 右仰织前件布，准例放掏拓助屯及

　　　5. 小小差科，所由不须牵挽。七月十九日，帖

　　　6. 　　　　孔目官 任 善？

———————————————————————————————————— ［纸缝］

二、 1. 配织建中伍年春装布匠莲花渠白俱满地黎？
　　 2. 壹伯尺了。行官段俊俊　薛崇俊　高崇汕　赵泰璧
　　 3. 等。七月廿日，赵璧抄。

史料Ⅲ由文书一、二粘连而成，其中文书一是"帖"式公文，内容为孔目司派遣4名"行官"，命令龟兹地区的"匠"白俱满失鸡提供100尺"春装布"，即龟兹屯驻士兵的春衣用布。此"帖"下达后第二天白俱满地黎就缴纳了布匹，行官赵璧（赵泰璧）交付收据（领抄文书），即文书二。这2件文书作为缴纳物品的重要证据粘连在一起，由白俱满失鸡、白俱满地黎或他们所属的村落保管[①]。

龟兹的孔目司在史料Ⅲ文书一第4—5行中，表示白俱满失鸡原本负担的"掏拓（疏浚水渠）""助屯""小小科差"等，在缴纳春装布后得以免除。换言之，格式为"帖"的文书一在功能上明显与"代纳正规税役型"回鹘文征缴命令文书相通，凭此文书可以用临时征发的布帛免除通常徭役。

在文书一下达命令后第二天布帛便征收完成，并交付了收据文书二，可见"帖"在物品征发中有很高的强制力。另一方面，也证明前

[①] 文书一和文书二的领收人皆为白姓（龟兹王姓），关于这一点，有两人是同一人和非同一人两种看法。前者基于对文书功能的分析，认为"俱满失鸡"和"俱满地黎"是移录时对同一人名的不同翻译（e.g. 荒川 1997，7，17）。后者基于龟兹人名的汉字对音事例，认为二人是兄弟、亲属或同一村落的居民（e.g. 陈国灿 1999b，7-11；陈国灿 2004，8-11），目前复原的"俱满失鸡"龟兹语（吐火罗语B）形式为 Kumpāntiśke，"俱满地黎"为*Kumpantile（Ching 2011，66；荻原·庆昭 2010，35）也佐证这一观点。采用了前者观点荒川正晴，也在参照同在唐朝羁縻下的于阗地区的征发体制后，认为史料Ⅲ在村落中保管（荒川 2009，280）。但是，文书一"俱满失鸡"的末字若另换絜（=洁ˇkiet）等读法，则"俱满失鸡"仍有复原为 Kunpāntiśke 的可能。

节中对文书C1—C11的讨论结论，即征缴命令文书在施行时有强大的执行力，是相当可靠的（实际上，文书C1、C6、C7很有可能与收据一样，是在物品缴纳完毕后制作、发给的）。

荒川正晴在搜集并研究中亚（及吐鲁番、龟兹、于阗等）地区出土的唐代帖式文书后指出，帖式文书的主要功能有二，一为传唤某人，二为督促物品运送或人身、物品征发，并且文书涉及事务的紧急性颇高（荒川2009，274）。基于此，笔者认为包含史料III文书一在内的唐代帖式文书，很有可能是回鹘文征缴命令文书之滥觞。

下面，本文将介绍"周氏一族文书"中与唐代帖文书及回鹘文征缴命令文书类似的一件文书：

史料IV：唐某年判官高隐帖（Ot. Ry. 4887）（内藤1963，245；小田（编）2003，55-56；荒川2009，281-282）

1. 语周温。其马，帖至，分付
2. 柳中知园所由康孝忠
3. 吾借马，张副使乘。七月
4. 十八日。判官高隐帖。

上述史料IV是判官高隐所做的"帖"，收件人周温应该是表3及史料II中的周思温［内藤1963，245；小田（编）2003，55］，因此文书的年代应在8世纪中叶到后期左右。文书内容为征用周温（周思温）马匹的命令，理由为第3行的"吾借马，张副使乘"，笔者解释为"我

（判官高隐）借马匹给张副使骑乘"①。官员（所由）康孝忠并非马匹使用者，应该是派去周温处借马的人。

总的来说，在大部分情况下"周氏一族文书"中的收据（领抄文书）明确记载了税目。如表3中①—⑰等安史之乱后收据中的"第一限税钱""赊放""预放""细绁直钱""科户绁价钱"等税目，还有在安史之乱前开元——天宝年间所立收据中的"户税蒿柴""第二限税钱""大课钱""草夫价钱""粮""麸价钱""和市绁布""番课绁布"等税目（周藤1965，529—559；陈国灿1999，469—473）。相对地，史料Ⅳ中的帖式文书并没有提到具体税目名称，只记载了临时征收的马匹要给"张副使"骑乘用。周思温把这件没有记载税目的"帖"和各种税役的收据放在一起保管，可能是想在日后充当/换算某种正规税役。此推测成立的话，史料Ⅳ中征用马匹的帖式文书，就具有同回鹘文征缴命令文书一样的功能。

不过，史料Ⅳ中的"帖"和一般的唐代帖式文书有许多不同之处。例如史料Ⅲ孔目司帖为首的唐代帖式官文书，格式一般是这样的（赤木2008，77；荒川2009，273）：

① 发文机关　　帖 收件人

② 　　事由

③ 　　右……（本文）……日期 发文人 帖

※③中不记年份，只记月日；发文人下行有时也并记发文负责人。

---

① 内藤1963，245解释为"我要向张副使借一匹马，然后骑上它"，荒川2009，282也大致同意这一观点，笔者根据文书上下文予以修改。

而史料Ⅳ的"帖"中，开头没有写明发文机关的官府名，也没有写"帖周温"而是写"语周温"，事由也未详记，也没有③中的"右"字，可谓相当异常了（cf. 荒川 2009，281—282）。但末尾只记月日，及"判官高隐帖"则符合格式，加之第一行的"其马"相当于事由且紧接正文，故可将史料Ⅳ视作简化版的帖式文书。

上述简化版帖式文书的写作原因，恐怕是由于唐朝在吐鲁番地区的统治逐渐虚弱、混乱，已没有意识去明确区分前文"周氏一族文书"所见的赊放、预放等各种税役名目，只剩下征发物资的实际操作[①]。若推测成立，史料Ⅳ应作于周思温相关文书的稍后时代[②]，在8世纪末至9世纪初唐朝在吐鲁番地区的统治崩溃结束之时。

在8世纪末至9世纪初，漠北回鹘汗国把天山南北、塔里木盆地北部一带纳入势力范围。建中二年（781年），孤立于安西（今新疆库车）、北庭（别失八里，Beš-Balïq）的镇守军，经由漠北回鹘成功联络到唐廷。相应的，安西、北庭置于漠北回鹘的间接统治之下，尤其是北庭遭到了漠北回鹘的严苛征发（参见《旧唐书·回纥传》《新唐书·回鹘传》等）。之后，回鹘打败吐蕃，取得北庭争夺战（789—792年）的胜利，于9世纪初期确立了在天山南北、塔里木盆地北部一带的霸权（森安 1979；森安 2015，230—239）。鉴于这些历史事件，游牧的回鹘人在建中二年（781年）至8世纪末，就已接触唐朝在中亚地区实施的各种制度，以及相应的公文体系。事实上，从大谷探险队发现的

[①] 值得参考的是，尽管地域不同，随着8世纪后期以后龟兹、于阗地区唐朝驻军孤立化，征发物资的帖式文书逐渐活跃起来。（荒川 2009，275）

[②] 涉及周思温的文书，目前已判明的写作年代为天宝年间（742—756年）至广德四年（766年）。（池田 1979，Nos. 192（10），195（1），198，201，202（1），204，205，206；本文表3及史料Ⅱ）

"回鹘天可敦下西州洿林界园子种田簿"（Ot. Ry. 8078）（池田1979，No. 272）与德国探险队发现的"相保名籍"（Ch. 1028）可知，在8世纪末到漠北回鹘统治初期，吐鲁番地区实施的仍是汉文公文体系（cf. 陈国灿2002，341；王丁2007，56—57；松井2017，297—298）。

不过，吐鲁番地区还是确立了使用回鹘语文书的行政系统。这需要以其治下的汉人与印度伊朗语族居民突厥语化、回鹘语化为前提，这种语言文化上的变迁，应该发生在9世纪后期至10世纪初左右，即回鹘游牧民西迁后建立西州回鹘，并直接统治吐鲁番及其他绿洲都市之际。换言之，唐代的税役、征发及公文系统，需要半个世纪以上的时间，才被继承了各种税役术语的回鹘语系统替代。

如前文所述，回鹘文征缴命令文书与唐代帖式文书有许多相同点，但两者相比，唐代帖式文书开头有发文机关（官府），末尾有日期、发文人，回鹘文征缴命令文书则在开头记有年月日，并且一般不写发文人姓名[①]。还要留意，唐制中找不到不记录发文人的公文书·官文书（cf. 赤木2008，77）。鉴于两者格式上的差异之处，唐代帖式文书应该不是回鹘文征缴命令文书的直接原型。回鹘文契约文书的格式基本完全照搬唐宋时代汉文契约的格式（护1960），由此观之，唐代帖式文书和回鹘文征缴命令文书间的差异可谓悬殊了。

另一方面，正如本节开头所指出的，回鹘语中来自唐制的税役术语，表明回鹘游牧民直接接触过汉文税役、行政系统。另外，在吐鲁番出土的兼具汉文回鹘文的土地买卖契约文书（U 5797 + Ch/U 6124）（Moriyasu/Zieme 1999，MS II）中，布局为汉文大字旁记有回鹘文小

---

① 尽管功能相同的收据（如前文C2、C5、C8、C10）中记有发文人名，但回鹘文缴纳命令文书原则上是不记录发文人的，前文中的C3是唯一记有发信人（tsangčï-lar"税吏们"）的例子。

字,可见回鹘治下回鹘语在居民间的渗透,但汉语尚占优势,故此时应为西州回鹘统治初期①。汉文部分有残句"［……］地及论课□［……］"(Moriyasu/Zieme 1999,89—91),其中"论课"应该是对买卖的土地进行征税审定的术语②。可惜对应的回鹘文没有保存下来,但足以证明回鹘人确实能接触到汉语中的税役术语。

综上所述,出土于吐鲁番乃至中亚地区,很难断定以帖式文书为首的唐代汉文公文书,与回鹘文征缴命令文书有直接关系。但是,通过这些行政文书后的种种征发系统以及惯例,加之对征缴命令文书功能上的分析,多与西州回鹘时代、蒙古时代的情况相符。可以认为在8世纪后期到9世纪后期之间,伴随吐鲁番地区统治者从唐朝到回鹘的更迭,而形成的与税役、权力体制相适应的征发系统,是回鹘文征缴命令文书诞生的土壤。

五、结论与展望

下面是对本文各论点的总结。

回鹘文征缴命令文书,可依据格式、形态及印章样式分类,并知其年代大致介于西州回鹘时代(10—12世纪)至察合台汗国时代(14世纪中叶至末叶),可并且确定相对年代。另一方面,这些文书有着基本相同的格式,根据文末命令语可分为"单独缴纳物品型"与"代纳正规税役型"二种。以上几点,笔者基于旧文进行了再度确认。

---

① Moriyasu/Zieme 1999,97中讲得更具体,在"10世纪左右"。
② 但也有观点认为,"论课"可能指为土地买卖(所有权转移)后,判断土地所涉及的税役之滞纳额由买卖双方何方负担的行为。可参照回鹘文土地买卖契约 SUK Sa06 末尾(第20—21行)bo yer-ning nägü ymä irti berti yoq"此土地的 Irti Berti 税什么(剩下的)也没有"。

但是，也有一些具备"单独缴纳物品型"命令语且格式与收据类文书相似，或同与收据粘连保管的"单独缴纳物品型"征缴命令文书。从这些稍显例外的格式与保存状态来看，征缴命令文书有着和收据一样的证明物品缴纳的功能。同时，不仅是"代纳正规税役型"文书，包括没有明言代纳正规税役"单独缴纳物品型"文书，也可在将来充当、换算成某种正规税役，故而它们也会被保管起来。换言之，从格式上的共同点来看，全部的回鹘文征缴命令文书都可以作为缴纳物品（以及充当、换算正规税役）的凭证。

这种关于税役、物资征发与平均百姓负担的公文系统，可以在唐代吐鲁番地区的各种制度中找到踪影。也就是说，唐朝统治末期（8世纪后期至末叶）自给自足的征发体制，是西州回鹘时代以降回鹘文征缴命令文书诞生的土壤。笔者通过一系列文章讨论吐鲁番地区的居民组织、税役制度及相关术语等问题，揭示了从唐代到西州回鹘至蒙古时代相关制度的连续性，本文是对这一系列研究的补充。但另一方面，通过研究公文格式，本文认为唐代公文书并非回鹘文征缴命令文书的直接起源。

由于缺少史料，自中亚地区唐朝的统治崩溃（8世纪末）起，至回鹘西迁后确立回鹘文化、文书主流地位（9世纪后期至10世纪），回鹘游牧民接触源自唐制的汉文公文的具体情形实在难以得知。探明这一点，还有待将来发现新的史料。

另外，通过分析本文中史料I，可知回鹘社会中的各种税役、物资征发，有多种"换算、充当"的形式，可以用来从社会经济史角度深入分析回鹘语世俗文书。以账簿类回鹘语文书为例，除本文第3节所讲之外，也有许多与正规税役或缴纳物品的回鹘文征缴命令文书密切相关的例子。通过这些账簿资料中的种种命令，可以更好地了解百姓的负担程度，以及行政系统或言居民组织内部平均居民负担的方式等，甚至有具体复原的可能性。就已校订、研究的回鹘文契约文书而言，主要涉及商品交易、消费借贷、物品典质等方面，考虑到回鹘居民以各种税役、公课为首的经济性负担，很有必要把征缴命令文书和其他世俗文书联系起来分析（cf. 松井 2010，40—45）。

不管怎样，探明吐鲁番地区回鹘社会经济史，需要认真归纳至今为止讨论的公文书类。希望各位学者能在本文研究成果基础上，利用包括尚未明确功能、性质的各种残篇在内的各种资料，继续推进相关研究。

参考文献

1. 赤木崇敏：《唐代前半期の地方文書行政》，《史学杂志》117-11，2008年，第75—102页。

2. 荒川正晴：(书评)《山田信夫著，小田壽典、P. ツィーメ、梅村坦、森安孝夫编：〈ウイグル文契約文書集成〉Ⅰ・Ⅱ・Ⅲ》，《史学杂志》103-8，1994年，第109—119页。

3. 荒川正晴：《クチャ出土〈孔目司文書〉攷》，《古代文化》49—3，1997年，第1—18，+1页。

4. 荒川正晴：《唐代中央アジアにおける帖式文書の性格をめぐって》，土肥义和（编）：《敦煌・吐魯番出土漢文文書の新研究》，东洋文库，2009年，第271—291页。

5. 陈国灿：《从吐鲁番出土文书看唐前期户税》，《敦煌吐鲁番研究》4，1999年，第465—476页。

6. 陈国灿：《关于〈唐建中五年（784）安西大都护府孔目司帖〉释读中的几个问题》，《敦煌学辑刊》2，1999年，第6—13页。

7. 陈国灿：《吐鲁番出土唐代文献编年》，台北：新文丰出版公司，2002年。

8. 陈国灿：《斯坦因所获吐鲁番文书研究》，台北：台湾古籍出版，2004年。

9. 陈玮：《唐孙杲墓志所见安史之乱后西域・回鹘史事》，《西域研究》4，2014年，第56—62页。

10. Ching Chao-jung, Silk in Ancient Kucha, On the Toch. B Word kaum* Found in the Documents of the Tang Period, Tocharian and Indo-Euro-

pean Studies, 12, 2011: 63-81.

11. 多鲁坤=阙白尔・梅村坦・森安孝夫：《ウイグル文仏教尊像受領命令文書研究》，《アジア・アフリカ言語文化研究》40，1990年，第13—34页。

12. 本田实信：《ガザン=カンの税制改革》，《北海道大学文学部纪要》10，1961年。

13. 本田实信：《タムガ（ТАМГА）税に就いて》，《和田博士古稀记念东洋史论丛》，讲谈社，1961年。

14. 本田实信：《イスラムとモンゴル》，《岩波講座世界歴史8：西アジア世界》，岩波书店，1969年。

15. 本田实信：《モンゴル時代史研究》，东京大学出版会，1991年。

16. 池田温：《中国古代籍帳研究：概観・録文》，东京大学出版会，1979年。

17. 香川默识：《西域考古図譜》（上・下），大日本国学社，1915年。

18. Литвинский, Болис Анатольевич (ed.) Восточный Туркестан в древности и раннем средневековье: этнос, языки, религии, Москва, 1992.

19. 松井太：《カラホト出土蒙漢合璧税糧納入簿断簡〈待兼山論叢〉》史学篇31，1997年，第25—49页。

20. 松井太：《モンゴル時代ウイグリスタン税役制度とその淵源》，《东洋学报》79—4，1998年，第26—55页。

21. 松井太：《ウイグル文クトルグ印文書》SIAL 13，1998年，第

1—62页, +pls. Ⅰ‑ⅩⅤ。

22. 松井太:《モンゴル時代ウイグリスタンの税役制度と徴税システム》,松田孝一(編):《碑刻等史料の総合的分析によるモンゴル帝国・元朝の政治・経済システムの基礎的研究》,科研費报告書(No. 12410096),2002年,第87—127页。

23. 松井太:《ヤリン文書:14世紀初頭のウイグル文供出命令文書6件》,《人文社会論叢》人文科学篇10,2003年,第51—72页。

24. 松井太:《モンゴル時代のウイグル農民と仏教教団》,《东洋史研究》63—1,2004年,第1—32页(横组)。

25. Matsui Dai, Taxation Systems as Seen in the Uigur and Mongol Documents from Turfan: An Overview, Transactions of the International Conference of Eastern Studies 50, 2005: 67-82.

26. Matsui Dai, Bezeklik Uigur Administrative Orders Revisited, 2009. 张定京、阿不都热西提=亚库甫(编):《突厥语文学研究:耿世民教授八十华诞纪念文集》,北京:中央民族大学出版社,第339—350页。

27. Matsui Dai, Recent Situation and Research Trends of Old Uigur Studies, Asian Research Trends, n. s. 4, 2009: 37-59.

28. 松井太:《西ウイグル時代のウイグル文供出命令文書をめぐって》,《人文社会论丛》人文科学篇24,2010年,第25—53页。

29. Matsui Dai, Dating of the Old Uigur Administrative Orders from Turfan, In: M. Özkan/E. Doğan (eds.), VIII, Milletlerarası Türkoloji Kongresi (30 Eylül - 04 Ekim 2013 - İstanbul) Bildiri Kitabı, Vol. Ⅳ, İstanbul, 2014: 611-633.

30. 松井太:《古ウイグル語行政命令文書に〈みえない〉ヤルリ

グ》,《人文社会论丛》人文科学篇33, 2015年, 第55—81页。

31. Matsui Dai, Old Uigur Toponyms of the Turfan Oases, In: E. Ragagnin/J. Wilkens/G. Šilfeler (eds.), Kutadgu Nom Bitig: Festschrift für Jens Peter Laut zum 60, Geburtstag, Wiesbaden, 2015b: 275-304.

32. 松井太:《トゥルファン=ウイグル人社会の連保組織》, 土肥义和、气贺泽保规（编）:《敦煌・吐鲁番文書の世界とその時代》, 汲古书院, 2017年, 第287—310页。

33. Matsui Dai (forthcoming): Old Uighur Sources. In: M. Biran/Kim Ho-dong (eds.), The Cambridge History of the Mongol Empire, Vol. II: Sources on the Mongol Empire, Cambridge (UK).

34. 护雅夫:《ウイグル文消費貸借文書》, 西域文化研究会（编）:《中央アジア古代語文献》（西域文化研究4）法藏馆, 第223—254页。

35. 森安孝夫:《増補:ウィグルと吐蕃の北庭争奪戦及びその後の西域情勢について》, 流沙海西奖学会（编）:《アジア文化史論叢》第3卷, 山川出版社, 1979年。

36. 森安孝夫:《東西ウイグルと中央ユーラシア》, 名古屋大学出版会, 2015年。

37. Moriyasu Takao / Zieme, Peter, From Chinese to Uighur Documents, SIAL 14, 1999: 73-102, +7 pls.

38. 内藤乾吉:《西域発見唐代官文書の研究》,《中国法制史考証》, 有斐阁, 1963年, 第223—345页。

39. 小田义久（编）:《大谷文書集成》3, 法藏馆, 2003年。

40. 荻原裕敏、庆昭蓉:《大谷探検隊将来トカラ語資料をめぐっ

て（1）》,《佛教文化研究所纪要》50，2010年，第25—49页。

41. Raschmann, Simone-Christiane, Baumwolle im türkischen Zetnralasien, Wiesbaden, 1995.

42. Raschmann, Simone-Christiane, Baumwoll-Nachlese: Vier alttürkische böz-Dokumente aus dem Arat-Nachlaß (Istanbul), SIAL 23, 2008: 121-150.

43. SIAL =《内陸アジア言語の研究（Studies on the Inner Asian Languages）》。

44. 周藤吉之：《唐代中期における戸税の研究》,《唐宋社会经济史研究》，东京大学出版会，1965年，第521—559页。

45. SUK =山田信夫《ウイグル文契約文書集成》全3卷，小田寿典ほか（编），大阪大学出版会，1993年。

46. Тугушева, Лилия Юсуфджанова, Уйгурские деловые документы X‐XIV вв. из Восточного Туркестана. Москва, 2013.

47. 梅村坦：《違約罰納官文言のあるウィグル文書》,《东洋学报》58—3/4，1977年，第1—40页。

48. 梅村坦：《13世紀ウィグリスタンの公権力》,《东洋学报》59—1/2，1977年，第1—31页。

49. 梅村坦：《吐鲁番县展覽館展示回鹘文公文書》,《中岛敏先生古稀记念论集》下卷，汲古书院，1981年，第45—66页。

50. USp = Wilhelm Radloff, Uigurische Sprachdenkmäler, Ed. by S. E. Malov. Leningrad, 1928.

51. Vér Márton, Religious Communities and the Postal System of the Mongol Empire. In: É. Csáki/M. Ivanics/Zs. Olach (eds.), Role of Reli-

gions in the Turkic Culture, Budapest, 2017: 291-306.

52. VOHD 13, 21 = Simone-Christiane Raschmann, Alttürkische Handschriften, Teil 13: Dokumente, Teil 1 (Verzeichnis der orientalischen Handschriften in Deutschland, XIII, 28) Stuttgart, 2007.

53. VOHD 13, 28 = Simone-Christiane Raschmann/Osman Fikri Sertkaya, Alttürk-ische Handschriften, Teil 20: Alttürkische Texte aus der Berliner Turfansammlung im Nachlass Rešid Rahmeti Arat (Verzeichnis der orientalischen Handschriften in Deutschland, XIII, 28) Stuttgart, 2016.

54. 王丁：《柏林吐鲁番特藏中的一件出自交河的汉文摩尼教文书》，高田时雄（编）：《唐代宗教文化与制度》，京都大学人文科学研究所，2007年，第41—66页。

55. 王永兴：《敦煌经济文书导论》，新文丰出版公司，1994年。

56. 山田信夫：《ウイグル文書：資料と研究》，《中央ユーラシア文化研究の認題と方法》，アルタイ学研究連絡組織（大阪大学），1975年，第30—39页。

57. 山田信夫、小田寿典、梅村坦、森安孝夫：《ウイグル文契約文書の綜合的研究》，《内陸アジア史研究》4，1988年，第1—36页。

（译自《内陸アジア言語の研究》第33辑，豊中：中央ユーラシア学研究会，2018年，第109—134页。原文为JSPS科研费JP17H02401，JP16K13286研究成果的一部分。日语。）

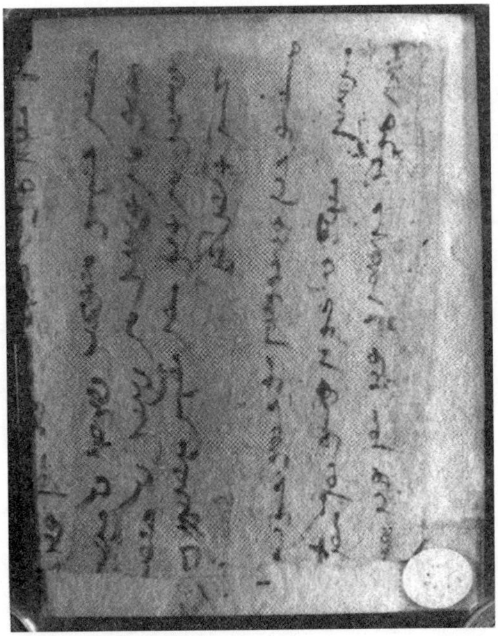

图1：C9+C10+C11=*U 9180–Seite 2（TI/T. M. 239）Arat estate,Istanbul

回鹘文《舜子变》故事

橘堂晃一（Kitsudo Koichi），高奕睿（Imre Galambos）著

刘晓恒 译，吐送江·依明 校对

中国新疆的吐鲁番绿洲不仅保留了公元3世纪以后的佛教相关遗存，也保留了9世纪回鹘进入吐鲁番之前的儒家经典。《北史》记载，当时的高昌贵族热衷于学习《毛诗》《论语》和《孝经》[1]，在吐鲁番许多地区出土的儒家经典文本则很好地证明了这一点[2]。

在吐鲁番和敦煌藏经洞出土的回鹘文写本大多是有关于宗教方面的，其中大量的佛教写经反映出了佛教在高昌回鹘王国的繁荣盛况。在皈依佛教的早期，回鹘深受吐火罗佛教的影响。从吐鲁番出土的婆罗谜文文书可以看出，当时的回鹘僧侣不仅精通梵语和吐火罗语，还能够熟练掌握吐火罗人使用的婆罗谜文。11世纪在敦煌朝拜的回鹘僧人就留下了一些婆罗谜文的题记[3]。另外南宋时期出使金朝的使节洪皓

---

[1]《北史》卷九七《西域》，北京：中华书局，1974年，第3215页，"有毛诗、论语、孝经，置学官弟子，以相教授。"可参考 Ōtani 1936。

[2] Ōtani 1936：224.

[3] Kitsudō 2017.

（1088—1155年）也曾在行纪中记载了燕山地区的回鹘佛教僧徒诵读佛经使用的是"西竺语"（即印度语）[①]。

与此同时，回鹘人很早便接触到了汉传佛教和文化。根据985年出使至吐鲁番的宋人王延德（939—1006年）记载，吐鲁番的佛寺匾额都是唐朝所赐，寺中藏有《大藏经》，以及《唐韵》《玉篇》《经音》等字典的抄本[②]，此外还有不少用回汉双文写成的《千字文》书稿。这证明回鹘人在借助这些启蒙读物学习、练习汉语，因此很有可能当时有很多回鹘人可以熟练地运用汉语。在这种情况下，按理说会有大量的汉文经典和文学作品被翻译成回鹘文，但是实际上除了保留在佛经注释中的少量《论语》引文[③]和一份暂定为《管子》译文[④]的碎片，学术界还没有找到类似的译作。

因此，本文将首次介绍《舜子变》的回鹘文译本，及其转写、换写和翻译文本，并研究《舜子变》回鹘文译本和现存汉文本之间的对照关系。

一、汉文本《舜子变》

中国的孝文化源远流长，直到现在，孝道传统仍然在主流文化中受到追捧，而舜子故事正是古代中国孝文化中非常重要的一部分。据说第一部有关于孝文化的故事集《孝子传》是由西汉的文献学家刘向（前77年—前6年）所编撰，不过也有学者考证认为，《孝子传》很有

[①]《松漠纪闻》第45页。亦参见 Kitsudō 2013。
[②]《宋史》卷490《外国六》，北京：中华书局，1977年，第14112页。
[③] Kudara 1980.
[④] 参考 Zieme 2010。

可能并非刘向所撰①。在中国早期王朝时，舜已经演变成了一位孝道的典范人物，不过在这之前，舜最广为人知的形象还是上古时期最圣贤的君王之一（即帝舜），也是首位仅凭个人品德就登上王位的君主。《史记》中记载，帝尧非常赏识舜杰出的品行，于是将王位禅让给了他，并将两个女儿嫁予他。除此之外，其他中国早期的文献比如《孟子》等亦记载了帝舜的类似事迹②。

尽管早期的汉文文献重复地记载着舜的家人不停地尝试杀死他，但舜仍然忠于家庭的故事，然而这一情节却在与各种孝子事迹结合之后发生了翻天覆地的变化——帝舜作为文明开化初期的原始部落统治者形象被大大削弱，舜帝故事中原本的核心思想也丧失殆尽，取而代之的是对舜与其父和继母之间相关事迹的大量着墨。因而在更多的故事版本中，如果对舜承尧帝位事迹有所提及的话，故事都会将舜继位的原因归结为尧对舜孝行的赏识。所以舜不再作为"帝舜"，而是作为"舜子（舜孝子）"，倒也比较符合《舜子变》故事的题目。

唐朝之前，舜子故事往往与其他孝子事迹一起出现在丧葬文化中，比如卢芹斋收藏品中有一方北魏时期的石榻，上面的铭文中就出现了"舜子"这个名字，铭文的内容是"舜子入井时"③。原始时期有关于舜的传说中的确有舜被埋到井里的故事片段，但"舜子"这个名字的出现则表明，这方北魏石榻的铭文刻画描绘的是孝子"舜子"的故事，而并非《舜帝本纪》中的小片段。也就是说，与其他孝子代表

---

① Knapp 2005：48-52.
②《史记》卷一《五帝本纪第一》，北京：中华书局，第31—44页。金良年撰《孟子译注》，上海，上海古籍出版社，2004年，第192—211页。有关中国早期传统中帝尧退位的专题研究，可参考 Allan 2015。
③ Nagahiro 1969，图41。

人物共同出现在同一石榻的图像上，进一步证实舜子故事已经成为了孝文化主题故事的一部分①。

除了碑刻记载的片段，经证实敦煌最早发现的变文中也记录了舜子的故事。虽然只有两份文书中记载了日期，不过根据古文字学和写本学特征来判断，这一批写本的完成时间大概在9世纪中期到10世纪晚期，也就是归义军统治时期。有关于舜子的故事在敦煌文书中有三个版本。我们称之为版本A的舜子故事在P.2621V文书中，它是这个文书所载的类书的一部分，根据这个文本最后记录的内容可知该类书名为《事森》。这份文书整体有所残缺，仅留有卷末四十则故事的类书部分，而其中有二十多个都是有关于孝子的事迹②。

写本末页有尾题一则"戊子年四月十日学郎员义写书故记"。戊子年每六十年轮一回，因此按照时间断代的大致范围，可以推测出三种可能性：868年、928年和988年。而写本背面的另一则尾题则更加详细地记载了员义此人的事迹：他是敦煌地区净土寺的学郎，在长兴五年（934年）时抄录了这个写本背面的内容③。所以根据第二条清晰的时间记载，我们基本可以断定正面记载类书尾题中的"戊子年"是928年。这个日期与敦煌学郎们书写题记的大致时间完全符合④。

有趣的是，该文书中虽然明确提到了《史记》是舜子故事的史料来源，但实际上其内容与《史记》的记载大相径庭。或许P.2621V文书中的记载指出的是《舜帝本纪》最初的起源，而不是文书中记载的那

---

① 有关舜的形象从贤帝演变为孝子的研究，可参考Luo 2012。
② 有关于该写本中孝行故事的研究，可参考Liu 2014。
③ 长兴是后唐时期的年号，实际上共计仅四年，所以严格来说长兴五年这个时间点是错的，但是这里需要考虑中原王朝的年号更改之后，敦煌写卷中存在继续使用旧有年号的情况。
④ 敦煌文献中学郎题记的研究可参考Li 1987和Galambos 2015：280-283。

个特殊版本所依据的文本，也有可能仅仅是因为这样写会显得此版本更加权威。当然文书中记载的舜子故事显然有不同的来源，毕竟类书的作者也不大可能全部篡改《史记》的记载去迎合《事森》中类似主题的故事。

舜子故事的第二个版本B记载在S.389，P.3536和H.039（即羽039号）三份文书上，这三份文书都记录了一系列的孝子事迹。然而因为三个文本没有一个统一的标题，很难说他们属于同一篇文献。目前学者们虽然将这三份文书整体命名为《孝子传》，但从下述内容来看，这一命名仍然有待商榷。首先，《孝子传》原书已散佚，难以溯源，把这些未定名的文书比定成《孝子传》，会直接造成这些文书与假定存在但现今已散佚的《孝子传》原文的混淆。第二、第三份文书按照不同顺序记载了不同的故事组，即使是个人事迹也多多少少存在排列无序的情况，所以将它们视为一整篇文献是不妥的。比如，S.389写本的故事内容包括了郭巨、舜子和文让，P.3536则记载了闪子、向生和王褒的事迹。当然，在单独的一份文书中，这些故事自成一个系列，但是在文书记载顺序并无规律的情况下，很难确定两份文书是否真的能够缀合成同一篇文献来研究。尤其是舜子故事在三份文书中都有记载，其中两个文本的舜子故事的对应部分非常接近，差异也几乎可以忽略不计。

比较舜子故事的这两个版本，B版本记载的篇幅还不到A版本的一半，而且删减了一些关键的情节。有一个缺失的情节是舜子在井中发现了银币，这些银币在舜子父亲与继母意欲以石填井坑杀舜子时为他赢得了额外的求生时间。有意思的是，虽然B版本的正文中并没有这个片段，但在正文文末附有两首诗作的第二首小诗里居然出现了这一情节。不过如果原本的故事里没有这个情节，那么文末诗作中的记录实际上也没有什么可探讨的价值了。

根据舜［也就是重华（意为"重瞳"）］丧母、父亲瞽叟（意为"老盲人"）续弦之后发生的种种，包括后母虐待舜子甚至想取他性命，以及其父不管知情与否也成了帮凶等情节来看，舜子故事的版本A和B应当是采用了同一故事底本。A版本中也加入了舜的继弟"象"（此人在《史记》中也有出现）迫害舜的情节。第一次他们试图杀害舜子时，舜的父亲与继子设计遣舜子修仓，等他爬上去之后舜的父亲与继母把梯子挪走并且放火焚烧谷仓。所幸舜子两腋挟笠投身飞下，奇迹般地安然无恙。第二次他们又使舜子淘井并用大石填塞井口，舜子从井下的侧渠逃走，自此隐居到了历山耕田力作。舜子在历山生活富足安康，之后他的家乡遭逢饥荒，舜子便又归乡售粮以济灾民。此时瞽叟目盲，后母年老，其弟象也变成了一个哑巴。舜子的继母在街市上向舜子买粮（她未认出继子），舜子未收取他的钱财，反将钱财放回了继母的粮袋之中。瞽叟听闻此事后上街寻找，通过声音认出了舜子。于是父子相见和好，瞽叟双目复明，A版本的故事中还记载继弟象最终也能够重新开口说话了。

舜子故事的C版本就是长篇文本《舜子变》。舜子变，顾名思义，是一篇广为流传的叙述体裁变文。此类型的变文在敦煌文书中相当常见。《舜子变》记载在编号为S.4654、P.2721和H.039的文书上，在这三份文书中，《舜子变》都是一系列主题相近的故事[①]，其中P.2721号文书题尾有记载此抄本完成于天福十五年五月。C版本的舜子故事比A

---

① 实际上H.039文书的内容也包括了舜子故事的前两个版本。

和B版本长得多，也衍生了许多细节。此外还增加了一些A、B版本没有的故事情节。下面便是与我们所讨论的回鹘文本的《舜子变》最为相关的一段[①]：

> 舜来历山，俄经十载，便将米往本州。至市之次，见后母负薪，诣市易米，值舜籴（粜）于市。舜识之，便粜（粜）与之。舜得母钱，佯忘安著米囊中而去。如是非一，瞽叟怪之，语后妻曰："非吾舜子乎？"妻曰："百丈井底埋却，大石礧之，以土填却，岂有活理？"瞽叟曰："卿试试牵我至市。"妻牵叟诣市，还见粜米少年。叟谓曰："君是何贤人，数见饶益？"舜曰："见翁年老，故以相饶。"叟耳识其声音，曰："此正似吾舜子声乎？"舜曰："是也。"便即前抱父头，失声大哭。舜子拭其父泪，与（以）舌舐之，两目即明。母亦聪慧，弟复能言。市人见之，无不悲难。

不过日本藏有两版题为《孝子传》的文书，这可能是更早之前的《孝子传》版本。一为"船桥本"，现藏于京都大学图书馆。此版文末记载该版本抄录时间为天正八年（1580年）。另一版为"阳明本"，现藏于京都的阳明文库。这一版虽然未注写本的时间，但推测其大概在仓廉或者室町时期[②]。日本版本的抄录时间可能没有敦煌发现的文书早，但是不少日本学者认为，这两个版本或许是沿袭了中国六朝时期或者唐代的底本[③]。船桥本与阳明本的内容十分相似，包括记载故事的

[①] 这里只翻译与回鹘文《舜子变》故事中最相关的部分，不过同时也会尽量引用其他部分的内容。

[②] Kuroda 2001：151-186；Nishino 1956.

[③] D1 和 D2 的文本参考 Kuroda 2001：24-26。

数量、书写顺序和叙事措辞都相差无几。为了进一步确认两个版本之间的关系，我们将船桥本与阳明本分别定名为"舜D1（船桥本）"和"舜D2（阳明本）"[①]，虽然两个译本中有微不可辨的措辞区别，但总体来说D1和D2的叙事情节展开还是一模一样的。

二、回鹘文写本与译文

柏林吐鲁番研究小组藏品中有三个舜子故事相关的回鹘文写本残片，抄写在443年求那跋陀罗（394—468年）译本的《大方广宝箧经》（《大正藏》第14册，第462号经，472c02—17）卷子的背面，编号分别是[②]：

Ch/U 6515	10.5cm×13.9cm	大正藏No.462,Vol.14,472c01-07
Ch/U 6813	13.7cm×17.6cm	大正藏No.462,Vol.14,472c07-17
Ch/U 7594	12.4cm×6.4cm	大正藏No.462,Vol.14,472c03-16

不过遗憾的是，我们并不知道这三个残片发现的确切地点，Ch/U6515文书上用红笔标注了"TⅢ"的记号，所以目前仅能知道这些残片应该是由格伦威德尔（Albert Grünwedel）领导的德国吐鲁番考察队第三次探险带回来的。当然这三个残片不能直接连缀起来，但汉字和回鹘文字的笔记都表明这三个残片是出自同一份文献。根据正面的汉文佛经我们可以将残片的原始位置复原（见图1、图2），下文的释读与研究依照复原的图2文本展开。

[①] Mitani 2018：490.

[②] Mitani 2018：490.

(一)换写

1. [   ] s'ty/ [   ]
2. [   ] //r / -yn'rkwky'/ [   ]///k/[   ]
3. qwnčwywnkwz nwnk t'py[ ]k'y[ ] 'wk'mk [   ]
4. lyk twlq'q lyq pwlm'q /[ ]k s'qyncym pw'wq t[   ]
5. tyty. n'pw s'vyq'sydy[ ]/n''nynk'wynyn'kzykyn s'v
6. swyz y'nkyn kypyn t'nkl'p qyl/[ ]'wytrw'wl . kwyz swz'r pw
7. wqwl sw'wtqwr'q m'nynk'wqlw[ ]swyntsy'rwr typ''dyrtlyq
8. [ ]'ykyl'yw y'n''ync'typ t[ ]y'''nt'q''/[   ]
9. [ ]子 swyntsy''tlq m'n [   ]
10. [   ] p'klytym''rty .'mt[   ]
11. [   ] /tk's'r mn'wql/// [   ]
12. [   ] 'rk'y mw syz typ[   ]
13. [   ] typ y'n''yrync yrl [   ]
14. [   ]wr mn''t'm typ tyt[   ]
15. [   ] /wp'wlwq 'wynyn s [   ]
16. [ ] yn t'qswrw k'yyrk'ncyk q [   ]
17. [ ] cyk qylyqynk''wl kydynt' [   ]
18. [ ]'wyz'wql'nyn qyzyn syqy / [   ]
19. [ ]/ydy l'r .'wqly nynk 'ysynk'kw[   ]
20. 'wytrw'wl [ ] ''t'sy nynk''nt[   ]
21. yt''ky'wy[ ]t qwlwnwp''/ [   ]
22. qy''wq'y[ ] kwysy''cylty '' [   ]
23. ym's'vswyzl'k'ly'wdy .'wyt [   ]

24. [　]swyntsy'wl[　]kysy / [　　　　　]

25. [　]tyn yynck'[　]'ync'[　　　　　]

26. [　] w /////[　] / [　　　　　　]

(二) 转写和译文

1. [　　] s'ty/[　　　　　　]

　　……

2. [　]//r /-yn ärgüky-ä / [　　]///k/[　　]

　　……小房子……

3. kunčuyuŋuz-nu[ŋ] tapı[gı]k'y[　　] ök ämg[äk-]

　　你的妻子的照顾

4. lig tolgak-lıg bolmak /[　　]k sakınčım bo ok ol t[ep]

　　变得痛苦［……］ 这是我的想法"他（即舜子）说。

5. teḍi . nä bo savıg äšidi[p　　]/n anıŋ ünin ägzigin sav

　　他一听到这话［……］ 对比了他（讲话）的声音、语气和……

6. söz yaŋin kibin täŋläp qyl/[　　] ötrü ol . köz-süz är bo

　　说话的方式。然后这个盲人清晰地辨认出了：

7. ogul šu otgurak mäniŋ oglu[m] šüntsi ärür tep adırtlıg

　　"这个年轻人绝对是我的儿子舜子"并且

8. [bilip] ikiläyü yana inčä tep t[edi] y-a antag "q//[　　]

　　再次说："噢！如此……

9. [舜]子 šüntsi atlg män[iŋ] oglum [　　　　　]

　　（我的儿子）舜子，用名字……

10. [　] bäklitim arti . amt[ı　　　　　]

　　我封住了（那口井）。现在……

11. [   ]/tk's'r-mn oglan [   ]

   如果我……儿子

12. [   ] ärgäy-mü-siz tep [   ]

   你是不是……?"他（即舜子的父亲）说。

13. [   ] tep yana erinč y(a)rl(ı)[g   ]

   ……仍然贫穷……

14. [   ]wr-mn atam tep teḏ[i   ]

   "……我，我的父亲，"他（即舜子）说。

15. [   ]/wp ulug ünin s[ıgtayu   ]

   ……大声地悲叹（并且）……

16. [   ]yn takšuru käyirkänčig k[ılık   ]

   ……悲叹，而且（他）富有同情心的行为……

17. [käyirkän] čig kılıkıŋa ol kidintä[   ]

   ……（因为）他富有同情心的行为，在街市上的（人们）……

18. [   ] öz oglanın kızın syqy/ [   ]

   ……他自己的儿子还有女儿（据称）……

19. [   ]/ydy-1'r .oglı-nıŋ išiŋä kü[dükiŋä   ]

   ……对他儿子的工作……

20. ötrü ol[   ] atası - nıŋ ant[ag   ]

   然后……他父亲因此……

21. yt'ky 'wy[qu]t kolunup''/ [   ]

   ……要求……，

22. ky' ok i[ki] közi ačıltı'' [   ]

   （双眼）睁开了……

23. ymä sav sözlägäli udı . öt[rü　　　　]

他（即舜子的弟弟）也能开口说话了。然（后）……

24. [　] šüntsi ol [üdün　]kysy /[　　　　]

……舜子在那个（时候）……

25. [　]-tyn yinčgä[　] inčä [tep tedi　　　]

好……这样（说）

26. [　]w//////[　]/ [　　　　　]

图1　根据汉文写经顺序排列的三个片段（柏林勃兰登堡科学院藏，现存于柏林国立普鲁士文化图书馆东方部）

图2　排列出的回鹘文片段（柏林勃兰登堡科学院藏，现存于柏林国立普鲁士文化图书馆东方部）

三、回鹘文写本注释

（2—3）这一部分应该是舜子与其盲父的对话，此时舜子父亲双目失明，看不见自己的儿子。这个时间点当是舜子发现他的后母年老贫苦，居住在小房子里（02：*ärgü-kyä*）并且负薪易于市以维持生计。回鹘文本中的 *qunčuyuŋuz-nung tapı*[*gı*] "你妻子的照顾"，指的就是舜子给了其后母一些钱粮。

（5—6）nä bo savıg äšidi［p］/n anıŋ ünin ägzigin sav söz yaŋın kib-in täŋläp qyl/［］"当他听到这话［……］对比了他（讲话）的声音、语气和说话方式"。而表示时间状态的 nä...-(X)p 副动词可译为"……时候"或者"……时"[①]，äŋläp 也可以读作 tıŋlap，这样的话该句亦可译成"当他听到这话［……］听到了他（讲话）的声音、语气和说话方式"。这两种解释都与舜子故事记载的内容相符合——A 版本记"据子语音，正似我儿重华"，B 版本记"子之语声，似吾舜子"，C 版本记"耳识其音声，曰：'此正似吾舜子声乎'"。但是"舜D1"和"舜D2"两个版本与上述版本间有不同之处，在这两个文本中并没有提到瞽叟认出了舜子的声音。

（6—7）közsüz är bo ogul šu otgurak mäniŋ oglu［m］šüntsi ärür"这个盲人明确地辨认出来了：'这个年轻人一定是我的儿子舜子！'"在汉文本的故事中，舜子的父亲名叫瞽叟/瞽瞍（即"日盲又午老的人"之意），简称为"叟/瞍"或者"瞽（"目盲的"）"，回鹘语文本中的 közsüz är "盲人"就是对应的这部分。Šu（sw）这个单词的识读似乎是有点问题的，不过从古突厥语研究的角度来看，其或许值得再深入探讨一下。Sw 在这里可以转写成 šu，也可以读成 so。如果将其读成 so，便能与汉字"叟/瞍（中古汉语发音为 səu[②]）的回鹘语音译对应上。但是这么解释就会使整个句子的语法出现问题，因此我们还是建议将其暂时读作 šu。在现代土耳其语中 šu 作为一个指示代词，有"那个，那"的意思。不过需要注意的是，目前为止在古突厥语中并没有

[①] 参考 Erdal 2004：476。
[②] 本文对于中古汉语晚期的发音重构参考 Shōgaito 2003：58，81。回鹘语音译与"叟/瞍"的发音比定可参考 Shōgaito 2003：58，81。

发现这种用法①。在汉文本里，šu 似乎可以对应版本 A 和 C 里面的 "正（'just' 恰好，正好）"字，起强调的作用，或者是 oš 'just' 的一种变体表现形式，可能与 otgurak 一起组成对偶词②。

（7）šüntsi. 是回鹘文译本中对于"舜子"的音译，回鹘语发音"舜（中古汉语音为 ş̌yn）"为*swn，"子（中古汉语音为 tsẓˊ）"通常转写为 sy/sï/③。不过也有另一种读法认为"子"应当转写为 tsy，比如"弟子 dizi（中古汉语发音为 tɦiaj ʔsẓˊ）"。这个词汇在回鹘语文本中写作 tytsy/titsi/，因此 šuntsi 能够精准地与"舜子"进行比定。

（8—9）ikiläyü yana inčä tep t[edi] y-a antag" q//[舜]子 šütsi atlg män[iŋ oglum]"（他）再次说：'噢！如此……（我的儿子）舜子，用名字'……"这一段应该是描述父亲开始怀疑这个年轻人确实是他的儿子舜子，与之对应的汉文本内容是：

瞍怪之，语妻曰："氏（是）我重华也？"（版本 A）

瞽瞍怪之，语后妻曰："非吾舜子乎？"（版本 C）

汉文本中这一部分放在了瞽瞍辨认出自己儿子声音这个情节之前，如果判定无误，回鹘文本的内容想必是进行了重新调整。

（10）bäklitim ärti. "我封住了（那口井）。"这句话瞽瞍说的，因为他在妻子的煽动下封住了井口欲将舜子杀死。在汉文本中，当瞽瞍开始怀疑那个年轻人可能是他的儿子时，其妻曰：

---

① Erdal 2004：211，脚注 346。
② 回鹘语中 Oš 只出现过一次，参考 Wilkens 2016，vol. 2：808，l. 10918。
③ Shōgaito 2015。

"百尺井底,大石镇之,岂有治(活)理?"(版本A)

"百丈井底埋却,大石擂之,以土填却,岂有活理?"(版本C)

(12) [ ] ärgäy-mü-siz tep... "'你是不是……?'他(即舜子的父亲)说。"这一部分应当是舜子的父亲在询问他到底是不是自己的儿子。

(14) [ ] wr-mn atam tep teḍ[i] "'……我,我的父亲,'他(即舜子)说。"这里应当是舜子向父亲承认了自己的身份,这一情节与版本A、C和船桥本、阳明本的内容都一致。

(15) [ ]/wp ulug ünin s[ıgtayu] "……大声地哭泣……"这一部分对应着舜子抱住他的父亲并悲伤哭泣的情节。

(16) [ ]yn takšuru käyirkänčig k[ılık] "……悲叹,而且(他)富有同情心的行为……" k[ılık]缺失的部分可以根据第17行类似表达的词汇予以补全,käyirkän意为"怜悯,同情"。在解释这个词的时候,马塞尔·厄达尔写道:"käyirkänčig可能是类比着erinčkänčig这个单词创造的,而erinč是käy'悲伤'的同义词。"①他提醒大家注意Alyun Yaruk sudur(Suvarṇaprabhāsot-tama sūtra,即《金光明最胜王经》)中的几个例子:

(a) ol iki tigitlär munčulayu yaŋın käyirkänčig kılınu ulıyu sıgtayu talıp yüküp(AY620.10)"时二王子悲泣懊恼。"(T16.No.665,452b05)

(b) ačıg ünin käyirkänčig(AY633.5)"哀声。"(T16. No.665,453b16)

---

① Erdal 1991:365.

(c) *iliglärin kötrüp ... yalvaru täginürlär käyirkänčig*（AY640.20）"举手以哀言。"（T16.No.665，4534a23）

另外还有回鹘文佛教写本《十业道譬喻花环》中的例子：

(d) *[bodis](a)t(a)v sıgun [beš yüz sıgun] larnıŋ bo munčulayu k[ä]yir[känčig sav]ların äšidip* 'Bodhisattva-maral deer heard such compassionate words of [500 Maral deers], …'（DKPAM #00773-#00775，威肯斯（Jens Wilkens）2016，vol. 1：244）

回鹘文《金光明最胜王经》几个例子中的 *käyirkänčig* 一词在汉文本中没有对应的名称，不过在例b和c中似乎与"哀"这个意思有关，这里我们同意厄达尔的解释，同时也需要澄清一下 *käyirkänčig kılık* "同情的行为"很有可能指的就是故事的版本C中提到的"市人见之无不悲观"相关内容。然而，在回鹘文本的第17行记载："……为了他的同情的行为，（人们）在集市……"很明显这里的"同情的行为"发出者是舜子而非民众。所以我们姑且建议将 *käyirkänčig kılık* 解释为"孝行"，也就是舜子故事的核心思想。

（17—19）*ol kidintä-išiŋä kü[dükiŋä]*。此处对应着汉文本中民众在集市看见舜子与父亲相逢，并拿他的孝行来对比着各自子女的不孝行为的内容。

（22）*i[ki] közi ačıltı*。根据故事的语境，这部分的意思是说他的"两只眼睛睁开了"，这与汉文本表达的意思类似：

两目重开（版本A）

眼得再明（版本B）

两目即明（版本C）

两眼即得开明（船桥本）

两目即开明也（阳明本）

（23）ymä sav sözlägäli udı "他（即舜子之弟）也恢复了说话的能力"。这里的情节是舜子的继弟因为试图杀害舜子而遭到报应变成哑巴，此时恢复了说话的能力。汉文本中与之对应的记载是"弟复能言"（版本A和C）。

（24）kysy。此处可以读成 kisi "妻子"或 kiši "男人"，但两种读法似乎都不符合上下文，因此它可能是另一个词的组成部分。

（24）šüntsi ol [üdün]kysy /[ ] "……舜子在那个（时候）……"这里对应汉文本C版本中的"当时舜子将父母到本家庭"。

（25）yinčgä "好的"。这里对应的部分是舜子之父夸赞他的儿子，"瞽叟泣曰：'吾之孝[子]'"（版本C）。

尽管回鹘文本只保留了故事的高潮部分，但记载的内容与中文版本A和C以及船桥本、阳明本保持了一致。如果回鹘文本是从版本A翻译过来的（版本A即记录在类书里的故事），由于之前没有发现这样的材料，那么这些残片的发现对于回鹘文学的历史研究将具有特殊的价值。如果是从类似于版本C的变文文本翻译过来的，这也是非常重要的新发现[①]。无论哪种情况，我们都认为这是一份独一无二的抄本，在此之前从未有回鹘文译本现世。

荒见泰史（Yasushi Arami）在研究《舜子变》（即版本C）时表示，敦煌写本P.2721（版本C）是基于版本A的内容重抄的，而且增补了一些原版中不存在的新内容。荒见解释称，变文这种文体本质上就

---

① 另外还有一个非常著名的回鹘文变文译本《目连变》（目连：Maudgalyāyana），参考 Zieme 2011：150—156。

是对故事的进一步演变①。因此,回鹘文本的《舜子变》不同于任何现存的汉文本。即回鹘人自己也可能对文本进行重写和润色。不过回鹘文本的残存部分还不足以判断出来这是一个儒家传统的孝子故事抑或是一个佛教变文。考虑到佛教在回鹘王国的重要性以及回鹘文本是抄写在汉文佛经背面这一事实,回鹘文本的《舜子变》有可能包括了不少佛教内容。

四、结语

本文研究了柏林吐鲁番研究院藏的三个敦煌卷子残片,内容包括正面的汉文抄本《大方广宝箧经》和背面的回鹘文字。通过已有的汉文抄本佛经内容,我们能够确定这三个残片的位置,极大地方便了对背面回鹘文部分的解读。解读出来的回鹘文记载的是一个不为人知的新的版本的舜孝子故事,这个故事是广受欢迎且广为人知的中国传统孝子故事之一。将回鹘文本与从敦煌出土的汉文本以及近代日本发现的两个抄本做对比,我们发现记载的内容大部分能够与汉文本进行匹配和比定,但我们同时也证明了上述所有版本的舜子故事都不是回鹘译本所参考的底本。最接近回鹘文译本内容的可能是版本C,也就是增加了佛教元素的《舜子变》。遗憾的是回鹘文本中没有留下能够验证猜想的决定性的细节和主题思想,因此回鹘文本到底是佛教变文还是中国传统孝子故事,这个问题仍然悬而未决。

虽然与版本C相似,但回鹘文本与已刊的各种汉文本也有些许有趣的差异。其中一个不同就是回鹘文本的部分情节可能已经重新编

---

① Arami 2010:30.

排,尽管这一结论由于文本过于破碎而无法确定。总之,由于民间故事的版本在不断演变,回鹘文本是回鹘人在翻译原文(汉文)后,结合自身情况对这些故事情节进行再加工,并增衍了些许故事情节。而这或许正是造成版本内容差异的原因之一。

参考文献

一、史料

1. ［唐］李延寿撰：《北史》，北京：中华书局，1974年。

2. 金良年撰：《孟子译注》，上海：上海古籍出版社，2004年。

3. ［西汉］司马迁撰：《史记》，北京：中华书局，1959年。

4. ［北宋］宋敏求等撰：《松漠纪闻》，《春明退朝录》，《历代笔记小说大观》，上海：上海古籍出版社，2012年。

5. ［元］脱脱等撰：《宋史》，北京：中华书局，1977年。

二、专著

6. Allan, Sarah, Buried Ideas: Legends of Abdication and Ideal Government in Recently Discovered Early Chinese Bamboo-slip Manuscripts, Albany, New York: SUNY Press, 2015.

7. 荒见泰史：《舜子变文類写本の書き換え状況から見た五代講唱文学の展開》，《アジア社会文化研究》第11期，2010年，第12—36页。

8. Erdal, Marcel, Old Turkic Word Formation: A Functional Approach to the Lexicon, Wiesbaden, Harrassowitz, 1991.

9. Erdal, Marcel, A Grammar of Old Turkic, Handbook of Oriental Studies, Section Eight: Central Asia, Volume Three, Leiden/Boston: Brill, 2004.

10. Galambos, Imre, Confucian education in a Buddhist environment: Medieval manuscripts and imprints of the Mengqiu, Studies in Chinese Religions 1/3, 2015: 269-288.

11. 玄幸子：《羽039Vを中心とした變文資料の再檢討》，《敦煌寫

本研究年报》第5期，2011年，第81—94页。

12. Kitsudō, Kōichi, Khitan Influence on the Uighur Buddhism, In Imre Galambos (ed.) Studies in Chinese Manuscripts: From the Warring States Period to 20th Century, Budapest: Institute of East Asian Studies, Eötvös Loránd University, 2013: 225-248.

13. Kitsudō, Kōichi, Brāhmī Inscriptions of the Dunhuang Grottoes, In Dai Matsui and Shintarō Arakawa (eds.) Multilingual Source Materials of the Dunhuang Grottoes, Tōkyō: Tōkyō University of Foreign Studies, 2017: 163-198.

14. Knapp, Keith N, Selfless Offspring: Filial Children and Social Order in Medieval China, Honolulu: University of Hawai'i Press, 2005.

15. Knapp, Keith N, Xiaozi zhuan 孝子传, In Cynthia L. Chennault, Keith N. Knapp, Alan J. Berkowitz and Albert E. Dien (eds.) Early Medieval Chinese Texts: A Bibliographical Guide, Berkeley: Institute of East Asian Studies, 2018: 409-413.

16. 百济康义：《ウイグル訳妙法蓮華經玄贊》，《佛教学研究》第36期，1980年，第45—65页。

17. 黑田彰：《孝子伝の研究》，京都：思文阁，2001年。

18. 李正宇：《敦煌学郎题记辑注》，《敦煌学辑刊》1987年第1期，第26—40页。

19. 刘慧萍：《敦煌类书〈事森〉与汉魏六朝时期的〈孝子传〉》，载王三庆、郑阿财等编《敦煌吐鲁番国际学术研讨会论文集》，台南：成功大学中文系，2014年，第601—623页。

20. 罗丰：《从帝王到孝子——汉唐间图像中舜故事之流变》，载徐苹芳先生纪念文集编辑委员会编《徐苹芳先生纪念文集》，上海：上海古籍出版社，2012年，第637—671页。

21. 三谷真澄：《大谷探検隊ドイツ隊収集漢字仏典断片目録》，京都：龙谷大学世界佛教文化研究中心、龙谷大学数字档案研究中心，2018年。

22. 长广敏雄：《六朝時代美術の研究》，东京：株式会社美术出版社，1969年。

23. 西野贞治：《陽明本孝子伝の性格並に清家本との関係について》，《人文研究》7/6，1956年，第22—48页。

24. 大谷胜真：《高昌國に於ける儒學》，载服部先生古稀祝贺记念论文集刊行会：《服部先生古稀祝贺记念论文集》，Tōkyō: Fuzanbō，1936年，第213—226页。

25. Pulleyblank, Edwin G, Lexicon of Reconstructed Pronunciation in Early Middle, Late Middle Chinese and in Mandarin, Vancouver: University of British Columbia Press, 1991.

26. 庄垣内正弘：《ロシア所蔵ウイグル語文献の研究——ウイグル文字表記漢文とウイグル語仏典テキスト一》，Kyōto: Graduate School of Letters, Kyōto University.

27. Shōgaito Masahiro et al, The Berlin Chinese Text U5335 Written in Uighur Script: A Reconstruction of the Inherited Uighur Pronunciation of Chinese, Turnhout: Brepols, 2015.

28. Wilkens, Jens, Buddhistische Erzählungen aus dem alten Zentralasien: Edition der altuigurischen Daśakarmapathāvadānamālā, 3 vols, Turnhout: Brepols, 2016.

29. 皮特·茨默（Zieme, Peter）：《回鹘传统中的中国古典文献》，《吐鲁番学研究》2010年，原文发表于第三届吐鲁番学暨欧亚游牧民族起源与迁徙国际学术讨论会论文集，上海：上海古籍出版社，2010年，第459—471页。

30. Zieme, Peter, Buddhistische Unterweltsberichte‐alttürkische Varianten aus der Turfan-Oase, In Michael Knüppel and Aloïs van Tongerloo (eds.) Life and Afterlife & Apocalyptic Concepts in the Altaic World, Proceedings of the 43th Annual Meeting of the Permanent International Altaistic Conference (PIAC), Château Pietersheim, Belgium, September, 3-8, Wiesbaden: Harrassowitz Verlag, 2000: 143-163.

［原载于Acta Orientalia Hung. 73（2020）3，2020年，第451—466页，英语。］

新发现《佛说善恶因果经》回鹘文译本

橘堂晃一（Kitsudo Koichi）著

李圣杰 译，白玉冬 校对

前言

本文是对俄罗斯科学院东方文献研究所（The Institute of Oriental Manuscripts，Russian Academy of Science）所藏回鹘文《佛说善恶因果经》（以下简称《善恶因果经》）写本的译注研究[①]。

《善恶因果经》（T. 85，No. 2881）撰写于中国，被归类为伪经（疑经），是一部鼓吹并宣扬有关过去、现在、未来三世因果报应的经

[①] 本文写作过程中得到了俄罗斯科学院东方文献研究所所长波波娃 Irina Popova 在阅览写本时提供的便利，大阪大学名誉教授森安孝夫在蒙文《善恶因果经》（阪大本）方面的指教和对本文投稿的鼓励，以及大谷大学教授松川节、柏林自由大学名誉教授茨默的建议，在此对上述诸位表达最深挚的谢意。

典①。其"善因善果，恶因恶果"这一伦理在儒教中也得以贯彻，不仅被中国，也被周边地区广泛接受。该经至今可在粟特语、藏语、蒙古语、卡尔梅克语、满语中找到其存在②。而且，各自有多种文本流布，并至迟在8世纪传入日本，其注释书也被大量制作出来③。

如上所述，《善恶因果经》可成为追踪某部经典在多语言间传译过程的典型案例。着眼于此的森安孝夫在《〈善恶因果经〉的流通及其历史背景》（森安1986）中，研究了吉川小一郎旧藏的17世纪左右蒙古语《善恶因果经》写本（现由大阪大学文学研究科所藏，以下简称阪大本）。通过对比其中所用源于梵语的佛教用语与13—14世纪的回鹘语形式，推测阪大本的底本可能是尚未发现的《善恶因果经》回鹘语译本。

之后，茨默（Peter Zieme）在《探求回鹘语〈善恶因果经〉的踪迹（Auf den Spuren der altuigurischen Version des "Sūtra der Ursachen und Wirkungen" (Shan 'e yinguo jing)）》（Zieme 2009）中介绍了回鹘文《慈悲道场忏法》中引用《善恶因果经》（šen aγ [i]n qua ki）经文的情

---

① 在《善恶因果经》被《大周刊定目录》（695年成书）的《伪经目录》初次收录，且敦煌写本《优婆塞戒经》（P. 2276）题记中有"仁寿四年（604年）四月八日槛维珍为亡父写……善恶因果一部……"等史实的基础上，牧田谛亮认为本经作于6世纪左右（牧田1972 [2014]：[381]）。张小艳通过比较本经与《提谓波利经》《阿育王息坏目因缘经》《大般涅槃经》《十地经论》的内容，指出了它们间的密切关系，并结合"师公""阿魔"等特殊用词的使用情况，判断本经作于6世纪中叶（张2016）。曹玲在归纳世界各地的敦煌写本后，确认至今为止共有53件《善恶因果经》（曹2010）。

② 森安1986：225—227. 粟特语文本参见 Gauthiot and Pelliot 1920-1928 与 MacKenzie 1970。任小波发表了敦煌出土藏文写本的校订文本（任2016）。萨仁高娃、陈玉通过比较藏文敦煌写本与汉文文本，指出释迦光（Śākya 'od）所译的藏文本的母本应为梵文本（萨仁高娃，陈2009：104—108），任小光则认为藏文本应源自汉文（任2012）。

③ 牧田1972（2014）：(386-387).

况，指出回鹘人知晓《善恶因果经》的存在①。

森安、茨默两位的研究，使人预想到《善恶因果经》在回鹘人间的流传，然回鹘语译本的存在未获确认。不过，笔者近期在俄罗斯科学院东方文献研究所收藏的回鹘文写本中找到了《善恶因果经》写本。

本文首先对回鹘文进行转写、翻译与注释，然后对蒙文本（阪大本）和回鹘文本进行比较，并讨论森安孝夫"蒙文本（阪大本）为回鹘文本底本"之假说是否成立。

一、回鹘文《善恶因果经》的文本与翻译

本文所研究的回鹘文《善恶因果经》现藏俄罗斯科学院东方文献研究所，编号 SI 1749，原编号 SI Kr II 14/1，是沙俄驻乌鲁木齐总领事克罗特科夫（N. N. Krotkov，1869—1919）的收藏品。虽然不清楚明确的出土地点，但应该和其他回鹘语写本藏品一样出土于吐鲁番地区。

如文末所附图版所示，此写本为贝叶式，保存基本完整，尺寸 20×44.7 cm，两面书写，每面各 25 行，无上下界限。

下文中，左侧为回鹘文转写与译文，右侧为《大正藏》所收汉文的对应部分（T. 85，No. 2881，1380b17—24）。关于残存回鹘文对应的汉文，在与保存该部分的其他敦煌写本②核对后，发现除了经题外基本相同。

---

① Zieme 2009：389-392. 但茨默指出其中引用的经文并非来自《善恶因果经》，而来自《佛说轮转五道罪福报应经》。

② P. 2055，P. 2922，S. 4911，S. 4978，S. 5458，S. 5602，S. 6311，S. 6960.

凡例

////　　破损处

（abc）　未被标记的音素

［abc］　破损处复原的文字

abc　　欠缺的部分文字

<u>abc</u>　　朱字

, ,　　　句读点

◎　　　装订孔

转写与翻译

正面①

(1) 01 <u>namo but namo d(a)rm namo saŋ</u>　　　　　南无佛 南无法　南无僧

(2) 02 t(ä)ŋri t(ä)ŋrisi burxan y(a)rlïqamïš ädgü-li　　佛说善
　　　天中天佛曾讲的"对善与

(3) 03 ayïγ-lï iki türlüg qïlïnč tüš-in　　　　　　　　恶因果
　　　恶两种行为的果报

(4) 04 <u>nomlamaq sudur nom bitig bir tägzinč</u>　　　经
　　　进行讲解的经典"一卷。

(5) 05 ančulayu ärür , , ◎ mäniŋ äšidtüküm　　　　如是我闻
　　　下面是我所听到的

(6) 06 bar ärti , , ◎ bir üdün　　　　　　　　　　　一时
　　　事情。某时，

---

① 写本右栏外用另一种笔迹写有 bo ärdini nom "此宝之教"。

（7）07 bo üč qat ◎ yertinčü yer
　　　　作为此三界世界大地

（8）08 suv-nung umuγï ïnaγï atï kötrülmiš　　　　　　佛在
　　　　皈依处的世尊、

（9）09 ayaγ-qa tägimlig tükäl bilgä t(ä)ŋri
　　　　应供、一切智、天中

（10）10 t(ä)ŋrisi burxan az-sïz qïz-sïz sïqïγsïz
　　　　天佛陀，在无贪、无不足、无压抑、

（11）11 qavrïqsïz yaγïsïz böri-siz ig-siz kigän
　　　　无苦、无敌、无狼、无

（12）12 -siz bay barïmlïγ qutruldačï tïnlγ-larïn
　　　　疾病，在如丰饶、被救赎的众生

（13）13 tïqmïš täg tolu tükäl qutluγ-ta qutluγ
　　　　充盈其中那样的、拥有福德中之福德

（14）14 šravast balïq-qa yaqïn čit tegin　　　　　　舍卫国
　　　　的舍卫城附近，在祇陀太子

（15）15 -niŋ yemiš-likintä bir kün bešär yüz
　　　　果树园中，某一天给五百个

（16）16 umuγ-suz ïnaγ-sïz irinč yarlïγ tïnlγ-larïγ
　　　　无依无靠的可怜的贫穷的众生

（17）17 aš yumγaq bušï bergüči , , anatapintaki　　　　只树给孤独园。
　　　　布施饭团的名为给孤独

（18）18 atlγ bayaγut amanč yaratmïš čitavan
　　　　的长者所作的、名为祇多园

新发现《佛说善恶因果经》回鹘文译本 | 275

(19) 19 atlγ ïduq qutluγ s(a)ŋram-ta y(a)rlïqayur
　　　的、具有福德的僧伽蓝里。

(20) 20[är]ti,, taqï ymä ülgüsüz üküš bodistv 尔时，世尊与无量菩萨
　　　并且同无穷多的菩萨

(21) 21[-lar,, a]l[q]u aqïγ-lar-ïγ alqmïš
　　　们，奉献一切有漏的

(22) 22 arxant-lar,,　　,,　　,,
　　　阿罗汉们，

(23) 23 t(ä)ŋri-li yal(a)ŋuq-lï sansïz üküš　　人天大众围绕
　　　天，人，无数的

(24) 24 uluγ tirin quvraγ-lar-ïγ tägrig
　　　大众聚拢

(25) 25 -läp k(ä)ntü tükäl bilgä biliglig
　　　过来，自身为一切智者、

背面

(26) 00 baš[tïnqï?]

(27) 01 t(ä)ŋri t(ä)ŋrisi burxan ol qamaγ quvraγ
　　　天中天佛，于全体会者

(28) 02 arasïnta arslan-lïγ örgün üzä
　　　中、在金刚狮子座上

(29) 03 oluru y(a)rlïqap,, br(a)xmasvar ïduq qulqaq
　　　就坐，为成为梵音这一神圣的耳

(30) 04 -lar-nïŋ rasayanï bolmïš üčün,,　　,,

之灵药

(31) 05 nom nomlayur ◎ ärti ,, ,, 说法，一心静听。
而说法

(32) 06 anta ötrü ◎ öz iltindäči 尔时，
然后，身为具寿、

(33) 07 ayaɣ-qa tägim ◎ -lig tözün
应供、尊者的

(34) 08 anant toyïn imrärigmä qamaɣ t(ï)nlɣ-lar 阿难为众生
阿难道人为了周围的一切众生，

(35) 09 üčün ,, olurmïš ornïntïn yoqaru turup 故，
从所坐的座位上起身

(36) 10 tiz-ig čökitip eligin① qavšurup
下跪合掌，

(37) 11 tükäl bilgä t(ä)ŋri t(ä)ŋrisi burxan
向一切智者、天之天佛

(38) 12 -qa ïnča tep ötüg ötünti ,, ,, 而白佛言
询问了下述内容：

(39) 13 ančulayu kälmiš atï kötrülmiš umuɣ ïnaɣ 世尊
"如来、世尊，皈依处

(40) 14 t(ä)ŋrim ,, ,,
的我的天啊，

(41) 15 m(ä)n amtï körü täginür-m(ä)n bo yertinčü 今见世间等

---

① eligin 中斜体字母 -l- 为原文缺笔，今补。

我现今见到，这个世界上

（42）16 -täki kiši yalaŋuq-larïγ bir töz-lüg

的人们都是同一种

（43）17 uruγ-luγ① oqšatï kiši-lär ol ,, yana ol　　同一种生

族的同类人。而且这些

（44）18 yalaŋuq-lar arasïnta antaγ körklüg　　在人中，

人中，有相貌

（45）19 mäŋiz-lig-lär bar antaγ körksüz ,, ,,　　有好有丑。

美丽者，有相貌丑陋

（46）20 bar antaγ ymä yavïz ärklig bar ,,　　有强有弱。

者；有弱者，也有强者；

（47）21 antaγ yoq čïγay bay barïmlïγ ,, antaγ ba[r]　　有贫有富。

有贫穷者，有富裕者；有

（48）22 ämgäk-lig mäŋi-lig ,, bar antaγ ayaγ　　有苦有乐。

痛苦者，有快乐者；有

（49）23 -lïγ čiltäg-lig yeg üstünki ,, ,,　　有贵

显贵的最上乘者，

（50）24 taqï ymä bar qod[ïq]ï yavïz ün ägzig　　有贱，音声

也有下贱者。声音

（51）25 -lär ,, ymä bir täk ärmäz ,, sav-larï söz　不同，言语[殊方]。

也不同，语言

---

① uUruγ "种，种族"，原误写为 'wlwq，今改。

注：

（2—4）**ädgüli ayïγlï iki türlüg qïlïnč tüš-in nomlamaq sudur nom bitig bir tägzinč**：本经的回鹘文经题。直译为"对善与恶两种行为的果报进行讲解的经典，一卷"。"因果"一词在回鹘语中的固定译法为 tïltaγ tüš。另外，本句中 bir tägzinč 也明确对应了 P. 2922 中"佛说善恶因果经一卷"中的"一卷"。

（5—6）**mäniŋ äšidtüküm bar ärti**：如是我闻。回鹘文一般逐字译为"ančulayu ärür mäniŋ äšidmišim"，本处语序有变化（译注：即"我闻如是"）。

（7—10）**bo üč qat yertinčü yer suv-nung**：üč qat yertinč 直译为"三层世界"，应指佛教世界观中的"三界"，即欲界、色界、无色界。但回鹘语中，"三界"的固定译法为 üč uγuš。

（10—14）**az-sïz qïz-sïz sïqïγsïz qavrïq-sïz yaγïsïz böri-siz ig-siz kigän-siz bay barïmlïγ qutruldačï tïnlγ-larïn sïγmïš täg tolu tükäl qutluγ-ta qutluγ šravast balïq**"天佛陀，在无贪、无不足、无压抑、无苦、无敌、无狼、无疾病、在丰饶、被救赎的众生充盈其中那样的、拥有福德中之福德的舍卫城"。az-siz 除了"无贪"外，还有"无缺"之意。如果选择后者，则其意应结合后词 qïz-sïz 理解为"无缺无少"。

汉文原典中仅有"舍卫城"三字，而本经的 šravast balïq"舍卫城"却增加了大量修饰语。想来译者应该是根据词源本义翻译了舍卫城（śrāvastī），可参考"室罗筏：下音伐。梵语西域国名也。具足应云室罗筏悉底，此翻为丰德。或曰闻物，即旧云舍卫国也"（《续一切经音义》卷二，T. 54, No. 2129, 938c24），以及"正梵音云室罗筏悉底，此云丰德，一具财宝，二妙欲境，三饶多闻，四丰解脱，故以名焉，今言舍卫"(《金刚般若经疏》，T. 85, No. 2741, 151a21–23)。

根据这些记载，舍卫室罗筏悉底［Uig. šravast < Toch. A/B śrāvasti (?) < Skt. śrāvastī］意为"丰德"，包含"财宝""妙境""饶多闻""丰解脱"等意。本经的表述与这些史料完全一致，反映了译者是知晓这种行文方式的。

（14—15）**čit tegin-niŋ yemiš-likintä**："祇陀太子的园林"，即"祇陀林""祇树"［Uig. čit（< Toch. ）< Skt. jeta］。

（15—18）**beš yüz umuɣ- sïz ïnaɣ- sïz irinč yarlïɣ tïnlɣ- larïɣ aš yumɣaq bušï bergüči anatapindaki atlɣ bayaɣut amanč**："给五百个无依无靠的、可怜的、贫穷的众生布施饭团的名为给孤独的长者"。给孤独长者布施五百优婆塞一事，记录在以中阿含经为首的许多佛经中。但没有布施食物的记载。

（17）**aš yumɣaq**："球形的"（ED：936），此处应理解为"饭团"。给孤独（Skt. anāthapiṇḍada, anāthapiṇḍika）的 piṇḍada 指的就是"球形物体"。《翻译名义集》中也有"阿那他（anātha）云无依，亦名孤独，摈荼陀（piṇḍada）此云团施，好施孤独，因以为名"（T. 54, No. 2131, 1083c10-11）的记载。本处插入须达长者（给孤独长者）向穷人布施球状食物一事的行文方式，和前文中根据词源本义翻译"舍卫城"的方法一致。

（17）**anatapintaki**：< Toch. A/B anāthapiṇḍake < Skt. anāthapiṇḍika "给孤独长者"。

（18）**čitavan**：< Toch. A/B jetavaṃ < Skt. jetavana "祇陀林"。

（18）**amanč**：< Toch. A/B āmāś / amāc < Skt. amātya "大臣；长者"。

（21—22）**aqïɣ-larïɣ alqmïš arxant-lar**："奉献一切有漏的阿罗汉们"。汉文原典中无。

（28）**arslan-lïɣ örgün**：Skt. siṃhāsana。汉文原典中无。

（29）**br(a)xmasvar**：< Toch. A/B brahmaswar < Skt. brahmasvara "梵音"，指代佛陀说法。汉文原典中无。

（30）**rasayanï**：(< Toch.) < Skt. rasāyana "灵药，妙药"。回鹘语佛典中常用来喻指 nom "法"，例如 nomluɣ rasayan（BT XII：117）。汉文原典中无。

（31）**nom nomlayur ärti**："说法"。但后文中无 "一心静听" 的对应部分。

（32—34）**öz iltindäči ayaɣ-qa tägim-lig tözün anant**："身为具寿、应供、尊者的阿难"。汉文原典中仅有 "阿难"，本处增加了 öz iltindäči "具寿（Skt. āyuṣmat）"、ayaɣqa tägimlig "应供（Skt. arhar）"、tözün "尊者" 等修饰语。

（34）**toyïn**：本处释读感谢茨默先生的帮助。前词 anant 词尾的-t 尾部甩笔很长，toyïn 的 t-应该与前行 tägimlig 的 t-比较。

（39—40）**ančulayu kälmiš atï kötrülmiš umuɣ ïnaɣ t(ä)ŋrim**："如来、世尊、皈依处的我的天啊"。汉文原典的 "世尊" 在回鹘语中的固定译法为 atï kötrülmiš。本处则添加了 ančulayu kälmiš "如来"、umuɣ ïnaɣ "皈依处"。

（46）**yavïz ärklig**：yavïz "恶的"。对应的应该是第 50 行的 "贱"，但笔者认为本处的意思应该是 "弱"。ärklig 在原文中是 'RYK(L)YK，词中的-Y-是笔误。

（50）**qod[ïq]ï yavïz**："下贱者"。对应汉文原典的 "有贱"。

（51）**bir täk**："相同"。原文 T'K 有 täk"不过；仅"与 täg"如同……一样"两种转写，庄垣内 2003：663 中采取了 täk，BT XXV：350 采取了 täg，笔者采用庄垣内的观点。

二、与蒙文《佛说善恶因果经》（阪大本）的关系

在开头介绍的森安孝夫论文（森安 1986）中，他通过校订汉文、粟特文、藏文、蒙文本，明确了《善恶因果经》版本系统。其中粟特文、藏文本的校订委托其他专家，他自己亲自校订了汉文本（敦煌写本）和蒙文本。虽然离完全明确《善恶因果经》版本系统尚有距离，但考虑到本文介绍的回鹘文本可助力这项工作，故考察了回鹘文本和蒙文本的关系，希望能对森安先生的工作有所帮助。

森安认为，蒙文《善恶因果经》中存在3种版本，分别是大藏经收录的2种（Ligeti Catalogue Nos. 1118, 1119）与阪大本[1]。前2种据推测为译自藏文大藏经的两部经，而阪大本与它们毫无关系。并且在（森安 1986）中，发现蒙文大藏经收录的2个写本中的佛教用语大都来自梵文音译或藏文直译，进而认为阪大本使用的佛教用语来自回鹘文，文中森安举的例子是阪大本开头部分的"菩萨""给孤独长者""祇陀太子""给树给孤独园"等词汇。这与本文研究的 SI 1749 号写本开头部分相对应，使得验证森安的举例成为可能。下文表1是对比结果，为了便于表述，森安从其他回鹘语佛典中推测出的回鹘语词在表

---

[1] 蒙文《善恶因果经》写本是第三次大谷探险队队员吉川小一郎的旧藏品，共10叶，大阪大学购入8叶，鹤见大学与个人各收藏1叶（《第131回贵重书画展 鹤见大学图书馆所藏贵重书展》，鹤见大学图书馆，2012年）。鹤见大学图书馆贵重书展的解说里，"粟特语"和"吉川幸次郎旧藏本"的说法是错的。

中记为"森安推定"①。

表1中列举的回鹘文《善恶因果经》中的佛教用语，大都是森安所推测的形式。笔者认为这一情况可以佐证森安的设想，即阪大本翻译自回鹘文本。

但是，本文所采用的SI 1749号写本的回鹘文本，和阪大本蒙文本有不少差异，因此SI 1749号文本难以想象是阪大本的直接来源。

首先，来比较经题《佛说善恶因果经》的译法：

阪大本：qutuγ-tu sayin ba maγui kiged：gem yerü(n)deg-ün siltaγan ba ači ür-e-yi üjügülküi neretü sudur"名为讲解神圣的善与恶、惩治罪恶的因和果之经"。

SI 1749：t(ä)ŋri t(ä)ŋrisi burxan y(a)rlïqamïš ädgüli ayïγlï iki türlüg qïlïnč tüš-in nomlamaq sudur nom bitig bir tägzinč"对善与恶两种行为的果报进行讲解的经典一卷"。

阪大本开头的qutuγ-tu"神圣的"，翻译自梵语 ārya 与藏语'phags pa，用于佛经的经题，尚未发现对应的回鹘文。另外，与阪大本"善恶、削罪的因与果"相对应的回鹘文"善与恶两种行为的果报"一句中，词汇"因"脱落②，尚不清楚是否为漏笔。

---

① 森安先生曾制作了阪大本蒙古语文本的笔记，笔者有幸得到了参考许可，在此向森安先生表达感谢。有关文中蒙文解释的内容，完全由笔者负责。

② 回鹘语中"因"一般译为 tïltaγ。

表 1　《善恶因果经》佛教用语对照表

汉文	梵文	阪大本	回鹘文（SI 1749）	森安 1986 推定
菩萨	bodhisattva	bodistv	bodistv	bodistv
给孤独长者	anāthapiṇḍika	anaadabindeki bayan	anatapintaki atlγ bayaγut amanč	anaadapindaki
祇陀太子	jeta	čid taki kübegün①	čit tegin	čit tigin
舍卫城②	śrāvastī	š[ir]avast balγasun	šravast balïq	š(ir)avast balïq
祇树	jetavana	čit taki kübegün-ü jimišlig	čit tegin-niŋ yemiš-lik	čit tigin-niŋ yimišliki čitavan saŋram

然后，从讨论词源本义层面进行补充说明的回鹘文（参见本文页下注），这些都没有出现在阪大本中。以"舍卫国"为例，阪大本第1叶第9—10行中的表述仅为 š[ir]avast balγasun"舍卫国"，而回鹘文中则表述为"无贪、无不足、无压抑、无苦、无敌、无狼、无疾病、在如丰饶、被救赎的众生充盈其中那样的、拥有福德中之福德的舍卫城"。还有"说法一心静听"，阪大本第1叶第16—18行中的表述为 ni-

---

① 阪大本中原文为 čid-deki kübegün = ČYT D'KY KWB'KWN，直译为"在祇陀的太子"（森安 1986: 229），但其中插入的后置词 -taki (~ -daki) = -D'KY"在……"很难得到合理解释。另一方面，对应的回鹘语 čit tegin = ČYT TYKYN"祇陀太子"，在 SI 1749 号写本中找到了例证。这里的 tegin = TYKYN (~ T'KYN)"太子，王子"，和蒙古语的后缀 –taki ~ –daki = D'KY ~ T'KY 相似，有可能是传抄过程中的误解。这个推测成立的话，可以成为阪大本《善恶因果经》译自回鹘文本的一大力证。

② 关于这个词，森安把它放在"祇树给孤独园"的译文中一并介绍（森安 1982: 229），但考虑到"舍卫城"这一固有名词的重要性，本文将其单独摘出。

gen üjügür-tü sedkil-iyer nom-i sonusγči nom-un udq-a üjügül-ün jokiyanbai "向全部一心听法者宣讲此法内容",基本与汉文原典对应。回鹘文中使用了"天中天佛,于全体会者中、在金刚师子座上就坐,为成为梵音这一神圣的耳之灵药而说法"这一完全不同的表述。仅凭这些表述上的差异,便足以认为它们之间没有直接的传承、翻译关系。

那么,应该如何理解阪大本中回鹘文要素呢? 本文在此提出以下两种可能:第一,存在其他像本文介绍的 SI 1749 号写本一样的回鹘文写本,并且被阪大本参照。如此一来,我们只能期待在未来发现它了;第二,阪大本在翻译时,可能参考了回鹘语以外的语种,如汉语、藏语等版本的《善恶因果经》。这个想法受启发于策·达木丁苏荣（Ts. Damdinsüren, 1908—1986）介绍的蒙文《金光明最胜王经》题跋,该写本发现于乌兰巴托的 Janraiseg 寺,经文同《甘珠尔》29 章本一致[1]。跋文内容如下:

萨迦派的僧人 Šes-rab seṅ-ge,把藏文和回鹘文翻译成蒙文。(藏语的?) 佛和菩萨的名字不适应蒙古语发音,因此按照回鹘的方法印度语化了。并且和 Puṇyaśrī situ (笔者注:霏那室利司徒)[2]一道,结合印度语音、藏语音、回鹘语音的记录,准确无误地确定了字音和字意[3]。

跋文中表示,校订时除回鹘语文本外,还使用了藏语、梵语等版

---

[1] Damdinsüren 1979: 44.

[2] 可能和把密续从藏文翻译成回鹘语的 puny-a-širi 是同一人。BT VII: 46. cf. 庄垣内 1990: 159. situ 应该是"司徒"的回鹘语音译。

[3] 庄垣内 1990: 159. 另外,在《五护陀罗尼(Pañcarakṣā)》题记中也有相同记录(庄垣内 1990: 159)。参见俄罗斯科学院东方学研究所圣彼得堡分所收藏的 2 个回鹘文《五护陀罗尼》版本残篇,收录于 Radloff 1928: Nr. 60, Nr. 103. (Elverskog 1997: 55-56)。另外,在柏林科学院吐鲁番研究所所藏资料《五护陀罗尼》的版本与写本残篇中也能确认这一点(Zieme 2005)。

本，并且固有名词用了回鹘式梵语。实际上，在 šes-rab seṅ-ge 翻译的蒙文《方广大庄严经（Lalitavistara）》中，包含许多回鹘语式梵语词汇。这些词汇已有鲍培（N. Poppe）、李盖提（L. Ligeti）、庄垣内正弘、卡拉（G. Kara）、山口周子等学者的研究，尤其是庄垣内解明了词汇中的规律性[①]。据此，庄垣内推测 šes-rab seṅ-ge 是一个通晓回鹘佛教用语之梵语词源的藏族人[②]。

如果《善恶因果经》的翻译过程和蒙文《金光明最胜王经》一样，本文所介绍的回鹘文本就有可能是底本之一。在这种情况下，可以认为译者只使用了源于梵语的佛教用语，并没有采用解释性文字部分。实际上，如果回鹘文本真的用于校对，这将成为仅次于《佛说北斗七星延命经》的宝贵事例，而后者明显是回鹘文译为蒙文的[③]。

结语

SI 1749 号写本虽然仅保存下来 1 叶，但它毫无疑问是关于回鹘佛典内在特征和蒙古佛典传译这两个重要问题的重要资料。

所谓内在特征，指的是汉文原典中不存在的补足语。它们全是对固有名词的梵语来源进行词源性解释（参考 šravast "舍卫城"、anatapintaki "给孤独长者"的注释），对理解佛经内容没什么用处。这种自由的补充方式，常见于以《天地八阳神咒经》为首的一系列回鹘文佛典中[④]。在本经中，即使是以汉文佛典为底本，译者也没有逐句翻译，

[①] Ligeti 1974, 庄垣内 1990, Shōgaito 1991, Shōgaito 2003, Kara 2001, 山口 2013.

[②] Shōgaito 2003: 121-122. 山口 2013: 74-79 也持有相同观点。

[③] 现存写于 17—18 世纪的蒙文《佛说北斗七星延命经》，被认为有很大可能是回鹘僧人般若室利（Skt. Prajñāśrī > Uig. Pratyaširi-Chin. 般若室利）根据回鹘文本翻译而来（松川 2004）。

[④] 小田 1978；小田 2010.

而是在适当处添加了解释性文字。而回鹘佛典这种写作偏好的原因，仍需要结合其他事例进行综合判断。

另一方面，关于与蒙文《善恶因果经》的关系，虽然本文未得出明确结论，但收获了一定程度的见解：可以得知从回鹘文佛典翻译过来的蒙文佛典至少有2种类型，即《佛说北斗七星延命经》这种全文译自回鹘语的类型，与参照源自梵语的回鹘语佛教用语的类型。

阪大本《善恶因果经》的翻译方法如果是后者，则SI 1749号回鹘文写本就有可能是其母本之一。关于这一点，在其跋文中明确记载参考了源自梵语的回鹘语佛教用语，并且有必要同回鹘文本和蒙文本俱存的《金光明最胜王经》和《五护陀罗尼》中的佛教用语进行比较。

参考文献

1. BT VII = Kara, Georg and Zieme, Peter, Fragmente tantrischer Werke in uigruischer Übersetzung (Berliner Turfantexte VII), Berlin, 1976.

2. BT XIII = Zieme, Peter. Buddistische Stabreimdichtungen der Uiguren (Berliner Turfantexte XIII), Berlin, 1985.

3. 曹凌：《中国佛教疑伪经综录》，上海：上海古籍出版社，2011年。

4. Carling, Gerd, A Dictionary and Thesaurus of Tocharian A, Vol. 1: Letters a-j., Wiesbaden. 2008.

5. Damdinsüren, Ts., Two Mongolian Colophons to the Suvarṇaprabhāsottama-Sūtra, in: Acta Orientalia Academiae Scientiarum Hungaricae 33(1), 1979: 39-58.

6. ED = Clauson, Sir Gerard, An Etymological Dictionary of Pre-Thirteenth-Century Turkish. Oxford, 1972.

7. Elverskog, Johan, Uygur Buddhist Literature (Silk Road Studies I). Turnhout, 1997.

8. Gauthiot, Robert and Pelliot, Paul, Le Sûtra des causes et effets, 2 vols. Paris, 1920-1928.

9. IOM RAS = St. Petersburg Institute of Oriental Manuscripts, Russian Academy of Science.

10. Kara, György, Late Mediaeval Turkic Elements in Mongolian, in: L. Bazin and P. Zieme (eds.), De Dunhuang à Istanbul: Hommage à James Russell Hamilton (Silk Road Studies V), Turnhout, 2001: 73-119.

11. Ligeti Catalogue = Ligeti, Louis. Catalogue du Kanjur Mongol imprimé, I: Catalogue (Bibliotheca Orientalis Hungarica III). Budapest, 1943-1944.

12. Ligeti, Louis, Les douze actes du bouddha (Monumenta Linguae Mongolicae Collecta V). Budapest, 1974.

13. MacKenzie, David Neil, The 'Sūtra of the Causes and Effects of Actions' in Sogdian, London, 1970.

14. 牧田谛亮:《善悪因果経について》,《疑経研究》京都大学人文科学研究, 1976年。(《牧田諦亮著作集 第一巻 疑経研究》, 临川书店, 2014年, 第379—387页に再録)。

15. 松川节:《モンゴル語訳〈佛説北斗七星延命經〉に残存するウイグル的要素》, 森安孝夫 (编):《中央アジア出土文物論叢》, 朋友书店, 2004年, 第85—92页。

16. 森安孝夫:《〈善悪因果経〉の流通とその史的背景》,《三岛海云记念财团事业报告书》第23期, 1986年, 第225—231页。

17. 小田寿典:《トルコ語本八陽經写本の系譜と宗教思想問題》,《东方学》55, 1978年, 第104—118页。

18. 小田寿典:《仏説天地八陽神呪経一巻 トルコ語訳の研究》, 法藏館, 2010年。

19. Poppe, Nicholas, The Twelve Deeds of Buddha: A Mongolian Version of the Lalitavistara. Wiesbaden, 1967.

20. Radloff, Friedlich Wilhelm, Uigurische Sprachdenkmäler. Ed. by S. Malov. Leningrad, 1928.

21. 任小波:《敦煌 ITJ687 号法成〈业报要说〉残本新译:兼论

〈善恶因果经〉的藏译者释迦光的身份问题》，沈卫荣（编）：《文本中的历史：藏传佛教在西域和中原的传播》，北京：中国藏学出版社，2012年，第33—35页。

22. 任小波：《藏译〈善恶因果经〉对勘与研究导论》，沈卫荣（编）：《大喜乐与大圆满：庆祝谈锡永先生八十华诞汉藏佛学研究论集》，北京：中国藏学出版社，2014年，第130—143页。

23. 任小波：《吐蕃时期藏译汉传佛典〈善恶因果经〉对勘与研究》，北京：中国藏学出版社．2016年。

24. 萨仁高娃、陈玉：《藏文〈佛说善恶因果经〉研究》，《中国藏学》2009年第3期，第104—108页。

25. 庄垣内正弘：《古代ウイグル語におけるインド来源借用語彙の導入経路について》，《アジア・アフリカ言語文化研究》第15期，1978年，第79—110页。

26. 庄垣内正弘：《モンゴル語仏典中のウイグル語仏教用語について》，崎山理・佐藤昭裕・青木正博（编）：《アジアの諸言語と一般言語学》，三省堂，1990年，第157—174页。

27. Shōgaito, Masahiro, On Uighur Elements in Buddhist Mongolian Texts, in: Memoirs of the Research Department of the Toyo Bunko 49, 1991: 27-49.

28. Shōgaito, Masahiro, Uighur Influence on Indian Words in Mongolian Buddhist Texts, in: K. Röhrborn (ed.), Indien und Zentralasien (Veröffentlichungen der Societas Uralo-Altaica Band 61), Wiesbaden, 2003: 119-143.

29. T.＝高楠顺次郎、渡边海旭、小野玄妙：《大正新脩大藏经》，大藏出版，1924—1934年。

30. BT XXV = Wilkens, Jens. 2007. Das Buch von der Sündentilgung: Edition des alttürkisch-buddhistischen Kšanti Kılguluk Nom Bitig (Berliner Turfantexte XXV), Turnhouot.

31. 山口周子：《〈仏の物語〉の伝承と変容：草原の国と日出ずる国へ》，京都大学学术出版会，2013年。

32. Yoshida, Yutaka, Buddhist Literature in Sogdian, in: R. E. Emmerick and M. Machuch (eds.), The Literature of Pre-Islamic Iran, London, 2009: 288-329.

33. 张小艳：《汉文〈善恶因果经〉研究》，《敦煌吐鲁番研究》2016年第16期，第59—88页。

34. Zieme, Peter, Uigurische Fragmente aus der Pañcarakṣā, in: S. Grivelet et al. (eds.), The Black Master: Essays on Central Eurasia in Honor of György Kara on His 70th Birthday, Wiesbaden, 2005: 151-164.

35. Zieme, Peter, Auf den Spuren der altuigurischen Version des 'Sūtra der Ursachen und Wirkungen' (Shan'e yinguo jing), in: Acta Orientalia Academiae Scientiarum Hungaricae 62(4), 2009: 387-393.

［原载于《内陸アジア言語の研究》第32辑，丰中：中央ユーラシア学研究会，2017年，第33—48页。日语。本稿受JSPS科研经费（JP15K02049，JP17H02401）支持。］

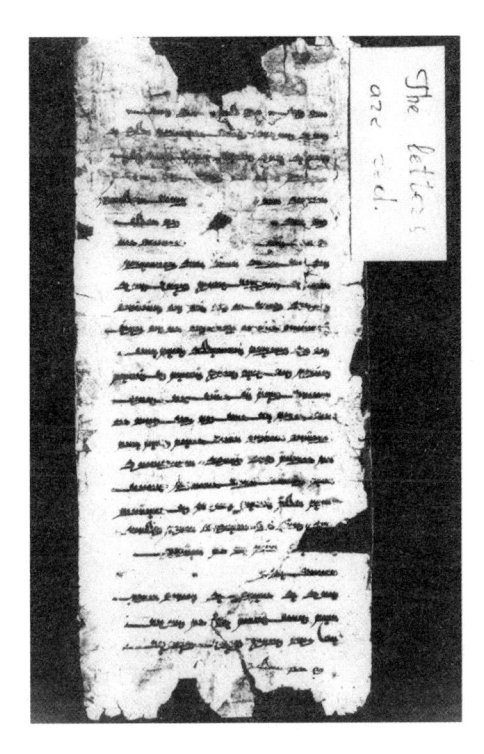

新发现《佛说善恶因果经》回鹘文译本 | 291

SI 1749 Recto©IOM RAS and Tōyō Bunko

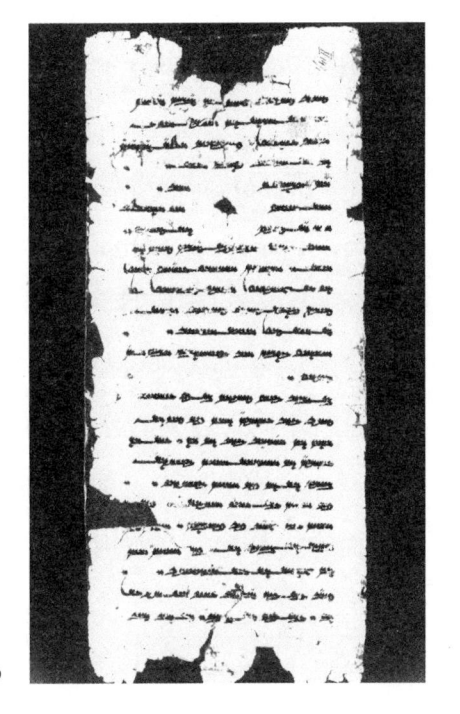

SI 1749 Verso ©IOM RAS and Tōyō Bunko

对回鹘文世俗文书释读的部分补充

Л.Ю.吐古舍娃（Лилия Юсуфжановна Тугушева） 著

何瑾 译，吐送江·依明 校对

下列文献为1928年拉德洛夫（Радлов）辑录和刊布的回鹘文世俗文书中的一部分[①]。尽管此后50年，又发现了不少新材料，但之前的材料仍然受到高度的重视。如今学者们不遗余力地翻阅材料，对其进行全面的分析，确认并挖掘文本材料中的细节要素，并且从中提取出关键信息。

本文所提供的文书资料来自克罗特科夫（Кротков）(3 Kr 31a，3 Kr 32b，3 Kr 33a) 和格留恩维捷利亚（Грюнведеля）(B 36) 的收藏（图43—图46）。苏联科学院东方研究所列宁格勒分院保存的手稿资料使研究者能够再次对这些文件进行研究，对之前的解读进行修正，对文本进行不同于过去的分类与释读。

例如，在B36中，第5—6行中之前未识别出的ät"肉"这个单词，而这实是挖掘文本内涵的关键。本文在对其他文件进行释读时也

[①] 请参见Usp．Ж36，ИГ，112，120。

会作出类似的修正。

文书日期采用了十二生肖纪年法。鉴于此，实际上这些文书相当于没有直接标明日期，其编纂时间只能间接根据资料进行大致确定。克罗特科夫收藏的写本在笔迹、印章和语言特征方面属于同一类型。无法排除的是，在 3 Kr 31a，2，5，7—8 和 3 Kr 33a，2—3.7 这两个文书中，巴萨脱忽憐（basa toγrïl）指代的是一个人。由此可得出结论，这些文书是同一代人在同样的环境中写成的，在时间和地点上都是统一的。

在文书 3 Kr 33a 中，yasa 一词被释读为"法律""法条"。在大蒙古国时期这个词在日常生活中得以传播使用的时间不早于 13 世纪，可作为确定文件编纂时间的标志之一。

文书语言严格遵循高昌回鹘语的规范，不包含"新语言"（晚期回鹘语）的特征（如宾格用 -ni//-ni，动词条件式用 -sa//-sä 表示），若语言出现了改变，则意味着受到了邻近方言或时代发展的影响。可见，文献编纂于回鹘语并未受到西部方言"毁灭性"影响的时期，这种影响出现在相对更晚的历史阶段。根据这些特征，我们推测文件的编纂时间不早于 10 世纪下半叶至 11 世纪初期。

这些已刊布文书的格式不符合已知公文格式（回鹘文借贷契约的固定格式）。文书内容（包括债主向一群借款人追还债务，兄弟间支付关系的终止，畜牧主财产的流动记录，借款人对债主的义务）也并不典型。这些文书的特殊性取决于：它们不是在交易时按规定模板起草的"元"文件（元契），文献反映出一种"间接性"特征。当时的交易情景似乎是自发的，似乎是前期沟通的必然结果，因此交易文书也不可能采用绝对统一的表述形式。它们更加直接地反映了事实状况和语言现象（3KR31A 号文献提及了村落和中间人信息，这个中间人享有该村落村民财产的权利。提及这些信息不仅顺应了模式化语言，还反映了当时物权所有的现实状况）。

从另一份同样作为间接材料内容的文书（3 Kr 32b）来看，如债务清偿违反了约定的偿还日期，可延期偿还，但须支付适当比例的利息等。无论如何，了解这些文献增加了我们对回鹘人社会生活的认识，了解到他们生活中哪些事件值得关注，有些甚至重要到须以官方文书的形式记载下来。

一、原文转写与翻译

原文转写：

3 Kr 31a，USp 112

1.qoy(ï)n yïl čaxšap(a)t ay y(ä)g(i)rmi-gä män yuqa

2.basa toγrïl-niŋ sävig bört bil/.../

3.ki čam-lïγ ädgü qurturul-mïš(？) olar bilä

4.bidig qïlïp birmiš asïγ-lïγ kümüš

5./tin/ basa toγrïl-niŋ bašïn-γ täg

6.miš säkiz satïr kümüšüg män yuqa

7.altïm öŋ bitigin-tinuru(？)basa toγrïl

8.qa čamlïm yoq öski on-luγ-larïnta

9.čamïm üsülmäyür/mä/ŋä öŋ bitigin

10.birmätin tanuq tomtur(？) tanuq bolat

11.bu tamγa män yuqa-nïŋ ol

译文：

羊年誓言月（第十二个月），二十/号/，我的诉讼，岳卡（yuqa）

的/.../成功结束（？）与巴萨脱忽憐（basa toɣrïl）和瑟维格·哺尔特（sävig bört）的官司/。与他们签订了文件之后，我用银子连本带息给他们，我，岳卡（yuqa），拿到了巴萨脱忽怜（basa toɣrïl）应付给我的8两（satïr）银币。在（？）/起草/证明后，我不会对巴萨脱忽怜（basa toɣrïl）提出任何要求，在证明给我前对社区的10/户/，会有要求。证人托木吐尔（tomtur）。证人博拉特（bolat）。我的印章，岳卡（yuqa）的印章。

原文转写：

3 Kr 32b，USp 120

1./b/ičin yïl onunč ay altï y（ä）g（i）rmigä. m（ä）n inäči. alp toɣrïl-qa tutar yiti

2./k/üri üɥr-ni. abam k（a）imiš-tä alp toɣrïl-qa yiti kuri üɥr köni birgül

3.tisär. m（ä）n inäči qoy（ï）n yïl-tïnbärü/tüši/birlä köni birürm（ä）n abam/.../

4.birgü ärmäz tisär. m（ä）n inäči čamsïz tutar-m（ä）n. tanuq tomdur bu tamɣa m（ä）n/iŋ ol/

译文：

猴年，10月16日，我，亦涅赤（inäči），如说："将来按约定归还阿力普脱忽怜（alp toɣrïl）七斗黍米"，则为阿力普脱忽怜（alp toɣrïl）储存七斗黍米，带利息，从羊年开始。如果/……/说，不必归还，我，亦涅赤（inäči），我将留下它们，不做争论。托木吐尔（tomdur）。这个印章是我的。

原文转写：

3 Kr 33a，USp 111

1. toŋuz yïl onunč ay altï y(ä)g(i)rmi

2. gä m(ä)n oz-mïš toɣrïl inim basa

3. toɣrïl bil(ä)ki alïš biriš tïltaɣ

4. ïnta qïtay yalavač alp turmïš

5. olar üz-kintä tišip alïm birim

6. üz-üšdümüz m(ä)n oz-mïš toɣrïl

7. kin öŋdün basa toɣrïl-qa

8. kim-niŋ qayu-nïŋ küčin

9. tutup čam čarïm qïlsar-m(ä)n

10. yasa-taqï qïyïn-qa tägir

11. m(ä)n tanuq alp turmïš tanuq

12. yap toɣïl m(ä)n bačaq oz-mïš

13. toɣrïl-qa ayïtïp bitidim

14. by tamɣa m(ä)n oz toɣrïl-nïŋ ol

译文：

猪年，十月，16号。我，奥兹梅什脱忽怜（oz-mïš toɣrïl），有关我和我弟弟巴萨脱忽怜（basa toɣrïl）合作经商事宜，在给乞台亚拉瓦奇（qïtay yalavač）和阿力普图尔迷士（alp turmïš）见证下，我们约定好，并划分好我们的支付金额，如果，我，奥兹梅什脱忽怜（oz-mïš toɣrïl），将来利用任何人的权力对巴萨脱忽怜（basa toɣrïl）提起诉讼，那么我会接受相应的惩罚。见证人阿力普图尔迷失（alp turmïš）。我，巴查克（bačaq），根据巴萨脱忽怜（basa toɣrïl）的口述进行记录。这是印章，我的，奥兹—脱忽怜（oz toɣrïl）。

原文转写：

B 36，USP 36

1. bars yïl säkiz-inč ay biš otuz-qa qoy（ï）nčï alp tas（~taš）

2. nïŋ qoy（ï）n-tïn iki saγlïq qoy（ï）n iki saγlïq äčkü

3. bir täkä bir/.../ biš qoz-ï. birlä turuqïn

4. ölüp bard/Ĭ/ anïn/.../ kä körüp altïm：bir

5. saγlïq ätin inanč-čï-qa birtim. qoz-ï ätin

6. äčkü ätin satïp͡ on quanpo kün birmiš säŋün

译文：

虎年，八月，25号。阿力普塔斯（alp tas）羊圈中两只产奶绵羊，两只产奶山羊，一只公羊，一只……五只羊羔因过于疲惫同时死亡，特此/……/证实后，我取走了。我把一只产奶绵羊的肉交还给亦难赤（inanč）。羊羔肉和山羊肉售出10块官布的价格。坤别尔米什将军（kün birmiš säŋün）。

二、注释

3 Kr 31a 1 čaxšap（a）t 缩略语：Śiksapada 戒律；历法，遵守誓言的月份，回鹘历的第十二个月（Clauson，第150页）。

3 Kr 31a 3 čam-lïγ ädgü qurturul-mïš 词组含义不明，根据推测翻译。

3 Kr 31a，4 asïγ 利息（Clauson，第244页）。

3 Kr 31a，5—6 bašïn-ɤa tägmiš 应付（收）账款。请参见发生，某人发生某事；（某种使命,命运等）落到……身上——乌兹别克语—俄语词典，莫斯科，1984年，第84页。

3 Kr 31a，7 öŋ bitig 契约当事人在场情况下形成的文件。（R.Rah-

meti Arat. Eski türk hukuk vesikaları. — Journal de la société finno- ougrienne. 65, 1. Helsinki, 1964, c. 27）。

3 Kr 31a，8 öski 出席的人（？）。比较：öskintä – öksintä 某人在场（Ямада 1972，c. 247，249，250 и др.）。

3 Kr 32b，1 在上下文中，动词 tut-表示"保存，珍惜"，是其含义之一。比较：siz aruqsïz aruqlaŋ az udïŋ ärdini maŋa biriŋ män tutayïn 您已精疲力竭，请休息一下，稍微睡一会儿，把宝藏交给我，我会保护好的 — KP 557。

3 Kr 32b，2 üur 黍米（Ямада 1965，c. 81）。UY UR 的组合可读作硬……的 uy ur，但软……的读法与其他来源比较一致。（请参见 QBK 2118,TT VII 148，MK I 54. MK II 121 и др.）

3 Kr 32b，2 很明显在文本中固定符号组合 BYRKUL 按规则应读为 birgül。在某种程度上作为由动词 bir-"给"的词干构成的使役形式第二人称单数失去了这个词汇单位的基本意义（USp，1202. c.255），该形式由 birgü ol 构成（USp，1715，c.23）。根据上下文这句话中词组表示"必须归还、偿还"，该词组可能是由 birgül 的形式按照 nakül>nakü ol 缩写构成（HtV 9б 11-13，1108）。

3 Kr 32 b，3 tisär（不定过去时，第三人称单数）；在本文本中该词作为句子的谓语成分，句中通常不出现主体（参考译文）。某些表示不确定的人发出的动作的单部句都具有类似的特点，这些动作（H.K. Дмитриев. Грамматика башкирского языка. М.—Л.，1948，c. 237；М, 3. Закиев. Синтаксический строй татарского языка. Казань，1963，c.45-43）。

3 Kr 32b，3 在单词 qoy(ï)n yïl-tïnbärü 有些规则被打破了。马洛夫

（С. Е. Малов）以 t... borluγ 形式重建了它们（USp，c.255）。根据借贷文件中的用语规则，这里应使用词形 tüši（USp 1. 7，27. 29，37；Ямада 1965，c. 168）。该项债务始于猴年，但债务人承诺"从羊年"，即猴年之前一年开始偿还债务。基于这一事实及该文件开始句内容，即提到"为阿力普脱忽怜（alp toγrïl）储存七斗黍米"，可得出结论，这是为补充一年前签订的合同而起草，是确定因未及时偿还债务而产生贷款的条款。

3 Kr 33a, 3 alïš biriš "买卖"。对比不同回鹘语后发现，"贸易往来"是该词组的主要语义之一 alïš biriš：алыш-биреш "买卖"（鞑靼语），алыш-бириш "买卖"（土库曼斯坦语），ališ veriš（土耳其语）等。

3 Kr 33a, 3 bil(ä)ki——假设-kl 的限定形式来自后置词 bilä "和，和…一起"。由不变化的后置词构成词缀非常少见。这种情况下可以解释名词与后置词结合与格的某些形式相同，这些格可与限定指示语自由结合。（比较：方位词＋限定语）

3 Kr 33a, 4 根据拉德洛夫（В.В.Радллов）的观点，对词组 qïtay yalavač alp turmïš 可有不同的解释：（1）两个人名的组合；（2）人名与表明其职位的名词的组合。然而应注意到，在这个句子中，有一个与相关词组有关联的形式（人称代词，第三人称单数代词，olar），表明至少有两个不同的人被提及。

3 Kr 33a, 5 alïm birim —— 不同种类的税、支付款项（Ямада 1965，c. 152—153）。

3 Kr 33a, 7 kin öŋdün "未来，后来"。öŋdün 在回鹘语中既包含空间意义，也包含时间意义（MK 40. QB N 3927）：以上句中体现出了刚才提到的这点。

3 Kr 33a，10 yasa'яса'/蒙古·札萨克/ — 成吉思汗制定的法律 (В.В. Бартольд. Туркестан в эпоху монгольского нашествия .-Сочинения. Т. 1，М.,1963，с. 8)。从蒙古语借入不早于13—14世纪（Clauson，第 974页)。

В 36，1 qoyïnčï（USp，c.53—тўрчі）。

В 36，2 saγlïq "产奶的动物"（MK II 22，MK II 102)。

В 36，3 turuqïn（USp,c.53—турукынта)，来自单词 turuq "瘦削的，消瘦的"（MK I 380)。

В 36，5 saγlïq ätin（USp，c.53—саклыктын)。

В 36，5 inanč-či 对比 inanč "信任的人，顾问"（Clauson，c.187)。

В 36，5 ätin （USp. c.53—ўчін)。

В 36，6 äčku̟ ätin（USp，c.53—äчкўтін)。

В 36，6 quanqo（USp，c. 53—кокпу）/中文：官布/。(J. Hamilton. Un acte ouigour de vente de terrain provenant de Yar-khoto. - Turcica. Т. 1，1969，c. 44；A. von Gabain. Das Leben im ulgurischen Königrelch von Qočo（850—1260）. Wiesbaden，1973，c.6 1)。

三、词汇表

abam 如果　3 Kr 32b，2，3

al- брать，получать 拿，取；接收，收

altïm　3 Kr 31a，7：В 36，4

alïm：alïm birim 付款；费用，支出，花　3 Kr 33a，5

alïš：alïš biriš 买-卖　3 Kr 33a，3

alp：alp toγrïl 专有名词。头衔；封号，尊号：alp toγrïl-qa   3 Kr 32b，1.2

alp taš 专有名词：alp tas-nin   B 36，1-2

alp turmïš 专有名词   3 Kr 33a，4，11

altï 数字 6   3 Kr 32b，1：3 Kr 33a，1

anïn （由 ol 而来的工具格）因此   B 36，4

asïγ-lïγ 借款利率   3 Kr 31a，4

ay 月份   3 Kr 31a，1：3 Kr 32b，1：3 Kr 33a，1：B 36，1

a yït- 询问

ayïtïp   3 Kr 33a，13

äčkü 山羊   B 36，2，6

ädgü 好   3 Kr 31a，3

är- 是，成为（助动词）

ärmäz   3 Kr 32b.4

ät 肉

ätin   B 36，5，6

bačaq 专有名词   3 Kr 33a，12

bar- 走路，走（这里表示助动意义）

bard/T/   B 36，4

bars （历法）虎年；虎   B 36，1

basa toγrïl 专有名词；称谓；封号，尊称   3 Kr 33a 2-3

basa：basa toγrïl-nïŋ   3 Kr 31a，2，5

basa toγrïl-qa   3 Kr 31 a，7-8；3 Kr 33a，7

baš 头，头部；首领（这里表示份额，比率）

bašïn-γa 3 Kr 31a, 5

bärü：C，OT 3 Kr 33a, 5

/b/ičin（历法）猴年　　3 Kr 32b, 1

bidig 文件，证明　　3 Kr 31a, 4

bila 和，与；和……一起 3 Kr 31a, 3

bil（ä）ki 3 Kr 33a, 3

bir 数字1 B 36, 3, 4

bir- 给，给予

birgü 3 Kr 32b, 4

birgül 3 Kr 32b, 2

birmätin 3 Kr 31 a, 10

birmiš 3 Kr 31 a, 4

birtim B 36, 5

birüm(ä)n 3 Kr 32b, 3

birim 参阅 alïm

biriš 参阅 alïš

birlä 和，与；和……一起 3 Kr 32b, 3；в 36, 3

birmiš 参阅 kün

biš 数字5 B 36. 1. 3

biti- 写；编制文件

bitidim 3 Kr 33a, 13

bitig 参阅 öŋ

bolat 专有名词　31 a, 10

bört 参阅 sävig

bu 这个 3 Kr 31a, 11：3 Kr 32b, 4：3 Kr 33a, 14

čam 争论；争讼，打官司

čamïm　3 Kr 31a, 8.9

čamsïz　3 Kr 32b, 4

čam čarïm 争讼，打官司 3 Kr 33a, 9

čam-lïɣ　3 Kr 31a, 3

čarïm 参阅 čam

čaxšap(a)t 誓言月；回鹘历月亮年的第十二个月 3 Kr 31a, 1

iki 数字2　B 36, 2

inanč-čï 受托人，受信任的人

inanč-čï-qa　B 36. Б

inäči 专有名词 3 Kr 32b, 1, 3, 4

ini 弟弟

inim　3 Kr 33a, 2

käl- 来

kälmiš-tä　3 Kr 32b, 2

kim：kim qayu 某人

kim-niŋ qayu-nïŋ　3 Kr 33a, 8

kin：kin öŋdün 从今往后，之后　3 Kr 33a, 7

köni 正确的，真挚的　3 Kr 32b, 2, 3

kör- 看见，看着

körüp B 36, 4

kümüš 银

kümüš- /tin/　3 Kr 31a, 4-5

kümüšüg 3 Kr 31a，6

kün：kün bimiš säŋün 专有名词与尊称 B 38，a

küč 力量，权力；政权

küčin 3 Kr 33a，8

küri 斗，用于度量干货，等于1/10的шига（大约十升）3 Kr 32b，2

/ma/ŋa män 的宾格形式 3 Kr 31a，9

män 我 3 Kr 31a．1．6，11；3 Kr 32b，1，3，4；3 Kr 33a，2．6．12，14

m(ä)n/iŋ/ 3 Kr 32b，4

ol 谓语词 3 Kr 31a，11；3 Kr 33a，14

olar 他们 3 Kr 31a，3；3 Kr 33a，5

on 数字 10 B 36，6

onunč 3 Kr 32b，1；3 Kr 33a，1

onluɣ 十人组，十人社

on-luɣ-larïnta 3 Kr 31a，8

otuz 数字 30

otunz-qa B 36，1

oz：oz toɣrïl 专有名词和尊称

oz toɣrïl -nïŋ 3 Kr 33a，14

ozmïš：ozmïš-toɣrïl 专有名词和尊称 3 Kr 33a，2，6

oz-mïš toɣrïl-qe 3 Kr 33a，12-13

öl - 死亡

ölüp B 36，4

öŋ：öŋ bitig 交易方在场的情况下拟定的文件

öŋ bitigin 3 Kr 31a，9

öŋ bitigin-tinuru 3 Kr 31a，7

öŋdün 请参见 kin

öski 他的（？） 3 Kr 31 a，8

qïl- 做，完成（这里指：编制文件）

qïlïp 3 Kr 31 a，4

qïlsar-m(ä)n 3 Kr 33a，9

qïtay 专有名词（？） 3 Kr 33a，4

qïyïn，惩罚，罚款

qïyïn-qa 3 Kr 33a，10

qoy(ï)n 绵羊 3 Kr 31B a 1；3 Kr 32b，3；B 36，2

qoy(ï)n -tïn B 36，2

qoy(ï)nčï 牧羊人，牧羊狗 B 36，1

qoz-ï 猪崽 B 36，3，5

quanpo 官布 B 36，6

qurturul- 安顿（？）

qurturul-mïš 3 Kr 31 a，3

saγlïq 产奶的 B 36，2，5

sat- 出售

satïp B 36，6

satïr сатыр 萨德尔（货币单位） 3 Kr 31a，6

säkiz 数字8 3 Kr 31 a，6

säkiz-inč B 36,1

säŋun 请参见 kün

sävig：sävig börtmodule专有名词 3 Kr 31a，2

tamɣa 印刷 3 Kr 31 a，11；3 Kr 32ь，4；3 Kr 33a，14

tanuq 见证人 3 Kr 31 a，10；3 Kr 32ь.4；3 Kr 33a，11

taš- 请参见 alp

täg- 达到；涉及；获得，博得

tägir-m(ä)n 3 Kr 33a，10-11

täg-miš 3 Kr 31 a，5-6

täkä 山羊 B 36，3

ti- 说，讲

tisär 3 Kr 32ь，3，4

tiš- 约好，商定好，同意

tišip 3 Kr 33a，5

tïltaɣ 原因

tïltaɣ-ïnta 3 Kr 33a，3-4

toɣrïl 请参见 alp，baba，ozm lS，yap

tomdu- 专有名词 3 Kr 32 b，4

tomtur（？）专有名词 3 Kr 31 a，10

toŋuz /历法/ 猪年 3 Kr 33a，1

turmïš 请参见 alp

turuq 消瘦的，极度虚弱的

turuqïn B 36，3

tut- 拥有，持有

tutar 3 Kr 32b，1

tutar-m(ä)n 3 Kr 32b，4

tutup 3 Kr 33a, 9

üsül- 打断，停止

üsülmäyür 3 Kr 31 a, 9

üŭr 黍 3 Kr 32b, 2

üŭr -ni 3 Kr 32b, 2

üzk 关于，在…前

üz-kintä 3 Kr 33a, 5

üzüš- 来自于 üz-：撕毁，中断

üz-üšdümüz 3 Kr 33a, 6

yalavač 大使，特使 3 Kr 33, 4

yasa 扎撒黑（古代蒙古习惯法汇编），立法

yasa-taqï 3 Kr 33a, 10

yap：yap toɤrïl 专有名词，尊称 3 Kr 33a, 12

yägirmi 数字 20

y(ä)g(i)rmi-gä 3 Kr 31a,1；3 Kr 32b,1；3 Kr 33a, 1-2

yiti 数字 7 3 Kr 32b, 1, 2

yïl 年 3 Kr 31 a, 1；3 Kr 32b, 1；3 Kr 33a, 1；B 36, 1

yïl-tïn-3 Kr 32b, 3

yoq 没有 3 Kr 31 a, 8

yuqa 专有名词 3 Kr 31a, 1, 6

yuqa-nïŋ 3 Kr 31 a, 11

四、缩略词一览表

1. Clauson G. Clauson, An Etymological Dictionary of Pre-Thirteenth-

Century Turkish. Ox, 1972.

2. KP = J.R . Hamilton. Le Conte bouddhique du bon et du mauvais prince en versjon ouTgoure. P., 1971.

3. Ht V = A. von Gabain, Die uigurische Obersetzung der Biographie Huen-tsangs. BruchstGckedes 5. Kapitels.—«Sitzungsberichte der Preu^ischen Akademie der Wissenschaftent. Phll.-hist. к I. 1935, 7; Л.Ю. Тугушева. Фрагменты уйгурской версии биографии Сюань-цзана.М., 1980.

4. MK 1-Ш = Divanu lugat-it-turk tercumesi. ceviren Besim Atalay. C. I-III. Ankara, 1939-1941.

5. QBK = Kutadgu bilig. Tipkibasim. III. Misir nushasi. Istanbul, 1943.

6. QBN = Kutadgu bilig. Tipkibasim. II. Fergana nushasi. Istanbul, 1943.

7. TT VII = G.R. Rachmati. Turkische Turfan-Texte.VII.—«Abhandlungen der PreuAischen Akademie der Wissenschaften». Phil.—hist. Kl., 1936, 12.

8. USp = W. Radloff. Uigurische Sprachdenkmaler. Leningrad, 1928.

9. N. Yamada, The Forms of the Uighur Documents of Loan Contracts.—Memoirs of the Faculty of Letters Osaka University. Vol. 11, 1965.

10. N. Yamada. Uighur Documents of Slaves and Adopted Sons. Memoirs of the Faculty of Letters Osaka University. Vol. 16, 1972.

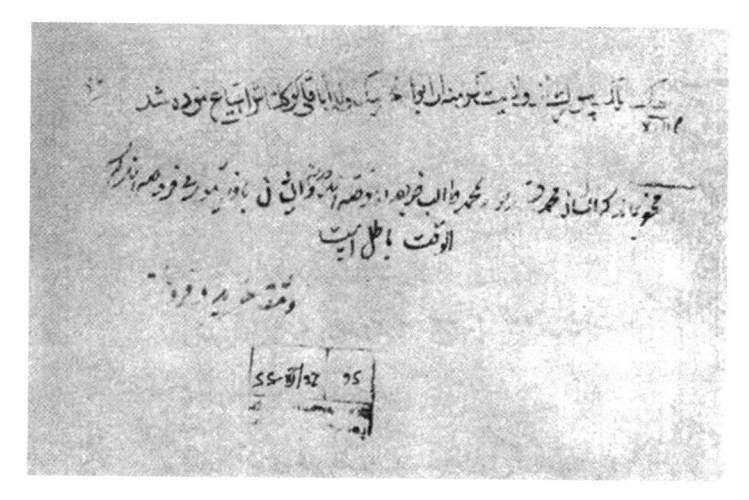

图 42　110 号文书，在协议书背面的签名，1638 年。

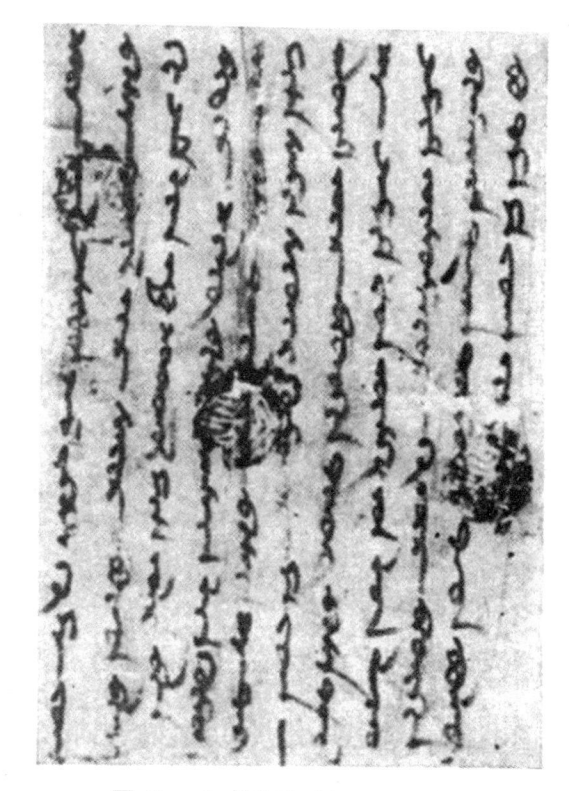

图 43　文书 3 Kr 31a，USp 112

图 44　文书 3 Kr 32b, USp 120

图 45　文书 3 Kr 33a, USp 111

图 46　文书 B 36, USp 36

（原载于 *ПИСЬМЕННЫЕПАМЯТНИКИВОСТОКА,ИСТОРИКОФИЛО-ЛОГИЧЕСКИЕИССЛЕДОВАНИЯ Ежегодник1976- 1977*,ИзДАТЕЛЬСТВО "НАУКА" ГЛАВНАЯ РЕДАКцИЯ ВоСточной ЛитЕРАТУРЫ МОСКВА 1984, 240—365页。俄语。）

中亚考察及中世纪早期回鹘文写本的发现

Л.Ю.吐古舍娃（Лилия Юсуфжановна Тугушева） 著

何瑾 译，吐送江·依明 校对

阿拉伯航海家在开辟通往印度和中国的航线上作出了重大贡献，他们的船只从印度海岸行至非洲东海岸，抵达印度洋西部进行贸易。随着连接地中海国家与南亚地区的海上航线被掌控，陆上丝绸之路逐渐丧失了其作为东西方主要贸易线路的重要地位。（陆上）丝绸之路逐渐沦为域内道路，而中亚的地理位置偏远，依然沉寂在蒙昧中。

随着13世纪前期中亚边境蒙古军的集结的战火蔓延至中亚时，西欧对中亚的兴趣才重新燃起。当时，欧洲国家中广泛流传着一则传说：中亚存在着一个由基督徒教"长老约翰"（Presbyter John）统治的国家。为探知这一传说的虚实，同时也想获得关于蒙古人的可靠情报，西欧诸国派出了外交和宗教使团。罗马教皇和法兰西国王——路易九世推行了积极的措施，他们为实现目标招揽了多明我会（Dominicans）和圣方济各（Franciscans）会士加入考察队伍。1245年，圣方济各会在普兰诺·卡皮尼（Giovanni da Pian del Carpini）的带领下出发，前往蒙古大汗的都城哈拉和林（Karakorum）。考察持续了大约2年时间，卡皮尼此行的详细叙述至今仍不失其意义。1249年，圣方济各会士安德烈·朗朱摩（André Longeumeau）到访哈拉和林，但其考察报告没能保存下来。其中最具价值的是圣方济各会士纪尧姆·卢布鲁克（Willem van Ruysbroeck）的考察，他和同伴们于1252—1253年冬天出发，1254年12月底到达位于哈拉和林的蒙哥汗（Mongke Khan）属地，1256年才回到其修道院。卢布鲁克的这次出使报告中包含着非常有价值且珍贵的信息，涉及到访诸多民族的宗教、经济、习俗和军事组织等。

《马可·波罗行纪》是13世纪下半叶马可·波罗继柏朗嘉宾和卢布鲁克之后根据自己在中亚和中国的长期生活经历编写而成的游记，与教团的出使报告有显著区别。和修道士的报告不同，这部作品被认为是商人们的"指南"。早在欧洲出现此类行记之前，阿拉伯地理学家就已编撰了类似的指南，但它们大部分仅是对已有资料的汇编。相比之下，《马可·波罗行纪》是基于作者个人的所见所闻以及他在旅行中所遇之人的亲身经历记叙而成。据推测，这本书写于1296年，详尽描述了从君士坦丁堡经中亚到中国的整个行程。

中世纪早期，到访过中亚国家首都的考察家们提到，他们在那里遇到了沙俄工匠、商人和外交官。沙俄向中国派遣大使最早的可信资料出现在17世纪初。1715年俄罗斯东正教使团在中国成立，1713—1716年，在特鲁什尼科夫（Trushnikov）带领下，组织了第一次从俄罗斯到中亚的长期考察。这次的考察路线经新疆东部至西藏北部达库库诺尔湖（Lake Koko Nor），覆盖了欧洲人从未涉足的广阔区域。19世纪初，俄罗斯科学家开始有目的地研究中亚。继谢苗诺夫（P. P. Semyonov）之后，并在他的帮助下，1870—1885年普尔热瓦尔斯基（N.

M. Przhevalsky）进行了四次中亚考察。佩夫佐夫（M.V. Pevtsov）、罗鲍罗夫斯基（V.I. Roborovsky）、科兹洛夫（P.K. Kozlov）等人都参与其中。

在普热瓦尔斯基的第三次中亚考察（1879—1880年）中，罗鲍罗夫斯基担任第二助理。第四次考察中（1883—1885年），他被任命为高级助理。在1889—1890年的佩夫佐夫考察中，他独立完成了对西藏北部的考察。罗鲍罗夫斯基所有的考察几乎都是在最困难的条件下，是在海拔5000米左右的高原上进行的[1]。

自古以来，在考察家们对中亚广袤土地的记述中，以让·保罗·鲁（Jean-Paul Roux）关于游牧民族军事行动的描写最为贴切："人们描述这一切时，不得不数十次或数百次地重复同样的词语：'苦寒''酷热''支离破碎的道路'，并且一次又一次地记述着同样的景色：'无法穿越的沙漠''无法逾越的山脉''一望无际的草原'。"[2]

1893—1895年罗鲍罗夫斯基作为探索中亚地区有丰富经验的考察家之一，带领考察队进行考察。考察家们离开卡拉库尔（Karakol），沿大、小裕勒都斯河流经的高山盆地穿过天山山脉，下至吐鲁番（鲁克沁 Lukchun）盆地，然后穿过哈密沙漠抵达敦煌，前往青海湖。罗鲍罗夫斯基的任务之一就是对吐鲁番盆地及那里的城镇、村庄进行详细考察。他特别重视对高昌故城（Idiqutshari）遗迹的研究。

罗鲍罗夫斯基的笔记中记载了这次对遗迹考察的考古结果：

……我们从南门进入高昌故城。我们注意到古代废墟中有大片的黍稷类作物……这座城市被一道由泥砖砌成，厚达3英尺、高达5英

---

[1] Роборовский В.И. Путешествие в Восточный Тянь-Шань и в Нань-Шань. М., 1949. С. 13.
[2] Ру Ж.-П. Тамерлан. М., 2007. С. 12.

尺、长约 6 英里的城墙包围。这里的所有建筑都被毁坏；房屋天花板为拱形。大多数建筑都有两层；内外墙上绘有佛像壁画，画上佛像的脸都被破坏和刮花了……我们还遇到许多被毁的巨大佛陀塑像以及寺院和庙宇的废墟。由此可见，这里曾盛行佛教。由于昌图（Changtu）居民将废墟上风化的墙壁拆掉，并用黏土回填耕地，这些极富意趣且尚未经历考古发掘的古代遗迹从地向上被全部摧毁的时间并不长。对废墟进行挖掘时，昌图人经常发现前住民的各种生活用品，古代突厥人的陶器、彩色玻璃饰品、银铜币、大量写本。我成功拿到了其中的一部分，所获卷轴宽达 1 英尺，有 4 个阿尔申（约 71.12cm×4）的长度。在西城墙靠近大门的地方，我看到一个大型内有神道的佛塔（stūpa），墙壁和天花板装饰有壁画。古城东墙外有两组佛塔式墓穴，呈金字塔形和六角形，顶部有圆形开口……整个盆地对考古学家有着巨大的吸引力，随处可见当地古代文化遗迹和民众信奉外来宗教的痕迹[①]。

佛祖坐莲图，14—15 世纪纸本，黑色线描，17×13.5 厘米。俄罗斯科学院东方文献研究所藏，SI 06 由奥登堡带领的探险队 1909—1910 年从新疆带回

[①] Роборовский В.И. Указ. соч. С. 392-393.

考察队在吐鲁番成功收集了大量文物：钱币、陶器、泥塑神像等，其中最有价值的是写本文献。这些文献被带回圣彼得堡后立刻引起了学术界的浓厚兴趣，为此1898年由克列门茨（D.A. Kjementz）带领的考察队被派往新疆专门收集这类文献资料。这次考察带回了宝贵的中世纪早期回鹘文公文文书，拉德洛夫（V.V. Radloff）随即准备刊布这些文书文献，后成为其著作的重要组成部分[1]。

罗鲍罗夫斯基是最早坚持对新疆地区古代文明遗迹进行研究的人。他对所研究地区不同区域的人口组成、经济、政治结构、日常生活和其他方方面面的记录成为了当时最重要的成果。同时，作为一名有天赋的艺术家，他用素描生动地记录了当地的自然景物及社会现象。罗鲍罗夫斯基也是第一个对吐鲁番盆地及其附近的居民点和古代遗迹进行详细描述的学者，他的记录包括：鲁克沁（Lukchun）、博格尔（Bogar）、辟展（Pichang）、连木沁（Lamjin）、楚万克尔（Chuvanker）、赤亭（Chyktym）、吐峪沟（Toyuq）、胜金口（Sängim）、高昌故城（Idiqutshari）等地点。

该地区不同寻常的考古发现，包括1893—1895年罗鲍罗夫斯基的考古成果，促使一批考古学家向俄国考古学会东部分会提出考察申请，也为俄国考古学会（OBRAS）东部分会做出"关于对塔里木盆地进行考古调查必要性的说明"提供了依据[2]。1903年俄国中亚与东亚研究委员会成立后，派往新疆的考察队定期报告了发现的回鹘文写本文献。别列佐夫斯基（M. M. Berezovsky）的考察和奥登堡（S. F. Olden-

---

[1] Radloff W. Uigurische Sprachdenkmaler. L., 1928, S. 82-112.

[2] Веселовский Н.И., Клеменц Д.А., Ольденбург С.Ф. Записка о снаряжении экспедиции с археологической целью в бассейн Тарима // ЗВОРАО. Т. 13. Вып. 1.С П 6., 1901. С. 9-18.

burg）的第一次考察也发现了一些中世纪早期回鹘文公文文书文献，后由马洛夫（S. E. Malov）刊布①。

在对该地区的早期研究中，研究人员坚称，自古以来，新疆城乡居民就因河流改道的影响而迁徙。奥登堡写道："我们现在明白了，在这里的任何地方都不可能发现与在庞贝城发现的东西类似的东西，这里的生活印迹逐渐消失，或者说在逐渐转移。"②虽然这个事实显而易见，但是流传着的一个传说：某个城镇突然被沙子迅速掩埋，没人能从中逃脱。这个传说在古代文献中有所记载，也在新疆当地居民中口口相传至20世纪③。

奇迹的发现也并不总是虚构的。《拉史德史》（《Tarih-i-Rashidi》）（16世纪）的作者米尔扎·海达尔（Mirza Haidar）在当时是一个受过良好教育的人，他出身杜格拉特部落（Dughlaf tribe），该部落自埃米尔·胡达依德（emir Khudaydad）时代（13世纪）起就统治着新疆的大部分地区。他的作品中就讲述了一个关于当地统治者阿巴·贝克尔·米尔扎（Aba-Bakr Mirza）的故事：

> 他让监狱囚犯进行一种叫作卡兹克(kazik)的"挖掘"工作：挖掘旧城并用水冲洗挖出的土壤。大型物体在挖掘时很快就会被发现，小型物件(如珠宝)用水冲洗时会被发现。通过这种方式，他积累了数不清的宝石、黄金和白银。我从他的亲信那里听说，在于阗(Khotan)的旧

---

① Малов С.Е. Уйгурские рукописные документы экспедиции С.Ф. Ольденбурга // Записки Института востоковедения АН СССР. Т. 1. М.; Л., 1932. С. 129-149.

② Ольденбург С.Ф. Исследование памятников старинных культур Китайского Туркестана // Ж М НП. Ч. 353. 1904, № 6. Отд. II. С. 396.

③ Там же. С. 393-396.

堡垒中发现了一处装在27只缸里的宝藏。其尺寸大到背着箭筒的人进入其中不弯腰也不会碰到缸壁。每只缸里都有一个铜壶。我获得了其中一个铜壶。壶呈细长颈瓶形,装有粗铁手柄,其中有壶嘴,顶部与壶口齐平(……)铜壶高度超过1.5 gaz[①]。若壶中装满水,两人勉强可举起,但很难移动它,每只缸里都有这样一个装满了金沙的铜壶。铜壶外面充满了银制"巴利沙"(balish)。在诸如《世界征服史(Jah-an-kushai)》和《史集(Jam:ut-Tavarikh)》的历史著作中,这样描述巴利沙:一个巴利沙重500mithkal(重量单位约4.6克)制成长砖形,中部凹陷。[那时]我只听说过其名,[未亲自见过,但在这些书中读到过]巴利沙被放置在壶和缸之间。其中许多巴利沙被带走,[后]落入[赛意德汗](Sultan Sa'id-khan)[②]的士兵手中。我有其中几个,故而见过实物[③]。

须指出的是,米尔扎·穆罕默德·海达尔所描述的这种银条——巴利沙,自古以来在新疆就被用作流通的货币[④]。米尔扎·穆罕默德·海达尔的资料也证实了上文提到的传说,为躲避自然灾害侵袭,居民们显然无法带走自己的财产、财物和贵重物品,匆匆逃离自己的家园。

在俄国中亚与东亚研究委员会协助下,马洛夫于1909—1911年和1913—1915年前往新疆。考察目的与其说是考古,不如说是对人类学和语言学进行研究以及补充写本文献收藏品。马洛夫沿常规路线通过

---

① Gaz:一种长度计量单位,也称为giza,大约90cm。

② Sa'id-khan:蒙古大汗,死于1533年。

③ Мирза Мухаммад Хайдар. Тарих-и Рашиди 译自波斯语/ Введение и перевод с персидского А. Урунбаева, Р.П. Джал иловой, Л.М. Епифановой. Ташкент, 1996. Л. 163 а, б.

④ Radloff W. Op. cit. S. 12, 19, 114, 133; Yamada N. Sammlung uigurischer Kontrakte. Bd. 2. Osaka, 1993. S. 301.

中亚到达乌鲁木齐，抵达哈密，并穿过哈密沙漠，到达甘肃省。其考察过程中最重要的成果是在甘肃省附近文殊沟（village of Wangshigu）中的发现①。在第一次考察中，他发现了现存最完整的回鹘文版本《金光明经》（Suvarnaprabhāsa-sūtra），并在其他写本中发现了内容不同寻常的公文文献，之后他刊布了这些文献。

考察期间，马洛夫非常注重收集人种学资料，研究回鹘语及当地方言。他为当时还鲜为人知的语言和方言研究奠定了基础，如：裕固语、撒拉语、哈密土语、罗布泊方言、和田方言以及现代维吾尔语的一些方言。因为新疆的居民被广阔的沙漠阻隔，所以他们保留了自己的方言。因此他们的方言相互各异且与现代维吾尔语也不同。马洛夫在其著作中首次指出，这片绿洲中的一些语言和方言不能归为现代维吾尔语，从某些特征上看应归属于突厥语族语言其他语支。他特别提到了罗布泊方言、和田方言及裕固语等方言。马洛夫指出："……裕固语很难被认为是回鹘语……，它或是很久以前克尔克孜化的回鹘语，

回鹘文译本《玄奘传》第五卷最后一叶，10 至 11 世纪，印度墨，纸本，42×17 厘米
俄罗斯科学院东方文献研究所藏，SI3156

---

① Малов С.Е. Памятники древнетюркской письменности. М.; Л., 1951. С. 201-204.

亦或是一种完全不同的语言。"[1]马洛夫的著作致力于研究新疆的语言和方言并描述其特点，但当时这些特点已在现代维吾尔语的影响下迅速消失。正如研究结果所示，确定这些由于语言使用者所处环境的封闭而保存下来的语言和方言特征，对于研究写本文献非常重要。

马洛夫收集了大量有关裕固族人、撒拉族人、罗布泊人、维吾尔族人和新疆其他民族的民族学资料。他获取了成套的婚服、女子的饰品、男子和儿童服装、乐器、神像以及其他宗教物品、家庭用具、狩猎工具、务农和其他工具、铜镜、链子和许多其他文物，并拍摄了大量照片。

俄罗斯研究人员带回圣彼得堡的中世纪早期回鹘文文书文献保存在俄罗斯东方文献研究所（东方文献部）（IOM RAS）。中世纪早期回鹘文写本文献总数约为4000份，这些宝贵的中亚文书（Serindica）被根据其来源分成10个类。它们大多是在废墟的沙堆、残留物堆积中发现的，基本就是半腐烂的断简残篇。只有少数留存在寺院密室的"圣物"或被遗忘在图书馆里的写本文献保存得相对完整。

中世纪早期回鹘文写本按其内容分为两类：第一类是宗教教义和哲学作品，第二类是世俗文书（医学、天文、占卜文书）、书信和不同契约文书。第一类写本数量居多，但完整文本相对罕见。高昌回鹘著名文学家之一——僧古萨里·都统（胜光法师，胜光阇梨都统）（Shyngko Seli Tutung）的《金光明经》回鹘文译本保存得相对完整，译本有374叶（22厘米×58厘米）。这份写本时间较晚（17世纪），但写本中没有出现抄录者将古语新写的明显迹象。

---

[1] Малов С.Е. Язык желтых уйгуров. М., 1967. С. 7.

回鹘文译本《大白莲社经》（The Sutra of the White-Lotus Community）第四卷，第20页残片。俄罗斯科学院东方文献研究所藏

经济文书（家用记录）。13—14世纪。印度墨，纸本，37×13cm，SI 039，俄罗斯科学院东方学研究所藏

僧古萨里·都统（胜光法师）的《玄奘传》回鹘文译本，在其作品中占据了特殊地位。《玄奘传》的前五卷由其弟子慧立写成，专门记述7世纪时玄奘在印度的朝圣之旅。就内容而言，《玄奘传》译本超越了佛教著作的框架，没有使用佛教的标准术语和公式化表达形式。胜光法师译本语言生动、灵活、富有表现力，使其作品成为中世纪早期

回鹘文文学杰出作品之一。

俄罗斯科学院东方学研究所（东方文献部）收藏的文献中，《十方平安经》（Dišastvustik Sutra）回鹘文译本（14 x 13 厘米的 43 页写本）、《妙法莲华经》回鹘文译本（Saddharmapṇḍarīka-sūtra）第 25 节（236 行手写卷轴）、《摩尼教忏悔词》（Xwâstwânîft）（160 行手写卷轴）属于其中保存相对完好的文献。还有一些《十业道譬喻故事》（Daśakarmapathāvadanamālā）、《阿弥陀经》（Amitayus）、《佛说天地八阳神咒经》（Sekyz yükmek）、《大白莲社经》（The Sutra of the White-Lotus Community）等写本残片。非宗教内容写本中大部分是契约文书，主要集中在奥登堡、马洛夫和克罗特科夫（Krotkov）的收藏中。

中世纪早期回鹘文文书收集品杂乱无章，因此同一写本残片散落在不同的藏品中是非常常见的情况。俄罗斯科学院东方文献研究所收藏有不同种类的写本样品：鲁尼文、摩尼教文、古叙利亚文、婆罗谜文（中亚变体）、古藏文、回鹘文以及其他文字类型。从保存的资料数量来看，回鹘文在这一时期的新疆地区是使用最广泛的文字，其原因之一也许是因为结构相对比较紧凑。回鹘语以 16 个字母为基础，表示 36 个音素及同音字。因字母总数不超过 20 个，所以有些字母是多义的（多音的）。回鹘文的这些特点，都是其文本难以释译的重要原因，当然它也有好的方面。

参考文献

1. Roborovsky, V.I, A Journey to the Eastern Tian Shan and Nan Shan. M., 1949: 13.

2. Roux, J.-P, Tam erlan [in Russian]. M., 2007: 12.

3. Radloff, W, Uigurische Sprcichdetikmciler. L., 1928: 82-112.

4. Veselovsky, N.I., Klementz, D.A., Oldenburg, S.F., Note on the Organization of an Expedition to the Tarim Basin for Archaeological Purposes, POBRAS. Vol. 13. Issue 1. SPb., 1901: 9-18.

5. Malov, S.E., Uighur Handwritten Documents from S.F. Oldenburg's Expedition, Proceedings of the/05, USSR /45. Vol. 1. M., L., 1932: 129-149.

6. Oldenburg, S.F, An Inquiry into the Monuments of Ancient Cultures in Chinese Turkestan, JMPE. Part 353, No 6, section II, 1904: 396.

7. Ibid., 393-396.

8. Radloff, W, (Op. cit. S. 12, 19, 114, 133 ff), Yamada, N, Sammlung uigurischer Kontrakte. Bd: 2. Osaka, 1993: 301.

9. Malov, S.E. Monuments of Ancient Turkic Writing. M., L., 1951: 201-204.

10. Malov, S.E. The Language of the Yelllow Uighur. M., 1967: 7.

［原载于2008年波波娃（И. Ф. Попова）主编论文集《19世纪末至20世纪初俄国中亚探险考察》（Российские экспедиции в Центральную Азию в конце XIX — начале XX век），第40—49页。俄语。］

注释

［1］1255年用拉丁文写成了给路易九世的出使报告，即《东方行记》。

希内乌苏碑西面第四行"W..GšNG"字段的释读*

李容成（Yong-Song Li）著

刘晓恒 译，吐送江·依明 校对

一、前言

希内乌苏碑，1909 年由兰司铁（G.J.Ramstedt）在奥贡特山（Mount Örgöötü）、莫戈伊图河（Rivulet Mogoitu）和希内乌苏湖（Lake Šine-usu）附近发现（见图1、图2）（请参见 Ramstedt 1913：10—11）[①]，它是迄今为止发现的篇幅最长的回鹘碑铭，有多达五十行的内容。

---

* 本文为韩国学战略研究项目成果之一，由韩国教育部和韩国学中央研究院韩国学发展服务组织资助(项目编号为 AKS-2016-SRK-1230002)。原作在2018 年 7 月 24 日于蒙古乌兰巴托召开的"北方民族文字资料与古朝鲜相关历史文献研究"研讨会上发表，而本文在原作的基础上进行了进一步的修改。译者按，本文的翻译得到了作者的允准，而且亲自审阅了全文并细心修正，在此致以最衷心的感谢。

① 2018 年 8 月 1 日，在当地人(他的蒙古包位于碑铭遗址附近)的带领下，我们探访了位于奥贡特山顶的坟冢，但此处已经被盗墓者盗掘。

图 1　希内乌苏碑（拍摄点坐标：48.54167°N,102.21278°E）

希内乌苏碑大约建于759年，与同一时期的铁兹碑（750年）和塔里亚特碑（752—753年）类似，都是为了纪念回鹘汗国第二任可汗磨延啜[①]而立。目前希内乌苏碑碑身已断为两部，它仍然保存在发现地原址。

图2　奥贡特山顶的坟冢（拍摄点坐标：48.58639°N,102.22722°E）

[①] 磨延啜（Moyun Čor），回鹘汗国第二任可汗（747—759年在位）。磨延啜之名，在中古汉语晚期发音为"muaˑ-jian-tʂʰyat"，而在中古汉语早期发音为"mɑʰ-jian-tɕʰwiat"。"早期中古汉语以601年编纂成的《切韵》为代表，是魏晋南北朝时代的标准文字语言……晚期中古汉语则以长安方言为基础，是盛唐时期通用的文字语言"（蒲立本1991：i）；j和y分别代表y和ü。

二、关于"W..GšNG"部分的释读

目前希内乌苏碑铭的大部分内容已经被充分解读,但由于损毁严重[1],碑铭的南面和西面仍有许多字句尚未厘清,而其中对西面第四行"W..GšNG"部分已经有了许多不同的解读[2]。

(1)兰司铁(Ramstedt.1913年)

:𐰅𐰆𐰍𐰽𐰃𐰤𐰍𐰖𐰆..𐰞: (p.34)[3]

o..γs¹nγ jo₀q qiilm¹š "——他曾消灭了"(p.35)

(2)奥尔昆(Orkun.1936年)

:𐰅𐰆𐰍𐰽𐰃𐰤𐰍𐰖𐰆..𐰞: (p.181)

o...g s ng yok kılm¹š. (p.180)

"....yok eylemiš(据说他消灭了);"(p.181)

(3)马洛夫(Malov.1959年)

:𐰅𐰆𐰍𐰽𐰃𐰤𐰍......: (p.34)

................jok кылмыс² (p.38)

"……他消灭了"(p.43)

(4)艾达洛夫(Ajdarov.1971年)

:𐰅𐰆𐰍𐰽𐰃𐰤𐰍......: (p.343)

...йок кылмыс "他消灭了"(p.352)

---

[1] 关于受损情况,梅尔特(2009:202)在报告里称:"由于碑铭南面磨损过度,已经很难辨认出记载的历史信息,且字句之间的关联性也变得非常模糊……碑铭西面则有10行文字缺损更加严重,由于过度磨损,西面存留下来的部分仍然不能完全解读……"

[2] 由于各国学者们使用的是不同的学术语言和转写/换写系统,因此笔者根据时间的先后顺序将各位学者释读的原版列出,每种读法按照以下顺序排列:(1)古突厥文字原文/换写;(2)转写;(3)翻译。

[3] 所有古突厥文字的阅读顺序是从右到左。

（5）森安孝夫（Moriyasu.1999年）

：（W)nč(R)GšNGYWuQïQiLms：（p.181）

///-γ yoq qïlmïš （p.181）

"我听说他消灭了有前途的*****。"（p.185）

"彼は前途有望な*****を滅ぼしたという。"（p.189）

（6）贝尔塔（Berta.2004年）

：W...GšNGYWwKïKILms：（p.280）

...yoq qïlmïš （p.298）

"...megsemmisítette (állítólag) [（据说）他消灭了]."[①] （p.313）

（7）丁载勋（Jeong.2005年）

:|𐰜𐰠𐰼𐰚𐰑……:（p.449）

...................yoq qïlm(ï)s （p.449）

"없게 되었다 한다 [据说（他）变得不存在了]." （p.449）

（8）阿伊登（Aydın.2007年）

：W..GšNGYWwKKıILms：（p.32）

o/u .. g¹s¹n²g¹[②] yook kıılmıš （p.54）

"... yok etmiš（据说他消灭了）."（p.63）

(9) 森安孝夫等人（2009年）

：（W)nč(W)GšñGYWuQïQiLms：（p.19）

---

① 这句话翻译成土耳其语为"...yok etmiš（据说他消灭了）"，参考贝尔塔（2010:303）。
② 原文有编辑错误，正确转写为 g¹s¹n¹g¹。

onč uγuš añïγ yoq qïlmïš[①]（p.20）

"我听说他彻底消灭了 *****一族."（p.31）

"彼は???一族をひどく滅ぼしたという."（p.40）

（10）梅尔特（Mert.2009年）

:𐰆𐰍𐰃𐰺...𐰍𐰽𐰣𐰍𐰺:（p.258）

: .....rġ(a)ṣ(a)ṇ(ï)ġ ẏooq q̇ïlm(ï)š:（p.260）

"........ yok etmiš（据说他消灭了）."（p.262）

（11）乌塞尔（User.2009年）

［…］ yok kılm(ı)š :（p.419）

……yok kılm(ı)š :（p.478）

（12）阿伊登（Aydın.2011年）

:𐰆𐰍𐰃𐰺..𐰍𐰽𐰣𐰍:（p.89）

o/u .. gˈsˈnˈgˈ yok kılmıš（p.89）

"〈…〉 yok etmiš（据说他消灭了）."（p.90）

（13）欧勒麦兹（Ölmez.2012年）

: 𐰆𐰍𐰃𐰺...𐰍𐰽𐰣𐰍𐰺:（p.285）

: ···rgasanıg yoºk kılmıš :（p.273）

"... yok etmiš （据说他消灭了）."（p.279）

（14）谢林（Širin.2016年）

[①] "W4, onč uγuš añïγ yoq qïlmïš:这一处的翻译不能完全采纳兰司铁(兰司铁1913, p.34)刊布的版本和其旧有的解读意见,此处的最新解读应当为uγuš añïγ,记载的历史事件与757年之后回鹘军队参与平叛安史之乱的事件相一致,不过onč一词的翻译还有待确定,而uγuš '氏族、家族'这一股势力究竟隶属于唐朝一方还是安史集团一方也是个问题。关于安史之乱时期唐朝和回鹘的动向研究,可参考森安2002, pp.130-134,针对这一问题卡马洛夫也进行了研究,不过他对于史料的解读有些许错误,需要格外注意。"安史之乱也就是安禄山叛乱事件,"安史"即安禄山与史思明(703—761年)的统称。

［…］ yok kılm(ı)š： （p.551）

： w… g¹s¹n¹g¹ yok kılm(ı)š： （p.654）

三、结论

通过以上梳理可以发现，到目前为止，学者们对 W..GšNG 字段已经有了不同的解读：

1. w/o..γs¹n¹γ yoq qïlmïš

（1）"他已经消灭了……"（兰司铁1913）

（2）"据说他消灭了……"（奥尔昆1936;艾丁2007,2011）

（3）（谢林2016）

2. …. r¹γasanïγ yoq qïlmïš "据说他消灭了……"（梅尔特2009;欧勒麦兹2012）

3. …γ yoq qïlmïš "我听说他消灭了有前途的*****"（森安孝夫1999）

4. onč uγuš añïγ yoq qïlmïš "（我听说）他彻底消灭了***** 一族"（森安孝夫等人2009）

5. …yoq qïlmïs/qïlmïš

（1）"他消灭了……"（马洛夫1959；艾达洛夫1971）

（2）"据说他消灭了"（贝尔塔2004）

（3）"……据说（他）变得不存在了"（丁载勋2005）

（4）（乌塞尔2009；谢林2016）[1]

Yoq qïl-是及物动词，意为"消灭、摧毁"，因此丁载勋（2005）的翻译并不妥当。而森安孝夫等人（2009）则修改了部分字母，读法也变得很不一样，因此他们的这种解读还有待商榷。

作为及物动词，yoq qïl-需要接直接宾语。在古突厥语中，名词的宾格可以作为直接宾语与及物动词相接，其后缀是可以缀在名词纯词干与复数词干后的-γ/-g，以及缀在名词所有格词干后的-n（特肯1968：127）。

根据最先对碑铭展开研究的兰司铁的意见，这个句子中恰好有宾格后缀-γ，而-γ正是此句中第一部分 ᛮᛰᛮᛮ..᚛（即 W..GšNG 词组）的最后一个字母。因此倘若没有-γ后缀，那么这个解读是很有问题的。且 W 与 G 两个字母之间只有两个完全磨损的字母，因此综上而言，贝尔塔的读法（2004）也是有问题的。

至于回鹘碑铭中的字母 ᛮ，可以同时代表 S 和 š。顺便一提这一句中的字母 ᚛（即 W）似乎是误读，正确读法应当是字母在中间添加鲁尼字母 ᚜（即 N），如下图3、图4所示。

如果这一读法能够成立，此处字段则应当订正成 ᛮᛰᛮ[᚜]，即 N[LW] GšNG，即 an [lu] γšanïγ，因此这个句子的意思应当是 an [lu] γšanïγ yoq qïlmïš "据说他（或他们）消灭了安禄山"。所以梅尔特（2009）和欧勒麦兹（2012）解读成 …. rʹγasanïγ yoq qïlmïš 是不恰当的。

Anluγšan，即安禄山（703—757年）是由汉语音译成的古突厥语[1]，此人便是唐朝（618—907年）的大将。他因发动了安史之乱（755—763年）而留名于史，而众所周知，在此次叛乱中，正是回鹘帮助唐朝将叛军势力驱逐出了长安。

---

[1] 安禄山一词在中古汉语晚期的发音为 ʔan ləwkṣa:n，在韩语和日语中分别被称作 An-noksan 안녹산（<Alloksan 안록산<Anroksan）和 An Rokuzan あんろくざん。由于日韩语中对于"禄 lù"的读音中都包含有元音 o，所以应当将 ᛮᛰᛮ[᚜]N[LW]GšNG 解读成 an[lo]γšan。类似的例子可参考暾欲谷碑、阙特勤碑和毗伽可汗碑中出现的地名 Šantuŋ（"山东（Shān dōng）；中古汉语晚期发音为 ṣa:ntəwŋ。韩语和日语中为 Sandoŋ 산동和 Santō さんとう"），同样日韩语中的"东 dōng"也包含元音 o，所以在鄂尔浑碑铭中山东这一处的读法应当是 Šantoŋ 而并非 Šantuŋ。

图3　希内乌苏碑西面的细节（照片由笔者拍摄于2018年8月1日）

图4　希内乌苏碑西面的细节（照片由柳炳才先生[2]拍摄于2016年8月12日）

由于磨损严重，此句的开头部分已经模糊不清，不过在受损严重的部分之前有一处时间断代的短语𐰖𐰃𐰞𐰴𐱃𐰴𐰍𐰖𐰆，即TKGWYILKA，转写为taqïγu① yïlqa，意为"在鸡年"，恰好对应了757年安禄山被其子安庆绪（？—759年）刺杀的时间。

总而言之，笔者认为第四行的TKGWYILKA……N[LW]GšNGYW-wKiKILms字段应当读作taqïγu yïlqa……an[lu]γšanïγ yoq qïlmïš，翻译为"在鸡年（公元757年）……据说他（或"他们"）消灭了安禄山"。

---

① 克劳逊（1972:468b）："takı:ğu:"意为"家禽（鸡）"，不论是作为自然属性词还是纪年法的词汇都是非常古老的，在早期蒙古语中作为外来语以"takiya"的形式出现（Haenisch 144；Studiesp.235），这一词汇以复杂且不同的形式广泛存在于各个历史阶段和语言环境中，针对这一问题，多尔弗在著作中已经进行了完整阐述（Gerhard Doerfer Ⅱ 861）。

参考文献

1. Ajdarov, Gubajdulla, Язык орхонских пам-ятников бревнетюркской письменности VIII века. Алма-ata: Наука, 1971.

2. Aydin, Erhan, Šine Usu Yazıtı, KaraM Yayınları 19, Dilbili-m Kitaplığı 3, Čorum: Ka-raM, 2007.

3. Aydin, Erhan, Uygur Kağanlığı Yazıtları, Kömen Yayınları 74, K-onya: Kömen, 2011.

4. Berta, Árpád, Szavaimat jól halljátok…, A Türk és Ujgur rovásírásos emlékek kritikai kiadása, Szeged: JATEPress, 2004.

5. Berta, Árpád, Sözlerimi İyi Dinleyin…, Türk ve Uygur Runik Yazıtlarının Karšılašt-ırmalı Yayını, Translated by E-mine YILMAZ, Türk Dil Kurumu Yayınları 1008, Ankara: Türk Dil Kurumu, 2010.

6. Clauson, Sir Gerard, An Etymological Dictionary of Pre-Thirteenth-Cent-ury Türki-sh, Oxford: Clarendon Press, 1972.

7. Golden, Peter B, The Turkic Peoples: A Historical Sketch, In: Lars JOHANSON and Éva Á. CSATÓ (eds.) The Turkic Languages, Landon and New York: Routledge, 1998: 16-29.

8. Jeong Jaehun, Wigurŭ Yumokjeguksa 744-840, Sŏnam Dongyang Haksul Chongsŏ 31, Seoul: Moonji Publishing Co., 2005.

9. Malov, Sergej Je., Памятники бревнетюркской письменности Монзолии и Кирзизии. Москва-Ленинград: Иэдательство Академии Наук СССР., 1959.

10. Mert, Osman, Ötüken Uygur Dönemi Yazıtlarından Tes-Tariat-Šine

Usu, Ankara: Belen Yayıncılık Matb-aacılık, 2009.

11. 森安孝夫:《シネウス遺蹟・碑文》,森安孝夫、敖其尔（Ochir）编:《モンゴル国現存遺蹟・碑文調査研究報告（1996—1998）》,豊中：中欧亚研究协会,1999年,第177—195页。

12. 森安孝夫等:《シネウス碑文訳注》,《内陸アジア言語の研究》第24期,2009年,第1—92页。

13. Orkun, Hüseyin Namık, Eski Türk Yazıtları, Ⅰ. İstanbul: Devlet Basımevi, 1936.

14. Orkun, Hüseyin Namık Eski Türk Yazıtları Ⅳ, İstanbul: Alâeddin Kıral Basımev-i, 1941.

15. Ölmez, Mehmet, Orhon-Uygur Hanlığı Dönemi Moğolistan'daki Eski T-ürk Yazıtları, Metin-Čeviri-Sözlük, Ankara: BilgeSu Yayıncılık, 2012.

16. Pulleyblank, Edwin G, Lexicon of Reconstructed Pronunciation in Early Middle Chinese, Late Middle Chinese, and Early Mandarin, Vancouver: UBC Press, 1991.

17. Ramstedt, Gustav John, Zwei uigurische Runeninschriften in der Nord-Mongolei, Journal de la Société Finno-Ougrienne 30/3, 1913: 1-63.

18. Róna-tas, András, Turkic Writing Systems, In: La-rs JOHANSON and Éva Á. CSATÓ (eds.) The Turkic Languages. Landon and New York: Routledge, 1998: 126-137.

19. Sirin, Hatice, Eski Türk yazıtları söz varlığı incelemesi, Türk Dil Kurmu Yayınlar-ı 1181, Ankara: Türk Dil Kurumu, 2016.

20. Tekin, Talat, A Grammar of Orkhon Turkic, Bloomington: Indiana University and The Hague: Mouton&Co, 1968.

21. Tekin, Talat, Orhon Türkčesi Grameri, Türk Dilleri Araştırmaları Dizisi 9, Ankara: (Sanat Kitabevi), 2000. (The second edition was published in Istanbul in 2003.)

22. Tekin, Talat Orhon Türkcesi Gramer, Türk Dil Kurumu Yayınları 1195, Ankara: Türk Dil Kurumu, 2016.

23. Tekin, Talat and Mehmet Ölmez, Türk Dilleri-Giriš, İstanbul: Simurg, 1999.

24. User, Hatice Širin, Köktürt ve Ötüken Uygur Kağanlığı Yazıtları, Kömen Yayınları 32, Türk Dili Dizisi 1, Konya: Kömen, 2009.

（原载于2019年Acta Orientalia Academiae Scientiarum Hungaricae，第72卷第1辑，25—30页，英语。）

译者注

[1] 乌塞尔与谢林为同一人，全名为哈蒂斯·谢林·乌塞尔（Hatice Širin User）。

[2] 柳炳才（Byungjae Yoo,류병재），檀国大学亚洲与中东学专业助理教授，学术方向为大蒙古国及元朝历史研究。

回鹘统治的正统性和佛教地位

笠井幸代（Yukiyo Kasai）著

吐送江·依明 吴家璇 译，白玉冬 校

一、前言①

在八世纪中叶，一个操突厥语族语言的游牧民族——回鹘，在蒙古高原建立了统治，即东回鹘汗国（约公元744—840年）。在这个汗国覆灭后，部众分崩离析，四散而逃。其中的大多数迁徙至东部天山地区。这些回鹘余部在这片区域建立了一个新的政权：西州回鹘（9世纪下半叶—13世纪），直至成吉思汗（Činggiz Khan）（1162？—1227年）崛起后，这个政权依然存在，并且主动归顺于蒙古。纵观回鹘汗国漫长的统治历史，回鹘人经历了文化、宗教和政权的变革，而这些变革都对回鹘汗国统治者的政策产生了影响。本文我们主要讨论回鹘统治者是如何在不同信仰和政治关系的基础上，使其统治具有正统性的。

---

① 首先我要表达对森田美树（Miki Morita）博士（岩国市），塚本荣美子（Emiko Tsukamoto）教授（京都），威肯斯（Jens Wilkens）博士（哥廷根），和吉田丰（Yutaka Yoshida）教授（京都）的诚挚感谢，感谢他们给予我专业上的支持，当然我将为自己的问题承担责任。

二、回鹘统治者名号的正统性

名号制度是回鹘可汗们助益自身统治合法化的重要策略，这是因为名号反映了统治者们如何从官方层面维护其自身的威严。本文笔者调查了回鹘可汗们在上述两个时期使用过的一些名号。然而，随着大蒙古国的建立（1206年），回鹘统治者的角色发生了转变。这一特殊的时期也将在下文中说明。

2.1 东回鹘汗国时期

2.1.1 游牧传统

政权建立之后，东回鹘汗国的影响力不断扩大，已经超出了蒙古高原的地域范围。回鹘以其强大的军事实力，成为了当时东亚乃至内亚的最强政权——唐王朝（618—907年）最为重视的邻国。有时甚至对唐王朝构成了威胁。因此，唐王朝密切关注着回鹘的一举一动，唐朝的官修史书中对回鹘及其政权颇有记载。大多数回鹘可汗号都是在唐史中关于新可汗即位的记录中出现的。此外，还有三座回鹘人自己竖立的纪念碑：希内乌苏碑（Šine-Usu），塞福列碑（Sevrey），和九姓回鹘可汗碑（Karabalgasun）[①]。其中第一座碑是为了纪念第二任可汗（747—759年在位）而立的，第二座碑是第八任可汗在位期间（808—821年）建成的。一些学者对于塞福列碑建成的时代持有不同的说法，吉田丰认为这块碑是由第三位可汗（759—779年在位）出征中原协助唐朝平定安史之乱时建立的[②]。九姓回鹘可汗碑是三座碑中特别值得注意的，因为该碑是由三种不同文字刻写（古突厥鲁尼文、汉文和粟特文），碑文对于讨论立碑以前回鹘统治者的谱系有重要意义。这座碑现在仅存的一些残块中，用汉文撰写的部分相较于另外两种语言撰写的部分更为完整。因此，统治者们原本的古突厥语称号可以通过汉文反映的语音标记进行重建。通过上述材料可知，除了最后一位统治者

---

① 对于这些碑文的最新研究，请参见森安孝夫（Moriyasu Takao),《シネウス碑文訳注》,《内陸アジア言語の研究》24（2009）: 1-92;森安孝夫等人的研究，《セブレイ碑文》《モンゴル国現存遺蹟・碑文調査研究報告》.森安孝夫（Takao Moriyasu）,阿・奥其尔（Ayudai Ochir）(Toyonaka:The Society of Central Eurasian Studies, 1999), 225-227; Moriyasu Takao 森安孝夫《Kara = Barugasun hibun カラ＝バルガスン碑文"《モンゴル国現存遺蹟・碑文調査研究報告》(Provisional Report of Researches on Historical Sites and Inscriptions in Mongolia from 1996 to 1998), ed. Takao Moriyasu 森安孝夫和阿・奥其尔 Ayudai Ochir(Toyonaka: The Society of Central Eurasian Studies, 1999), 209-224; Yoshida Yutaka 吉田丰《ソグド人と古代のチュルク族との関係に関する三つの覚え書き》《京都大学文学部研究紀要》50（2011）: 7-22;吉田丰,《ソグド人とトルコ人の関係についてのソグド語資料2件》《西南アジア研究》)67(2007): 52-54; Yutaka Yoshida, "Historical Background of the Sevrey Inscription in Mongolia," in Great Journeys across the Pamir Mountains.《纪念张广达先生八十华诞祝寿论文集》,陈怀宇、荣新江(Leiden, Boston: Brill, 2018),140-145.九姓回鹘可汗碑的中文部分编辑请参见 Moriyasu Takao 森安孝夫和 Sakajiri Akihiro 坂尻彰宏, Siruku rōdo to sekaishi シルクロードと世界史(World History Reconsidered through the Silk Road)(Toyonaka: Osaka University The 21st Century COE Program Interface Humanities Research Activities 2002, 2003).

② Yoshida, "Two Sogdian Materials," 52-54; Yoshida, "Historical Background," 143-145.

外，几乎所有东回鹘汗国时期的可汗名号都有记载。(见表3.1)①。

在诸多回鹘统治者的尊号中，一个因素扮演着重要的角色，那就是"天（古突厥语 tängri）"或是说"上天的赐福（古突厥语 kut）"。早在突厥汗国时期（553—742年）就被视作传统游牧民族统治者权力的来源，突厥汗国的臣民同样属于操突厥语族语言的部民，在回鹘人之前他们统治着蒙古高原②。由突厥汗国重臣暾欲谷（Tonyukuk，7世纪下半叶—8世纪上半叶）建造的暾欲谷碑明确记载了天、突厥汗国统治者和他的臣民之间的关系：

> 然而，上天说："我给（你们）一个统治者，而你们，舍弃了你们的统治者，（而又）臣属（于唐朝）"因为（你们）臣属（唐朝），上天说："毁灭吧！"然后突厥部落相继死亡、衰微，最后被消灭了③。

回鹘继承了相同的天人观念，从希内乌苏碑（Šine-Usu）的短句中可以找到证据：

---

① 关于回鹘王的名号有详细的研究，基于以下研究整理出表格，请参见森安孝夫，《ウイグル＝マニ教史の研究》《大阪大学文学部纪要》31/32(1991): 182-183; Takao Moriyasu, Die Geschichte des uigurischen Manichäismus an der Seidenstraße. Forschungen zu manichäischen Quellen und ihrem geschichtlichen Hintergrund(Wiesbaden: Harrassowitz, 2004), 221-222. Volker Rybatzki 详细研究了每一位统治者的尊号，see Volker Rybatzki, "Titles of Türk and Uigur Rulers in the Old Turkic Inscriptions," Central Asiatic Journal 44.2(2000): 224-225, 251. 其中一些名号是基于汉语发音转写重建的。

② 这个问题已经被一些学者讨论过，请参见如 Masao Mori, "The T'u-Chüeh Concept of Sovereign," Acta Asiatica 41(1981): 47-75; Peter B. Golden, "Imperial Ideology and the Sources of Political Unity Amongst the Pre-Činggisid Nomads of Western Eurasia," in Nomads and Their Neighbours in the Russian Steppe, Turks, Khazars and Qipchaqs, ed. Peter B. Golden(Burlington: Routledge, 2003), 42-50.

③ 这句话最初是由 Volker Rybatzki 翻译成德语的，请参见 Volker Rybatzki, Die Toñuquq-Inschrift(Szeged: University of Szeged, 1997), 79, lines 2-3.

表3.1　东回鹘汗国时期统治者的名号

序号	名号（回鹘语和汉语）[a]	统治年代
1.	köl bilgä kagan 阙毗伽可汗	744—747
2.	täŋridä bolmıš el itmiš bilgä kagan [登里]啰没蜜施颉翳德蜜施毗伽可汗	747—759
3.	täŋridä kut bulmıš el tutmıš alp külüg bilgä kagan 登里啰汨没蜜施颉咄登蜜施合俱录毗伽可汗	759—779
4.	alp kutlug bilgä kagan 合骨咄禄毗伽可汗	779—789
5.	täŋridä bolmıš külüg bilgä kagan 登里啰没蜜施俱录毗伽可汗	789—790
6.	kutlug bilgä kagan 汨咄禄毗伽可汗	790—795
7.	täŋridä ülüg bulmıš alp kutlug ulug bilgä kagan 登里啰羽录没蜜施合汨咄禄胡禄毗伽可汗	795—808
8.	ay täŋridä kut bulmıš alp bilgä kagan 爱登里啰汨没蜜施合毗伽可汗	808—821
9.	kün täŋridä ülüg bulmıš alp küčlüg bilgä kagan 君登里逻羽录没蜜施合句主录毗伽可汗	821—824
10.	ay täŋridä kut bulmıš alp bilgä kagan 爱登里啰汨没蜜施合毗伽可汗	824—832
11	ay täŋridä kut bulmıš alp külüg bilgä kagan 爱登里啰汨没蜜施合句录毗伽可汗	832—839
12	?	839—840

a：在下列讨论中，名号中一些要素是特别重要的。对于下面要讨论的这些要素，我们提供了英文翻译。

天神和地神告诉（我）："突厥人民都是我的（即可汗的）奴隶①。"

这段话除了提及天神之外也提及了地神。然而，毫无疑问，"上天"在游牧民族中扮演了一个重要的角色。上述这些名号表明将上天作为统治者神圣权力的来源是游牧民族的一个传统②。

2.1.2 摩尼教的影响

在东回鹘汗国时期，回鹘民族的宗教信仰发生了彻底的变革。第三任统治者决定奉摩尼教为国教，并且承诺给予摩尼教寺院和信众们支持③。回鹘统治者皈依摩尼教有两个原因，比较显而易见的是政治因素，而更深层次则为经济因素。统治者"需要给他的统治披上神权的外衣，并且必须与那些同他存在竞争关系的对手所奉行的宗教信仰有所区别，比如藏地的佛教、汉人的道教、可萨人（Khazar）的犹太教，等等"④。回鹘统治者选择摩尼教的另外一个原因与粟特（商人）关系密

---

① Moriyasu et al., "Šine-Usu Inscription," 25, lines E1-2.

② 请同样参见 Hans-Joachim Klimkeit, "Qut: Ein Grundbegriff in der zentralasiatischen Religionsbegegnung," in Humanitas Religiosa. Festschrift für Harald Biezais zu seinem 70. Geburtstag. Dargebracht von Freunden und Kollegen, ed. L. Neulande (Stockholm: Almquist and Wiksell, 1979), 253-256。

③ 关于第三位回鹘统治者的宗教转变，例见 TT II, 411-422; Larry V. Clark, "The Conversion of Bügü Khan to Manichaeism," in Studia Manichaica IV. International Kongress zum Manichäismus, Berlin, 14-18. Juli 1997, ed. Ronald E.Emmerick et al. (Berlin: De Gruyter, 2000), 83-123; Xavier Tremblay, Pour une histoire de la Sérinde. Le manichéisme parmi les peuples et religions d'Asie Centrale d'après les sources primaires (Wien: Verlag der öster- reichischen Akademie der Wissenschaften, 2001), 108-110; Takao Moriyasu, "New Developments in the History of East Uighur Manichaeism," Open Theology 1 (2015): 319-322。

④ Yoshida Yutaka 吉田丰,《ソグド人とソグドの歴史》,《ソグト人の美術と言語》等。Sofukawa Hiroshi 曾布川宽 and Yoshida Yutaka 吉田丰 (Kyoto: Rinsen shoten, 2011), 46; Yutaka Yoshida, "The Eastern Spread of Manichaeism, in Handbook of Manichaeism, ed. Jason BeDuhn (forthcoming). 有几位学者提出了这一观点。吉田也提到了几位学者，以可萨人改信犹太教为例，指出在与邻国保持外交时要谨慎选择宗教。参见 Peter B. Golden, "Kharazia and Judaism," Archivum Eurasiae Medii Aevi 3 (1983): 130, 137。

切。粟特人大多信奉摩尼教，这种宗教联系会保证回鹘人的经济利益。第七任统治者的统治期间（795—808年），摩尼教在一次内部的宗教斗争后取得了胜利。从那时起，摩尼教便一直受到回鹘统治者的支持。

这次重要的宗教信仰变更对统治者自身的统治合法化策略产生了影响，这个影响在统治者的名号上反映出来。自因立哈喇巴喇哈逊碑（九姓回鹘可汗碑）而著称的第八位可汗的统治时期起，往后所有统治者的名号前都冠有"月（ay）"或"日（kün）"。这种现象在此前的回鹘统治时期并不多见。这些天体在摩尼教的教义中具有很重要的意义。由于回鹘人皈依摩尼教，因此这些元素，特别是月，被加入到回鹘统治者的名号中[①]。由此可以推断出，最晚在回鹘第八位可汗的统治时期，回鹘可汗开始借助摩尼教教义使其统治合法化[②]。回鹘可汗在他们名号中明显使用摩尼教元素的另一重要原因，可能从第七位统治者之后，他们与之前的统治者相比属于不同的宗族。

2.2 西州回鹘

2.2.1 西州回鹘时期统治者的名号

不同于东回鹘汗国统治者们，在吐鲁番盆地建立政权的西州回鹘可汗的尊号没能被完整地保存下来。在东回鹘汗国灭亡后，中原王朝并未给予位于吐鲁番盆地的西州回鹘过多的关注。一方面是由于地理

[①] 请参见 Alessio Bombaci, "Qutlug Bolsun!," Ural-Altaische Jahrbücher 38 (1966): 14; Hans-Joachim Klimkeit, "Das manichäische Königtum in Zentralasien," in Documenta Barbaro- rum. Festschrift für Walther Heissig zum 70. 参见 Geburstag, ed. Klaus Sagaster and Michael Weiers (Wiesbaden: Harrassowitz Verlag, 1983), 231-233; Hans-Joachim Klimkeit, "The Sun and Moon as Gods in Central Asia," South Asian Religious Art Studies Bulletin 2 (1983): 11-13; Rybatzki, "Titles of Türk and Uigur Rulers," 245。

[②] täŋri "天"的元素仍存在于统治者名号中。所以按照传统的看法，天是统治者权力的来源，可能在回鹘统治者统治的正统性中发挥着更为深远的作用。

位置上双方的距离遥远，另一方面则是因为当时中原政局飘摇，典章涣散。因此，中原的文史资料详细载录了东回鹘汗国统治者的名号，却对西州回鹘疏于记载。表图3.2 中西州回鹘统治者名号是由多种语言的材料、写本收集整理而成，大部分文献出土于吐鲁番、敦煌地区[①]。经笔者的梳理和总结，十位统治者的名号记载如下：

表图3.2　西州回鹘统治者的名号

尊　号	统治年代
㕎禄登利逻汨没密施合俱录毗伽怀健可汗 *ulug täŋridä kut bulmıš alp külüg bilgä kagan	~856~ [a]
el bilgä täŋri elig	~954~
arslan bilgä täŋri elig = süŋülüg kagan	~981‑984~
bügü bilgä täŋri elig	~996‑1003~ [b]
kün ay täŋritäg küsänčig körtlä yaruk täŋri bügü täŋrikänimiz	~1007‑1008~
kün ay täŋridä kut bulmıš ulug kut ornanmıš alpın ärdämin el tutmıš alp arslan kutlug köl bilgä täŋri han	~1017‑1031~

---

① 这个表格中对名号的统计是基于 Takao Moriyasu, Peter Zieme, Volker Rybatzki 和荣新江的研究，具体请参见 Moriyasu, "Uiguru = Manikyō shi," 183-185; Moriyasu, Die Geschichte des uigurischen Manichäismus, 222-225; Peter Zieme, "Man-ichäische Kolophone und Könige," in Studia Manichaica. Second International Conference on Manichaeism, St. Augustin/Bonn, August 6-10, 1989, ed. Gernot Wiessner and Hans-Joachim Klimkeit（Wiesbaden, Harrasowitz: 1992）, 323-327; Rybatzki, "Titles of Türk and Uigur Rulers," 252; Hiroshi Umemura, "A Qočo Uyghur King Painted in the Buddhist Temple of Beshbalïq," in Turfan, Khotan und Dunhuang, Vorträge der Tagung „Annemarie von Gabain und die Turfanforschung", veranstaltet von derBerlin-Brandenburgischen Aka-demie der Wissenschaften in Berlin（9.-12.12. 1994）, ed. Ronald E. Emmerick 等人（Berlin: Akademie Verlag, 1996）, 364-366; Rong Xinjiang 荣新江:《西州回鹘某年造佛塔功德记》，载《突厥语文学研究——耿世民教授八十华诞纪念文集》;张定京、阿不都热西提·亚库甫(北京:中央民族大学出版社,2009),184-187。

续表

尊　号	统治年代
kün täŋridä kut bulmıš ärdämin el tutmıš alp kutlug ulug bilgä uygur täŋri uygur han	~11世纪上半叶[c]
täŋri bügü el bilgä arslan täŋri uygur tärkänimiz	~ 1067 ~
爱登曷哩阿那骨牟里弥施俱录阙蜜伽[ ]圣[ ]可汗 *ay täŋri ?? qut bulmıš külüg köl bilgä [ ] täŋ[ri] kagan	?[d]
kün ay täŋrilärdä kut b[u]lm[ı]š [buya]n(kut) ornanmıš alpın [ä]rdämin el tutmıš üčünč arslan bilgä han(täŋri elig tugmıš han)	?[e]

a. 名号是出自欧阳修、宋祁著，《新唐书》（北京：中华书局1975年），（完成于1060年），卷217《回纥传》，第6133页。

b. 荣新江认为在这个可汗和下一任可汗之间还存在一个可汗，虽然目前对此说法存有不同的意见，具体请参见荣新江《突厥语文学研究》，第185页；茨默：《吐鲁番摩尼教文献题跋与国王》，第326页。

c. 这个统治者在敦煌文书P.3049 v中提到过，文书现在保存在巴黎，见MOTH no. 5, 42-43, line 8'-11'。

d. 荣新江认为他的统治时期在930年左右，还有其他的观点，参见荣新江的《西州回鹘某年造佛塔功德记》，第187页。

e. 关于这位统治者的详细讨论，请参阅梅村坦（Hiroshi Umemura）的《一位高昌回鹘国王》"A Qočo Uyghur King"第364—366页。他认为这位统治者的统治时期是在十世纪末以后，括号内的内容参考了茨默的建议。具体请参见茨默（Peter Zieme）的"The West Uyghur Kingdom: Views from Inside," Horizons 5.1（2014）: 18。他认为这位君王统治时间为10世纪末，980年之前。

第一位可汗的名号与其他记载在吐鲁番和敦煌地区出土的文书残片上的名号有所不同，因为这是回鹘迁徙至天山区域不久后唐朝皇帝打算授予回鹘可汗的封号。名号el bilgä täŋri elig 和 arslan bilgä täŋri elig = süŋülüg kagan 出现在摩尼教文献中。名号kün täŋridä kut bulmıš ärdämin el tutmıš alp kutlug ulug bilgä uygur täŋri uygur han 是一封书信草稿的收件人，除这份草稿外，还有一份书信草稿和几份摩尼教文献被写于同一张纸上。其余的可汗都在佛教文献中有所提及。第四任统治者由于制定了法令，留名于史册；第十任统治者的名号是在佛教石窟壁画中供养人旁边的榜题中发现的。第八位可汗的名号是由回鹘抄经者/供养人发愿抄写佛经，以积功德，在发愿文中提到的这位统治者。其他统治者的名号都出现在通过引用特定国王在位的年份来确定内部日期的写本中。但是，这些写本似乎都不是官方的文件。因此，没有办法明确判断这些名号是否完整或是有所简化。如果我们将第五、第六、第七、第九和第十位统治者的名号视作是完整的或是官方的①，他们名号中的 han 和 elig（国王）在东回鹘汗国时期曾被持续使用②，这些名号中上述词语和天体词语 kün 和 ay 一起被长期使用，表明了在西州回鹘时期统治者们的合法性策略可能没有变化。

---

① 名号依次为：kün ay t(ä)ŋritäg küsänčig körklä yaruk t(ä)ŋri bügü t(ä)ŋrikänimiz, kün ay t(ä)ŋridä kut bulmıš ulug kut ornanmıš alpın ärdämin el tutmıš alp arslan kutlug köl bilgä t(ä)ŋri han, kün täŋridä kut bulmıš ärdämin el tutmıš alp kutlug ulug bilgä uygur täŋri uygur han and *ay täŋri ?? qut bulmıš külü-g köl bilgä [ ]täŋ[ri]kagan, kün ay täŋrilärdä kut b[u]lm[ı]š [buya]n ornanmıš alpın [ä]rdämin el tutmıš üčünč arslan bilgä han。

② 另一个名号 Idok kut 在蒙古时期普遍出现，可能在西回鹘汗国统治下已经被借用。这在摩尼教文献中得到了证实。请参见 M III, 33-35, No. 15, TM 417, line 19, TM 47(M 919), lines 9 and 14; R. Rahmeti Arat, "Der Herrschertitel Iduq-qut," Ural-Altaische Jahrbücher 35(1964), 151–152. 这两个残片现在保存在 M 919 名下，请参见 Larry V Clark, "The Turkic Manichaean Literature," in Emerging from Darkness: Studies in the Recovery of Manichaean Sources, ed. Paul Mirecki and Jason Beduhn(Leiden, New York, Cologne: Brill, 1997), 133. 然而，从上述名号可以看出，在西州回鹘汗国时期，回鹘统治者的称谓"Idok kut"并不常见。几位学者提出上述观点，请参见梅村坦 Umemura, "A Qočo Uyghur King," 361-378; Rybatzki, "Titles of Türk and Uigur Rulers," 258, 268-269。

三、西州回鹘的统治者与摩尼教

3.1 内亚的两个回鹘王国

840年,东回鹘汗国覆灭,大部分回鹘部落离开了蒙古高原地区,向西迁移。一支部落向南在甘州附近的绿洲定居,还有一支去往西南,进入了天山东部的区域。南迁回鹘部落建立了甘州回鹘政权(9世纪中叶—1028年),西迁回鹘政权建立了西州回鹘政权。由于资料的缺乏,尚不能明确这两支回鹘部落是何时以及如何建立起来的,也并不知晓这两支回鹘政权关系的性质。本节主要讨论西州回鹘,尽管与之存在于同一时期的甘州回鹘缺乏相关研究资料,但是也不能被完全忽视[①]。

甘州回鹘汗国的确切建立过程尚不明确,大约是在890年建成的。这位回鹘王称自己为东回鹘汗国著名的统治氏族药逻葛(yaglakar)部落的后裔[②]。在898—899年,唐朝政府承认了这个回鹘王朝的存在,并且许配了一位大唐公主给回鹘统治者[③]。甘州回鹘汗国似乎一直强调他们作为东回鹘汗国继承者的地位。至少在一段时间内,他们保持了游牧特性,且他们也像8世纪时东回鹘汗国协助唐朝镇压安禄

[①] Elisabeth Pinks 在她的书中为甘州回鹘研究做出了重要贡献。James Russell Hamilton 也在他的著作中研究了这一问题。见 Elisabeth Pinks, *Die Uiguren von Kan-chou in der frühen Sung-Zeit (960 – 1028)* (Wiesbaden: Harras-sowitz, 1968); James R. Hamilton, *Les ouïghours. À l'époque des cinq dynasties d'après les documents chinois* (Paris: Collège de France, 1955)。

[②] 事实上,随着第七任统治者的登基,这个汗国的统氏族由药逻葛(Yaglakar)转为阿跌氏(Ädiz)。即便如此,第七位可汗自幼便被药逻葛氏收养,故而自称为药逻葛氏,所以药逻葛氏族的统治也得以延续。

[③] 关于这个问题,请参见森安孝夫,《ウイグルと敦煌》,《東西ウイグルと中央ユーラシア》(名古屋:名古屋大学出版社,2015),第307-311页。这篇文章最初发表在《講座敦煌 2 敦煌の歷史》;榎一雄(Tokyo: Daitōshuppansha, 1980), 297-338. 该作者本人对新版本进行了扩充。

山叛乱那样，为唐王朝提供过军事支持①。甘州回鹘一直通过多次联姻与敦煌地方政府保持紧密联系。尽管甘州回鹘统治者集团自身的宗教归属尚未明确，但是一些与敦煌当地统治者有着联姻关系的回鹘贵族女性和她们的子嗣，在敦煌的莫高窟中都被描绘成敦煌统治集团的一员②。甘州回鹘位于敦煌至中原地区之间，因此他们也是西州回鹘最重要的邻居③。

西州回鹘的早期历史仍然有许多空白。840年后不久，庞特勤带领他的追随者进入了焉耆地区④。他寻求中原王朝的认可，期望早日受封。唐朝颁发令旨予以册封，册命庞特勤为回鹘可汗。然而，唐朝使节在去往回鹘汗廷的途中受到了袭击，因此中原王朝赐予回鹘可汗的尊号的册立文书未送及回鹘治所⑤。851年前后，一个当地的回鹘首领迁移至吐鲁番地区，这表明在那个时期这一区域已经处于回鹘的统治之下了⑥。866年，驻于别失八里的回鹘首领仆固俊攻占了吐鲁番和西州回鹘王国。仆固俊似乎征服了焉耆的统治者，但我们并不清楚他们

---

① 请参见田中峰人，《甘州ウイグル政権の左右翼体制》,《ソグドからウイグルへ——シルクロード東部の民族と文化の交流》；森安孝夫（Tokyo: Kyūko shoin, 2011）, 267-299; Moriyasu, "Uyghurs and Dunhuang," 311。

② 关于这个观点，参见下文5.1节。

③ 森安孝夫指出与甘州回鹘王国的关系对敦煌的汉族统治者来说比与于阗王国的关系更为重要。请参见 Moriyasu, "Uyghur and Dunhuang," 320。

④ 关于回鹘人的迁移和西州回鹘王国的建立，参见森安孝夫，《ウイグルの西遷について》,《東西ウイグルと中央ユーラシア》，森安孝夫（Nagoya: Nagoya University publishers, 2015）, 276-298。这篇文章最初发表于《东方学报》59.1-2（1977）: 105-130。作者完善了新版本。关于西州回鹘王国，同样请参见 Zieme, "The West Uighur Kingdom," 1-29。

⑤ 见2.2.2节3.2表格的第一个名号。

⑥ 一些学者对于是谁取代了吐鲁番地区当地的统治者的问题提出了不同的观点，见森安孝夫 "Uiguru no seisen ni tsuite," 286-287；荣新江，《归义军史研究》,《归义军史研究——唐宋时代敦煌历史考察》，上海：上海古籍出版社，1996，第353—354页。

是否为同一宗族。然而是仆固俊占领吐鲁番地区意味着统治者的宗谱不可避免地发生了变化。

总之，西州回鹘的建立，可以看出统治者内部发生政变，而这种政治斗争会持续，直到一个稳定的政权建立。因此，仆固俊不太可能是漠北回鹘汗国统治者药逻葛氏的后裔①。在这种情况下，甘州回鹘的统治者与西州回鹘统治者的政权存在宗族的竞争关系。因此仆固俊和他的继承者们很有必要在国内外表明政权的正统性。仆固俊最重要的目标，首先是那些回鹘人，其中包括同他一起迁移的追随者们，还有在东回鹘汗国时期就已经生活在天山区域的人。因此，西州回鹘统治者们首先要证明新的汗国是曾经蒙古地区东回鹘汗国的继承者，来表明其统治的正统性。

3.2 摩尼教与回鹘统治者的正统性

相比于甘州回鹘，西州回鹘汗国统治者在证明氏族正统性时存在更多的困难。因此，其他可以证明与东回鹘汗国统治一脉相承的事实越来越重要。其中之一便是统治者对东回鹘国教摩尼教的支持。

众所周知，回鹘人在西州回鹘建立后曾一度保持摩尼教信仰，回鹘统治者下令拥护和支持摩尼教，昭示其宗教立场。根据什叶派学者、书目学家伊本·奈迪姆（Ibnan-Nadīm）（10世纪左右）编写的阿拉伯语史料 Kitābal-Fihrist（群书类述）记载，一位回鹘统治者因获悉

---

① 甘州回鹘统治者们声称自己是药逻葛氏族的后裔，这一点似乎得到了西州回鹘王国统治下的人民的承认。来自西回鹘汗国的使者在敦煌写下发愿文 P. 2988v，在发愿文中他将甘州回鹘视作"神圣的药逻葛统治的王国"（OU täŋi yaglakır eli），虽然这段发愿文没有明确记载日期，但是由于出土地点为藏经洞，因此推断其日期不晚于11世纪。见森安孝夫，《ウイグル語文献》》，《讲座敦煌 6 敦煌胡语文献》）。Yamaguchi Zuihō 山口瑞凤（Tokyo: Daitō shup- pansha, 1985），22; MOTH, No. 15, 83-92, line 27.

呼罗珊统治者对摩尼教教徒的镇压,威胁称将会同样用严厉的手段打击自己辖境内的穆斯林[1]。为了回报西州回鹘可汗的支持,摩尼教采用的方法之一即在官方仪式中使用摩尼教赞美词来拥护西州回鹘统治的正统性。在柏林收藏的吐鲁番藏品中,学界普遍确定共有六首中古波斯语和回鹘语的赞美诗和颂歌[2]为献给回鹘统治者及回鹘王国的作品。其中的"登基颂词M919"表明了这些诗文中的一部分可能是为了官方仪式而创作的。

始祖传说即卜古(Bokug)可汗传说的流传与完善,是摩尼教对于西州回鹘统治者统治正统性的又一贡献。这一传说主要记录在蒙古时代(13—14世纪)的波斯和汉文史料中。在这一传说中,回鹘的始祖可汗卜古(Bokug)被奉为神话般的存在,许多的摩尼教元素都在其中扮演着重要的角色,就如生命之树、天堂之光和白袍选民[3]。漠北回鹘

---

[1] 相应的英文翻译,请参见 Bayard Dodge, The Fihrist of al-Nadīm: A Tenth-Century Survey of Islamic Culture (New York: Columbia Uni- versity Press, 1970), 802-803。

[2] 请参见 VOHD 13,16, no. 297(U 31), no. 334(Ch/U 3917), no. 344(U 5362), no. *348(*TM 176), no. 352 (M 919). For the Middle Persian hymn, M 43 see Friedrich W.K. Müller, "Handschriften-Reste in Estangelo-Schrift aus Turfan II," *Abhandlungen der preußischen Akad- emie der Wissenschaften, phil.-hist. Klasse* 2(1940): 78-79. 另外两件残片 U 141 和 U 184 也可能是献给回鹘国王的。请参见 VOHD 13,16, no. 298(U 141) 和 no. 300(U 184). 此外,统治者是这三则残片的主题,请参见 VOHD 13,16, no. 339(M 111 II), no. 343(M 525a,b) and no. 384(U 251a,b). 对回鹘摩尼教文献的概述,请参见 Clark, "The Turkic Manichaean Literature," 121-141. 他在文中列出了 27 首登基赞美诗、祝福或悼词,其中 17 首的主题关于统治者或回鹘王国。请参见 Clark, "The Turkic Man- ichaean Literature," 133-134, no. 119-134. 然而,Jens Wilkens 后来对文本提出了一些不同的看法,请参见 VOHD 13,16。

[3] 几位学者研究了这个传说,有关来源的详细信息,请参阅摘要及前人研究,具体见笠井幸代 Yukiyo Kasai, "Ein Kolophon um die Legende von Bokug Kagan," Nairiku ajia gengo no kenkyū 内陸アジア言語の研究 (Studies on the In- ner Asian Languages) 19 (2004): 9-14。

汗国时期摩尼教的传入为传说的创作提供了最初的动力①，又因为这一传说涉唐代回鹘西迁，所以可将传说最终版本的建立时间推至西州回鹘时期。这一传说最早记载了回鹘的始祖是如何诞生的，以及其如何在一个摩尼教环境下成功赢得了统治地位。因而，西州回鹘的统治者可将卜古可汗传说当作自己祖先传说并借此宣称他们与东回鹘汗国统治者有联系。

以上这些材料都表明了回鹘可汗们对于东回鹘汗国和西州回鹘共同的国教——摩尼教的坚定的支持，以及摩尼教对于回鹘统治者统治合法性的维护。

四、宗教团体在西州回鹘的官方待遇

4.1 对于宗教团体政治和经济上的支持

尽管摩尼教保持了其作为西州回鹘国教的地位，但是佛教的影响力日益壮大。最终，在10世纪下半叶至11世纪初，佛教推翻了摩尼教国教的地位，成为回鹘人的主要宗教②。即便如此，两个宗教仍在此后的一段时期内共存于回鹘统治之下。在讨论佛教在回鹘正统性策略中扮演的角色之前，笔者想首先讨论一下回鹘统治者在佛教与摩尼教共

---

① 如第2.1.2节所述。随着第七任统治者的登基,统治氏族发生了变化。因此,这也可以看作是这个传说创作的动机。

② 请参见如森安孝夫,《トルコ仏教の源流と古トルコ語仏典の出現》,《東西ウイグルと中央ユーラシア》;森安孝夫(Nagoya: Nagoya University publishers, 2015), 618-644. 这篇文章最初发表于《史学杂志》(Journal of Historical Studies) 98.4 (1989): 1-35; Moriyasu, "Uiguru = Manikyō shi," 147-174; Moriyasu, Die Ge- schichte des uigurischen Manichäismus, 174-209; Xavier Tremblay, "The Spread of Bud- dhism in Serindia: Buddhism among Iranians, Tocharians and Turks before the 13th century," in The Spread of Buddhism, ed. Ann Heirman and Stephan Peter Bumbacher (Leiden and Boston: Brill, 2007), 108-114。

存时对二者的政策。

在吐鲁番发现的，名为"关于摩尼教寺院经济秩序"的文书，证明了这个事实，即回鹘统治者普遍参与并积极管理汗国内的宗教团体①。这一部分保存下来的文书上印有一位回鹘官员的汉文朱方印，且印了11次。由此我们可以判断这份文书是由西州回鹘的政府发布的②。根据该文书的内容，回鹘王室承诺以多种方式给予摩尼教寺院经济支持，并制定了摩尼教寺院管理细则③。

虽然回鹘王室也同样为佛教僧伽制定了规则，但相比于为摩尼教制定的规章，则略显粗略。一块可能追溯至前蒙古时期的残片记载了回鹘朝廷答应免除木头沟（Murtuk）地区佛教寺院的税费④，这一文件同样钤有朱方印，表明该文件与上文提及的摩尼教文书有重要的相似之处。因此，该文书也可能是西州回鹘朝廷发布的。

4.2 回鹘人的宗教转变及其对此的政治、经济的支持

上述例证清晰地表明了回鹘统治者参与到了宗教团体的管理中。现在有一个至关重要的问题：从回鹘统治者举措中是如何反映出其宗

---

① 森安孝夫通过详细的语言和历史调查对该文本进行校注，参见 Moriyasu, "Uiguru = Manikyō shi," 35-126; Moriyasu, Die Geschichte des uigurischen Manichäismus, 39-147。

② 见森安孝夫"Uiguru = Manikyō shi," 127-128; Moriyasu, Die Geschichte des uigurischen Manichäismus, 149-151。

③ 管理寺院制定的规则是必要的，因为摩尼教神职人员必须遵守严格的制度，但有时这也使得寺院的自主管理变得棘手。至少有一部分规则已经颁布，其相关记载保存在几个文书碎片中。请参见 Moriyasu, "Uiguru = Manikyō shi," 83-87; Moriyasu, Die Geschichte des uigurischen Manichäismus, 103-108。

④ Zieme 在他的文章中将这个残片引用作文本 B，Peter Zieme, "Uigurische Steuerbefreiungsurkunden für buddhistische Klöster," Altorientalische Forschungen 8 (1981): 254-258，关于日期的界定，请同样参见 Moriyasu, "Uiguru = Manikyō shi," 134, fn. 17; Moriyasu, Die Geschichte des uigurischen Manichäismus, 158, fn. 17。

教信仰从摩尼教转变到了佛教。

其中有两件残片记载的内容特别令人深思。回鹘语文献 M112v，记录了回鹘君主为了修建一座新的佛寺，于983年下令取缔并摧毁摩尼大寺，且回鹘王子亲自主持了佛寺的修建[1]。这表明了在10世纪中叶的时候，回鹘统治者已经以这种激进的方式来表明自己对于佛教的重视和青睐。

另一方面，第二片残片文书*U9271的背面记有一张佛教、摩尼教的官布供养的清单，这表明回鹘统治者们试图同时支持两个宗教团体。松井太推测这一账本是专门为高昌（Qočo）故城α遗址的寺庙而制作的。该寺院原为摩尼寺，后于1008年改建为佛寺，因此这一清单也应追溯至这个年代[2]。如果他的假设正确，则寺庙在交由佛教信徒接手后，依然允许摩尼教僧人留驻寺庙中或寺庙附近。通过这本账簿，可以看出摩尼僧的数量少于佛僧数量，其中将给予摩尼教的不同赏赐物，记载为纯粹的"布施"；而给予佛教僧团的供养物则被描述为"国

---

[1] 请参见 Moriyasu, "Uiguru = Manikyō shi," 147-150; Moriyasu, Die Geschichte des uigurischen Manichäismus, 174‐178; Takao Moriyasu,《8—11世纪中亚地区回鹘摩尼教的历史》,《シルクロードと世界史》ed. Moriyasu Takao 森安孝夫和坂尻彰宏 (Toyonaka: Osaka University The 21st Century COE Program Interface Humanities Research Activities 2002, 2003), 86-90。

[2] 松井太 Dai Matsui, "An Old Uigur Account Book for Manichaean and Buddhist Monasteries from Tempel α in Qočo" in Zur lichten Heimat. Studien zu Manichäismus, Iranistik und Zentralasienkunde in Gedenken an Werner Sundermann, ed. Team "Turfanforschung"(Wiesbaden: Harrassowitz, 2017), 409‐420; 松井太,《高昌故城寺院址αのマニ教徒と佛教徒》《大谷探檢隊收集西域胡語文獻論叢：佛教・マニ教・景教》, 入泽崇, 橘堂晃一 (Kyoto: Research Institute for Buddhist Culture/Research Center for World Buddhist Cultures, Ryukoku University, 2017), 71-86. 至于变化，这个寺庙现被称作遗址α, 请参见 e.g. Werner Sundermann, "Completion and Correction of Archaeological Work by Philological Means: The Case of the Turfan Texts," in Histoire et cultes de l'Asie Centrale préislamique. Sources écrites et documents archéologiques, ed. Paul Bernard and Franz Grenet (Paris: Centre National de la RechercheScientifique, 1991), 286-288。

王布施",并且相较于摩尼教的赏赐物更为丰厚。因此,很明显可以看出佛教是更受统治者重视的,但同时也并不能断定回鹘统治者立即停止了对摩尼教团的支持①。

无论这些行为是否能够反映出统治者对佛教而非摩尼教的偏爱,但是都表明了回鹘统治者切身参与进入摩尼教和佛教教团的管理之中。正如M112V残片所表明的,统治层已经采用激进手段来表达自己的宗教偏好了。然而最后提到的账簿说明,在某些情况以及特定的时期,回鹘统治者希望在两种宗教团体之间保持某种平衡。这并不仅仅是统治者们个人的宗教偏好决定的,也取决于对政局的判断。

4.3 不同佛教团体的政治待遇

这种不同的待遇甚至在吐鲁番地区的佛教团体之间也能见到。吐火罗人和汉人佛教徒们在将佛教传入回鹘的过程中扮演着重要的角色,随着时间的推移,汉传佛教逐渐占据了主要的地位②。在佛教成为了回鹘主要宗教后,回鹘统治者会任命佛教僧人担任政府职务。这一

---

① 此外,吉田认为,西回鹘王国的摩尼教教会因希望回鹘皇室成员的参与而改变了他们的基本的庇麻节;而在10世纪,回鹘皇室成员则更喜欢参加在同一天举行的佛教节日。请参见 Yutaka Yoshida "Buddhist Influence on the Bema Festival," in Religious Themes and Texts of Pre-Islamic Iran and Central Asia. Studies in Honour of Professor Gherardo Gnoli on the Occasion of His 65th Birthday on 6th December 2002, ed. Mauro Maggi et al.(Wiesbaden: Reichert, 2003), 453-458. 如果他的假设是正确的,那么回鹘皇室会派成员参加佛教和摩尼教的重要节日。这再次表明,摩尼教试图得到回鹘朝廷的支持而做出的努力似乎在某种程度上是成功的。因此,至少在一定时期内,回鹘政权不仅支持佛教徒,也支持摩尼教团体。这个观点,请同样参见 Moriyasu Takao 森安孝夫,《西ウイグル王国におけるマニ教の衰退と仏教の台頭》《東西ウイグルと中央ユーラシア》;森安孝夫(Nagoya: Nagoya University publishers, 2015), 590-617.

② 自森安孝夫于1989年发的第一篇文章以来,他在几篇文章中都讨论了这个问题。最新成果请参见 Moriyasu, "Toruko bukkyō no genryū to ko torukogo butten no shutsugen," 618-644.

特殊的情况仍需进一步讨论①。P. 3672号汉文书信再度提供了这样任命的一个案例。它是10世纪下半叶由一位回鹘僧官由吐鲁番寄至敦煌的一封信②。这封信也表明了那一时期回鹘僧人与敦煌佛教团体的特殊联系。信中记载回鹘僧人收到了西州回鹘统治者赐予的金印章，而这位僧人身居高位，是许多汉地僧人和非汉僧人的头领。这表明了在那个时期，与汉地佛教紧密联系的僧人，被回鹘统治者授予高位高官③。

这封信件表明，在10世纪下半叶，即使吐火罗的影响依然存在，回鹘统治者对于汉传佛教仍有明显的偏重。然而橘堂晃一（Kitsudo Koichi）最近指出，敦煌莫高窟第148窟和柏孜克里克石窟第20窟都保存有吐火罗僧人的绘画，伴有梵文的题词。这些吐火罗僧人像上述汉文书信中提到的僧人一样也持有金色印章④。柏孜克里克石窟第20窟可能于12世纪建成，而这幅壁画描绘的是当时代的僧人还是历史上的重要僧

---

① 关于这些讨论，请参见 Takao Moriyasu, "Chronology of West Uighur Buddhism—Re-examination of the Dating of the Wall-paintings in Grünwedel's Cave No. 8 (New: No. 18), Bezeklik" in Aspects of Research into Central Asian Buddhism. In memoriam Kōgi Kudara, Silk Road Studies XVI, ed. Peter Zieme (Turnhout: Brepols publishers, 2008), 191-227. The Japanese version was published in Bukkyō gaku kenkyū 仏教学研究 [Stud- ies in Buddhism] 62-63 (2007): 1-45, 在2015年 Moriyasu 的书中再次发表。这些版本的内容变化不大，同样请参见 Jens Wilkens, "Buddhism in the West Uyghur Kingdom and Beyond," in Transfer of Buddhism Across Central Asian Networks (7th to 13th Centuries), ed. Carmen Meinert (Leiden, Boston: Brill, 2016), 246-249。

② 这封信由 Moriyasu 连同文献和历史评论一起出版。最新版本参见 Moriyasu Takao 森安孝夫，《敦煌と西ウイグル王国—トゥルファンからの書簡と贈り物を中心に》，《東西ウイグルと中央ユーラシア》, ed. Moriyasu Takao 森安孝夫 名古屋：名古屋大学出版社，2015），336-337。这篇文章首次发表于《東方学》74 (1987): 58-74。

③ 尽管这位僧人的名号为回鹘语，森安孝夫仍认为他是汉人，因为他的汉语能力很强。参见更新的版本 Moriyasu, "Chronology of West Uighur Buddhism," 208。

④ 参见 Kitsudō Kōichi 橘堂晃一，《ベゼクリク石窟供養比丘図再考—敦煌莫高窟の銘文を手がかりとして》，《アジア仏教美術論集中央アジアIガンダーラ~東西トルキスタン》ed. Miyaji Akira 宮治昭（Tokyo: Chūō kōron bijutsu shuppan, 2017), 523-550。

人，仍然没有定论。然而，至少现在我们能知道在那个时期存在着遵从吐火罗佛教传统也同样被西州回鹘授予了高位的僧人。且在柏孜克里克石窟第20窟，不仅仅有僧人穿着吐火罗服饰，也穿着汉族服饰。这似乎表明了这两个佛教僧团是受同等重视的，至少表明统治者有此意愿。

回鹘统治者同时支持摩尼教和佛教两个教团（至少在一段时间内是这样），并且对于吐火罗和汉人佛教徒的传统的重视程度相当。这暗示了回鹘统治者在对待不同的宗教团体包括对他们的活动场所，都维持基本的平衡。由此推测，当时的统治政权很可能希望通过制定特定的宗教政策，以此控制并支持不同的宗教团体。

五、西州回鹘的统治者和佛教

如3.2小节所述，西州回鹘的统治者扮演着摩尼教保护者的角色，而摩尼教则通过赞美诗来巩固统治者的统治。此外，第4节讲述了统治者的宗教政策，即回鹘统治者对摩尼教和佛教团体都给予支持，企图在不同宗教团体间保持一个平衡。从上述事实来看，随着回鹘宗教信仰的转变，摩尼教维护统治者统治合法性的功能被佛教取代了。

5.1 邻近绿洲汗国的佛教正统

赤木崇敏（Takatoshi Akagi）对包括西州回鹘在内的"中亚的佛教正统性"研究领域做出了重要的贡献。他基于敦煌发现的材料指出，在10世纪的敦煌，一些归义军节度使自称转轮圣王或者菩萨王的化身，将自己视作佛王而大力支持佛教活动且大规模地修建佛教的供养窟。这些政策与这一地区政治局势上的变化密切相关。在这一时期，由于唐王朝的衰落，敦煌当地的掌权者不再依靠中原汉地皇帝的权力，逐渐变得独立，因此他们需要重新使自己的统治合法化。赤木认为，统治者提高佛教徒及菩萨王地位的现象，不仅能在归义军统治内看到，同样可以在同一时期的于阗和西州回鹘内看到①。

归义军的统治者以及他的家庭成员，包括他们来自于阗和甘州回鹘的妻子，都在莫高窟和榆林窟洞窟②中的供养人图像中出现。这些供养人形象为我们展现出于阗和甘州回鹘的势力，以及和敦煌当时的政治联姻。然而于阗和回鹘统治者们是否接受归义军节度使自认的转轮圣王身份仍有待进一步探讨。与敦煌不同的是，于阗和回鹘的政治局势在10世纪并未经历重大的变革③。除此之外，在敦煌也发现了于阗、回鹘统治者和敦煌统治者实施相似合法性政策的写本④。这些材料可能反映了归义军统治者在敦煌地区被誉为佛王。

5.2 佛教图像和唱诗中的回鹘统治者

一些画在石窟及窟内四周墙壁下方以及甬道上的回鹘供养人像被视作回鹘王供养像。但是其实大部分供养人像都是回鹘的皇室成员或

---

① 参见赤木崇敏,《十世紀敦煌の 王権と転輪聖王》,《东洋史研究》69.2（2010）: 233-252;《金輪聖王から菩薩の人王へ－10世紀敦煌の王権と仏教》,《歴史の理論と教育》139（2013）: 3-17. 西夏王也被等同于转轮圣王或圣法王的化身,请参见 Ruth W. Dunnell, The Great State of White and High. Buddhism and State Formation in Eleventh- Century Xia（Honolulu: University of Hawai'i Press, 1996）, 36-63。

② 请参见赤木崇敏,《曹氏歸義軍節度使時代の敦煌石窟と供養人像》,《敦煌写本研究年報》10（2016）: 285-308; Moriyasu "Uyghur and Dunhuang," 318-322; Lilla Russell- Smith, *Uyghur Patronage in Dunhuang. Regional Art Centres on the Northern Silk Road in the Tenth and Eleventh Centuries*（Leiden, Boston: Brill, 2005）, 228-229。

③ 关于西回鹘汗国政治的改变,请参见第三节。

④ 请参见 Akagi, "Kingship and the Idea," 250–253; "From Gold Wheel-Turning Kings," 9–11. 这里共列出 8 篇提及于阗王的文献。同时残片 P. T. 1120, IOL Khot S 22（Ch.xl.002）, P. 2739=和 P. 2958 中于阗王为发文者,文书 P 4099, IOL Khot S 47（Ch.i.0021 b.a）, IOL Khot S 21（Ch.i.0021 a.a）, IOL Khot S 74/3（Ch.00274）and P 2739 是佛教颂词,跋文和发愿文。这些文献都不是出自阗皇室的官方记载,因此并不能由此证明于阗王本人已经使用了上述正统性政策。关于回鹘王仅有一篇汉语发愿文 S. 6551 提到回鹘王是菩萨的化身。

是厚禄高官的供养人像，其中仅一部分借助榜题可以判定为统治者的供养像①，且大部分供养像保存于敦煌莫高窟。在11世纪，敦煌落入与西州回鹘有关的回鹘人的控制之下②。因此，那些供养人画像可能是由这些回鹘人创作的，他们也只是在简单地遵循着当地的习俗，所以这些供养人像在吐鲁番地区的佛教环境中不像在敦煌地区那样普遍地作为表现统治者的方式。

回鹘语佛教颂词的数量比摩尼教赞美诗更多，但仅有少数会直接提及回鹘可汗，也仅有一小部分佛教的颂诗文本以回鹘可汗和回鹘汗

---

① 据我所知，它们位于别失八里的S105室和敦煌莫高窟409。关于S105，请参见梅村坦Umemura, "A Qočo Uyghur King," 364–366. 关于莫高窟409窟，参见松井太，《敦煌諸石窟のウイグル語題記銘文に關する箚記（二）》，《人文社会論叢（人文科学篇）》32（2014）: 27-30. 此外，西千佛洞里面的画像（Chin. Xi Qianfodong 西千佛洞）13（former Cave 16）也一直被视作回鹘王，参见敦煌研究院编《中国石窟安西榆林窟》（Tokyo: Heibonsha, 1990），239. 对于摩尼教画像也有同样的调查，然而，保存下来的摩尼教绘画数量非常少，其中一些被较新的佛教绘画所覆盖。我们可以在石窟中看到一个例子 38. Cf. Moriyasu "Uiguru = Manikyō shi," 7-27; Moriyasu, Die Geschichte des uigurischen Manichäismus, 2-28.

② 参见森安孝夫，《沙州ウイグル集団と西ウイグル王国》，《東西ウイグルと中央ユーラシア》ed. Moriyasu Takao 森安孝夫（名古屋：名古屋大学出版社，2015）355-374. 这篇文章最初发表于《内陸アジア史研究》15（2000）: 21-35; Takao Moriyasu, "The Sha-chou Uighurs and the West Uighur Kingdom," Acta Asiatica 78（2000）: 28-48. 正如森安孝夫所总结的那样，关于当时回鹘人对敦煌的统治，至今仍有不同的看法。

国作为主题①。反观摩尼教赞美词，通常都是献给统治者和汗国，也会用于官方仪式。此外，许多的佛教颂词都是以草体撰写的，说明这些颂词都是在蒙古汗国时期抄写的。即使从理论上来讲，他们大多数是在前蒙古时期创制的，但这些材料不足以证明这些诗是否被用于官方活动。

即便如此，有一篇颂词 SI D/17 需引起注意，这首颂词是半齐头体，以水平方向书写，因此可以被准确追溯至10世纪。这篇颂词与上述回鹘的始祖传说有联系。根据以上的讨论，这个始祖传说最初是在

---

① 茨默对回鹘佛教押头韵文献进行了大量研究，请参见 e.g. Peter Zieme, Die Stabreimtexte der Uiguren von Turfan und Dunhuang: Studien zur alt-türkischen Dichtung (Budapest: Akadémiai Kiadó, 1991); Peter Zieme, "La poésie en turc ancien d'après le témoignage des manuscrits de Turfan et Dunhuang," Comptes Rendus de l'Académie des Inscriptions et Belles-Lettres 149.5 (2005): 1145-1168. As far as I know, the following Buddhist eulogies are dedicated to the Uyghur rulers and their kingdom: Ch/U 6691+Ch/U 6687; Ch/U 7542; Ch/U 7750+Ch/U 7540; Ch/U 7547, Ch/U 6849 (T II Y 58₆), Ch/U 7154 (T III 1138), SI D/17, U 1864 (T II Y 22). 关于前三则颂词，请参见 BT XXX-VIII, 176-181, 174-175, 208-209; Peter Zieme, "Remarks on Old Turkish Topography," in Languages and Scripts of Central Asia, ed. Shirin Akiner and Nicholas Sims-Williams (London: Routledge, 1997), 45-51; Peter Zieme, "Some Notes on the Ethnic Name Taŋut (Tangut) in Turkic Sources," in Tanguty v Central'noj Azii. Sbornik Statej v Chest" 80-letija Professora E. I. Kychanova, ed. Irina Fedorovna Popova (Moskva: Bostochnaja Literatura, 2012), 461-468; Peter Zieme, "Eine Eloge auf einen uigurischen Bäg," Türk Dilleri Araştırmaları 3 (1993): 271-284. About SI D/17, 参见 Lilia Yusufzhanovna Tuguševa, "Ein Fragment eines frühmittelalterlichen uigurischen Textes," in Turfan, Khotan und Dunhuang: Vorträge der Tagung "Annemarie von Gabain und die Turfanfroschung", veranstaltet von der Berlin-Brandenburgischen Akademie der Wissenschaften in Berlin (9.-12.12.1994), ed. Ronald E. Emmerick et al. (Berlin: Akademie Verlag, 1996), 353–359; Oda Juten 小田寿典《ブク・ハン伝説のウイグル仏教写本一断片－トゥグーシェヴァ 発表によせて》《愛大史学－日本史・アジア史・地理学 7》(1998): 57–67. 此外赞美词 Ch/U 7613+Mainz 713 (T II Y 58) 是献给高昌的伯克和他的妻子，请参见 e.g. Jens P. Laut and Peter Zieme, "Ein zweisprachiger Lobpreis auf den Bäg von Kočo und seine Gemahlin," in Buddhistische Erzählliteratur und Hagiographie in türkischer Überlieferung, ed. Jens P. Laut and Klaus Röhrborn (Wiesbaden: Harrassowitz, 1990), 15-36, 参见 BT XXXVIII, 182-191. 同样参见 Wilkens, "Buddhism in the West Uyghur Kingdom," 244-245。

摩尼教影响下的西州回鹘统治下完成的。因此这个SI D/17颂词是佛教最初为适应回鹘统治而仿照回鹘始祖传说创作的。在蒙古时期草书体写的回鹘语编年史中，也提及了始祖卜古可汗。至此，我们了解到佛教颂词的版本比回鹘语编年史出现年代更早，并且一直流行至蒙古时期[1]。此外其他的蒙古时期保存的可汗传说的史料也没有提到佛教版本的卜古可汗传说。志费尼（约1226—1283年）撰写的波斯史学名著《世界征服者史》对于研究佛教版本可汗传说的创作环境来讲非常重要。这本波斯语书的作者是蒙古统治下呼罗珊的一位重要人物。他多次访问了蒙古大可汗建于哈拉和林的都城[2]。因此他有很好的机会来了解不同部落的情况，包括当时已在蒙古统治下的回鹘部落。而他书中记载的回鹘始祖卜古可汗传说可以被视作蒙古统治时期具有代表性的版本[3]。这表明了在这个时代，尽管佛教版本传说在前蒙古时期已经被采用，但回鹘宗主国蒙古仍然将这一包括许多摩尼教元素的原始传说版本视作回鹘的始祖传说。

5.3 回鹘可汗和其他佛教文献中对他们活动的记载

颂词并非回鹘王在佛教背景下表现自己权力的唯一方式。归义军节度使的许多发愿文中记载了地方政府将佛教活动作为官方仪式来组

---

[1] 参见 Zhang Tieshan and Peter Zieme, "A Memorandum about the King of the On Uygur and His Realm," Acta Orientalia Academiae Scientiarum Hungaricae 64.2（2011）: 135-145; Zieme, "The West Uyghur Kingdom," 14-15。

[2] John Andrew Boyle 简要地总结了他的一生，请参见 John A. Boyle, trans, Genghis Khan. The History of the World Conqueror（Manchester: Manchester University Press, 1958）, xxvii‐xxxvii。

[3] 可能这一部分是在忽必烈（1260—1294年）的统治下将佛教引入蒙古王朝后重新编纂的，这种可能性不能被完全否认。然而由于地理和政治上的距离，这种措施不太可能得到认真执行。

织①。此外，从敦煌发现的藏语写本我们可以得知，有些佛典文献是专门为统治敦煌的吐蕃赞普用藏语抄录的②。在西夏，佛教文献的译著工作的进行须奉皇帝的命令③。

然而，直至目前，在西州回鹘的佛教典籍中并没有明确发现此类活动的痕迹④。一些残片和题记中记载，回鹘的贵族善男信女们，包括皇室成员，都充当着供养人的角色。然而，在这些原始材料中，回鹘可汗却并没有以供养人的身份出现过⑤。值得注意的一点是，供养人题跋中也不曾有回鹘可汗的记载。这些题跋一般都按照同样的模板写，并且一定程度来讲是在汉文发愿文的基础上发展起来的，且大多数发愿文都是在敦煌发现的⑥。汉文发愿文和回鹘语的题跋都记载着供养人的功德。另外，这些有功德的供养人，是依照社会等级的高低来依次

---

① 关于这些文本请参见 Akagi, "Kingship and the Idea of the Cakravartin," 243; Akagi, "From Gold Wheel-Turning Kings to Bodhisattva Human Kings," 7。

② 请参见 e.g. Kazushi Iwao, "The Purpose of Sūtra Copying in Dunhuang under the Tibetan Rule," in Dunhuang Studies: Prospects and Problems for the Coming Second Century of Re- search, ed. Irina Popova 和 Liu Yi(St. Petersburg: Slavia, 2012), 102-105。

③ 请参见西田龙雄,《西夏の仏教について》,《西夏王国の言語と文化》；西田龙雄(Tokyo: Iwanami shoten, 1997), 403‐437. 这篇文章最初发表于《南都仏教》22(1969): 1-19; 史金波,《西夏佛教史略》,银川：宁夏人民出版社，1988;第58-72页。

④ 回鹘人是否创作佛典也是一个被多次讨论的重要问题。其产生和存在在任何现存的文献中都没有记载。有关这个问题的详情请参见 Jens Wilkens, "Hatten die alten Uiguren einen buddhistischen Kanon?" in Kanonisierung und Kanonbildung in der asiatischen Religionsgeschichte, ed. Max Deeg et al.(Vienna: Austrian Academy of Sciences, 2011), 345-378。

⑤ 森安孝夫调查了柏孜克里克第8窟的壁画和铭文,认为这个石窟寺是回鹘王修建的。具体请参见 Moriyasu, "Chronology of West Uighur Buddhism," 199-200.然而,他引用的碑文并没有说明这座寺庙的供养人。正如所谓的木杵文书记载那样,一些寺庙是由皇室成员供养的,请参见森安孝夫,《西ウイグル王国史の根本史料としての棒杭文書》,《東西ウイグルと中央ユーラシア》. Moriyasu Takao 森安孝夫(Nagoya: Nagoya University publishers, 2015), 678-730.政府对于寺庙的财政支出在4.2节有记载,以上是我们目前所知唯一由回鹘统治者给予的支持。

⑥ 请参见 BT XXVI, 37-44。

记载的①。在许多汉文发愿文文本中，归义军政权的统治阶层通常在发愿文跋文的名单中名列前茅②。这表明了这些统治者的正统性政策在佛教背景下是成功的，且被敦煌的人民承认。然而，西州回鹘时期的回鹘文跋文则完全没有出现与统治者相关的记载。只有一个例外，是在1067年抄成的哈密抄本《弥勒会见记》的题跋中③。因而，向统治者回向功德似乎尚未在西州回鹘时期的回鹘文榜题中形成固定内容，但这一结构也确实为回鹘文榜题所使用。

5.4 佛教与西州回鹘的正统性

如上文所述，回鹘可汗们试图在不同的宗教团体之间保持一个平衡，在支持这些宗教团体的同时能够控制他们。然而，不论是从现存的图像材料还是文字材料中，我们都无法找到任何线索来证明统治权力是如何在佛教背景下发挥作用的。

回鹘可汗的邻居归义军政权，在10世纪推行了一套新的正统性政策。实施这一举措的部分原因可能是唐王朝的消亡，唐王朝一直是敦煌地方节度使正统性的重要来源。在敦煌，佛教徒数量明显占上风，且归义军统治者与周围信仰佛教的其他政权建立了外交联系，推进佛教合法化也是一个行之有效的策略。相比于敦煌，西州回鹘创立之时

---

① 出现在本章节的正确的记录，cf. BT XXVI, 43, table I。

② 请参见《敦煌愿文集》，黄征，吴伟（长沙：岳麓出版社，1995）；e.g. 31, 319, 334, 338, 445, 459, 483, 487-488, 492, 521, 524, 587, 598, 605等。一些发愿文都提到了吐蕃王，在吐蕃统治时期，为统治者祈福发愿似乎已经成为发愿文中的固定模式，请参见《敦煌愿文集》，452, 555, 560。

③ 请参见 BT XXVI, 195-199, no. 100, lines 20-23. Akagi 指出一篇汉文文书中提到了这位回鹘统治者以及他的妻子和大臣，文中将他比作菩萨的化身。基于这篇文书，Akagi 认为回鹘统治者也像敦煌和于阗的统治者一样借助佛教来实现合法统治。请参见 Akagi, "Kingship and the Idea of the Cakravartin," 253-254. 然而在这种情况下必须基于汉族传统来理解，并不一定反映出了回鹘统治者实现统治合法化的实际策略。

便对正统性有强烈的需求。当时，并非佛教而是摩尼教和统治者东回鹘汗国继承者的身份，在证明其统治正统化中起到了重要作用。当佛教接替摩尼教成为国教时，回鹘的统治已经更为稳固，对正统性的要求没有先前那样强烈了，但佛教同样希望得到回鹘统治者的青睐，从其创作佛教版本的回鹘祖先传说一事便可见一斑。然而，即使在摩尼教为国教时，当地的佛教徒们也享受着宗教自由，没有任何束缚①。此外，正如本文4.2节、4.3节描述的那样，回鹘可汗们任命大量僧人担任职位，使得佛教成功地得到了贵族们的经济支持和承认。因此，回鹘统治者们是否在佛教背景下建立政权，对于佛教来说并非一个生死问题，尽管这是可取之策。此外，佛教团体已经成功获得来自包括皇室成员等回鹘高层的支持，这足以使佛教在王国中占据主导地位。

此外，西州回鹘似乎已经与统治着中国东北、蒙古和中国北部的契丹王朝（907—1125年，在汉文史料记载为辽）以及它的继承者——在中亚建立统治的喀喇契丹（1124—1216年，在汉文史料记载为西辽）建立了友好的关系。因此，这种和保护国政权的联系被回鹘视作建立统治正统性的另一种选择，这样一来，佛教不再是可汗正统性政策的唯一选择。除此之外，与敦煌地区不同的是，西州回鹘内部有几个宗教团体，甚至在佛教团体中，也至少活跃着两个不同的派别。西州回鹘以西毗邻喀喇汗王朝（999—1211年），喀喇汗王朝的国教不是佛教而是伊斯兰教。在这种情况下，为了避免"佛教"和"伊斯兰

---

① 宋朝使者王延德(939—1006年，王延德)记录了在西回鹘王国他看到了佛教寺庙的大门上挂着唐朝授予的牌匾。他是在980年左右访问了西回鹘王国，当时的寺庙仍然保持着与唐朝的一致。因此，在回鹘摩尼教的统治下，佛寺似乎没有经历过严重的破坏。王延德报告的德文翻译，具体参见 Moriyasu, Die Geschichte des ui- gurischen Manichäismus, 167-168.

教"之间发生宗教冲突，把佛教正统性放在过高位置是不明智的。麻赫穆德·喀什噶里（Maḥmūd al-Kāšġarī）（约1020—1070年）在他的著作 Dīwān Luġāt at-Turk《突厥语大词典》（该书最终在1077年于巴格达编成）中记载了至少四首与西州回鹘作战的喀喇汗士兵的诗[1]，其中仅有一首提到了回鹘的佛教崇拜。然而，其余三首也并未将这些战役描述为与信奉佛教的回鹘人之间的宗教战役。这与早期伊斯兰史料中将回鹘统治者记载为摩尼教保护者相差甚远。

（中亚地区的）伊斯兰教统治在对待他们的非伊斯兰邻居，确切来讲是他们保护国统治者，同样表现出冷漠态度，这可以在他们对西辽王朝的记载中看到[2]。这个帝国起源于以其统治者对佛教的忠诚而著名的契丹王朝，而在西辽政权建立后，这个王朝征服了许多伊斯兰统治地域，且似乎改变了他们的宗教信仰，信仰佛教已无迹可寻。同时西辽表现出对宗教的包容性，因为在中亚，宗教的重要性次于贸易。西辽的政策获得了其伊斯兰附属国认可，在大部分时期，这些国家臣服于其统治，没有任何起义行动。

西州回鹘大概率也采取了与中亚政权类似的宗教和政治立场，将与邻国的贸易作为最重要的问题，把宗教放在次要位置。在这一方面，西州回鹘称得上是西辽的先行者，它们都是以前是游牧民族迁徙后统治了大部分定居人口的中亚国家。

---

[1] 参见 Robert Dankoff and James Kelly, trans., Maḥmūd al-Kāšɣarī. Compendium of the Turkic Dialects (Dīwān Luɣāt at-Turk), 3 vols. (Cambridge: Harvard University Print. Of fice, 1982—1985), vol. 1, 270, 327, 359; and vol. 2, 272. 还有另外两首诗，可能是关于对抗回鹘人的战争。请参见 vol. 1, 353 and vol. 2, 245.

[2] 关于这位帝王，请参见 Michal Biran, The Empire of the Qara Khitai in Eurasian History. Between China and the Islamic World (Cambridge: Cambridge University Press, 2005)。

六、蒙古时期的正统性

6.1 蒙古时期的佛教正统性

随着大蒙古国的建立，回鹘汗国和其国家的所处环境发生了巨大变化。回鹘王自愿臣服于成吉思汗，因此他的王国在蒙古统治下可以享受一定的独立。即便如此，蒙古皇帝仍凌驾于回鹘王之上，而回鹘王处于大蒙古国的正统性战略之下。

起初，蒙古人对其统治者的权力有一定的概念，统治者依照惯例与被统治的游牧民族共享权力，也包括在东回鹘汗国时期的回鹘民族。自忽必烈汗（Khubilai）（1260—1294 年）任命了八思巴（Phakpa）（1235—1280 年，Tib. 'Gro mgon chos rgyal' Phags pa）为帝师后，佛教的地位便确定了下来，蒙古大汗被称作转轮圣王[①]。

按照蒙古朝廷命令举办的重要国家庆典活动也体现了这个正统性政策。在这些文化活动中，朝廷组织以不同的语言出版各种文本，其中也包括回鹘文[②]。在这些活动中回鹘语的使用表明回鹘佛教徒以及他们的写本在蒙古朝廷中发挥着重要作用。

蒙古大汗利用佛教作为其正统性的一个工具，这也同样反映于回鹘写本中，如上所述，在前蒙古时期供养人的题名中，没有具体的统治者题名。然而，在蒙古时期，宗教功德往往先归属于蒙古大汗及其

[①] 请参见 Ishihama Yumiko 石濱裕美子，《パクパの仏教思想に基づくフビライの王権像について》《日本西蔵学会会報》]40(1994): 35 – 44; 中村淳，《チベットとモンゴルの邂逅—遥かなる後世へのめばえ》，《中央ユーラシアの統合 9 – 16 世紀 岩波講座 世界歴史 11》，Sugiyama Masa'aki 杉山正明 (Tokyo: Iwanami shoten, 1997): 135-137。

[②] 请参见 Nakamura Kentarō 中村健太郎，《ウイグル文「成宗テムル即位記念仏典」出版の歷史的背景》《U 4688［T II S 63］・*U 9192［T III M 182］の分析を通じて》，《内陸アジア言語の研究》21(2006): 66-82。

亲眷，而且当时的人们常认为他们属于菩萨家族（bodis(a)t(a)vu）①。他们出现在供养人跋文中表明在佛教背景下蒙古皇帝的中心地位也被回鹘佛教所利用②。

6.2 大蒙古国统治下的回鹘统治者

在这种情况下，回鹘统治者自己也开始公开表明他们与佛教的联系。尽管出现在跋文中的是蒙古皇帝而非回鹘统治者，但回鹘统治者自己作为供养人参与了佛经的抄缮③。事实上，这些活动是在回鹘统治者的个人要求下进行的。此外，蒙古时期也有一些佛教颂词。回鹘编年史《回鹘志》（The annals of Old Uyghurs）在那个时代广为流传，以佛教的形式记载了西州回鹘的历史以及那个时代④。由于颂词和回鹘史都是以草书写成，它们被界定为属于当地或私人的作品，并且这表明了在正式庆典上出版佛教典籍是蒙古皇室的特权，因而回鹘统治者则会避免在官方场合表明他们的佛教立场，以免侵犯到蒙古皇帝的威严。

然而，至少有一则文献表明回鹘统治者在佛教背景下的地位被承认了。亦都护高昌王世勋碑，写于1334年，阐述了回鹘统治者家谱。在这里统治者多次以具有佛教属性的从天上下凡 cintāmaṇi-like（OU

---

① 请参见如 BT XXVI, 60-61, no. 8a, lines 7-9, 112-115; no. 40, lines 31-32, 115-117; no. 41, lines 31-33, 122-123; no. 43, line 12, 132-134; no. 50, lines 6-9, 207; no. 109, lines 5, 249-251; no. 133, line 13, 261-262; no. 144, lines 1-3, 262-263; no. 145, lines 6-17, 265-266; no. 149, lines 10-12, 266-267; and no. 150, lines 1-2, 8-13.

② 回鹘统治者（Idok kut）在几篇跋文中都被以供养人身份被提及。请参见 BT XXVI, 112-115, no. 40, 261-262; no. 144, 265-266; and no. 149.

③ 回鹘统治者，亦都护（Idok kut），在几则榜题中被提及。

④ 请参见5.2小节，fn. 55. Wilkens本卷第七章论述了回鹘族统治者在佛教颂词中的地位。

čintamani täg）的"菩萨"出现（OU bodisatav）诸如此类①。因为该碑文具有官方特征，这些描述表现了回鹘统治者试图将宗族置于佛教背景下。

当该碑建立时，蒙古王朝面临着政治的不稳定。回鹘统治阶级内部至少分为两个派系。由于在13世纪下半叶大汗和窝阔台的孙子海都汗（Khaidu）之间的斗争，回鹘的统治者将他们的住所由吐鲁番转移到永昌②，虽然居于永昌的回鹘统治者一直臣属于大蒙古国，但是，察合台汗国统治者于高昌任命的新的回鹘统治者统治着吐鲁番地区③。回鹘统治阶层的分裂以及与原始家园联结的丧失，导致统治者的威信下降。同时，在这个时候，蒙古皇帝的权威对于回鹘统治者来说，已然不再是可靠的权力正统性依据来源。因此，回鹘统治者寻求在佛教的背景下建立其统治的正统性。

七、结语

东回鹘汗国统治者们尊号的变化表明回鹘统治者选择的信仰在他们维持其正统性过程中发挥着重要作用；回鹘贵族对摩尼教团体的持续支持以及东回鹘汗国的统治氏族的更替，很可能是引入新摩尼教正

---

① 参见耿世民，《回鹘文"亦都护高昌王世勋碑"研究》，《新疆文史论集》，北京：中央民族大学出版社，2001年，第400—434页，特别是404页，第22行；406页，第8行和第13行。这篇文章最初发表在考古学报［4（1980）:515-529;Shimin Geng and James Hamilton,"L'inscription,ouïgoure de la stele commemorative des Idoq Qut de Qočo,"Turcica 13（1981）:18,line 22;22,line 8 and 13。

② 请参见 Thomas T. Allsen, "The Yüan Dynasty and the Uyghurs," in China among Equals. The Middle Kingdom and its Neighbors, 10th-14th Centuries, ed. Morris Rossabi（Berkeley, Los Angeles, London: University of California Press, 1983）, 252-255。

③ 请参见 Allsen, "The Yüan Dynasty and the Uyghurs," 258-260;Rybatzki, "Titles of Türk and Uigur Rulers," 253-255。

统性的重要原因（回鹘贵族对于摩尼教的坚定支持以及回鹘建立新的统治时宗族发生的改变）。当回鹘人迁移至东部天山区域并且建立西州回鹘时，第一批统治者可能并非来自东回鹘汗国统治部族——药逻葛家族，他们迫切需要证明自身统治的正统性，来稳定新建立的王国。此外，甘州回鹘汗国的统治者也宣称他们属于药逻葛家族，这便造成与西州回鹘的正朔竞争。在这种情况下，西回鹘扩大其始祖传说的影响力，来证明新的汗国统治者在国内外都是东回鹘汗国的正统继承人。为了强调这一点，统治者将他们自己描绘成为摩尼教的保护者，而摩尼教团体则为统治者和王国创作的大量赞美诗和颂词作为回报。

在公元10世纪下半叶至11世纪初，佛教在西州回鹘取得了国教的地位，即便如此，回鹘统治者仍然希望让不同的宗教团体保持平衡，从而避免造成任何形式的迫害。回鹘统治者任命佛教的僧侣来担任政府的职务，并确定佛教寺院财政支持的规模的事实，则表明统治者积极参与管理和控制其所统治的宗教团体，无关其宗教喜好的转变。

在10世纪的敦煌，归义军统治者被尊为佛王，自诩"菩萨王"，利用佛教来表明其正统性，这种形式在图像和文字材料中都有体现。在那个时候，敦煌更加独立于中原，统治者可能发现更有必要来强调佛教所带来的正统性；残存的材料并没有表明回鹘统治者在佛教背景下积极地表现他们的权力。当佛教成为回鹘主要宗教时，西州回鹘已经成功稳定了它的统治，因此统治者没有在佛教教义支持下强烈地展示其权力的需要。

此外，西州回鹘统治着各种宗教团体以及西边毗邻信奉伊斯兰教的国家。在这种情形下，不论是在国内还是在外交政治上凸显佛教的性质都是不明智的，统治者需要避免与其他中亚国家一样引发不同宗教团体之间的冲突。因为与邻国建立起稳定的财政基础才是最重要的问题，宗教分歧只是次要问题。西回鹘王国与契丹王国的密切关系（回鹘统治者正朔的另一重要来源），可能也是回鹘人未必依靠佛教获得正朔的原因。

在蒙古时期，蒙古可汗系统地将佛教正统性作为其统治的手段，回鹘语的佛经被视作效忠于蒙古的一部分，在此背景下，回鹘统治者同样开始展示他们个人对佛教的支持。然而，正式的佛教合法性只是为蒙古皇帝保留的。只有当大蒙古国和回鹘王室的统治都经历了政治动荡，回鹘需要强化其权力合法性时，佛教才被回鹘统治者再次使用。

（原载于 Buddhism in Central Asia I —— Uyghur Legitimation and the Role of Buddhism, Edited by Carmen Meinert & Henrik H. Sørensen, 2020，61—90页，英语。）

回鹘佛教朝圣者题记的特别之处

提伯·珀尔奇奥（Tibor Porció）著

陈泳君 译，吐送江·依明 校对

一、引言

根据《大般涅槃经（Mahāparinirvāṇasūtra）》所记载的尼柯耶（Nikāya）传统，觉者的遗物应该存放在佛塔之中，且礼拜、瞻仰这些遗物将会给信徒们带来功德与福报。众所周知，佛教朝圣在尼柯耶佛教和大乘佛教中都非常常见，并且朝圣的地点，即供奉觉者遗物所在地从过去到现在对佛教徒而言都意义非凡。根据汉文史料《北齐书》的记载：公元574年，北齐皇帝（550—577年）向古突厥统治者佗钵可汗（约572—581年[1]）送的就是这部从汉文翻译成古突厥文的佛教经典（叫作《涅槃经》）。如若我们承认这条材料的真实性，那么我们可以相信，这部《大般涅槃经》对于中亚操突厥语族语言的民族而言应

---

[1] Gabain 1954: 164, Klimkeit 1990: 55, Liu Mau-Tsai 1958: 34, Zieme 1992: 10-11.

该是第一部存放在他们图书馆（如果存在的话）里的佛教著作[1]。然而不幸的是，我们既没有发现这份文献，也没有发现任何相关捐赠的确凿证据。尽管我们知道，存在一个教义上有所拓展的早期尼柯耶佛经版本从汉文翻译成了回鹘文，然而它与所谓的574年译本毫无关系[2]。我们也清楚，回鹘佛教文化一度盛行的地域拥有非常多的胜迹，如浮屠、佛龛、寺庙与僧院。显然，我们似乎也可以认为回鹘佛教徒的朝圣之旅是一种积累功德的行为，就和佛教世界的其他地域一样。另一方面，对于一位历史学家而言，回鹘朝圣之旅这一课题充满挑战。理由十分简单：缺少资料。因为回鹘本土的写本文献既无法和那些著名的汉人旅者的记述相比，也无法和吐蕃朝圣手册相比，我们主要的手写史料是现存的回鹘佛教朝圣者们的题记。这些史料主要由一些碎片化信息构成，这些碎片化的材料包括在今天中国新疆维吾尔自治区与甘肃省发现的宗教遗迹或宗教建筑墙面上的刻字。基于现今已经刊行的版本资料（以及现今能够查阅到的资料[3]），在本篇文章之

---

[1] 部分学者已经对这则中国史料的可靠性提出了质疑（Gabain 1954：163; Klimkeit, 1 990：54; Elverskog 1997：5）。首先，我们没有任何第一突厥汗国（公元6—7世纪）时期的证据表明突厥语族的语言是一种有文字的语言。从这一时期流传下来的唯一一个文本是一则粟特文碑铭（布谷特碑，Bugut，所处历史时期在580—590年，见于 Kljaštornyj, Livšic 1972，更为近期的资料见于 Yoshida, Moriyasu 1999）。其次，很难想象，当时突厥语族语言的宗教词汇能够表达出佛教精妙的概念以及复杂的专门用语（Klimkeit 1990: 55）。因而更为合理的解释是，如果涅槃经果真被翻译成"突厥地方的某种语言"，那么涅槃经可能被翻译为了粟特语。亦即被翻译成了第一突厥王朝时期的官方语言（Trembly 2007: 108）。

[2] Elverskog1997: nos. 1, 32., 亦可参见 Zieme 1992: 11-12。

[3] 由于两本相关的著作是在我完成这篇文章之后才获悉的，因而这两篇文章的相关内容无法在正文提及：一个是 Matsui Dai 2013. "Notes on the Old Uigur Wall Inscriptions in the Dunhuang Caves（用日文所写）"，刊自 Studies in the Humanities（Volume of Cultural Science）30: 29-50. 另一个是 Maue, Dieter 2014. Alttürkische Handschriften: Dokumente in Brāhmī und Tibetischer Schrift Teil 2. 电子版。

中，我想强调这些题记的一些特别之处。通过这样做，我希望能够得出下列观点：尽管题记包含的内容很少，但它们会提供比题记表面所蕴藏的信息，以及在此前研究所获得的多得多的信息。在很多方面，这些题记除了是极具价值的史料之外，它们通常也被视为研究把佛教朝圣概念化的材料，尤其是可以作为研究回鹘佛事活动的史料。

二、题记资料简介

格伦威德尔（Albert Grünwedel）领导的普鲁士第三次吐鲁番考察（1906年1月—1907年4月）的著名学术报告于1912年刊行。在对柏孜克里克石窟[①]第9窟一幅壁画的描述中，格伦威德尔这样记载道，在一位婆罗门画像旁边有几处用回鹘文书写的潦草文字，明显出自游人之手[②]。在格伦威德尔的同僚勒柯克（Albert von Le Coq）领导的普鲁士第二次吐鲁番考察（1904—1905年）的报告中，他首次称发现于柏孜克里克石窟和高昌石窟壁画之中的涂鸦为"朝圣者题记"。他也是首位花费精力去转录转写部分题记[③]的学者。由此他认为这些题记的内容与此前他们预想的完全不同，题记的内容与题记所在的壁画图像之间并没有特殊的联系。因此，勒柯克判断题记的重要性微乎其微。以他的

---

① 根据现在所使用的编号，格伦威德尔的9号对应第20（Moriyasu, Zieme 2003: 470, n. 12）或是对应21号柏孜克里克石窟（？）：请参见Matsui 2011: 147。

② "在石窟的外室墙壁上，我发现了一个向内行走的僧侣的图像，这位僧侣身着虎皮裙与虎皮绑腿，左手执花，右手握念珠。墙壁上还有许多回鹘文涂鸦：陀罗尼咒（Dhāraṇīs）、游人的题记，等等。"（Grünwedel 1912: 259）；这段话也被引用于Zieme 1985: 190（text 60e）。

③（Le Coq 1913: 34, 36）在高昌和柏孜克里克的一些壁画之中存在一些婆罗谜书写的题记，这些题记被勒柯克用错误的梵文进行了转录与翻译。然而，据他翻译的内容，这些题记由谁所写（可能是由回鹘人所写），写于何种场合均不清楚（见Le Coq 1913: 28的例子）。他还发现了婆罗谜文的朝圣题记，可惜识读不清，还有汉文的朝圣题记，他把汉文的朝圣题记翻译成了德文。（1913: 9）

观点来说，这些题记最应该被讨论的地方在于这些题记都可以追溯至一个较晚的时期[1]。除此之外，这些题记通常很难识读，这也许就是他在后续的皇家普鲁士吐鲁番考察[2]结果报告中丧失了研究这些朝圣者题记热忱的原因。后来，他仅仅给出了柏孜克里克石窟中一个石窟寺壁画的榜题题记的部分转写，甚至没有尝试去翻译那部分题记[3]。在关于吐鲁番的研究中（包括回鹘相关研究），因为显而易见的理由，研究的焦点从过去开始（现在也是）一直是大型壁画、手工制品以及写本文献等。这些材料主要来自于19世纪90年代、20世纪20年代欧洲和日本探险队在塔里木盆地以及中国西北地区的发现。在勒柯克最初的研究报告之后，"题记涂鸦"在很长一段时间内没有引起任何学者的关注[4]。1976年，卡拉（Georg Kara）提出题记的破译工作需要投入更多的努力与精力，但是这一建议没有激起任何水花[5]。卡拉曾以伯希和敦煌考察拍摄的敦煌第70窟[6]的照片为基础材料写了一篇小文章，在文章之中，他抄录、翻译并评论了三条较短的回鹘朝圣题记。这三条题

---

[1] "带卷草纹饰或不带卷草纹饰的莲花布满象牙色墙壁的空白之处，此外，朝圣者或是其他游人也在壁画之上到处留下各种涂鸦。这些题记被发现时，我们认为它们很重要。然而，这些题记难以识读，尚未提供任何有价值的信息。唯一重要的一点是从字体和形式可以间接判断出这些涂鸦来自相对较晚的历史时期。"（Le Coq 1913: 34.）

[2] Le Coq 1922-26,1928.

[3] "墙壁中间本来用亮红色书写的字迹拙劣的题记被（……）掠夺者严重破坏，我们已经无法识读。我们也认为根本没有必要去解读翻译左边两个黑色榜题框上的题记。最右侧黑色榜题框上的文字十分潦草，记录如下：（……）我们不会尝试翻译这一发现于后期的题字。"勒柯克认为这幅湿壁画创作于9—10世纪期间。（Le Coq 1924: 28）

[4] 在壁画上或壁画旁不仅有回鹘文的题记，还有其他语言文字的题记，诸如汉文的、蒙文的、藏文的、梵文的以及西夏文的，它们对于学术界的吸引力与回鹘文题记并无不同。参见 Matsui 2008: 17, n.1.

[5] Kara 1976: 55.

[6] Pelliot 1924: plates CCLXVI and CCLXVII. 关于敦煌石窟的发现及后期发掘的相关资料参见 Shichang 1995。

记，更准确来说是两条半题记，是在一幅壁画之中发现的，位于壁画中佛陀头部两侧。题记是同一个人书写上去的，可以确定是一位来自肃州[1]（回鹘文 Sügčü）的佛教徒书写的。所有的这两条半"题记涂鸦"都是回鹘语，其中两条是回鹘文拼写的，那附加的半条是八思巴文拼写的。因此，我们可以清楚地判定题记应是元代所写（根据卡拉的观点，至晚推至14世纪）。第一条题记和格伦威德尔提及的那条题记以及勒柯克记录的那些题记一样，是由押头韵的诗文组成。这些被之前辑录者所忽略的文本特征引起了茨默（Peter Zieme）的兴趣，他曾经（再）编写了德国探险家们在柏孜克里克石窟中辑录的朝圣者题记，并且将其收录至自己对回鹘佛教文献中押头韵的小诗研究之中①。茨默对勒柯克关于这些壁画题记价值的看法提出了质疑②，他认为题记包含着"重要信息"③——即使题记与湿壁画之间几乎没有关系。一些回鹘朝圣者题记是用婆罗谜文书写的。这部分题记记录在茅埃（Dieter Maue）④的众多著作之中，是德国吐鲁番探险队（主要是第四次探险活动）从库木吐拉（Kumtura）、克孜尔（Kizil）和高昌（Kocho）拓印并带回德国的。在这部分著作之中，他给出了这些短小题记文本的文字

---

① Zieme 1985:189-192. 编号 60d 的文件源于吐峪沟（Toyok）。编号 59、60a 近期已经被重新编辑并且做出了部分的修改，在 Matsui 2011: 143-148 处有相关的拓本。关于吐峪沟佛教石窟的相关历史地理背景文章参见 Matsui 2010: 703-704。

②"带卷草纹饰或不带卷草纹饰的莲花布满象牙色墙壁的空白之处，此外，朝圣者或是其他游人也在壁画之上到处留下各种涂鸦。这些题记被发现时，我们认为它们很重要。然而，这些题记难以识读，尚未提供任何有价值的信息。唯一重要的一点是从字体和形式可以间接判断出这些涂鸦来自相对较晚的历史时期。"（Le Coq 1913: 34.）

③"（……）但我相信壁画上题记中的一部分的确包含着重要信息。但是并不指望靠这些题记解读出壁画的内容，想要知道壁画的内容只能依靠图像本身。写下这些诗句的主要是朝圣者，尽管我们不知道题记到底是谁写的，但是我们可以作适当的假设。"（Zieme 1985: 190）

④ Maue 1996: 201-5, texts nos.72-77.

换写、语音转写以及德文翻译，同时附上了相关的摄影资料。

在已经提及的诸多著作之中，除了卡拉的文章，其他文章中所提及的这类题记在现存的资料之中仅占很小的一部分或者说为次要的部分。有鉴于此，哈密屯（James Hamilton）与牛汝极[①]合作进行的研究可以说是划时代的[②]。在他们的法文文章之中，他们根据发音转写，文字换写，翻译并评论了20条出自榆林佛教石窟的回鹘题记。文末，他们还附上了一个词汇表以及他们研究所用到的相关照片资料[③]。这些题记书写的时间可以追溯至13世纪至15/16世纪，而书写这些题记的朝圣者大多来自附近的地区，诸如沙州[2]、肃州和哈密[④]。在2006年9月，日本学者松井太（Matsui Dai）考察了榆林石窟并得以在现场对一些回鹘文题记展开调研。有赖于他的直接观察，他修正了哈密屯和牛汝极[⑤]所研究的那部分题记之中的三条。他的文章同样强调两个重要因素：首先，基于照片的识读必须要谨慎；其次，现场记录并研究这些回鹘文题记这一活动是急切需要的，因为这些题记随着时间的流逝也在慢慢地消失[⑥]。在松井太后续的研究之中，他继续着眼于朝圣者的题

---

① Hamilton and Niu 1998: 127-210.

② 这一说法是松井太在 Matsui 2008: 17 中提及的。遗憾的是，James Hamilton 与牛汝极的研究忽视了汉文题记以及婆罗谜文题记。

③ 同年，他们的研究出版了汉译本，杨富学参与了相关工作之中。但是汉译本删减了12篇文章，后来牛汝极（Niu 2002）重新编辑了已经出版的20篇文章中的15篇。很不幸，我没有阅读到这些文章。以上内容参见 Matsui 2008: 17-18；"然而，汉文文章中所涉及的回鹘文题记在 Hamilton and Niu 1998 中已经被重新编辑过，并且除了一些语言学上的论述外，文章几乎没有变化。"（Matsui 2008: 18）

④ Hamilton and Niu 1998: 128.

⑤ Matsui 2008: 17-33. 这三则题记出自榆林窟第12窟，在 Hamilton and Niu 1998 中用字母 H，J 和 L 表示。在此前松井太的一篇文章之中他修订了 S 题记和 T 题记。（Matsui 2008: 170,n.44）

⑥ 2008: 29

回鹘佛教朝圣者题记的特别之处 | 375

记①。尤其在借助松井太的相关研究成果后，题记的重要性较之以前变得更为清晰。同时借助他的成果我们得知，通过回鹘朝圣者书写的幸存下来的题记，我们可以重建朝圣者的行动轨迹，画出他们的活动区域。此外我们可以借助题记研究回鹘、蒙古、汉以及吐蕃在大蒙古国及元朝时期的社会宗教关系。我们能够感受到，完成上述的认知是经过了漫长的过程的。可以确定的是，上述谈及的题记的辑录仅仅记录了未佚失的部分回鹘朝圣者题记②。将全部的回鹘朝圣者题记收集并将其辑录在一套书籍中可能是将来需要完成的工作了。此外，回鹘朝圣者题记经常出现在其他题记的附近，诸如汉文的，婆罗谜文的，西夏文的以及藏文的，有时这些题记还是不同时期的人书写的③。一个关于这些不同朝圣者题记的对比研究——类似于笠井幸代（Yukiyo Kasai④）在榜题上使用的方法，这种对比的方法现在也是需要的。无须多言，因为这个艰巨的任务超出了这篇文章——亦即我个人的专业范围。松井太已经注意到回鹘语题记具有一些区别于其他语言的特点，因而它们形成了一个特殊的组群⑤。还有一个重要的点需要补充，回鹘朝圣者不仅在壁画上留下题记，在上述朝圣地馆藏的佛教写本文献上

---

① E.g. Matsui 2008, 2008, 2011.

② 参见 Matsui 2008: 169, with n.37.

③ "墙壁中间的本来用亮红色书写的字迹拙劣的题记被（……）掠夺者严重破坏，我们已经无法识读。我们也认为根本没有必要去解读翻译左边两个黑色榜题框上的题记。最右侧黑色榜题框上的文字十分潦草，记录如下：（……）我们不会尝试翻译这一发现于后期的题字。"勒柯克认为这幅湿壁画创作于9—10世纪期间。（Le Coq 1924: 28）

④ Kasai 2008: 22-44.

⑤ "（……）在新疆东部的佛教圣地中，我们没有发现类似的由汉族或蒙古族朝圣者所写的题记。他们就认为甘肃省至东部天山或者新疆东部的佛教朝圣之行的主力人员既非汉人也非蒙古人，而是回鹘人，更准确的说，是能够读写回鹘文的人。"（Matsui 2008: 28-29）

也有①。

三、题记所在地

前述的各个版本共包含有33条回鹘文题记。划分这些题记最简单的方法就是根据发现地来分类。发现题记的地方从西到东依次是：克孜尔（1条）—库木吐拉（3条②）高昌（1条）—柏孜克里克/木头沟（4条）—吐峪沟（1条）—敦煌（2+1条）—榆林（20条）。

四、题记的文字与语言

除了所在地，题记之间最简单的区别在于文字与语言。显然，题记绝大数情况是用回鹘文字书写的。回鹘文字是由草体粟特文演化而来，并且大部分流传下来的回鹘语佛教写经都是用回鹘文写成的。婆罗谜文字在回鹘佛教文化圈也十分流行并被广泛使用，这一点已经被（少量且残缺不全的）留存下来的文献③所证明。小范围来讲，壁画中的题记反映的情况是相同的。从克孜尔到敦煌地区普遍流行回鹘文字和婆罗谜文字书写的题记，但是八思巴文字与藏文字书写的题记似乎已经比较少见了。单纯用八思巴文字书写的题记是非常短小精悍的句子："män bu-yän qa-yä"，意思是"我，功德，Kaya（原文如此书

---

① 在部分汉文佛经的反面，经卷的侧边空白处等等地方记载的文字证明了这一点，且这些材料都可以追溯至13世纪中叶。松井太将上述这些材料命名为："Sivšidu-Yaqšidu-manu-scripts"，这是因为"部分 Sivšidu-Yaqšidu-manuscripts 中的题记是 Sivšidu、Yaqšidu 以及他们的同伴根据他们朝圣之旅，在佛教洞窟内冥想或者阅读汉文佛经等活动的回忆而创作的。"（2010：698）以此为基础，这类特殊的资料又可以分为两类，一类是朝圣者的题记（指写于手稿上的文字），一类是读者题跋。然而，本文之中仅讨论基本的题记，只偶尔涉及手稿上的相关内容。

② 括号中的数字表示题记的数量。

③ Maue 1996, Róna-Tas 1991: 63-91.

写）①"，这个八思巴文的题记被附在回鹘文题记的后面，并且是由同一个人书写的，体现了这个人的文字功底。哈密屯和牛汝极②记录的两条藏语题记是用藏文而非回鹘文书写，并且这两条题记仅仅是附近的回鹘文题记的译解，或是旁边其他事物的译解。榆林窟第25窟一则题记回鹘文写作："män kamıl-lıg yaŋı tsunpa yükünürmän"；藏文写作："iy cu pa btsun pa［sar］pa phyag 'tshal lo③"。意思都是"我，来自哈密的一个刚剃度的和尚，来此致敬。"在这里，回鹘文的kamıl相当于藏文的iy cu④，回鹘文+lıg相当于藏文的+pa，回鹘文的yaŋı相当于藏文的sar pa，回鹘文的tsunpa相当于藏文的btsun pa，回鹘文的män...yükünürmän相当于藏文的phyag 'tshal lo。由于yaŋı tsunpa和btsun pa［sar］pa允许有两种解释⑤，所以此人是榆林窟新上任的僧官还是新剃度的僧侣存在争议。尽管前一种观点似乎更为合理，但这并非我们所

---

① Kara 1976: 56, 59.

② 1998: 166-7，题记S，T。

③ Hamilton and Niu 1998: 166；法文翻译也在其中。与此几乎相同，且很有可能出自同一个人之手的是第36号洞窟中的一则题记(T)：回鹘文写作yaŋı tsunpa yükünürmän，藏文写作btsun pa sar pa phyag 'tshal lo(Hamilton and Niu 1998: 167)。在藏文的转录中，编者错误地用gra pa代替了sar pa；同样参见Matsui 2008: 170 note 44。

④ 哈密屯与牛汝极将iy-rgu读作伊吾，Kamil（哈密）的一个汉文名称(Hamilton and Niu 1998: 167)。松井太认为iy-cu来源于汉文的伊州，这是个非常正确的修正，这一点见于Matsui 2008: 170, n. 44; 也见于Matsui 2008: 19。

⑤ 奇怪的是，书写者在他的回鹘文句子中使用了藏文单词btsun pa（这是梵文单词bhadanta的最终演绎），而不是使用常规的回鹘文词语toyin，"僧侣"（借词，来自汉文的道人）。藏文btsun pa/梵文gaumin, bhadanta，"英文monk是指男性修道者"(Tsepak 1986: 326)；"蒙文《翻译名义大集》(Mahāvyutpatti)"用回鹘文借词toyin翻译bhadanta以及btsun pa(Ishihama, Fukuda 1989: nos. 8641, 9155)。最后一个（第9155个）在Dul ba las btus pa'i skad thor bu（来自律藏中的词语）部分列出。

需要讨论的内容。不管怎样，这个僧侣并不是传统意义上的朝圣者①。

我们在柏孜克里克也发现了使用汉文的一个题记例子。这条题记是在最后一行用汉文书写的，题记的前面内容是用回鹘文字和语言书写的四行小诗②。

wo Damoshiluo dizi xie yi 我达摩实罗弟子写矣

英文翻译即为 I, the disciple [of?] *Darmašila (<Skt. Dharmasīla③) have written [this]④。

Maue 1996一文发现的婆罗谜文的朝圣者题记是刻写⑤，部分是笔写的⑥。考虑到这些题记的语言，我们将其划分为三类，单一回鹘语的⑦，单一梵语的⑧，回鹘语—梵语混合双语的⑨。自然，题记的长短（或者说内容）不仅仅受限于题记想要表达什么，同样受限于可以用来书写的地方大小，榜题框就是一个典型例子。空间的大小同样影响着书写题记字体的选择，就像茅埃提到第72条单一回鹘文题记时指出的那样。因为空间有限，谓语 yükünürm(ä)n 译为"我致敬"，被用回鹘文字垂直地附加在水平书写的婆罗谜文⑩之后。

---

① 暂不考虑定义，我们如何区分"朝圣者"与"游客"呢？这里需要指出"朝圣者题记"只是更为常见的各式涂鸦题记中的一个子类别。尽管如此，本文中的大部分题记都属于这一子类别。

② Zieme 1985: 191, text 60a 中没有汉文内容。带有注释论述的整则题记见 Matsui 2011: 145-148.

③ Or Darmaširi(?), 参见 Matsui 2011: 148。

④ 于此我要向 Max Deeg 致谢，因为他为我提供了此条题记的汉文翻译与读法。他同时告诉我说，依据这个手写的字迹来看，抄写这个题记的人并不能够流畅的书写汉文，他很有可能本就是一位回鹘人。

⑤ 文本 72, 73, 74 和 77。

⑥ 文本 75 和 76。

⑦ 文本 72, 73, 75, 76。

⑧ 文本 77。

⑨ 文本 74。

⑩ 1996: 201。

为了恰当地表达出"刻写"这个动作，在语料库中我们找到了三个不同的动词。排除两种情况后，无论在哪里的表达中[1]，biti-都是一个普遍且常用的回鹘词语，意思是"写"[2]。剩余的两种情况，čız-和il-在特定情况或者诗文中会使用。čız-最初就是"划，刮、擦"的意思，后来发展为"画（线、字母等）的意思"[3]。与上述内容相关且值得提及的是，出现了čız-一词的题记（出自克孜尔）是用婆罗谜文刻写在一块石头之上的。由此来看，čız-一词既可以解释为"雕刻"也可以解释为"描画"。一方面，书写的技艺以及文字的使用可能共同决定了这个词的使用情况，其他情况下这个词的使用频率极低[4]：

oya tos ci-z ti(-)m（Ötöš/Ödüš čızdım）

我，Ödüš，刻写了（这个题记）[5]。

另一方面，有人断定，这个词在手稿之中也译为"刻"[6]。因为这个题记中的那个世俗名字"Ödüš"，我们可以得出婆罗谜文不只用于佛教僧侣之间，也说明不仅仅只有僧侣知晓婆罗谜文[7]。

---

[1] Kara 1976: 56; Hamilton and Niu 1998: G.3, H.10, K.10, O.4, P.5, Q.5; Matsui 2008: H.10.

[2] 有关古突厥动词起源的观点请参见 Róna-Tas, Berta 和 Károly 2011: 124.

[3] Clauson 1972: 432a, Erdal 1991: 185,597.

[4] Erdal 1991: 597. 它的反身代词形式 čizin-，"为自己写或画"，出现在回鹘文《譬喻经》的榜题之中是一个所谓的巧合，这个榜题又与《观音经》有关。以上参见 Kasai 2008: 218.

[5] Maue 的翻译是："我，Ötöš，刻上了这个。"(Maue 1996: 202)。对该人名的进一步证明，即Ödüš 似乎是一个女性的名字，参见 Kasai 2008: 251-2, 255, 270; Rybatzki 2006: I35,413; Zieme 1977(1978): 83。

[6] (T)ïyoq kïzïl tisär nägü bolur ärki tip qulutï sivšidu čïztï(m) "'Tïyoq 山谷如何？'因此说，我，[佛陀]的侍者 Sivšidu，写了[这个题记][……]"(Matsui 2010: 703)。

[7] Maue 1996: 202.

后面的动词 il-，意为"抓、握、缠"[①]，在茨默出版的（用回鹘文字和语言书写的）题记中有出现。在其中的一个题记（见下文）之中，它展现了最初的意思，带有否定条件的后缀（-mAsAr），加在第二人称（sän）之后。这部分原文（不幸的是有一定的损毁）如下：kö/ü [//:??] ilmäsär-sän，意为"如果你不够专心"。在这个词是"刻写"意思的情况下，茨默这样评论："根据上下文，动词 il-意为'附上'，在这里意为'刻上题记''写上'[②]"。关于这种说法的其中一个证明就在柏孜克里克[③]一幅壁画的榜题之中，是作为四行诗的从句（由非四行诗作者的人加在四行诗之上的）的一个题记：

biz darmaširi taypodu iki kulut-lar ilä tägindimiz.

我们，两个从者（也就是说信徒）[④]，Dharmasrī 和 Taypodu[⑤]，谦卑地加上（这句话）[⑥]。

在吐峪沟的另一个题记中明确地出现了这个词的直接宾语。这则题记也是在一幅壁画之中发现的：

[①] il-，"抓住（所谓用手、套索、钩子等）"（Clauson 1972: 125）。在那他指出了它与佛教梵文术语 āsajya，"抓紧，紧握"之间的语意联系。关于突厥语族语言的动词及其派生词参见 Erdal 1991: 158, 189, 272 及其他几处。

[②] Zieme 1985: 190, n. 59.10. 在这里，他也提及了位于柏孜克里克的另外一幅壁画中的相同语境中出现了这个动词。

[③] Le Coq 1924: plate 19.

[④] 回鹘文词语 kulut 是 kul"奴隶"加上复数后缀-t 构成，但是这个后缀失去了复数的含义。在佛教的语境中，它可能对应梵语 dāsa，然而，在回鹘文文档中它的用处和日语中 boku"仆""仆从"非常相似，作为男性的第一人称代词。以上参见 Moriyasu 2011: 63。

[⑤] 有几个关于这两个词的论述，见于 Matsui 2011: 150. 中。这两个词在其他地方也一起出现在名称之后，-du/tu 是佛教称号 tutung（源于汉文都统）"都统"的缩写（Matsui 2010: 698）。

[⑥] 据 Zieme 翻译："［…］Dharmasrī 和 Taypodu 这两个仆从以极大的虔诚写下了这些。"（Zieme 1985: 190）。在 VATEC 词汇表中，il-给出是"钩住，钩紧"的意思，在这里我们发现"写（angeschrieben）"已经改为"添加（hinzugefügt）"。（http://vatec2.fkidgl.uni-frankfurt.de/vatecasp/Berliner_Texte_l3.22-60.htm#l32457）

biz šapindu iry-a iki šabi-ky-a-lar bir padak ildim.

我们，šapindu（和）irya，两个虔诚的信徒①。我加上了（这个）简单的一句话②。

所有的这些题记中对于"附写"于何这一具体所指都是含糊不清的：不过这些指的应该是壁画而非是壁画的内容。我们，作为当代的读者，可能会认为这些人的行为破坏了这些壁画。显而易见，如果这些信徒和我们拥有同样的观念，那么今天的我们也就没有机会读到他们的题记了。但是有一个暗示，意思是他们，或者说至少他们之中有一部分，对他们书写题记的行为感到犹豫。就如下面这个尽管是间接的例子所证明的，因为这个例子中的题记并不是写在壁画上，而是写在汉文佛经卷上（这一点从某种层面来讲并无很大的不同）。

tavgač kün-tä bitimäk tamuluk bolgu kılınč ol tep sakınıp män [⋯] bitidim.

写于汉文佛经卷上是为了从苦难之中重生，再三思考后，我［三个常用名］写下［这些］③。

---

① 回鹘文 šabi 源于汉文沙弥，梵文 srāmanera。

② 回鹘文 padak 是梵文 pādaka 两次演绎之后得到的，在 Zieme 1985: 192 中写道："我们，šapindu 和 Irya 两个小沙弥（šabilein），我写了这一节（pāda）"在 VATEC 中修改为了"我们，šapindu 和 Irya 这两个新的信徒加了一个小节。"（http://vatec2.fkidgl.uni-frankfurt.de/vatecasp/Breliner_Texte_13.22-60.htm#132871.）

③ Matsui 2010: 706, II. 5-6. 我们还可以引用另一则题记，读作：män tıyoklug sävinč irik[ip]，松井太翻译为："我，Tıyok 的 sävinč，心存愤恨地写下［写下这则题记］。"（Matsui 2010: 703, n. 2）不过我并不认为这个例子很有佐证性，因为动词 irik-可以释义为"憎恶的，无聊的"（Clauson 1972: 226），因此，在给定的语境之中，我们并不能将 irikip 只解释为心存愤恨的、心存憎恶的，而将另一种释义排除在外。

五、留念相关的题记（ödig）

在一个神圣的纪念碑上刻画，不考虑刻画的内容的话，这种行为无疑是亵渎神灵的。这种看似虔诚的刻写，事实上他们也不想去隐瞒他们被一种非常世俗的意图所驱使去刻写。这种意图人类普遍拥有（这种意图就像是现在旅客，在大家普遍能够看见的胜景之处留下记号的行为）：留作纪念。在一些题记中的短语非常明确地证明了上述的观点，如 ödig[①] bolzun 意为 "这可能是一段难忘的记忆[②]"，或者 ür turzun 意为 "可能（这则题记）会长久留存[③]"。在这些例子中，留下题记的目的不仅仅是为了留下回忆。这些题记的内容（或者这些内容的变体）看起来似乎是在其他类型的文本中也能够遇到的一种陈词滥调，例如 Sivšidu-Yaqšidu 手稿[④]或者一个读者的榜题的见证[⑤]。

---

① 这个词在 VATEC 中解释为 1. 流传下来的东西（Überlieferung）2. 报告（Bericht）3. 目录（Verzeichnis），哈密屯和牛汝极解释为 "回忆、纪念物"（1998：161, 195），在古突厥语的《玄奘传》中 ödig 对应汉文中的 "记"，英文即为 "record; memorandum, memoir"，"记"这个词也被用在标题《大唐玄奘西域记》（英文名为 Records of Western Regions）中。关于突厥语族语言名词的可能词源相关问题参见 Röhrborn 1991: 192-193. 也可参见 Erdal 1991: 443-444。

② 参见 Hamilton and Niu 1998: 160-161(Q.5); Matsui 2008: 18-19(H.10)。

③ 参见 Hamilton and Niu 1998: 157(O.4)。

④ 参见 iki käzig ödig kıltım ödig ol "[我]两行回忆的内容。这是珍贵的记忆"，ödig bolup ür ky-ä turzun tep ödiglätim " '[这里写的]是回忆，还会[在这]保留很长一段时间！'，因此我记录了下来。"（松井太 2010:706,I.17, II.3-4）。

⑤ män Toŋa Buk-a šabi okiyu tägindim, sadu sadu bolzun, kutlug becin yıl ikinti beš yaŋik-a saču balık-ta ödig kılıp bitidim, kenki körgü bolzun tep, 据编辑此条题记的人翻译，如下："我，新的信徒 Toŋa Buka，虔诚地阅读。善哉，善哉！猴年二月初五，我在沙州城列了一个清单，愿后人看到。"（Kasai 2008: 218-9, 118b）。在参考了前一条注释的例子后，短语 ödig kıl-更好应该译为 "留下一段回忆"而非"列出一份清单"。

六、题记的文体

一部分题记以古突厥语押头韵的特征而闻名,也就是说,押韵词在句首而非句末。头韵并非体现在听觉上而是一种视觉享受①。因此,押头韵只和由回鹘文字和语言组成的题记相关。尽管诗文的体例正规严谨,但是这些诗文在内容和结构上,相较于不遵循诗歌体例的那些题记表现出了更大的多样性。从虔诚的格言到嘲讽的(乃至猥亵神明的)句子应有尽有。一则虔诚的格言如下所示②:

köngül-ü [ ]l[ ]u[ ]/ **kö**/ü[ ]ilmäsär-sän/ **köz** yumup kösül[ü]p y(a)tmıš-ta/**köp**-kä kölgülük(külägülük?) bolur sän yamu /pi ıt [y]ıl-ı

如果[你的]思想……你不能够集中,当你闭上眼睛,舒展身子躺下(也就是说当你死去时③)你将会被很多事束缚/被很多人所赞扬(?)。丙戌狗年……④

---

① 因此头韵又被称为"视觉押韵"(Erdal 2004: 53, n. 84, 533-4.)关于这一课题最为详尽的研究是 Zieme 1991 中所做的,另外 Erdal 在 1993 年的著作中也有相关论著。
② 开头的头韵音节以粗体字符突出表示。
③ kösül-的比喻意义"使某人的腿伸直"见于 Clauson 1972: 750。
④ pi ıt 所代表的年份,"丙戌狗年",被编者确定为 1226 年(Zieme 1985:192)。不幸的是,题记损毁过于严重以至于无法识别清楚。Zieme 的初次解读如下:"如果[你的]意识[ ],你没有抓紧(?)[ ],当你闭着眼睛伸展躺下时,你肯定和许多人(?)绑(?)在了一起。"(Zieme 1985: 191, text 60c)后来改进为:"如果你没有紧紧钩住你的(?)心[ ],当你闭上眼睛,伸展身体,躺下时,你定会和诸物紧缚在一起!"(http://vatec2.fkidg1.uni-frankfurt.de/vatecasp/Berliner_ Texte_1 3.22-60.htm#132746)。我们能够看到,不仅仅是因为不完整的上下文环境,将 köp-kä kölgülük bol-翻译为"被很多人或事所妨碍束缚"也给句子的理解带来了困难。我认为,词语 kölgülük(köl-意为"控制、阻止、掌控、妨碍")是词语 külägülük(külä-赞扬)的抄写讹误,因此这句话翻译为"你肯定值得被很多人赞扬。"我们在 Old Turkic Kšanti Kılguluk Nom Bitig 中找到了一个相似的语境中相似的短语:yaŋı kılınčıg kılınasarlar: alku burhanlarka öggülük külägülük bolgaylar,"不做新的恶业,就值得诸佛颂赞(放下屠刀,立地成佛)"(Wilkens 2007:104-105, II. 0816-7)。我们也可以将其结合成一个类似的话语:kamagka ayaguluk bolgaylar,"他们将受到所有人的尊重"。(Gabain 1950: 78)

一则充满嘲讽意味的句子如下所示：

makešvare täŋri-kä yükününgäli kälmišiŋ-kä/**ma**ŋgal kut ažun berzün te-mišiŋ- kä/**ma**kešvare täŋri bašlap munča terini kuvrag- ı/**ma**yakanzun yamu [ ] i säniŋ agızıŋ-ka.

正如你向天神 makešvare 致敬祈求，你说："愿他赐予我们幸福的生活！"愿天神 makešvare 和所有人一起排秽物于你口中。[……]①

在手稿题记中可以找见许多押头韵的题记②，在榜题框中还有更多。

七、作为"题跋"的题记

我们能够从朝圣者题记和题跋之间观察到的相似之处并不仅有功能（作为 ödig）与样式。从某些层面来看，朝圣者题记也可以视为朝圣之行的"榜题"或者后记。即使我们只知道希腊语 kolophōn 的意思是"峰会，即将完成前的最后一触"，考虑到这个词已经用在现在书目编目研究与编纂学研究之中，我们可以认为，因为大部分题记似乎被译作"即将完成前的最后一触"，也就是说即将离开，就像下面这个

---

① 据茨默的翻译："因你来此，是为向天神 makešvare 致敬，因你出此言，生存给你带来名与福，因你口中所述，'从天神 makešvare 开始，人们和教众一起肯定可以 mayaqan-'"。(Zieme 1985: 191-2, text 60b)。这已经被修改为："正因你来在神（makešvare）前致敬，正因你说：'愿天神赐予幸福（与）救赎！'因你的嘴（曾说出：）'从天神 makešvare 那里开始，人们和他的信徒以及众人一起可以自我表达[mayaka-(？)]！'"(http://vatec2.fkidgl. unifrankfurt. de/vatecasp/Berliner_ Texte_1 3.22-60.htm#l32657) mayaka 这个词，意为"排便"，见（Clauson 1972: 772; Zieme 1985: 191-2）；茨默认为这与语境不符，mayakan-这个词在这出现是一个意外。关于这一词的论述，Erdal 这样写道："我们必须要知道这样一个事实：这是一个猥亵神明不敬神灵的题记，而这样猥亵神灵的题记比比皆是[……]"。Erdal 是这样翻译题记的最后一句话的："愿天神 makešvare 和所有人一起把秽物排入你口中[……]"(Erdal 1991: 593)。如若想讨论更多关于于这些看似虔诚的题记的幽默（无论是反讽还是讽刺），我们需要更多的例子，参见 Matsui 2010。

② Matsui 2010: 706, II. 14-15.

例子：

män sügčü-lüg yıgmıš kay-a šabı baxšı xu-a baxšı birlä on kün dyan olorup bardımız ⋯

我，Yıgmıš Kaya，来自肃州，和 Šabı 博士与 Xua 博士一起，已经冥思①了十天，我们离开……②

大部分题跋自身都是独一无二的③，那也就是说，与正文不同，它们作为"附言"被缀加在正文之后，体现了个性化特征。从某种意义上来说，题字留念是很个性的。然而许多例子表明，这些特性并非偶然之间形成的。根据每个人在题跋创作过程或佛经使用过程之中担任何种角色，回鹘文的手写题跋一般分为五种类型：创作者、译者、资助完成各项工作者、书写者和读者。在这些类型之中，资助完成各项工作者，也就是供养人的榜题最长，包含的信息最为全面④。据观察，一般的回鹘文佛教题跋，尤其是供养人的题跋在句子成分和句式安排上都遵循着一定的规则。以所处时期为标准，这些题跋可以划归两类：一类可追溯至大蒙古国及元朝时期以前（10—11 世纪），另一

---

① dyan，"冥思，冥想"，源于粟特语的 dy'(')n 或者吐火罗语 A/B 类的 dhyām，以上两种语言的这个词语又源于婆罗谜文 dhyāna；dyan olor-，"冥思，冥想"，参见索引到 Kšanti Kılguluk Nom Bitig（Wilkens 2007: 361）。这个例子是由一个外来名词和突厥语族语言动词所构成的组合表达，字面上意为"端坐冥想"；关于古突厥语的词组参见 Erdal 2004: 532。

② Hamilton and Niu 1998: 131-132。关于其他题记中通过使用 bar-，"去，离去"，或者 yan，"返回"来明确表述题记是在"离开或返回（家）"的时候写下的这一说法，参见 Zieme 1991: 192（text 60e）；Hamiltonand and Niu 1998: 131-2（text B），141-2（F），158-9（P），160-2（Q）；Matsui 2008: 18-21（H），22-5（J）；或以另一种表达方式呈现为 az-kı-ya olorup...bitidim，"已经待在这一段时间了……我写下"，其中 olor-意思是"坐，停留，逗留"，参见 Kara 1976: 55-56。

③ Kasai 2008: 7.

④ Kasai 2008: 7-8.

类为大蒙古国及元朝时期（13—14世纪）[1]。关于大蒙古国及元朝时期供养人的题跋，茨默认为题跋中的同样组成成分所用的词语相同[2]。根据形式上的特点，我们可以分为散文式和诗歌式的题跋。散文式的题跋一般比较短，在回鹘佛教各个时期的作品中都能见到，诗歌式的题跋仅能在大蒙古国及元朝时期[3]的文本中见到（有两个例外[4]）。总的来说，两个时期的各个题跋之中篇幅最长、最详细的部分就是"传递功德"（puṇyapariṇāmanā）[5]这一部分。除了分节式头韵的大量使用之外，大蒙古国及元朝时期的题跋与早期的题跋也区别于他们偏向哪一个主体回向功德。例如：尽管家庭成员和亲属依然重要，但功德的主要归属从保护人民的天神们变更为了蒙古皇室[6]。然而，两个时期题跋的基础结构或多或少存在相同的部分。那也就是说，回鹘佛教题跋的范例必然在10世纪[7]时期已经存在——如当佛教成为回鹘人民中的主流宗教时[8]，或者，更有可能，在这之前。

迄今为止，研究回鹘佛教题跋最为详尽、最为全面的方法是2008

---

[1] 有一个1687/1688年的榜题例外。（Kasai 2008: 8, n. 7.）

[2] 他用德语称题跋的组成成分为：A. Einleitungsformel（文首固定表达）B. Datum（日期），C. Auftraggeber（发愿人），D. Anlaß（原因），E. Verdienstzuwendung（功德归属对象）（E.1. an die Schutzgottheiten（守护神灵），E.2. an die Herrscher（统治阶级），E.3. an die Familienmitglieder（家人），E.4. für die Auftraggeber selbst（发愿人自身）），F. Wünsche und Ziele（心愿与目标），G. Abschlußformel（文末固定表达），参见Zieme 1991: 48-89。

[3] Zieme 1992: 46; Kasai 2008: 12.

[4] 两则题记都是弥勒经变图旁边题跋的内容。（Kasai 2008: 12, n. 32, 181, 194; Elverskog 1997: no. 81）。

[5] Kasai 2008: 13.

[6] Kasai 2008: 20-22.

[7] Kasai 2008: 37.

[8] Elverskog 1997: 7-8.

年笠井幸代（Yukiyo Kasai）所提出的。在茨默研究的基础[1]之上，她分析并系统化了题跋的结构。为了寻求最初的回鹘文题跋范例以及促进这一模型形成与发展的影响因素，她研究了中亚地区回鹘人可能接触到的所有不同题跋的传统特征，诸如粟特语、吐火罗语、西夏语、藏语、蒙文、汉文的题跋，并且把这些语言的题跋与回鹘语的题跋进行比较[2]。我想在这强调她的两个重要发现：1.没有关于题跋特征的共同的中亚传播路线；2.在这些语言文字的题跋之中，汉文题跋和粟特文题跋与回鹘文的题跋存在大量的相似点[3]。这可能说明，回鹘人民使用的题跋形式是学习采用其他民族的题跋形式而并非他们自己创造的，对于回鹘的佛教，我们普遍也可以这么认为[4]。这也非常符合我们对操突厥语族语言民族的佛教出现的认知：粟特人与汉人在中亚操突厥语族语言的民族皈依佛教方面发挥了作用[5]。再者，现存的大多数回鹘文经卷都是译自汉文的[6]。然而，更为仔细地分析揭示出粟特语题跋与回鹘文题跋之间并没有直接的联系。这两个族群之间明显的相似之处在于他们都是在汉人的影响之下发展起来的，但他们彼此之间却又相互独立。回鹘文的题跋似乎折射出盛行于敦煌地域的佛教的巨大影响[7]。通过共有的形式特征，我们不难发现供养人的题跋与来自敦煌的早期中国佛教文献之间有明显的联系。然而，这二者之间"功德的归

---

[1] 两则题记都是弥勒经变图旁边题跋的内容。(Kasai 2008: 12, n. 32, 181, 194; Elverskog 1997: no. 81)。

[2] Kasai 2008: 22-44

[3] Kasai 2008: 36.

[4] Kasai 2008: 37.

[5] Tremblay 2007: 107-114.

[6] Elverskog 1997: 10.

[7] 回鹘人民与敦煌的联系参见荣新江2001。

属"这一部分非常不同。无论在什么情况下,回鹘模式的题跋中功德都会最先归属于保护人民的天神们,之后才是统治阶级等;在敦煌的汉文经卷之中,功德仅仅归属于供养人。但是,笠井幸代已经指出,这一偏差并不能视之为回鹘人民内部发展的结果。它仍然是外部影响的结果,其中潜在的题跋样式可以在某个其他体裁的敦煌史料之中见到,汉语称之为"颐文""愿文",英文称之为"vows"。一方面,尽管这些愿文大体上的结构与回鹘文题跋差异明显。另一方面,在"传递功德"的相关结构与措辞上,回鹘文题跋与这些愿文的对应部分却十分接近,这一点若视之为单纯的巧合难以令人信服。愿文中"传输功德"相关部分遵循的排列原则最晚于9世纪已经制定①。为了简洁起见,在此我没有列出笠井幸代所列的图表。她的图表中列出了回鹘文、汉文、粟特文榜题的结构要素以及愿文的结构要素②。可以说回鹘文的题跋体例,其内容与结构就是上文提及的两类体例不同的敦煌文字史料的结合体。然而,在回鹘文的题跋中还有两个部分在上述的两类史料之中找不见对应的部分:其一是介绍性的话语 ymä,"夫(句首语气词),话说"③;其二是题跋的结束语 sadu sadu(源于梵语 sādhu sādhu),"善哉,善哉"④。于此我们看见回鹘人努力将自己的创作加入框架(也就是题跋的框架结构)之中,借此形成自身独特的风格。这类风格的塑造似乎发生于10世纪晚期,至迟不会晚于11世纪初。这一类的风格,确切地说,不仅仅(甚至可能不是主要的)加在题跋的

---

① Kasai 2008: 42, n. 189.

② Kasai 2008: 43, table 1.

③ Zieme 1992: 48;关于进一步的演变参见(n. 218-220)。(参见 Zieme 1919 中关于题跋组成成分中的文首固定表达部分)

④ Zieme 1992: 88.(参见 Zieme 1919 中关于题跋组成成分中的文末固定表达部分)

后面，它也出现于其他佛事活动的文本上。部分回鹘木杵与幡旗上的题记与回鹘文题跋的结构相同，可以准确地追溯至这一时期①。和题跋的情况相似，我们可以认定这两类题记也是在汉人的影响下成型的②。

因为各式各样的缘由，并不是所有的题跋都包含传统模式的所有组成部分③。朝圣者题记的状况更是如此，而造成这种情况不仅仅是因为题记与题跋保存不够完整。毋庸置疑，题记与题跋从根本上来说是两种不同场合下不同活动的产物，因此它们分别拥有各自鲜明的特征，那也就是说题记所包含的要素在题跋中没有与之直接相对应的部分。然而，暂时去对比其中的一些组成部分也并非不可为之事。例如，题跋中"供养人的命名"可能就与于题记之中发现的"朝圣者的命名"相匹配。再者，抄写文字的人员在时间与空间方面相对面临更大的限制，例如一个题跋或是题记的长短不仅仅取决于作者的灵感，它也受限于它的书写空间，尤其是这个题跋或是题记要被书写在一幅

---

① 现存有5则木杵文书是回鹘人书写的，这五则题记都出土于吐鲁番（Moriyasu 2001）。其中四则是用回鹘文书写，一则是用汉文书写（Stake II）。Stake II 是一位回鹘王子所写，写于公元983年（151-2,154-5）。关于Stake I，Stake III 的年代的说法最可信的是它们分别写于1008年、1019年。还有Stake IV很有可能也写于11世纪。Stake V写于13—14世纪期间。因而，后期的木杵文书证明大蒙古国及元朝时期刻写木杵文书的传统仍然在继续（152-157）。谈及木杵文书的用途，松井太认为，"在建筑奠基仪式期间，木杵文书被立于庙宇旁边的空地之上，作为寺庙或是佛塔奠基的象征抑或是纪功碑，同时，木杵文书也有镇压净化工地之上恶魔的作用。所以，木杵文书被回鹘捐赠建筑佛寺的人制造用以纪念佛塔与寺庙的修筑。"（174）最早的幡旗题记也出自10世纪末11世纪初，见于Moriyasu and Zieme 2003。

② 回鹘文的 Stake I（1008年）的结构与汉文的 Stake II（983年）在附加的介绍性话语 ymä，以及文末的客套性话语 kutadmiš kutamiš，"善哉，善哉"上有所不同。kutadmiš kutamiš 这个客套性的话语基本上等同于上述提及的 sadu sadu。以上参见 Moriyasu 2001: 151, 161-162；森安孝夫指出在木杵文书与题跋之间有些相似之处（2001: 190, n.102），后来 Kasai 指出 Stake I 和 Stake III（in Moriyasu 200l: 161-164, 186-191）的结构就和第 III 533 号幡旗题记（in Moriyasu and Zieme 2003: 463）的一样，与题跋的结构非常相似（2008: 37 with n. 139）。

③ Kasai 2008: 38.

壁画的某一个方框之中①。而这自然是题跋或题记不能包含传统模式所有组成部分的原因之一。

出于榆林窟第25窟的题记Q是能够获得的完整的题记之一，它可以作为一个范例来展示那些仍在讨论之中的题记特征②：

1.kut-lug yont yıl tokzunč ay-nıŋ yegirmi

2.säkiz-kä bo kut-lug tag süm-kä öljäy tömür

3.darm-a širi biz šaču-tın yükünäli kälip

4.yükünüp yanar-ta kač kur qıy-a

5.bitiyü tägintim kenki körgü ödig bolzun

6.bo yükünmiš buyan-larımız-nıŋ tüš-indä

7.közünür közünmäz ažun-lar-takı ayïg kılınč-larımız

8.arıp alku tıl(ı)g-lar birlä tärk tavrak burxan

9.kut-ın bulmaklar-ımız bolzun sadu sadu bolzun③

₁—₂行福运昌盛的马年的九月二十八④，₂—₃行我们，Öljey Tömür 和

---

① 上文已经提及，可供题记或是题跋使用的空间大小也会对书写题记或是题跋所选用的文字产生影响。

② 辑录在 Hamilton and Niu 1998：160-162 之中。此条题记的高度还原版首次于 Warner 1938：plates XIV- XV 中出版发行。在没有原版的情况下，这条题记在 Yang 1994：101-103 中被进行了转录、翻译与注释，哈密屯与牛汝极并未提及此事(1998：161)，我在此效法二人。

③ 辑录者的翻译是："1.×福年的九月二十八 2.马，这座福运昌盛的山寺，我们 Öljey Tömür 和 3. Dharma Širi 来自沙州，敬拜 4.我们在将要离开时匍匐于地，(我)Qač Que qïy-a 我自己 5.写了这些(文字)。愿它成为大家的回忆 6.在未来的日子里，作为我们 puṇya(获得)这一敬拜的成果 7.愿我们往生所造的恶业 8.被净化，并且我们可以接受 9.很快，与众生一起，佛陀的赐福。善哉善哉"。

④ 根据辑录者的测算，这个日期可能是公历 1390 年 11 月 5 日或是 1402 年 10 月 24 日或是 1414 年 10 月 11 日，最后一种的可能性相对较小。

Dhanna Širi 自沙州而至，前来这座山寺①礼敬（yüküngäli），₄—₅行在做完礼敬（yükünüp）之后，[在]即将返程[时]，[我]，Kačkur kïya②，虔诚地写下[这些文字]。或许在将来这将成为一段美好的回忆③！₆行作为我们完成礼敬（yükünmiš）之后获得的功德与成果，₇行希望我们可见的（现在的）和不可见的（过去与未来的）④恶业₈—₉行被消除，并且希望我们与众生一起尽快成佛！善哉善哉！

下表列出了这条铭文的成分，可与榜题的组成部分进行匹配：

			Colophon
—	—		A. Einleitungsformel（文首固定表达）
Date（日期）	ll. 1–2	→	B. Datum（日期）
Pilgrims（朝圣者）	ll. 2,3,4	* →	C. Auftraggeber（发愿人）
Motivation（动机）	l. 3	→	D. Anlaß（原因）
Transferring merits（功德归属对象）	l. 6(?)	?	E. Verdienstzuwendung（功德归属对象）
Wishes and aims（心愿与目标）	ll. 7–9	→	F. Wünsche und Ziele（心愿与目标）
Closing formulate（结束语）	l. 9	→	G. Abschlußformel（文末固定表达）

---

① süm(-ä)来源于蒙文的süm-e/süme,"佛寺,修道院",参见Matsui 2008：21. 在I.4. 题记中，它出现于复合词buxar süm中，其中的第一个词是梵文vihāra蒙古文形式。以上参见（Hamilton and Niu 1998：148）；tag,"山",在P.2的buxar与E.6,8与文中这条题记的süm(-ä)之前，表示"山下（或山中）的寺庙或修道院"的意思。在敦煌的一条题记也注明了这次朝圣之旅地点，Kara将这条题记读作[……]burxanlïg bu tur-a odura az-qï-ya olurup,"……在这座虔诚的城市稍作停留",于此他论述道："我们可以将tur-a译为'山'而不是'虔诚的城市'"（Kara 1976: 55-56）。鉴于前面的例子，将其译为"山"或许更为合理；odura与otra意为"任何事物的中间/中心"。（Clauson 1972：203-4, s.v. ortu）

② 关于出现于这条题记中的人名参见Hamilton and Niu 1998：127-210。

③ 哈密屯与牛汝极将其读作kenki künkä,"未来几天"。在核查他们使用的图册后，我认为读作kenki körgü,"后来再看"。我的观点是有据可查的，参见Kasai 2008：218-9, 118b所用的那条题记，或者参见Matsui 2010：709, 34.2；同样可以参见这个词组于题记H.9之中的变体ken körmiš-tä,"在之后看"（Matsui 2008：18）。

④ 编者关于közünür közünmäz这一表达的论述如下："[……]动词közün-的现在-将来时的一般式与否定式，'可见,存在,明显'在此处意为'现在的,已经出现的,尚未发生的'。"（Hamilton and Niu 1998：162）

朝圣者题记一般没有起始语，但就如上面那则范例所示，偶尔有结束语。题记的日期有时可能写在题记的末尾。朝圣者的名字一般会记录在题记中，有时候题记中也会出现朝圣者的故乡。我们可以想见出资帮助完成朝圣之旅的人们可能就在朝圣之旅的参与者之中，尤其是这些参与朝圣之行的人是高僧或者富裕的俗家弟子时——但据我目前所知，从没有题记明确指出哪一位参与者赞助了朝圣之旅[1]。因此，将这一部分当作题跋中"Auftraggeber（发愿人）"（C）的对应部分或许并非一种错误。"Anlaß（原因）"（D）[2]可能会据现实的场合而定。这则题记中的目的或者说动机是"去礼敬"（yüküngäli），这种动机在题记中很常见。然而，礼敬获得的成果是punya（功德），从这一层面来讲，朝圣者题记中的动机与题跋以及木杵文书与幡旗题记中的"Anlaß（原因）"并无不同。因为所有情况下的最终目标仍然是积累宗教功德。一些题记的内容表明部分朝圣之旅的朝圣者有着明确的目的与活动计划。因此我们在下面的这则题记中发现这些活动：瞻仰与赞美佛[3]，接受佛法指导[4]，冥想[5]或更多的细节性活动等：

bo aryadan oron- ta kälip: čodpa b(e)rip yükünüp küši köy(ü)rüp yantïm

---

[1] 尤其之后的内容参见 Matsui 2008 中榆林窟的题记 H, J, L。

[2] 参见 Zieme 1992: 61-63; Kasai 2008: 14。

[3] burxan-um biz-lär-kä körgü bolz-un ögtilz-ün, 辑录者将其译为："愿上帝看看我们，愿他得到荣耀。"（Kara 1976: 55）；或者也可以翻译为："愿我们能面见佛陀并赞美他！"

[4] Zieme 1985: 192, 60d.l4；同样出自 Toyok，在 Matsui 2010: 709, 11.11-12 中有一个类似的手稿题记：bošgut algalï kälip，"前来接受指示"。

[5] Hamilton and Niu 1998: B.5-6。

来到这寺院，供奉、祭祀、烧香然后回家①。

至于"Verdienstzuwendung（功德归属对象）"（E），尽管这则题记没有明确的说明，但从语境中透露出了朝圣者希望积累的功德能够让众生受益。与题跋不同，朝圣者题记的功德几乎不会归于天神。只有一个例子写有天神，但并未给出天神的名称：

äv-imzkä yanïp barïr-ta mn[ ]ädgü täŋrim-lärkä buyan ävi [rürmn]

在我将要踏上归途时，我将我积累的功德奉献给我敬爱的神②。

总的来说，无论当时（现存的）朝圣者题记是写在什么地方的，题记中的功德归属于天神的这种状况，相较于题跋，相关的记录要少得多。在下面的这个例子中，积累的功德的受益者是家人，也就是父母：

buyanï ögüm kaŋïm-ka tägzün

愿礼佛能让父母受益③。

如文所示，茨默将题跋中的"Wünsche und Ziele（心愿与目标）"（F）分为两类：（F.1）在世时期留下的和（F.2）死之后留下的④。茨默举出的第一类题跋中表达了对于灾难、危难、旱涝不调、物资短缺、

---

① 榆林题记J.5—6.关于čodpa 松井太论述道："很有可能回鹘文词语 čodpa 是由藏文词语 mchod-pa 演化而来，应被译为'牺牲，祭祀'。"（Matsui 2008：24）我的论述不会那么具体，因为词语 čodpa ber- 显然是一种藏文表达 mchod pa 'bul，"供奉"（这里的藏文 'bul 相当于回鹘文的 ber-，"给，准备"等意思），因此，在给定的语境中，没有任何依据指出这个词语应该被译为"血腥的牺牲"。

② 参见 Zieme 1985：192，60e25-26。

③ 榆林题记F.：辑录者错误地将TYKZWN/tegzün写成了T'KAWN/tägzün，也就是说第一个音节的元音符号应该是alif['']而并非yod[Y]（参见Hamilton and Niu 1998: 142）。然而，这种表达与我们在一个榜题之中遇到的非常相似，榜题如下：öglüg: kaŋ-lïg iki ï-dok-larïm-ka buyan-ï tägzün，"……愿功德归于我的两位家人，我的父亲与母亲。"（Kasai 2008: 245, 130.2-3）

④ Zieme 1992：83。

疫病肆虐等问题的担忧，并祈求风调雨顺，国泰民安，身体健康等[1]。

据茨默所言"成佛"应被归于第二类，正如茨默指出的那样，第二类甚至指的是功德归属者目前生活的时期[2]。在此细致讨论这些类别并非我的目标。我们所关注的应是这个"心愿与目标"在榜题中的表达方式与表达语气，而这主要通过一些副词表示，如"不容迟疑""非常迅速"或是"立即"[3]。在我们所举的范例中，这个语气词为 tärk tavrak 对偶词，"迅速地"。在这有一点需要补充，即我们在所有的朝圣者题记中都没有发现世俗的心愿，无论是今生的还是来世的心愿都是如此，这些心愿都与宗教或是精神目标相关。

八、结语

文中我既没有谈及题记中的地名以及与此有关的回鹘朝圣之旅辐射到的交通地域[4]，也没有论述题记中出现的人名，因为这两项研究太具挑战性且需要笔者进一步调查研究。另一方面，也是因为这两项稍稍超出本文所涉及的范围。文中我也没有谈及判定这些题记、题跋等创作日期的问题。在这些能够大致确定创作日期的题记或题跋之中，最早的是柏孜克里克 2 号石窟的题记，它可以追溯至 1226 年[5]；最迟的似乎创作于 14 世纪晚期或是 15 世纪初期[6]。那也就是说，不存在已知的创作于大蒙古国及元朝时期以前回鹘文佛教朝圣者题记。我们也已

---

[1] Zieme 1992:84.

[2] Zieme 1992:85.

[3] 相关证明参见 Zieme 1992:85. 也可参见于一条幡旗题记："愿以我的善行能够早日从 saṃsāra（轮回）中解脱。"（Moriyasu and Zieme 2003:466）

[4] 关于这一重要课题参见 Matsui 2008。

[5] Zieme 1985:60c.

[6] 参见 Yulin inscriptions, D, O, P and Q in Hamilton and Niu 1998。

提及，Sivšidu-Yaqšidu 手稿题记也是写于这一时期。一方面，这当然并不就意味着在蒙古人统治时期回鹘佛教徒才开始礼拜圣地、寺院。另一方面，这一点确实说明在蒙古的统治之下，回鹘群众在相关统治者的一些思虑之下被安排在相关地域的宗教社会领域发挥主导作用（以协助统治），关于这一点已经被其他史料印证。

我这篇文章的主要目标是挑战一个当下仍然流行的观点，即认为这些题记或是题跋单纯只是写着一些无用的内容的"涂鸦"而已。我们能够见到，这些题记，不仅仅是押头韵的那一类的抄写者（或是创作者），他们在文学与诗文上也有不浅的造诣。因而，绝大多数的题记表现出受到文学或是文本传统影响的明显迹象，这是一种正常的现象。表现出这些朝圣者题记与题跋及其他佛教题记存在相似之处，相似之处包括内容、结构、用词用语等。尽管题跋与题记通常都是碎片化的，受损且难以识读，但它们仍然可以为我们提供一些极有价值的信息。正如祢杰生（Jason Neelis）恰如其分表达的那样："……碑文材料提供了佛教活动、教徒的流动模式、特定时间特定地点中个体传教者的日常关注等有价值的观点[①]。"

---

① Neelis 2010：54.

参考文献

1. Clauson Gerard, An Etymological Dictioniary of Pre-Thirteenth-Century Turkish. Oxford: Clarendon Press, 1972.

2. Elverskog Johan., Uygur Buddhist Literature. Turnhout: Brepols, 1977.

3. Erdal, Marcel, Old Turkic Word Formation: A Functional Approach to the Lexicon. Wiesbaden: O. Harrassowitz, 1991.

4. Erdal Marcel, The Alliterative Texts of the Uygur Turks of Turfan and Dunhuang-Studies of Old-Turkic Verse (Review of Zieme 1991), Bulletin of the School of Oriental and African Studies-University of London 56,1993: 145-148.

5. Erdal Marcel, A Grammar of Old Turkic. Boston: Brill, 2004.

6. Gabain Annemarie von, Alttürkische Grammatik: Mit Bibliographie, Lesestücken und Wörterverzeichnis, auch Neutürkisch. 2., verbesserte Aufl. ed. Leipzig: Harrassowitz, 1950.

7. Gabain Annemarie von, Buddhistische Türkenmission, In Schubert, Johannes; Schneider, Ulrich (eds.), Asiatica: Festschrift Friedrich Weller: Zum 65, Geburtstag gewidmet von seinen Freunden, Kollegen und Schülern. Leipzig: Otto Harrassowitz, 1954: 161-173.

8. Grünwedel Albert, Altbuddhistische Kultstätten in Chinesisch-Turkistan. Bericht über Archäologische Arbeiten von 1906 bis 1907 bei Kuča, Qarašahr und in der Oase Turfan, 1912. [(Ancient Buddhist Temples in Chinese Turkistan) — National Institute of Informatics/ Digital Archive of Toyo Bunko Rare

Books]. http://dsr.nii.ac.jp/toyobunkoVIII-5-B4-a-7/#VIII-5-B4-a-7/V-1 ed. Vol. 2012. Berlin: Georg Reimer.

9. Hamilton James and Ru-ji Niu, Inscriptions Ouïgoures des grottes bouddhiques de Yulin, Journal Asiatique 286, 1998: 127-210.

10. Ishihama Yumiko and Yōichi Fukuda, A New Critical Edition of the Mahāvyutpatti. Sanskrit-Tibetan-Mongolian Dictionary of Buddhist Terminology (Shintei Hon'Yaku Myōgi Taishū). Tōkyō: Toyo Bunko, 1989.

11. Kljaštornyj Sergej G. and Livšic, Vladimir. A., The Sogdian Inscription of Bugut Revisited, Acta Orientalia Academiae Scientiarum Hungaricae 26, 1972: 69-102.

12. Klimkeit Hans-Joachim, Buddhism in Turkish Central Asia, Numen 37 (1), 1990: 53-69.

13. Liu Mau-Tsai, Die Chinesischen Nachrichten zur Geschichte der Ost-Türken (T'u-Küe). Wiesbaden: Harrassowitz, 1958.

14. Matsui Dai, A Mongolian Decree from the Chaghataid Khanate Discovered at Dunhuang, In Zieme Peter (ed.), Aspects of Research into Central Asian Buddhism: In Memoriam Kōgi Kudara, Turnhout: Brepols, 2008: 273-284.

15. Matsui Dai, Revising the Uigur Inscriptions of the Yulin Caves, Studies on the Inner Asian Languages 23, 2008: 17-33.

16. Matsui Dai, Uigur Manuscripts Related to the Monks Sivšidu and Yaqšidu at Abita-Cave Temple of Toyoq, 载《吐鲁番学研究第三届吐鲁番学暨欧亚游牧民族的起源与迁徙国际学术研讨会论文集》上海：上海古籍出版社，2010年，第697—714页。

17. Matsui Dai, Ning-Rong and Bezeklik in Old Uigur Texts, Studies on the Inner Asian Languages 26 (3/29/2013), 2011: 141-175.

18. Maue Dieter, Alttürkisclze Handschriften Teil I: Dokumente in Brāhmi und Tibetischer Schrift. (Verzeichnis der orientalischen Handschriften in Deutschland XIII,9). Stuttgart: Franz Steiner Verlag, 1996.

19. Moriyasu Takao, Epistolary Formulae of the Old Uighur Letters from the Eastern Silk Road (Part 1), Bulletin of the Graduate School of Letters, Osaka University51, 2001: 32-86.

20. Moriyasu Takao, Uighur Buddhist Stake Inscriptions from Turfan, In Bazin, Louis; Zieme, Peter (eds.), De Dunhuang à Istanbul. Hommage à James Russell Hamilton, Turnhout: Brepols, 2001: 149-223.

21. Moriyasu Takao and Peter Zieme, Uighur Inscriptions on the Banners from Turfan Housed in the Museum für Indische Kunst, Berlin. In Bhattacharya-Haesner, Chhaya (ed.). Central Asian Temple Banners in the Turfan Collection of the Museum für Indische Kunst, Berlin: Painted Textiles from the Northern Silk Route. Berlin: Reimer, 2004: 461-474.

22. Neelis, Jason Emmanuel, Early Buddhist Transmission and Trade Networks: Mobility and Exchange within and Beyond the Northwestern Borderlands of South Asia. Dynamics in the History of Religions 2., edited by Volkhard Krech. 1st ed. Leiden-Boston: Brill Academic Pub, 2010.

23. Pelliot Paul, Les grottes de Touen-Houang, Peintures et sculptures bouddhiques des ép-oques des Wei, des T'ang et des Song: tôme 6: grottes 146 à 182 et divers. http://dsr.nii.ac.jp/toyobunko/Vlll-5-B6-3/#VIII-5-B6-3/V-2 ed. Vol. 2012. Paris: Librairic Paul Geuthner, 1924.

24. Róna-Tas András, An Introduction to Turkology. Szeged: József Attila Tudományegyetem Bölcsészettudományi Kar, 1991.

25. Róna-Tas András, Árpá Berta, and László Károly, West Old Turkic. Turkic Loanwords in Hungarian, Wiesbaden: Harrassowitz, 2011.

26. Rong Xinjiang, The Relationship of Dunhuang with the Uighur Kingdom, In Bazin, Louis; Zieme, Peter (eds.). De Dunhuang à Istanbul. Hommage a James Russell Hamilton. Turnhout: Brepols, 2001: 275-298.

27. Shichang, Ma, Buddhist Cave-Temples and the Cao Family at Mogao Ku, Dunhuang, World Archaeology 27 (Buddhist Archaeology 2), 1995: 303-317.

28. Tremblay Xavier, The Spread of Buddhism in Serindia - Buddhism among Iranians, Tocharians and Turks before the 13th Century, In Heirman, Ann; Bumbacher, Stephan Peter (eds.). The Spread of Buddhism. Leiden, Boston: Brill, 2007: 75-129.

29. Tsepak, Rig-'dzin, Tibetan-English Dictionary of Buddhist Terminology (Nan Don Rig-Pa ' i Min Tshig Bod dByin Śan Sbyar). Dharamsala: Library of Tibetan Works and Archives, 1986.

30. Warner Langdon, Buddhist Wall Paintings, A Study of a Ninth-Century Grotto at Wan Fo Hsia, Cambridge, Massachusetts: Harvard University Press, 1938.

31. Wilkens Jens, Das Buch von der Sündentilgung, Edition des alttürkisch-buddhistischen Ksanti kïlguluk Nom Bitig,(Berliner Turfantexte XXV), Turnhout: Brepols, 2007.

32. Yang, Fu-hsüeh, On the Sha-Shou Uyghur Kingdom, Central Asiatic

Journal 38:1, 1994: 80-107.

33. Yoshida Yutaka and Moriyasu Takao, Bugut Inscription, In Moriyasu, Takao and Ochir, Ayudai (eds.). Provisional Report of Researches on Historical Complexes and Inscriptions in Mongolia from 1996 to 1998, Toyonaka: Osaka University, 1998: 122-125.

34. Zieme Peter, Buddhistische Stabreimdichtungen der Uiguren. (Berliner Turfantexte XIII). Berlin: Akademie -Verlag, 1985.

35. Zieme Peter, Die Stabreimtexte der Uiguren von Turfan und Dunhuang: Studien zur alttürkischen Dichtung, Budapest: Akadémiai Kiadó, 1991.

36. Zieme Peter, Religion und Gesellschaft im Uigurischen Königreich van Qočo: Kolophone und Stifter des alttürkischen buddhistischen Schrifttums aus Zentralasien(Abhandlungen der Rheinisch-Westfälischen Akademie der Wissenschaften 88), Opladen: Westdcutscher Verlag, 1992.

（译自 Searching for the Dharma, Finding Salvation--Buddhist Pilgrimage in Time and Space， edited by Christoph Cueppers & Max Deeg 2014，157—178页，英语。）

译者注

[1] 此处原作中的汉文写作"苏州"，但根据地理位置与历史文化信息的综合判定来看，此处显然应该是"肃州"。

[2] 此处原作中汉文写作"沙洲"，根据前后文语境以及汉语中的地名可以判断，此处应当为"沙州"。

论回鹘文题记中的朝圣者

西蒙尼·克里斯提蒂安娜·拉舍曼

（Simone-Christiane Raschmann）著

吐送江·依明、陈泳君 译，白玉冬 校对

一、前言

不同内容的回鹘佛经的遗存，以及世界各地众多中亚藏品中的回鹘佛教僧团和寺院的记录和文书，清晰地表明了佛教信仰在回鹘群众之间的传播范围之广、持续时间之长。同时，这些材料也证明了回鹘群众间的佛教信仰不尽相同，隶属于不同的佛教宗派[①]。此外，佛教文献抄本的题跋以及佛教壁画上的题记提供了关于译者、作者、受众以

---

① 参见下述文章：Jens Wilkens, "Buddhismus bei den türkischen Völkern Zentralasiens," in Der Buddhismus II: Theravada-Buddhismus und tibetischer Buddhismus, ed. Manfred Hutter (Stuttgart: Verlag W. Kohlhammer, 2016), 469-490; Jens Wilkens, "Buddhism in the West Uyghur Kingdom and Beyond," in Transfer of Buddhism Across Central Asian Networks (7th to 13th Centuries), ed. Carmen Meinert (Leiden, Boston: Brill 2016), 191-249; Peter Zieme, "The West Uigur Kingdom: Views from Inside," Horizons 5.1 (2014): 1-29; Peter Zieme, "Uighur Buddhism," in Oxford Bibliographies: Buddhism, ed. Richard Payne (New York: Oxford University Press, 2014), accessed September 18, 2018. doi: 10.1093/obo/9780195393521-0197; Peter Zieme, "Local Literatures: Uighur," in Brill's Encyclopedia of Buddhism. Vol. I. Literature and Languages, ed. Jonathan A. Silk et al. (Leiden, Boston: Brill, 2015), 871-882.

及供养人的信息①。最后，朝圣者们在各地留下了大量的回鹘文题记。然而，据我们目前所知，像中央王朝佛教苦行僧法显（约340—423年前），玄奘（602—664年）以及其他人关于佛教朝圣之旅本土的记载，与回鹘佛教文学中关于朝圣之旅的日志或者说描述性的日志一样，记载的内容十分有限②。

尽管为了更好地了解回鹘朝圣之旅，我们已经采取了非常重要的初步举措，但是仍缺一个详尽的、跨学科的关于回鹘佛教文献诸多不同来源的研究。当然，这样一项艰巨的任务超出了现代研究的范围。因此，本篇文章仅限于：

1.在学术文献的基础上展现当下研究的状况；

2.考察并讨论敦煌、呼和浩特（今内蒙古）和吐鲁番地区出土的回鹘朝圣者的题记；

3.展示这个学科中跨学科研究法的潜在的可能性，以高昌遗址 Q 为例。

二、回鹘佛教朝圣之旅

尽管对这一过程仍有一些细节在讨论之中，但学术界似乎已经普

---

① Peter Zieme, Religion und Gesellschaft im Uigurischen Königreich von Qočo, Kolophone und Stifter des alttürkischen buddhistischen Schrifttums aus Zentralasien (Opladen: Westdeutscher Verlag, 1992); BT xxvi.

② 对于一些问题,诸如中原王朝的朝圣者的朝圣记载是否形成了自己一致的风格,或是中原王朝朝圣者创作的文案是否应该不再被称为朝圣者的记录,存在一个颇有趣味的讨论,详见 Max Deeg, "When Peregrinus is not Pilgrim: The Chinese "Pilgrims'" Records—A Revision of Literary Genre and its Context", in Searching for the Dharma, Finding Salvation: Buddhist Pilgrimage in Time and Space, ed. Christoph Cueppers and Max Deeg (Lumbini International Research Institute, 2014), 65-95。

遍认同自10世纪后半叶开始,在西迁定居东部天山地区之后,回鹘民众的宗教信仰开始了一个重大而又漫长的转变,即从摩尼教转向佛教。自头几个世纪以来,佛教文化已经在这个地区出现。早期阶段,回鹘的佛教信仰主要受吐火罗佛教和汉传佛教文化的影响。信仰吐火罗佛教和汉传佛教的教徒一直生活在新建立的西州回鹘王国(自9世纪后半叶—13世纪)的领土上。而粟特人在回鹘人宗教转变的过程中起到的作用仍在讨论之中。回鹘佛教文献之中有对于变更宗教信仰这一简要过程的确凿证据,对这一点于此不做赘述。最晚从11世纪开始,也就是大部分的回鹘人已经皈依佛教时,回鹘的佛教信仰经历了一次广泛而多样的发展。此外,因为敦煌地区与西州回鹘汗国之间的紧密联系,当我们讨论回鹘佛教信仰的来源时,来自敦煌佛教信仰的影响必须要被考虑在内[①]。得益于回鹘经卷文化的良好保存,当地的朝圣题记可以帮助收集关于回鹘朝圣之旅的一手信息。由于文本文献学是作者主要的领域,所以有关古代回鹘朝圣之旅的讨论将全部集中在保留下来的书面史料的研究结论上。在目前情况下值得一提的是,著名的僧人、朝圣者玄奘的传记《大唐大慈恩寺三藏法师传》发现于10世纪末11世纪初从汉文翻译成回鹘文的回鹘佛教文献之中。这个给定的日期与我们已知的这个翻译者的寿命紧密相关,即来自别失八里的胜光阿阇梨都统法师(在11世纪下半叶或是12世纪初是其青壮年时

[①] 有关这一主题的更详细的信息,请参考下述文章,Wilkens, "Buddhism in the West Uyghur Kingdom," 204-225; Takao Moriyasu, "Chronology of West Uighur Buddhism: Re-examination of the Dating of the Wall-Paintings in Grünwedel's Cave No. 8(New: No. 18), Bezeklik," in Aspects of Research into Central Asian Buddhism: In Memoriam Kōgi Kudara, ed. Peter Zieme (Turnhout: Brepols, 2008), 191-227; 荣新江 Xinjiang Rong, "The Relationship of Dunhuang with the Uighur Kingdom in Turfan in the Tenth Century," in De Dunhuang à Istanbul: Hommage à James Russell Hamilton, ed. Louis Bazin and Peter Zieme(Turnhout Brepols, 2001), 275-298。

期），关于法师的身份是回鹘人还是汉人以及翻译的确切日期仍然在讨论之中。回鹘文《大唐慈恩寺三藏法师传》属于第一批译自汉文的回鹘文佛教写本文献，并且其极有可能深受敦煌佛教的影响[1]。不言而喻，朝圣者以一生之中至少参观一次具有非凡的宗教意义的圣地为目标。在汉传佛教的诸多名山之中，五台山地位非凡。敦煌，对于朝圣者来说不仅是前往五台山途中的一个重要驿站，此外许多发现于敦煌的写本中有歌颂这座佛教名山的汉文诗歌[2]。就目前研究而言，可以得出这样一个结论，如果没有敦煌发现的汉文版本的存在，也就不会有其他版本的流传。此外，根据皮特·茨默（Peter Zieme）所言，除了回鹘文译本，尚未发现用其他语言对著名的《五台山赞》的翻译（图一）[3]。引人注目的是，《五台山赞》被证实不仅是用回鹘文翻译的，并且还存在用回鹘文音写的汉文版本。那也就是说，在一个文本中发现了回鹘文夹写汉文的情况[4]。茨默假设，回鹘文的翻译最早追溯至10

---

[1] 关于回鹘文《大唐慈恩寺三藏法师传》以及其版本的广泛的文献综述，请参见 Johan Elverskog, Uygur Buddhist Literature（Turnhout: Brepols, 1997）, 131-135; Albet Semet, Lexikalische Untersuchungen zur uigurischen Xuanzang-Biographie（Wiesbaden: Harrassowitz, 2005）, 1-31; BT xxvi, 144- 147; Hakan, Aydemir, Die alttürkische Xuanzang- Biographie IX（Wiesbaden: Harrassowitz, 2013）, 1-10。

[2] Wilkens, "Buddhism in the West Uyghur Kingdom," 222; Peter Zieme, "Three Old Turkic Wutaishanzan Fragments," Nairiku ajia gengo no kenkyū 内陸アジア言語の研究 Studies on the Inner Asian Languages 17（2002）: 223-239; Peter Zieme, "Gudai Huigu fojiao zhi zhong de Wutai shan yu Wenshu shili 古代回鹘佛教之中的五台山与文殊师利 [Mt. Wutai and Mañjuśrī in Uyghur Buddhism]," in Yishan er wuding: Duo xueke, kua fangyu, chao wenhua shiye zhong de Wutai xinyang yanjiu 一山而五顶：多学科、跨方域、超文化视野中的五台信仰研究 [One Mountain of Five Peaks: Studies of the Wutai Cult in Multidisciplinary, Crossborder and Transcultural Approaches], ed. Miaojiang 妙江, Chen Jinhua 陈金华, and Kuanguang 宽广（Hangzhou: Zhejiang daxue chubanshe, 2017）, 117-126。

[3] Zieme, "Wutai shan yu Wenshu shili," 119.

[4] Zieme, "Wutaishanzan Fragments," 119.

世纪①。同时，回鹘文版本的《五台山赞》（回鹘语 udai šan san）的存在是回鹘和敦煌佛教之间紧密联系的进一步证明。因此，在敦煌地区石窟中发现的回鹘朝圣的题记表达出对五台山朝圣之旅的宗教崇拜再正常不过②。

图一　《五台山赞》回鹘文译文残卷 参见 Ch/U 6956 verso, Staatsbibliothek zu Berlin-Preusischer Kulturbesitz, Orientabteilung

2014年，提伯·珀尔奇奥（Tibor Porció）在文章《回鹘佛教朝圣者题记的特别之处》③中首次以回鹘人自己的写本文献来对回鹘人佛教朝圣之旅进行研究。在这篇文章中，珀尔奇奥展示了一个富有启发意义的对比，即回鹘文榜题与朝圣者题记之间的对比④，他这样总结

---

① Zieme, "Wutai shan yu Wenshu shili," 119.

② Matsui Dai 松井太, "Tonkō sekkutsu Uigurugo, Mongorugo daiki meibun shūsei 敦煌石窟ウイグル語・モンゴル語題記銘文集成 [Uyghur and Mongol Inscriptions of the Dunhuang Caves]," in Tonkō sekkutsu tagengo shiryō shūsei 敦煌石窟多言语资料集成 [Multilingual Source Materials of the Dunhuang Caves], ed. Matsui Dai 松井太 and Arakawa Shintaro 荒川慎太郎 (Tokyo: Research Institute for Languages and Cultures of Asian and Africa, Tokyo University of Foreign Studies, 2017), 73: Y03 Uig 30（即指上文书中所记提及的榆林窟第03窟中第30条回鹘文题记）män šakyapal udai-ka barur-ta kenki-lär-kä ödik kıldım kutuγ-tu boltuγai kemen; Y03 Uig 32 täväči tutuŋ udai-ka barur-ta ödik kıldım sadu bolzun.

③ Tibor Porció, "Some Peculiarities of the Uygur Buddhist Pilgrim Inscriptions," in Searching for the Dharma, Finding Salvation: Buddhist Pilgrimage in Time and Space, ed. Christoph Cueppers and Max Deeg (Lumbini: Lumbini International Research Institute, 2014), 157-178.

④ Porció, "Pilgrim Inscriptions," 166-174.

道:"毋庸置疑,题记与题跋从根本上来说是两种不同场合下不同活动的产物,因此它们分别拥有各自鲜明的特征,也就是说题记所包含的要素在题跋中没有与之直接相对应的部分。然而,暂时去对比其中的一些组成部分也并非不可为之事①。"

同时,回鹘文的榜题也证明,一些题记由押头韵的诗歌构成。如一个回鹘文的词语 ödik(注册簿、备忘录、大事记)②被朝圣者们非常频繁地使用于他们的题记之中③。珀尔奇奥很恰当地将这些朝圣者题记称为"朝圣之旅的跋文"。保存下来的回鹘文题记长度差异很大,这很有可能不仅仅是因为当地的条件。而且,在部分题记中,存在相当一部分已知来自于回鹘文榜题的因素,诸如日期、人名、动机、关于功德归属的信息、愿望以及目的,及最终的结束语④。

与此同时,更多的、新的考古资料我们已经能够有所接触,这主要得益于正在进行的佛教遗址的现场发掘工作,尤其是在丝绸之路的北线以及河西地区的佛教遗址。当我们着眼于单一的佛教遗址材料的同时,应对多学科研究工程所涉及中亚藏品中保存的多种史料给予同样的关注。为此,我们给出了下列更深层次的信息。

1.回鹘朝圣者题记的范畴

直到最近,松井太(Dai Matsui)出版了迄今为止最为详尽的辑录敦煌石窟中的回鹘文和蒙文的题记的版本⑤。标题之中"敦煌石窟"作

---

① Porció, "Pilgrim Inscriptions," 171.
② Marcel Erdal, Old Turkic Word Formation: A Functional Approach to the Lexicon, vol. 2 (Wiesbaden: Harrassowitz, 1991), 444.
③ Porció, "Pilgrim Inscriptions," 165-166. 例如,请参见松井太《敦煌石窟多言语资料集成》一书中编号为 Y03 Uig 30, Y03 Uig 32 的题记。
④ Ibid., 171-172.
⑤ Matsui, "Tonkō sekkutsu Uigurugo," 1-161.

为一个总称，代指敦煌及其附近的6座石窟遗址。辑录的题记包括出自莫高窟35个石窟中的78则回鹘文的题记，7则蒙古文题记以及1则粟特文题记；出自莫高窟北区的1则回鹘文题记；出自敦煌莫高窟附近的一座单层木结构建筑——慈氏塔的2则回鹘文题记；出自榆林窟25个洞窟中的185则回鹘文题记和6则蒙古文题记；出自东千佛洞的1则回鹘文题记；以及最后的出自位于肃北蒙古族自治县五个庙石窟的1则回鹘文题记和1个蒙古文题记[①]。松井太的版本是一个大型研究项目成果的部分展示。该项目整理了敦煌石窟的多语种原始材料，包括汉文、古藏文和西夏文的题记，以及婆罗谜文书写的题记。同时这个研究工程也有关于供养人画像的研究[②]。大量的朝圣者题记展现了该地区所有重要的佛教语言，并再次强调了敦煌石窟群在佛教朝圣活动范围内的重要地位，尤其是从回鹘佛教徒留下来的题记中可以看出敦煌石窟在回鹘佛教徒心目中的地位。此外，一些文字遗迹展示出一个更广阔的象征性权力以及一个信仰多元化的社会。一群有着不同信仰的人在榆林的一个石窟之中留下一则用古叙利亚文书写的回鹘语题记。在他们参观这个遗迹结束之时，他们留下这个题记用以纪念他们在第16

[①] 上述题记中的部分已经在其他较早出版的书籍之中刊布，且书中所有辑录的题记的上方都有标注题记的出处。

[②] Matsui Dai and Arakawa Shintaro, eds., Tonkō sekkutsu tagengo shiryō shūsei 敦煌石窟多言语资料集成［Multilingual Source Materials of the Dunhuang Caves］(Tokyo: Research Institute for Languages and Cultures of Asian and Africa, Tokyo University of Foreign Studies, 2017).

号榆林石窟的朝圣之旅①。不仅仅是他们二人的姓名表明了他们基督教徒的身份，他们用在结语中的愿望以及结束语中的词语："愿这成为一个回忆，阿门！（回鹘文 yad bolzun amin）②"以及"直到永恒，阿门！（回鹘文 apamuka-tägi amin）③"也清晰表明了他们基督徒的身份④。

然而，两个基督教徒很有可能是在一个佛教徒的陪同下一起礼拜的，判断依据是在他们的题记的首要位置上的一个人名 Buyan Temür，这个人名字被认定很可能是一个佛教徒的名字（回鹘文 Buyan，词源是梵文 puṇya，意思为功德，善行）⑤。一部分人在族群认同上认为他们"来自瓜州"⑥（回鹘文 Kaču）。瓜州即为河西地域的瓜州县（之前的安西县），榆林石窟位于瓜州以南55公里的地方。朝圣者们将这个地方称之为"瓜州山寺"（回鹘文 kačunıŋ tag buxarı）⑦。据松井太所说，源于敦煌地区的大部分回鹘文与蒙文的朝圣者题记可以追溯至大蒙古

---

① Matsui, "Tonkō sekkutsu Uigurugo," 100（Y16 Uig 05）：
1. bečin yıl bešinč ay on beš-tä biz 猴年5月15日我们
2. xaču-lug buyan temür n(ā)tn(ī)'ēl y(ō)ḥ(a)n(ā)n 瓜州人不颜铁木尔、那体·约翰
3. bo xaču-nıŋ tag buxar-ıŋa kälip 到这瓜州的山里的寺庙
4. iki kün tezginip üč sorma 逗留了两天饮食了三桶葡萄酒
5. bir xoyn ašın sökünüp yenä ya[n]ıp 吃好了一只羊并返回
6. bartımız yad bolzun amin 愿这成为纪念
7. apamuka-tägi amin 一直到永远，阿门！

② Ibid., line 6.

③ Ibid., line 7.

④ 皮特·茨默已经在一段关于出土于敦煌的几乎没有被证实的回鹘语基督教文本的一段论述中提及了这一题记的存在，具体请参见 Peter Zieme, Altuigurische Texte der Kirche des Ostens aus Zentralasien. Old Uigur texts of the Church of the East from Central Asia（Piscataway: Gorgias Press, 2015），24。

⑤ 回鹘语词汇 buyan 也被证实出现在基督教（和摩尼教）的语境之中，但是对于宗教团体成员而言，这个词汇几乎不会被用作个人名字的组成部分。

⑥ Matsui, "Tonkō sekkutsu Uigurugo," 100（Y16 Uig 05），lines 1-2: biz xaču-lug.

⑦ Matsui, "Tonkō sekkutsu Uigurugo," 100（Y16 Uig 05），lines 3.

国及元朝时期（13—14世纪）。用于指定榆林佛教石窟寺庙的术语 bux-ar 是梵文词语 vihāra "寺院，寺庙" 的蒙古语形式，这对上文给出的年代断定给予了进一步的支持[①]。根据朝圣者们的记录，他们在这里逗留了两天。在这期间，他们四处参观，喝了三桶小麦啤酒或是白酒（回鹘文 sorma），吃了一餐羊肉，之后他们便离开了。通过收集像以上给出的被引证的题记那样的细微之处，我们可以扩充我们自身关于回鹘朝圣之旅的知识。已经出版的墓志资料就提供了大量前往敦煌地域的佛教遗址的朝圣之旅范围的详细数据。关于目前的课题，正如松井太总结的那样："汉文题记所传达的意思与榆林窟、莫高窟的回鹘文、蒙古文题记十分吻合。在这些题记之中，我们频繁见到甘肃地区的一些地名，诸如 Šaču 即为沙州，Qaču 即为瓜州，Sügčü 即为肃州，Yungčang-vu 即表示包含在永昌府范围内一个地区，Tangut čölgä '西夏路（čölgä<蒙古文 čölge=汉文"路"）'，每一处都曾作为朝圣者的出发地。除了甘肃的这些地名之外，回鹘文题记中还存在一些东部天山地区的地名，诸如哈密（Qamïl）或纳职（Napčik）（今维吾尔语 lapčuq 拉布楚喀）[②]。"

松井太总结道："这些题记清楚地展示出，大蒙古国及元朝时期回鹘佛教朝圣者在东部天山地区和甘肃地区之间积极的活动[③]。"

[①] 关于该术语的进一步论证，请参见 Matsui, "Tonkō sekkutsu Uigurugo," 142。这一佛教遗址的相似的名称，亦即 'sacred mountain temple'（拉丁文转写 kutlug tag süm），来自榆林窟第25窟，在 Porció, "Pilgrim Inscriptions," 172 (fn. 104) 一文中已经有所讨论。

[②] Dai Matsui, "Revising the Uigur Inscriptions of the Yulin Caves," Nairiku ajia gengo no kenkyū 内陸アジア言語の研究 [Studies on the Inner Asian Languages: Papers in Honour of Professor Takao Moriyasu on His 60th Birthday] 23 (2008): 27-28. 松井太的文章中给出了一张标明所列地点的小地图。(ibid., 28)

[③] Matsui, "Revising the Uigur Inscriptions of the Yulin Caves," 28.

回鹘佛教徒的题记也证明，他们的朝圣之旅还包括前往丰州古城（距离现今内蒙古呼和浩特市17公里）遗址的白塔遗址[1]。万部华严经塔于契丹帝国（907—1125年，汉文史料中称之为辽）时期建立在丰州的佛教寺庙建筑群中。这座七层的塔建造于983—1031年，是一座用于存放佛经的佛塔。根据近来出版的回鹘文材料，我们了解到游历这一地方的回鹘朝圣者来自哈密（Kamıl），托克逊（Toksın）或彰八里（Čambalık）。在这些几乎难以看清的朝圣者题记中，他们经常表达出他们的愿望以及目的，诸如他们来这里是为了"向这座神圣的佛塔行礼"（回鹘文 bo ıdok stupta yüküngäli kälip）[2]，为了"借朝圣之行的功德成为佛陀"（回鹘文 bo buyan küčintä burhan bolalım）[3]，为了"……愿后来能够见到"（回鹘文 kenki körgülük bolẓun）[4]，或者是为了"向尊贵的文殊菩萨[5]敬拜（回鹘文 ary-a mančuširika yükünürmän）[6]"。这些愿望以及目的与之前出版的回鹘佛教徒朝圣者题记完全一致[7]。如若我们将元朝时期（1279—1368年）那个地域的历史因素考虑在内，在已经出版的回鹘文题记中至少有两个能够与有基督教背景的人建立联

---

[1] Yudong Bai 白玉冬 and Dai Matsui 松井太, "Old Uigur Inscriptions of the White Pagoda, Hohhot," Nairiku ajia gengo no kenkyū 内陸アジア言語の研究 Studies on the Inner Asian Languages 31(2016): 29-77. 总的来说,这两位作者能够破译和编译20个不同范围的题记。

[2] Ibid., 39(text J, lines J5-J6).

[3] Ibid., 44(text R, line R4).

[4] Ibid., 45(text T, line T3).

[5] 梵文 Āryamañjuśrī,一位菩萨的名称,亦即象征着智慧的文殊菩萨。

[6] Bai and Matsui, "White Pagoda," 45(text T, line T8).

[7] Porció, "Pilgrim Inscriptions," 167-174.

系，这一点就显得并不奇怪了①。

精于解释吐鲁番盆地佛教洞窟内细节之处的历史意义研究的学者，诸如森安孝夫（Takao Moriyasu）、橘堂晃一（Koichi Kitsudo）和松井太②，他们在柏孜克里克石窟研究的文章之中也呼吁加强关于吐鲁番佛教洞窟内相关题记的文献学的研究工作③。尽管柏孜克里克石窟的壁画非常著名，但洞窟内的题记不仅仅是壁画相关的榜题，它们可以提供多种信息，包括壁画上画出的神、人物抑或是供养人的一些信息。（图二）

茨默最近出版了相当数量的，由不同的古人书写的题记。这些题

---

① Bai and Matsui, "White Pagoda," 33–36(text C) and 42–44(text Q). 关于基督教背景的更多内容，我参见了 Pier Giorgio Borbone 的两篇文章，这两篇文章包含有更多关于白塔遗址题记的编目资料，甚至还包括汉文、契丹文、女真文以及蒙文的题记资料，这两篇文章分别是：Pier Giorgio Borbone, "Syroturcica 2: The Priest Särgis in the White Pagoda," Monumenta Serica 56 (2008): 487-503; Pier Giorgio Borbone, "More on the Priest Särgis in the White Pagoda: The Syro-Turkic Inscriptions of the White Pagoda, Hohhot," in From the Oxus River to the Chinese Shores: Studies on East Syriac Christianity in China and Central Asia, ed. Li Tang and Dietmar W. Winkler (Zürich, Münster: LIT Verlag, 2013), 51-65。

② Moriyasu, "Chronology of West Uighur Buddhism," 191-227; Koichi Kitsudo, "Historical Significance of Bezeklik Cave 20 in the Uyghur Buddhism," in Buddhism and Art in Turfan: From the Perspective of Uyghur Buddhism. Buddhist Culture along the Silk Road: Gandhara, Kucha, and Turfan, ed. Irisawa Takashi (Kyoto: Ryukoku University, 2012), 141-172; Matsui Dai, "Ning-rong 宁戎 and Bezeklik in Old Uighur Texts," Nairiku ajia gengo no kenkyū 内陸アジア言語の研究 Studies on the Inner Asian Languages 26(2011): 141-175.

③ Kitsudo, "Bezeklik Cave 20," 151; Matsui, "Revising the Uigur Inscriptions," 29.

记是在柏孜克里克石窟第20窟内的婆罗门壁画中发现的①。这些题记分布在整幅壁画的空白之处。在少数的几个洞窟之中，朝圣者们甚至用诗句记录下他们冥想与崇拜神佛的目的②。例如，一个朝圣者在离开家不久之后就转让他在礼敬诸佛（回鹘文 ädgü täŋrilärkä buyan ävi[rürmän]）③时获得的功德。关于中亚收集品中的许多材料仍需要进一步讨论。就在最近，在柏林的亚洲艺术博物馆（Museum of Asian Art）中的约130片壁面题记的碎片，在详细的调查之后被重新发现了。这些题记碎片属于1902—1914年的第四次德国吐鲁番考察队的发掘物，且发掘自不同的遗址。这一部分的题记碎片中，仅有一小部分已经被出版或是被编

图二　柏孜克里克18号石窟中佛教壁画和朝圣者题记（Grünwedel 格伦威德尔8号）参见 Staatliche Museen zu Berlin, Museum für Asiatische Kunst

---

① Peter Zieme, "A Brāhmaṇa Painting from Bäzäklik in the Hermitage of St. Petersburg and Its Inscriptions," in Unknown Treasures of the Altaic World in Libraries, Archives and Museums: 53rd Annual Meeting of the Permanent International Altaistic Conference, Institute of Oriental Manuscripts, R[ussian]A[cademy of]S[ciences]St. Petersburg, July 25‐30, 2010, ed. Tatiana Pang et al.（Berlin: Klaus Schwarz, 2013）: 181‐195. 格伦威德尔标记的柏孜里克第9号石窟对应现在的第20号石窟。这幅壁画现今被保存在圣彼得堡艾尔米塔什博物馆，进一步的研究请参见 Peter Zieme, Buddhistische Stabreimdichtungen der Uiguren（Berlin: Akademie-Verlag, 1985）, 189-192; Matsui, "Ning-rong," 141-175; Zhang, Huiming, "A Study of the Story of the Penance and Elimination of Sins in the Golden Light Sūtra Illustration from the Bezeklik Caves（Focusing on Ty-575 Fragments of the Hermitage Collection）," in Dunhuang Studies: Prospects and Problems for the Coming Second Century of Research, ed. Irina F. Popova et al.（St. Petersburg: Slavia, 2012）, 321-332。

② Zieme, "Brāhmaṇa Painting," 188-189.

③ Ibid., 188（section 7(a), line 7）.

目①。这些题记碎片上附着的一些标记带来的信息有时候非常笼统②，但是像"高昌Chotscho，废墟K""胜金Sängim，寺庙1""D（＝Dakianusšahri/高昌），废墟/寺庙Q"以及"库木吐拉Kumtura，三号窟（巴图斯窟）"这些标记提供了一些特殊的发掘地点，而这些信息可能为我们探索出对于佛教朝圣者来说吐鲁番及其邻近地区的圣地提供第一条线索。就如同敦煌石窟的题记一样，柏孜克里克石窟的题记也存在多种语言的原始材料，包括梵文、吐火罗文、古叙利亚文、粟特文、回鹘文、汉文等。一些题记以拍摄黑白照片或是重新描摹的方法保留下来。确信无疑，只有一个对来自吐鲁番地区各个发掘点所有可以获得的朝圣者们题记遗迹的全面研究，可以拓宽我们对这一地区回鹘人的朝圣之旅的"圣地"的特殊之处的认识③。毫无疑问，想要研究现今的这个课题，除了回鹘文书以外的其他语言的原始材料也应被考虑在

---

① 在已经出版的题记中，有十则是出自库木吐拉和克孜尔的用婆罗谜文书写的回鹘语题记，这些题记辑录在 Dieter Maue 的目录卷之中。请参见 VOHD 13,9: 201-205 (catalogue nos. 72-77); VOHD 13,27: 457-465 (catalogue nos. 210-213)。再者，七则用吐火罗文与佉卢文书写的题记于 1987 年由 Georges-Jean Pinault 刊布出版，请参见 Georges-Jean Pinault, "Épigraphie koutchéenne: I. Laissez-passer de caravans, II. Graffites et inscriptions," in Sites divers de la région de Koutcha. Épigraphie koutchéenne = Mission Paul Pelliot (Documents conservés au Musée Guimet et à la Bibliothèque Nationale), ed. Georges-Jean Pinault et al., vol. 8 (Paris: Instituts d'Asie du Collège de France, 1987), 59-196. 出自 'Ruine eines großen Klosters' 的景教粟特文书写的题记由 Nicholas Sims-Williams 和 James Hamilton 二位研究，请参见 Nicholas Sims-Williams et al., Documents turco-sogdiens du IXe-Xe siècle de Touen-houang (London: School of Oriental and African Studies, 1990), 38; Nicholas SimsWilliams, "Sogdian and Turkish Christians in the Turfan and Tun-huang Manuscripts," in Turfan and Tun-huang: The Texts, ed. Alfredo Cadonna (Florence: Olschki, 1992), 58。

② 在发掘点，笼统信息标记如下：D (= Dakianusšahri/Kočo), Sängim (T II), Subashi Längär, Bulayık, Ming-öy Kızıl, 'MQ Qumtura' (Murtuk/Kumtura)。

③ 在柏林藏吐鲁番的写本与壁画中，我们能够发现大量的回鹘读者，所有者或是回鹘供养人相关的题记资料，具体请参见下述资料 BT XXVI, 45-275; VOHD 13,22: 165-293。

内。一个极佳的例子就是发现于敦煌石窟（B136:42）中的察合台汗国（1120—1370年）蒙文敕令，因为它反映了察合台政府对于在吐鲁番地区朝圣之旅途中的朝圣僧人的支持①。

三、"圣地"的研究——高昌古城遗址Q的题记

一个国际项目（2014—2015年）对高昌废墟Q的不同木结构建筑及其功能进行了调查，所有关于此发掘点的消息汇集在了一起②。我们发现，不仅遗址Q两根房梁上有婆罗谜文的题记保存下来③，在那里我们还发现了一整个系列的墙壁题记。和其他木结构物品一起，上述的这些资料被德国吐鲁番探险队一同带回柏林。（地图一）④

根据格伦威德尔的高昌古城的平面草图（地图二），废墟Q位于"王宫也就是过往的宫殿的西侧，大约在废墟群η（Eta）和μ（Mu）之间"⑤。

于此非常有趣的一件事是，废墟Q是被命名为"题记之室"的一

---

① 对于这份蒙文敕令以及它相关的解释请参见 Dai Matsui, "A Mongolian Decree from the Chaghataid Khanate Discovered at Dunhuang," in Aspects of Research into Central Asian Buddhism: In Memoriam Kōgi Kudara, ed. Peter Zieme（Turnhout: Brepols, 2008）, 159-178。

② 这个 the Museum für Asiatische Kunst 的项目'Medieval pre-Islamic architecture in Kocho on the Northern Silk Road'由 the Gerda Henkel Stiftung 出资赞助。

③ 这两根木梁被保存在柏林的亚洲艺术博物馆的库房中，编号为 nos. III 4435b 和 III 4435c. 对于这些木制建筑的一些图文，请参见 Klaas Ruitenbeek 等人的"Ruin Q in Kocho and its Wooden Architectural Elements," in The Ruins of Kocho: Traces of Wooden Architecture on the Ancient Silk Road, ed. Lilla Russell-Smith et al.（Berlin: Staatliche Museen zu Berlin PreußischerKulturbesitz, 2016）, 110-111。

④ 根据留存记录，高昌的废墟Q只在第一次德国吐鲁番探险队探险时（1902—1903年）被探查过。这次探查活动由 Albert Grünwedel（1856-1935），一位印度学家，藏学家，在佛教研究层面有着专业知识的艺术史学家带队，他也是柏林亚洲艺术博物馆的印度部主任（the Indian Department）(1904-1921)。

⑤ Ruitenbeek, "Ruin Q," 103。

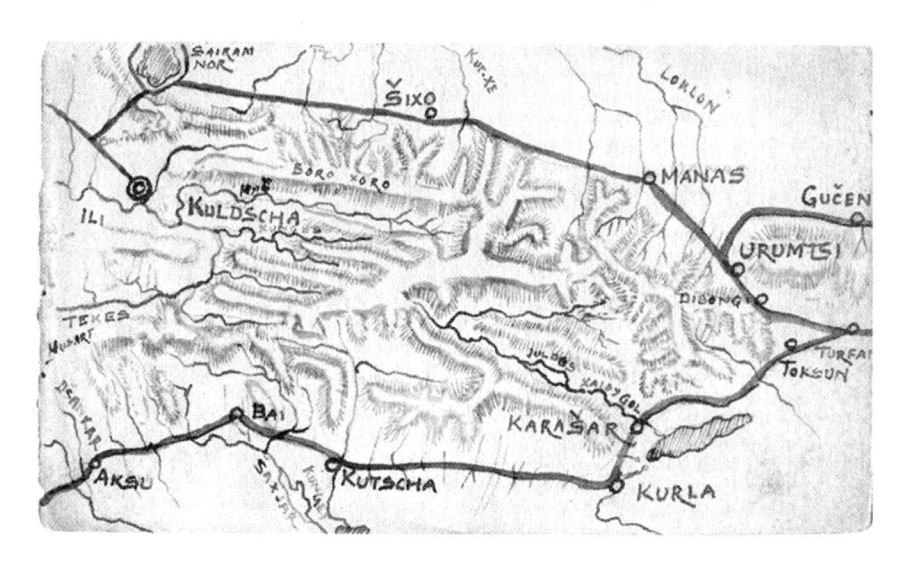

地图一　格伦威德尔于 1902 年绘制的草图,显示了第一次德国吐鲁番远征的路线部分。TA 6876-24,参见柏林国家博物馆,亚洲艺术博物馆

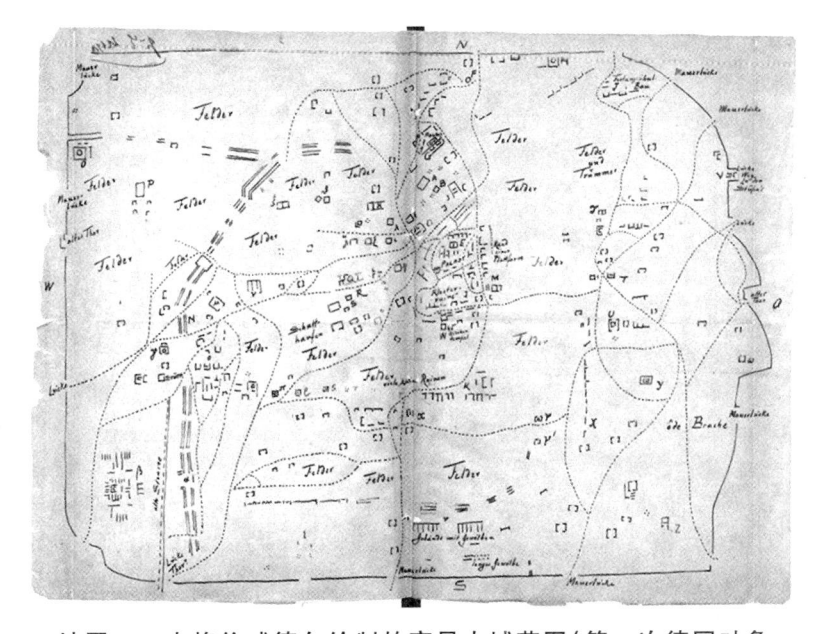

地图二　由格伦威德尔绘制的高昌古城草图(第一次德国吐鲁番探险队,1902—1903 年)TA 253,参见柏林国家博物馆,亚洲艺术博物馆

间石窟（德语 Inschriftenzimmer）①。在调查结果清单中，"Inschriftenzimmer Q"同样被使用来描述这一地点②。再者，根据格伦威德尔第一次考察的报告记载，"这里所有的题记全部位于排屋最南端的内室之中"③。

回归正题，通过以上所有关于废墟 Q 的讨论我们可以发现，这个地方被视作朝圣地，"因为这里的建筑和事物与我们从文本中获得的朝圣者心中圣地的样子相比，更加丰富"④。

另一方面，如果我们将下面这则事例考虑在内的话，为判定过去建筑的功能而进行题记的识别、翻译，这一工作的重要性不言而喻。根据柏林的一个调研项目的近期结果来看，正如格伦威德尔⑤推测的那样，不仅"题记之室"方柱被用作佛塔的替代品，"有中心柱房间都存在这种可能性"⑥。迈克尔·贝明（Michaël Peyrot），一位详细研究高昌废墟 Q 出土的吐火罗语 B 的学者，以他的语言学方法可以贡献并发表更为成熟的成果。"题记之室"的一面墙上的吐火罗语 B 题

---

① Ibid.

② 最初发掘清单中关于发掘木梁的相关条目的记录副本被刊布在下述作品中，请参见 Ruitenbeek et al., "Ruin Q," 104, fig. 1: Extract of Grünwedel's list of Kočo finds. Museum für Asiatische Kunst, TA 657。

③ Ruitenbeek, "Ruin Q," 106. English translation by Ruitenbeek after Grünwedel, Albert, Bericht über archäologische Arbeiten in Idikutschari und Umgebung im Winter 1902–1903（München: Verlag der K. B. Akademie der Wissenschaften, 1905), 34.

④ Wiebke Friese et al., "Introduction: Archaeologies of Pilgrimage," in Excavating Pilgrimage: Archaeological Approaches to Sacred Travel and Movement in the Ancient World, ed. Wiebke Friese and Troels Myrup Kristensen（London, New York: Routledge, 2017), 1.

⑤ Grünwedel, Bericht über archäologische Arbeiten in Idikutschari, 173. 同被引用于 Ruitenbeek et al., "Ruin Q," 106.

⑥ Ibid.

记，他这样判读："无论谁进入这个佛塔 Stūpa①。"作为一个佛塔，极大数量的题记被写在这个地方也就不足为奇了。因此，我们可以做出这样一个假设，遗址 Q 可以被视为朝圣之旅的一个重要胜地。上述提及的那个项目报告做出了如下更深入的解释：

"题记之室"最里面的那一面墙壁被白色颜料粉刷，并且从这一面墙壁的中间部分至西侧门口的一段范围内存在回鹘文题记和少量的汉文题记②。

经证实的题记是由多种不同语言书写的，这一事实清晰地表明前来朝拜这一圣地的朝圣者们来自不同民族③。此外，我们或许可以认为废墟 Q 是几个世纪以来佛教朝圣者们前往吐鲁番地区的一个主要目的地。

经证实为吐火罗语 B 单词的 pat（也就是梵文 stūpa）尤为重要，这一词是在一则吐火罗语 B 的题记之中发现的。并且通过引用梵文 Pradaksinagāthā 的内容，贝明破译了这个已经毁坏的吐火罗语 B 题记的全部含义："绕行佛塔一圈后，我得到了四圣谛，五业力，以及修道的成

---

① Michaël Peyrot, "Tocharian B Inscriptions from Ruin Q in Kocho, Turfan Region," in The Ruins of Kocho: Traces of Wooden Architecture on the Ancient Silk Road, ed. Lilla RussellSmith et al. (Berlin: Staatliche Museen zu Berlin – Preußischer Kulturbesitz, 2016), 129. 同被引用于 Ruitenbeek et al., "Ruin Q," 106. 不幸的是，因为损害的缘故，柏林亚洲艺术博物馆目录编号为 no. iii1046，来自废墟 Q 的回鹘文题记中 kiriš 的上下文并不清晰。它在第三行，被识读为：[…]YS kiriš bo säŋräm vuhar-ka. 我们或许可以借助 Clauson 的词典："₁ kiriš '入口、收入"ED, 747a）且查看圣彼得堡 The State Hermitage 藏编号为 no. ВД 757 的一个近似为 B 类吐火罗语的题记碎片，这一条题记在第二行，被识读为 "Whoever has gone into this stūpa …," 根据 Peyrot 上述已经引用的翻译。

② Ruitenbeek et al., "Ruin Q," 106. 所有与被发现的题记相关的物品以及探险队能够接触到的物品全部被送到了柏林。这些刻有题记的墙壁碎片属于上述提及的重新发现的材料。此外 Matsui（Matsui, "Revising the Uigur Inscriptions," 28）认为废墟 Q 证实了汉文朝圣者的题记在吐鲁番地区的一个佛教遗址中出现。

③ 高昌废墟 K 的一小部分的题记也被证实了。

果①。"回鹘文词语 säŋräm（吐火罗语 A/B 写作 saṅkrām, 梵语写作 saṅghārāma）在柏林的 Museum für Asiatische Kunst 馆藏的编目为 No.III386 的回鹘文题记之中有使用（图三）。并且 säŋräm 这个回鹘文词语相较于 stūpa 来说似乎具有更广泛的意义。但是 säŋräm 这个词语适合这个已经证实的想法，即"进入 säŋräm"。关于"进入"这个问题是在解读这个吐火罗语 B 题记时遗留下来的，因为当时 patne 这个词经证实是方位格的单数形（在 stūpa 里面；进入 stūpa 里面）②。

图三　高昌 Q 废墟中残壁上的回鹘文题记 III 386，参见柏林国家博物馆，亚洲艺术博物馆

已经证明 säŋräm 和它的同义词 virhar 就是指敬拜以及宗教活动的所在地，保存于俄罗斯科学院圣彼得堡分院东方古籍文献研究所（the Institute of Oriental Manuscripts, Russian Academy of Sciences in St. Petersburg）的名为 Sivšidu-Yakšidu 的回鹘文文书就有这样的事例③。上述的文本，也就是 abita kur säŋräm 抑或是写作 abita kur atl(ı)g v(i)rhar（就是指阿弥陀石窟），这个石窟很有可能就在吐峪沟石窟群，并且和回鹘净土宗存在联

---

① 请参见 Peyrot, "Tocharian B Inscriptions," 134 note 7。

② Peyrot, "Tocharian B Inscriptions," 134 note 6.

③ Dai Matsui, "Uigur Manuscripts Related to the Monks Sivšidu and Yaqšidu at "Abita-Cave Temple" of Toyoq," in Journal of Turfan Studies: Essays of the Third International Conference of Turfanological Studies, 2008, Turfan, ed. Academia Turfanica（Shanghai: Shanghai guji chubanshe, 2010），704.

图四　高昌Q废墟残壁上的回鹘文题记 III 367，参见柏林国家博物馆，亚洲艺术博物馆

系①。或许能够在废墟Q出土的其他回鹘文题记中寻得关于这个地名的进一步证明②。

编目为No.III367的回鹘文题记中包括一首短诗（图四）③。这首短诗似乎是一首颂，赞颂这栋建筑（vihāra）、参与修建这栋寺庙的人以及当时修复这栋建筑损坏部分的人。这首颂的结语或许可以复原为："万事万物并非一成不变。"（回鹘文 alku nomlar ürl［ügsüz ol］），这首短诗的作者，或者至少认为是这个题记的书写者将šilavanti（梵文写作 śīlavant，译为拥有道德行为）作为自己名字的一个部分④。这首短诗清晰地论证了佛塔 stūpa 或者说是寺庙 vihāra 在历史中是长期存在的。而这也可能是这个地方成为圣地的一个重要因素。并且，根据这个文本，我们知晓将这栋建筑维持原状花费了大量人力与物力。但是我们仍然不确定我们是否可以将上述这些活动与朝圣行为划归为同一个时期之内。

上文引用的回鹘文题记编号为No.III1046（图五），这个回鹘文题

---

① 正如松井太所指出的那样，迄今为止人们所知的与净土宗相关的回鹘文献主要是来自胜金（Sängim）、木头沟（Murtuk）、交河故城（Yarkhoto）以及高昌的废墟α与废墟μ的佛教遗址。请参见 Matsui, "Sivšidu and Yaqšidu," 705。

② 在此，我要感谢茨默与我一起破译题记。不过，我也必须要承认，破译工作仍没有完全成功，因此，关于题记的解读仍然会改变。

③ Museum für Asiatische Kunst, Berlin.

④ 可惜的是，构成这个人名的第一个部分留存不全，并且现今很难进行重建。

记提供了一个证据证明这栋建筑的名称叫作 saṅghārāma vihāra（回鹘文 säŋräm vuhar）。观察这个从废墟 Q 出土的材料，我们会发现一个几乎所有回鹘文朝圣题记中都有的非常普遍的特征，即这些题记以中国十二生肖纪年记录日期作为开端。

日期的存在可以作为判定这些题记是否由外来人所作的重要证据。这些题记是那些外乡人待在这里的期间留下的，或者如前文所述是在离开之前不久留下

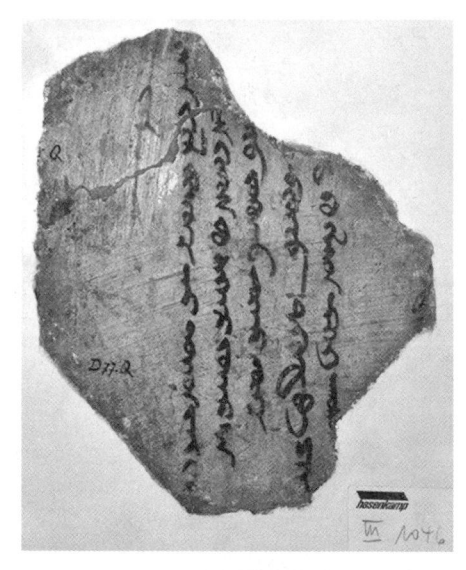

图五　高昌 Q 废墟残壁上的回鹘文题记 III 1046，参见柏林国家博物馆，亚洲艺术博物馆

的。显然，这些题记并非当地僧侣所写。我们将这些题记视作朝圣者题记的一个非常重要的标准即空间的转换——就是说从家乡离开（或者更准确地说"从一个人习惯的环境离开"①）到达至少一个圣地并且离开圣地重返家乡——这是朝圣之旅的重要部分。就目前的研究来看，与敦煌榆林石窟的朝圣题记相比，这里题记的非凡在于几乎没有研究提及这里朝圣者源于何方。

这个事实引出一个问题——前往这一佛教圣地朝圣活动所囊括的范围。迄今为止，已经整理过的相关材料表明，无论是婆罗谜文书写的回鹘语题记，还是吐火罗语 B 题记都没有包含相关的信息。更为不

---

① Max Deeg, "Buddhist Pilgrimage: An Introduction," in *Searching for the Dharma, Finding Salvation: Buddhist Pilgrimage in Time and Space*, ed. Christoph Cueppers and Max Deeg（Lumbini: Lumbini International Research Institute, 2014）, 5.

论回鹘文题记中的朝圣者 | 421

幸的是，这些历史材料均未被十分完好地保存下来。上述材料的缺失为我们提供一个线索，即将遗址Q视作仅限于当地人的朝圣之地的观点是我们不能够忽视的①。

唯一例外的是编号为 No. III393 的题记（图六）②。下面是这一题记上写的日期："兔年,10（月）(3)日"（回鹘文 tavıšgan yıl on[unč ay …]/ ü[čünč yaŋıka]），其内容解读为："我、饲养牛的人（和?)饲养骆驼［的人］来自 Koŋlı"（回鹘文 m(ä)n koŋlı balık-lıg udčı täv[äči …]）"。

图六 高昌废墟Q残壁上的回鹘文题记 III 393, 参见柏林国家博物馆, 亚洲艺术博物馆

即使这一地名经证实不仅在这出现，在回鹘文以及蒙古文的文献中都有过记载，但是仍未证实其不是这一地区的地名。在柏林藏吐鲁番的收集品中编目为 no. MongHT 75（"信使通行证"③）蒙古文文档同样出土于高昌（=Dakianus šahri④）遗址中。某人冬天在此地停留期间所持的文书中出现了 Koŋlı 这

---

① 关于这一论题，请参见 Deeg, "Buddhist Pilgrimage," 8。
② Museum für Asiatische Kunst, Berlin.
③ BT XVI, 182. 柏林藏吐鲁番地区收集品的碎片的编号为 Mainz 869。
④ 损坏文件的查找编号为 T II D 306。在第二次德国吐鲁番探险活动中，截止到1905年2月17日在探查高昌古城（Dakianusshahri），胜金（Sängim）和七康湖（Chikkan Köl）等地的探险所得清单之中提及了这份文档：[T II D]306 Uig. Dokument, 'Ruine a. gr. Kl.' 由于文字之间极大的相似性，在文档发现的最初阶段在语言的识别上常伴有较多的错误。发掘地的缩写可能必须要写作 'Ruine am großen Kloster.'。

一地名（图七）①。

从一个土地买卖契约*U9341中我们了解到有一条名叫Kargač 或是Karanč 的河流位于Koŋlı（回鹘文koŋlı-takı kargač/karanč ögän）②。不幸的是，在松井太新的关于"吐鲁番地区的回鹘地名"的研究之中并没有提及这一地名③。由于名字中一些词语如 udčı（或写作 otačı?）和täväči 可能被解释为职位头衔的名称（牲畜饲养员，骆驼饲养员），抑或是一些专有名词④，题记之中人名的判读工作也没有完全完成。最为有趣的是，在这个文本中进一步提及一个商队到达的地方是 säŋräm virhar，这可能表示吐鲁番地区商队的行进路线与朝圣路线存在着内部

图七　柏林藏吐鲁番收集品中的蒙文文本（信使通行证）Mainz 869, catalogue no. MongHT 75, 参见普鲁士文化遗产国家图书馆东方部

---

① 柏林藏吐鲁番收集品中蒙古相关藏品目录的辑录者将 MongHT 75, line 10 中记录的这个地名读作 Qunglu. 请参见 BT XVI, 182. 根据对最初文本的查验结果来看，此前 Michael Weiers 给出的读法'Qongli'似乎更好。请参见 Michael Weiers, "Mongolische Reisebegleitschreiben aus Čaɣatai," Zentralasiatische Studien 1(1967): 41-42. 然而第一个音节的发音问题仍然是一个未解之谜。

② *U 9341 line 03. 这份文档属于第二次世界大战期间损失的柏林藏吐鲁番收藏品中的部分。现今仅只有照片资料被保存在伊斯坦布尔的 Arat estate. 请参见 VOHD13,28: 143（catalogue no. 111）. 柏林藏吐鲁番收藏品中发现的回鹘文手稿对此有进一步的证实，文件的目录编号为 Ch/U 7145，这份文档与驿站系统相关，请参见 VOHD 13,21: 194-195（catalogue no. 189: Ch/U 7145 v）。

③ Dai Matsui, "Old Uigur Toponyms of the Turfan Oases," in Kutadgu Nom Bitig: Festschrift für Jens Peter Laut zum 60. Geburtstag, ed. Elisabetta Ragagnin et al.（Wiesbaden: Harrassowitz, 2015），275-303.

④ 不能排除这一名字到此是完整的，但是题记的后续部分并没有被保存下来。

的联系。二者之间不仅仅是有些联系，我们甚至怀疑朝圣者们加入了这支商队与他们一起前行。鉴于这一地方恶劣的自然条件，至少，对于朝圣者而言，加入商队同行是一个理所当然的选择。朝圣之旅，换言之也是一次外出旅游，这个活动需要一定的社会经济条件。参与贸易活动或是邮驿事务的非佛教人员，他们在行进的途中参观佛教圣址来表达他们对于圣地的尊崇，而这一类人严格意义上并不能算作是朝圣者。此外，近期关于回鹘文文献的研究已经证实上文中提及的牲畜饲养员udčı是驿站系统的成员，就像是ud ulags（牛和驿传马"ox ulag"）就是这个系统的成员一样①。

在编号为III393的题记中，也记录了通过前往佛教圣地（就是指stūpa）礼拜，积累功德、福报的愿望。佛教徒们的愿望："通过佛祖的救赎从转世轮回之中解脱出来。（回鹘文 burhan [kutılıg k]ölök üzä sansar ämgäktin oẓup）"在上述的这个特例之中表达了出来②。上述已经引用数次的编号为III1046的回鹘文题记的最后一句话的内容是："愿功德到来，愿痛苦消逝。（回鹘文 [ä]dgü kälẓün ämgäk ärtẓün）"③这一短语与敦煌石窟内的佛教朝圣者题记十分相似④。这些文本清晰地表达出佛教朝圣的主要意图：通过前往圣地朝拜积累功德，之后从俗世的轮回（梵文 saṃsāra，回鹘文 sansar）之中得到解脱。

写下III379号题记（图八）的朝圣者们以学生或是老师自居（回鹘

---

① 请参见 BT(forthcoming), UlReg06-10。

② III 393, line 9-10.

③ III 1046, line 6.

④ Matsui, "Tonkō sekkutsu Uigurugo," 56(no. 86: M465 Uig 04), 90(no. 170: Y12 Uig 13), 100(no. 196: Y16 Uig 04), 106(no. 207: Y19 Uig 02), 136(no. 281: D02 Uig 01).

文 bošgutčılar）①。不幸的是，前两个略微受损的单词的判读并不能够完全确定，在目前的语境之中，"神圣的佛教教义（回鹘文 t(ä)ŋri šazin, 梵文 śāsana）"这一判读翻译不失为一个选择②。在日期之后所列出来的这一团体成员的名字清晰地表明这一团体隶属于佛教的哪一派别，例如 Tilik Ačari,③ D(a)rmaḍaz（梵文 dharmadāsa，达摩的仆从），Karunadaz（梵文 karuṇādāsa, slave of karuṇā），以及 Buyan Tämür④。为了完全解读这些题记，更为深入研究是必要的，但在我看来这一小组

图八　高昌废墟 Q 残壁上的回鹘文题记 III 379，参见柏林国家博物馆，亚洲艺术博物馆

的成员可能包括以 Kulun Ky-a Tümän Bägi 为首的另外一部分人。如果我

---

① III 379, line 3.

② III 379, line 3.

③ 回鹘文人名组成成分 ačari 是一个佛教的称号，用以授予充当教师角色的佛教僧侣。(梵文 ācārya)

④ 关于回鹘文人名的组成成分 daz（梵文 dāsa）的相关讨论请参见 Peter Zieme, "Samboqdu et alii: Einige alttürkische Personennamen im Wandel der Zeiten," Journal of Turkology 2.1（1994）: 119-133。

的推断正确，这个题记是代表相当大的一群人书写的[1]。

一项跨学科研究项目"中世纪位于丝绸之路北支上的高昌的前伊斯兰式建筑"的一些研究成果为研究遗址Q成为佛教朝圣者朝圣之地的大概时间跨度提供了线索。梅尔策（Gudrun Melzer）正在研究从遗址Q发掘的刻于木梁上的梵文题记（图九），他得出一个结论，即木梁上的梵文与使用于7—14世纪新疆北部的第六种婆罗谜文字体（字母表"u"）相一致[2]。

茅埃（Dieter Maue）认为，在上述编目为III319的用婆罗谜文书写的回鹘语题记亦是如此[3]。据梅尔策的观点，大量已经出版的高昌发掘的梵文写本就是用上述的那种字体书写的，这些出版的梵文写本有一个准确的Sarvāstivāda背景[4]。

贝明认为废墟Q出土的吐火罗语B题记可追溯至8世纪或者更晚的时期[5]。这些非常潦草的回鹘文题记为我们提供了一个暂时的推论，即

---

[1] 很有可能仅仅是一个巧合，一位名叫Karunadaz（Karuṇādāsa）的人在出自废墟Q编号为III319写于墙壁碎片上的婆罗谜文书写的回鹘语题记中被提及。(Maue, Alttürkische Handschriften, Teil 1, 204-205: catalogue no. 76)，同时Śīlavān Dharmadāsa（Brāhmī: dha ma da-z śi la va nti）(Maue, Alttürkische Handschriften, Teil 1, 205: catalogue no. 77) 这一名字在出自库木吐拉附近的克孜尔千佛洞编号为III419写于墙壁碎片上的题记中被提及。这些名字在回鹘佛教之中相当普遍。根据Maue，题记中使用的婆罗谜文的字体对应Lore Sander的古文字学的字母表"u"，详情请参见Lore Sander, Paläographisches zu den Sanskrithandschriften der Berliner Turfansammlung (Wiesbaden: Franz Steiner, 1968), 182-183, plates 29-41。

[2] Gudrun Melzer, "Appendix: A Fragmentary Sanskrit Inscription on a Wooden Beam from Ruin Q (III 4435 B)," in The Ruins of Kocho: Traces of Wooden Architecture on the Ancient Silk Road, ed. Lilla Russell-Smith et al. (Berlin: Staatliche Museen zu Berlin - Preußischer Kulturbesitz, 2016), 123-126. 根据Melzer，这段题记的内容是一组佛陀的称号，详情请参见Melzer, "Appendix," 123-124. For a figure of the Sanskrit inscription, see Melzer, "Appendix," 123, fig. 38。

[3] 参见前文提及的皮特·茨默关于回鹘文人名组成成分的相关讨论。

[4] Melzer, "Appendix," 124.

[5] Peyrot, "Tocharian B Inscriptions," 128.

图九　高昌遗址木梁上的佛像 III 4435c，参见柏林国家博物馆，亚洲艺术博物馆

这些来自废墟 Q 的草体回鹘文是在一个相对靠后的历史时期书写的，即 13—14 世纪的蒙古时期。

将建筑层面考虑在内的话，可能需要补充的是从废墟 Q 发掘的，应属于 10—11 世纪的图画绚丽的木制物品[1]。在木质结构上画上图画是这一时期的典型特征[2]。鲁克思（Claas Ruitenbeek）称这些经修复的木质结构为"中原木制建筑与中亚早期建筑文化的融合"[3]。据他所言，"高昌的中原风格的木质建筑展现出更早期的唐朝风格，或许可以追溯至西州时期"[4]。

---

[1] Ruitenbeek et al., "Ruin Q," 114b.122a.

[2] Ruitenbeek et al., "Ruin Q," 119b.

[3] Ibid., 109a.

[4] Ibid., 115b.

从上文提及的跨学科研究法①的结果来看，废墟 Q 带有佛塔的功能，在高昌的佛教圣址之中具有非凡的地位，是一个朝圣者值得前往之地②。

谈及这个论题的贡献，我想从我老师最近发表的一篇文章中引用一些词句来作为结束语：

尽管固定表达或是日期在最为潦草的字体之中也能够判读出来，读写出题记中的人名或者其他更为重要的问题才是解读题记工作中更为困难的部分③。

因此，关于吐鲁番地区回鹘以及佛教朝圣之旅，甚至是全面研究朝圣者朝圣之旅全程所有可获得的材料，是值得在一个研究项目之中被专门讨论的④。

（原载于 Buddhism in Central Asia I——Patronage, Legitimation, Sacred Space, and Pilgrimage, Edited by Carmen Meinert & Henrik H. Sørensen, 2020 年，204—229 页。英语。）

---

① 上述引用书目"Excavating Pilgrimage"是从古代世界的另一个地域讨论这个这一论题的极佳的例子。该书由探索考古证据的学者撰写，内容包括建筑以及"朝圣者活动留下的遗迹"等。（Wiebke Friese et al., "Introduction," 1）亦即 Classical and Hellenistic Greece, the Roman Empire and Late Antiquity.

② 关于这一论题的进一步论证请参见 Deeg, "Buddhist Pilgrimage," 20。

③ Zieme, "Brāhmaṇa Painting," 193.

④ 近来发现的且之前提到的 Museum of Asian Art 藏回鹘文题记详尽的版本正在著录中。

三个时代的一个回鹘语词：yörgey "菟丝子"

欧勒麦兹（Mehmet Ölmez）著
杨潇 译，吐送江·依明 校对

一、引言

维吾尔语是突厥语族语言中文献传统最悠久的语言。从蒙古的鲁尼文碑铭到丝绸之路沿线的回鹘文写本，再到元明时期多语词典中的回鹘语内容，使我们可以从古至今不间断地追溯维吾尔语的书面语言。在高昌回鹘汗国之后，我们将维吾尔语视为伊斯兰时期中亚突厥语族语言的一部分。同时，回鹘语中的一些词语仅在当代维吾尔语中可以见到，而在今天其他一些突厥语族语言中不再使用。从这方面看，维吾尔语是可以直接与古代回鹘语、吐鲁番及周边地区的古代回鹘语联系起来的语言。这种词为数不少。在本文中，我们将触及其中之一，探讨回鹘语 yörgey "菟丝子"及其之后的流变[①]。

茅埃（D. Maue）编的 *Brāhmī ve Tibet Harfli Uygurca Metinler Kata-*

[①] 在笔者研究该词时，茅埃指出了 mainz 0684 号藏品中出现过 yörgey 的地方并解答了笔者的相关问题，在此向他表示感谢。

loğu（《婆罗谜文和藏文回鹘语文献目录》）[①]中收录有关于 *yörgey*（最早？）的材料。第二件材料为现编号 Mainz 684 的藏品，第三件是吐鲁番文物中一件木头沟出土汉文文书的背面。目录未附有文件照片，约 46×15cm；详情参见 Maue 第 2 页。根据茅埃的换写和转写，此处我们所说的 yörgey 在第 15 处：yyurkai = yürkey。对应的梵语词是 dhuṃ vā = dūrvā'（Maue，第 3、4 页）。dūrvā 另见 "ein best. Hirsengras, Panicum Dactylon" PW III, 722; "bent grass, panic grass, Dūrb grass, Panicum Dactylon" MW 490a。

茅埃在勒科克（Lecoq）的注释中以《回鹘医学（I）》（Heilkunde）中的材料为依据，对克劳逊（G.Clauson）词源词典中的解读提出了质疑。克劳逊将《回鹘医学(I)》中的句子 yörgey huası bėş bakır 译为 'five pennyweights of bindweed(?) flowers'（5 便士重的旋花）（Clauson 965b）。Heilkunde 的编者热合马提（G.R.Rachmati）将该词出现的句子 *süt keḍ bolgu em yörgey huası bėş bakır suvka kayınturup suvın süzüp alıp yag süt birle kayınturup içürzün keḍ bolur* 解读为："Mittel, um die Muttermilch zu vermehren: man soll 5 Bqr. yorgäi-Blüte in Wasser aufkochen, das Wasser durchseihen und（dann wieder） mit Butter und Milch kochen und zu trinken geben, so wird（die Milch） reichlich werden."（105—107 行）（增加母乳的方法：将 5 个铜钱重的 yorgäi 花在水中煮沸，滤去水，（然后重复）与黄油和牛奶一起煮沸，然后饮用，这样（奶水）就会充足）。热合马提在注释部分将勒科克的"植物名录"[②]列表下的 *yörgäi*

[①] Dieter Maue, Alttürkische Handschriften, Teil 1, Dokumente in Brāhmī un Tibetischer Schrift, beschrieben und herausgegeben von Dieter Maue, Franz steiner Verlag stuttgart, 1996.

[②] Le Coq, 1917, Baessler-Archiv, 129: yörgäi, 一种缠绕藤植物；也可能是 Periploca sepium。

解释为"*eine Schlingpflanze*"（一种攀缘植物），也可能是"*Periploca sepium*"（杠柳）（458、468页）。

茅埃则指出 dūrvā'是自吠陀时代起就为人所知的一种草。此外，《五体清文鉴》中还有一处很好的参考资料：*sėrik yurgei*（= *sėrik yürgey*）"*eine Art Riedgras*"（一种莎草）。据此，该词应该相当于汉语的"藏"①。我们可以在佛教植物词典中找到对 dūrvā 的详细解释——"突婆訳して茅香，白茅香，空婆"，还有绘制的图（Waku § 188, 55a–56b）。在2013年中央民族大学博士论文中根据《突厥语词典》、勒科克收集品和现代维吾尔语资料，提出《突厥语大词典》中的 *yörgenç* 和 *yörgey* 可能是同义词（u559 11.07）。然而茅埃在其著作中并没有提供婆罗谜字母的资料。由于《突厥语大词典》中的 **yörgenç**，英格伯格·豪恩希特（lngeborg Hauenschild）在其文章中也谈到了这个词："Teufelszwirn"（Cuscuta，菟丝子）（Hauenschild 1994，90页）。

在回鹘语时代后期，我们在清朝编纂的《御制五体清文鉴》中还能见到 yörgey：科夫（Corff oliver）2013年版《五体清文鉴》（第 II 卷，867a）Nr.3994.2，满语 *somina orho*；藏语 *gab-rtswa, gab rtsowa gab dza*；蒙语 *yabagan ölüŋ* / явган өлөн；维吾尔语 *sėriķ ~ sėriġ yörgey* / *serik yurg'ai*；汉语 藏 *zàng* 'Riedgras'（莎草科；蓑衣草；蒲）。

现代维吾尔语：**yögey** 菟丝子（HenUyL 616b）；*dodder*（Cuscuta）：*ėtizliķ yögiyi* Convolvulus arvensis（Schwarz 802a）；哈密土语 **yögiy** Osmanof 231：**yögimeč** ailisidiki bir yilliķ, saman ġolluķ ösümlük. Ġolu yiptek nahayiti inčike hem sėriķ, üstide bašķa ösümlükler tėnidiki ozuķluķ maddilar-

---

① "to hide; to conceal; to put away; to be in retirement; to hoard; to store up" Giles 11583.

ni sümüridiġan örgini bolidu. Yopurmiķi rodiṁėntlaškan, güli aķ ve kičik, köpinče purčaķ ailisidiki ösümlükler üstide parazit yašaydu. Ösümlüklerniŋ ösišige ziyanlıķ. Uruķi sarġuč ķoŋur bolup, dora ķilinidu. Börekni kuvvetleš, ič sürüšni toḣtitiš roliġa ige（UTİL 6, 641b）（译文：一种攀缘茎类一年生草本植物，茎如丝，细且黄，叶退化，花小呈白色，多寄生在豆科植物上。对植物生长有害，种子呈黄褐色，可入药，有益肾止泻的功效）。**yögimeč** 在 Clauson 的词源词典中被解释为"bindweed"（旋花属），参见 Schwarz 802a: bindweed, field bindweed, possession vine（Convolvulus arvensis）; steamed twisted roll。

我们可以在维吾尔语方言专家雅琳（G. Jarring）的著作中找到有关 **sėriķ yörgey** 的详细信息：我于 1935 年得知了这种"黄色植物"（J 215, 267—268），它无根无叶，无花无籽，茎似长线，呈黄色；据说只能生长在苜蓿地里。我知道它是一种寄生植物。Schwarz 498 seriq ot Japanese dodder（Cuscuta japonica）（日本菟丝子）（also äptimun），用于维吾尔民间医药。（……）sɛriq jügɛj 也叫 seriq ot 汉语叫（菟丝子）Cuscuta chinensis Lam.（……）喀喇昆仑附近一个平原的名称, SH 221 sarigh aut 生长在高海拔地区的一种草。ɛptimūn < A.P.[①] aftīmūn < 希腊语 epíthymon 百里香菟丝子及相似种属（Jarring 1998, 46 页，脚注 18）。

serıǧ ot yunânı hökúmâ eptimun eytúrler eni ulaǧ yėmeydur adam dâru účún bir misqaldın ol serıǧ otnı soqup sútke salıp ičedur yene bir qısmı ot bar eni šâhtère eytúrler eni hem dâru účún adam yėydur ulaǧ hem yėydur

---

① 阿拉伯—波斯语。

sútlúk ot hoha ot kekrún ot čúzgún ot yögúmeč ot （……） bularnı ulağ yėydur adam yėmeydur.（Jarring 1998，49页，8-12）

译文：黄草，希腊学者称其为eptimun，牲畜不食，可入药，一钱（约4.68克）压碎混入牛乳中引用。另外一种草名为 sâhtėre，可入药，牲畜亦食。大戟、大蓟、顶羽菊？、苦蒿？、旋花（……）人畜皆不食。

维吾尔语方言中常用 *yörgey*：吐鲁番方言 *yögey* = yaġa, yavu 野生的"дикий"铁尼舍夫，1990，84页；*yŏřgey* 鲁克沁、托克逊、玉尔门 Yormung。亚库甫 Yakup 475b。

当我们了解全部信息后可以总结出如下几点：婆罗谜字母的文献应该也是用 ö 和 g 读；回鹘语中的形式是 *yörgey*；它由动词 *yörge-* "环绕，缠绕"派生而来；可以药用，茎细长；《突厥语大词典》中有同根词 *yörgenč*；除伊斯兰时期的中亚文献和现代维吾尔语外，在现今的突厥语族语言中均无该词。因此可以确定，（*yörgey*）存在于回鹘语、清朝时的维吾尔语（被描述为古突厥语）和现代维吾尔语中。

我们可以提出疑问——*yörgey* 对应于土耳其语的哪个词、词源是什么？根据以上材料可知，它是一种细长的草，在现代维吾尔语中被描述为"黄色的"，对其他植物有害，花白而小，茎细长，可药用的一年生草本植物，有助于补肾。铁尼舍夫认为它跟 *yaġa, yavu* 'дикий' 是同义词（84页）。

我们可以将上述信息跟土耳其语的"bostanbozan"做对比：bostanbozan 是 Cuscuta（Cuscutaceae）（菟丝子科）的统称；它们是一年生或多年生、无叶绿素的寄生植物，*bostanbozan* 的近义词有 *bağbozan, cinsačı, eftimon, gelinsačı, kızıl sarmašık, küšüt, šeytansačı*（Baytop，50

页）→ *canavar otu*: 被称为 göge otu ~ göve otu（Orobanche minor）10~50厘米高，黄白色的花，一种以半寄生形式生活在通常是豆科植物，或其他物种上的植物（Baytop，57页）。göve otu虽然形式不一致，其定义却跟现代维吾尔语更接近，但草的形态大有不同。

→ Clauson 965b.

YÖRGE-"环绕，缠绕"及其派生词

从 yörge- 派生出的词如下所示。回鹘语和现代维吾尔语中的动词 yörge- 均有大量派生词，而其他突厥语族语言中却比较少见，乌古斯语支中甚至不存在。

回鹘语 yörge- /ywrk'-/ 缠绕，捆扎，环绕，包围 ‖ umwinden, einhüllen, wickeln, umschligen:（*yörgeyü al-*）穿着，环绕周身 ‖ sich gürten, umwickeln BT XXXVII;（*yörgeyü taŋ-*）紧密环绕，紧紧包裹 ‖ fest einwickeln, fest umwickeln BT XXXVII; *bir yaŋa tegip burn [ı] üze toyınıg yörgeyü al [ıp]* HT V; *barča yörgeyü tizigče kaytsi sögütler ol* HT X; *ölmište kèn meniŋ karamın kamıš bagka yörgep* HT X; *bodis（a）v（a）tag kaš atlag tonta yörgep* BT IX; *tolp etözümüzn [i] yup torkuta ešgirtide yörgediŋ* BT XIII; *ört yalın è lig begig yörgemište* BT XXXVII.（→ BT IX, XIII, XXII, Tot., HT IV, HT V, HT X, HamiZus）.

在晚期回鹘语的文献和语言中：

《突厥语大词典》：*ol adakın yörgedi* "男人把脚和其他的裹起来了（裹）。"用来指被包起来的所有部分。*yörger yörgemek*. 578/289b; Rabg. *yörge-* "to wrap（in clothes）/穿上，裹上（衣服）"，*bir kesek böz yörgegil* 'wrap it in a piece of cotton'（把它包在一小块棉花里）KıSEn 19r7; Yak. *sörö-* 1）"环绕，包围，使……变乱，使……绕道"，*быаны* с өрөө- "缠绳子", 2) "使……变乱, 使……绕道", дьыалаҕа сөрөө- "让某人参与一项工作；给某物一个复杂的外观", бугуллары холорук сөрөөтө "风暴搅乱了草堆", 谚语 кутуруккар сөрөө- "使嫉妒, 引诱"（字面意思：绕尾巴）YakRS 337a, Pekarskiy 2307；图瓦语 *čörge*- "用长布条缠婴儿, 用襁褓包婴儿" || in Windeln legen, einwickeln' TuwWz 12a, *urug čörge*- "包孩子, 裹孩子"; ČUyg. *yöge*-（构形形态 *yögi*- ~ *yögü*-); 和田方言 *yöge*-（马洛夫, 1961, 117b）吐鲁番方言 *yürge*-（马洛夫, 1961, 119a）, 吐峪沟 *yöga*-（Yakup 475b）。洋海 Yanghe *yüge*-（Yakup 476a）；哈密 *yörge*-（马洛夫, 1954, 156）; 罗布泊方言 *yöygö*-（马洛夫, 1956, 121a, *yörgö*- 121b）; *yörgö*-（奥斯曼诺夫 501）; Jarring *júrgɛ*- ~ *jörgɛ*- ~ *jö:gɛ*- ~ *jö· gɛ*- : *dostuhange yõgeglik* 'wrapped up in a table-cloth'（裹在桌布里）1964: 162（*júrgɛ*- 在里面）; 雅林（G.Jarnng）还提到在肖（Shaw Robert Barkley）的著作中见到过带 -r- 的形式：*yurga-mak* 'to roll, to wind, to fold'（卷, 绕, 折叠）（201页）, 另见 Yıldırım Nr. 4719; Wb III 449（塔兰奇, 察合台）; 维吾尔文学语言中也有 *yögime*, UTİL, 第6卷, 641b; 一部新的撒拉语词典中收录了 *yörğe*-, 然而笔者没能从其他词典中得到证实（撒维汉词典 349a）：*balani yorğan išine yörğe.*

→ DTS 276a-b; Clauson 965b-966a; Levitskaya 234-235; Erdal 287, 319, 688.

yörgek "襁褓, 包布"：现代维吾尔语 *yögek* "襁褓, 包布", UTİL, 第6卷, 641b 罗布泊方言 *yöygök* "襁褓, 包布" 马洛夫, 1956: 121a; 罗布泊 *yörgök* 奥斯曼诺夫 501; 塔兰奇 *yörgek* 'die Windel'（尿布）Wb III 449；乌兹别克语 *yörgek* "襁褓，包布"[①]；哈萨克语 *jörgek* "襁褓，包布" KazTS 184a；*jörgekte-* "用襁褓包婴儿" KazTS 184a；KKlpk. *jörgek, jörgekli, jörgektey* 214 页；巴什基尔语 *yürgek* "包布" BašTS 749a, *yürgekle-* "用襁褓包婴儿" BašTS 749a；诺盖语 *yörgek* ve *yörgekle-* NogRS 126b；图瓦语 *čörgek* TuvRS 520b；哈卡斯语 *čörgek* "给小孩穿的皮筒子；包裹婴儿并放入摇篮的皮子"（我们可以简单地将这里给出的定义视为"襁褓，皮革襁褓"）HakTS 106b, HakRS2 998b, WB III 2042（绍尔语和萨盖语）。拉德洛夫曾在其著作中提到过属于卡拉伊语特洛奇方言的 *čörgew* "包布，襁褓"一词，应该与 *yörgek* 有关 Wb III 2042；科伊巴尔语 Koybal *yörgök* Wb III 449；阿勒泰语勒拜德方言 Lebed *yörgönök* "der Hopfen"（啤酒花）Wb III 449；巴拉巴鞑靼语 Baraba Tatarcası *yürgö* "die Windel" "尿布" WB III 607。现代维吾尔语中还有从 yörgek 派生而来的词：*yögeksiz* UTİL，第 6 卷，641a；*yögeklenmek* UTİL，第 6 卷，641a；*yögeklik* UTİL，第 6 卷，641a。

→ DTS 276b; Levitskaya 234-235.

*yörgel：罗布泊方言 *yöygöl* 易碎的草 "бьющаяся трава"（卷曲的草）马洛夫 1956: 121a；*yörgöl* 大树（?）马洛夫 1956: 121b；*yörgül* 'sèriq yögey'：*yörgül bolup gire salay moynuŋŋa* 'sèriq yögey bolup boynuŋga gire salay' 奥斯曼诺夫 501。

EU yörgel-，**yo̱rg（e）l-** 缠绕，捆扎，环绕‖ sich einhüllen 把自己

[①] 笔者没有按现在的正字法转写，现在的正字法形式是 yoʻrgak；乌兹别克语中还有很多从该词派生出来的词：yoʻrgakchi, yoʻrgakovchi, yoʻrgaklanmak 等，参见 "kundak"（襁褓）词条，Yusupova, 353b 页；467c。

包裹起来，（umwunden werden/sein 被缠绕？）BT VII, XIII, XXXVII, HT VII, VIII，舍身饲虎，AbitakiTK, ShoRosia：*yörgel- bal-* 缠缚：*barča birgerü yörgelmiš balmıšlar ol* ShoRosia；（……）*siŋirin tamırın yörgelmiš süŋükler ulagı üze tutušmuš*（……）舍身饲虎；*egrikmek yörgelmek üze* …… AbitakiTK；*bıntadu kurtı öz yipiŋe yörgelmiš teg k（a）ltı* HT VIII；*sekiz t（e）rs torlar üze yörgelmiš b（e）klelmišlerig* HT VIII；*oglum k（a）ra tuprakka yörgelip yumzulup katıp barıp turur* BT XXX-VIII。派生形式：*yörgeltür-* 使……合而为一，捆在一起，使……缠绕在一起 || zusammenwickeln lassen, veranlassen zusammenzuwickeln（使……卷曲，导致……卷曲）// 蟠 HT IX：（……）*luularıg yörgeltürü y（a）rlıkazun* HT IX.

在当今的突厥语族语言中不得见（？）。然而在现代维吾尔语中很可能以 **yörgeliš-* 或 **yörgelme* 的形式呈现：现代维吾尔语 *yögel-* UTİL，第6卷，641a；*yögülüš-*；现代维吾尔语 *yögelme*；罗布泊方言 *yöygöl-* 马洛夫1956：121a；吐鲁番和托克逊方言也有 *yögürül-* 形式，Yakup 475b。

→ DTS 276b; Clauson: yok; Erdal *yörge-l-* 655, 631, 688.

*yörgeleš- 吐鲁番—玉尔门方言 *yögileš-* "to be wrapped itself"（把自己包裹起来）Yakup 475b.

yörgem *：尽管回鹘语中没有该词，但现代维吾尔语和部分突厥语族语言中有。现代维吾尔语 *yögem* "oralġan, yögep koyulġan"（被包裹的，被环绕的，被卷着叠起来的；一种皮尺）UTİL，第6卷，641b；罗布泊方言 *yörgüm* "yögengen halda" 奥斯曼诺夫501；哈萨克语 *jörgem* "清理过的动物肠子（应该是由于肠子弯弯曲曲、有褶皱）"；*jörgemde-* "把清洗过的肠子打结" KazTS 184a；柯尔克孜语 *cörgöm* "用肠子将肝和肚包起来制成的一种食物"，*cörgömdö-* "做 cörgöm" Yudahin 229b；阿尔泰语 *yörgöm* 'das Gericht aus Hammelkaldaunen'（用羊肚做的菜）Wb III 449, ATS *cörgöm* 65a；阿尔泰语 *yörgömdö-* 'den yörgöm bereiten'（料理羊肚）Wb III 450。

yörgemeč 在回鹘文中见不到，但在《突厥语大词典》成书之后的年代的突厥语中能见到，它在某些突厥语族语言中表示一种食物，在另一些语言中表示常春藤一类的植物。《突厥语大词典》468/234b 中的解释是"食物名，制作方式：（用燕麦）包裹肚和肠，塞入细细的肠子（yudracu），油炸或烹饪后食用"；现代维吾尔语 *yögimeč* I 和 II（UTİL，第6卷，642a 页）；罗布泊方言 *yögümeč* "yögümeč qilip qasqanda pišurulidiġan hornan, hucuer" Gulam Gopuri 294页，罗布泊方言-马洛夫 *yögömöš* 121a；阿克苏方言 *yörgemeš* "一种开白花的草"，马洛夫 1961, 117a；哈密方言 *yögemeš* 马洛夫 1954: 156；*jögümεč* ot 旋花科植物；J 159 *jörgúmεč* 旋花 < *jörgε- ~ júrgε-* 卷，旋转；SH 226 yurgámach bindweed, Convolvulus arvensis（田旋花）Jarring 1998, 47页，脚注 25；哈卡斯语 *börgemïs* "野亚麻，菟丝子" HakTS 106b；*čörgemïs* I "野亚麻"，II "树筒" HakTS-例子。

110a；另见 HakRs2 998b；拉德洛夫的著作中则记录为绍尔语：*čörgemeš* "eine Schlingflanze"（缠绕茎植物）Wb III 2041；阿尔泰语 *cörgömöš* I "酒花" ATS 65a, II "蜘蛛" 65a；特勒于特语 *yörgömöš* "蜘蛛" Wb III 449, *cörgömöš*；阿尔泰语 *yörgömüš* "啤酒花" Wb III 450。

→ DTS 276b; Clauson 966b, Erdal 319 *yörge-meč*（*kagurmač* "爆米

花，炒麦粒"，***tut-mač*** 类似于"酸奶面疙瘩汤"）。

EU yörgen-, örgen- 环绕，包裹，沾染到，被覆盖，紧贴，给自己盖上 ‖ sich winden, umschlungen werden（蔓生、被缠绕）M I（örgen-），BT IX, XXXVII, HamiZus: *ol tözün er k(a)mag özih tonı baštan adak<k>a t(e)gii kanka 'irinŋ<k>e örgenip* M I; *kop kanka bulganmıš arıgsızke örgenmišin körüp ötrü-ü b(e)liŋledii ạnıg kork{u}tıh* M I; *amtı bo örtlüg torların yörgenmiš etözlüg kičig tamularda tugmıš erürler* BT IX; *örtin yalının yörgenmiš etözlügler* BT 9; *ol antag yinčge bèli birle yörgenü tolganu*（……）*ne yorıyu t(a)pa barsar* BT XXXVII. [M I: 'irinŋ<k>e → OTWF irinŋe].

回鹘语时代之后的以下文献和语言中可以见到的有：

《突厥语大词典》: ***uruk yıġačka yörgendi*** "把绳子或其他东西拴在树上（*iltawā*）"，***er yoġurkanka yörgendi*** "男人盖上了被子（*iltaḥafa*）"。***yörgenür yörgenmek*** 《突厥语大词典》489/245a—490/245b;

KurT: ***yörigen-*** "腿脚缠跘" "bacak bacağa dolašmak" TİEM 73 429v/8 =075/029, ***yörigengey dünyā emgeki āḥiret emgeki bir ḳatıġlıḳ ḳılıḳ birle*** S. Ünlü 第 8 卷，552 页；Kısasü'l-Enbiya: ***yörgen-*** "被包裹/覆盖，包裹，环绕"，***etmek birle yörgenmiš et*** "裹在面包里的肉" f.85r17 KE 193v10; MukE: ***yörgen-*** "给自己蒙上，盖上"，***čulġandı tonınġa yörgendi tonı birle*** 140.2; El-İdrak: ***yören-*** "在某物周围" El-İdrak 注释，29（在这种情况下，该词似乎已经乌古斯语化了），以同样的方式，我们在一本疑似多语对照的伊斯兰法典中找到了具有相同拼写和含义的词，笔者猜测，El-İdrak 和法典中的例子均是与 ***yörgen-*** 有关且乌古斯语化了的，***yazıġa kim yörenür üzre dī vār*** Karasoy, 2017: 162a3；察合台语 ***yörgen-***: ***öler sèn yörgenip bir pāre opraḳ / yatur sèn boluban topraḳda to-***

praḳ GülT 87b10，359 页；现代维吾尔语 *yögen-* 'yögimek pėiliniŋ özlük dericisi'，*yogan cuvilarga yögenip* UTİL 第 6 卷，641a；现代维吾尔语中还有交互共同态形式：*yöginiš-* UTİL，第 6 卷，642a；Shaw 中有带 -r- 的形式：*yurga-'nmak* "把自己卷起来"（201 页），另见 Yıldırım Nr. 4720；雅库特语 *sörön-* 1)"把自己裹起来，给自己盖上"，сонно сөрөн- "穿上外套"，2)"参与某事" куһаҕан дьыалаһа сөрөн- "搅和进某件不好的事情" YakRS 337a, Pekarskiy 2308。拉德洛夫的著作中谈到的 *čörgen-* 'sich umwickeln'（把自己包起来）应属于此处 Wb III 2042。

→ DTS 276b; Clauson 966a, Erdal *yörge-n-* 287, 631, 688; Erdal 认为动词古代的形式应该没有 *y-*，其更古老的形式应该是 **h-*（《古代突厥语构词法》，688 页）。

yörgenč 只在《突厥语词典》中出现过；I "在路上等地方就弯曲（*iltiwā'*）和回旋（*catf*）而言，类似于 tezginč 一词"，*yörgenč* "缠绕在树上（*yaltawī*）并吸收其养分的一种常春藤（*cašaḳa*）"，《突厥语大词典》613/307a；II "绷带，包布"意义上的第二个 *yörgenč* 只在《突厥语大词典》中得见；带 *-nču* 的形式也是如此：*yörgenčü* "被子"，*aḍaḳıŋa yörgenčü sarladı* "他用绑带把脚捆起来了（捆绑，裹）"，《突厥语词典》，389/195a（在 *sarla-* 词条中）；*er yörgenčü sarlandı* "男人给自己绑上了包布（绑、捆、裹）"，《突厥语大词典》，389/195a（在 *sar-lan-* 词条中）。

→ DTS 276b; Clauson 965b, Erdal - （X）*nč* 278, 287, 287.

yörgeš- "乱，互相缠绕"，在《突厥语大词典》及之后的时代可见：*yıġačka yıp yörgešdi* "把绳子或其他东西缠在树上（*iltaffa*）"。当某物被缠到其他东西上时（*iltawā*）就这样说。*yörgešür yörgešmek.*《突厥语大词典》，487/244a；MukE *yörgešdi yaš ot* MukE 145.1；*yörgešti dolaštı yılan* MukE 194.3；*yıġačları yörgešmiš bōstānlar* MukE 145.1；Kıs *yörgeš-* "把自己包裹起来，被缠住"，*tuzaḳġa yörgešdi* "（她）被困在网里了"，f.77r11 KısEn；Har.[①] *takı yörgešmiš bōstānlar yörgešmiš*, HarTKurT Šimšek 303b8, 294b2；*takı yörgešti yünčük yünčük birle,* HarTKurT Sağol, 第1卷, 338页, 557a/9=75.29；*yörgešmiš, takı bōstānlarnı yörgešmiš,* HarTKurT Sağol, 第1卷, 342页, 562a/2=78.16 G. Sağol；克普恰克语 *yan bašına yörgešür* 31a25（M.E.Ağar, R. Toparlı 333a 中带 -ü- 的 *yürgeš-* 形式应改为带 -ö- 的 *yörgeš*；察合台语 *yörgeš-* "缠绕，纠缠，混乱"，*gül ü lâle dėk bile yörgešip* GülT 79a6，349页；《古兰经注》*yörgešür kefen* 46r1, *her birige yörgeškenni ayturlar* 67r6 Demirel 2020（察合台文中只有这个动词，总共就在两部作品中出现过）；撒拉语最新的词典中收录了 *yörgeš-*，但笔者并没有从其他词典中得到证实[②]《撒维汉词典》，349a）：*dala yörğešgen yilen*；现代维吾尔语中 *yögeš-* 有几个派生词：*yögeštür-* UTİL，第6卷，640b；*yögešgüči* "被拥抱的，被环绕的，抱着长大的"，UTİL，第6卷，640b；*yögešme* UTİL，第6卷，640b；*yögeš-* UTİL，第6卷，640b-641a。拉德洛夫的著作中提到的塔兰奇方言中 *yürgeš-* "hängen bleiben, sich festhalten, verwickeln"（保持附着、黏住、缠绕）跟此处有联系，WB III 607.

→ DTS 276b: Clauson 966a

---

① 花剌子模汗国时期的古突厥语。

② 然而如今在西宁, *yörge-* 并不普遍为人所知。笔者针对这个问题做了核实，50岁以下的人不知晓该词，50岁以上的人中有知晓者。

yörget-: *ol yıp yörgetti* "O, bir şeyin üzerine ip sardırdı（裹、捆）." "他让人把绳子捆在……上（alaffa）"，当用一块像床单一样薄的布绑在脚上时（alaffa lifāfaar-ricl wa-ġayrihā）这样说。***yörgetür yörgetmek.*** 《突厥语大词典》440 220b；*yörget-* "使卷住" KE；现代维吾尔语 *yöget-*UTİL，第6卷，640b；塔兰奇方言 *yörget-* 'einwickeln lassen'（使包裹）Wb III 449；雅库特语 *söröt-* YakRS 337a, Pekarskiy 2308.

→ DTS 276b; Clauson 966a

《突厥语大词典》中如果见到一个可能是"örtü"且跟 *ye* 一起被写为 *yörgek* 的词，则应改为 ***bürkek***（Clauson 965b, 363a）。还有 *öŋik* "用山羊毛制成的女性配饰"词条中的 *öŋik yörgeyek* "接起来的山羊毛辫"（《突厥语大词典》，80/40b）（*yörgeyek* "山羊毛辫"）。

结论：回鹘语中，从动词 *yörge-* "环绕，缠绕，连接"派生而来的 ***yörgey*** 无疑跟现代维吾尔语存在形式上的对应关系，可以用 -ö- 和 -g- 来释读；其意义大致相当于"菟丝子；菟丝子"（Cuscuta）。《突厥语大词典》和之后时期也能见到跟 *yörgey* 同义的词 *yörgenč* 和 *yörgemeč*。回鹘语动词 *yörge-* 的派生词在古代各突厥语族语言中不多见，但在现代维吾尔语中数量不少。在现代各突厥语族语言，尤其是克普恰克和南西伯利亚语支中，*yörgek* 和 *yörgemeč* 等派生形式使用得较为普遍，但在乌古斯语支中却一个也没有，*yörge-* 只在回鹘语、图瓦语和雅库特语中可以见到（El-İdrak 注释中的乌古斯语形式 *yören-*（< *yörgen-*）是一个例外）。像大多数双音节词一样，*yörge-* 是派生词的可能性很大。ESTYa C-J-Y 中总结了关于该问题的观点（Levitskaya 234页）。马尔蒂·雷赛伦（MARTTI Räsänen），威利邦（Willi Bang）和孟格斯（Kar Menges 提供了解释该问题的方法（→ Levitskaya）。总共有两种观点：

yörüg+e- 和 *yör-ge-*；据此，雷赛伦（208b）和孟格斯（120）将这两个形式跟动词 yör- "解开，拆开包裹"联系到了一起（对照克劳逊词典中 *yör-* 'to unwrap' 955b）。威利邦则认为是 **yörüg+e-* 并跟雅库特语的 *sörüö* 和 *sörüö-* ~ *sörö-* 做了对比；事实上雅库特语的 *sörüö* 的确可以跟维吾尔语的 *yörge-* 形成对应关系（Stachowski，73 页，§11.3；85 页，§19.2；135 页，§42.4）。

yörge- 从最早的时期开始就作为 *čugla- ~čulga-, sar-, bagla-, dola-, katla-* 等动词的同义词或近义词使用；在某些语言中有"用长布条包婴孩"的用法，对应于 *böle-, bėle-*（安纳多卢方言）。

现代维吾尔语的参考资料还有很多，但笔者手中可用的资料仅限于此。另外，笔者尽可能多地提供了解释本文所探讨的词汇及派生词的材料，但古代文献资料和当今的突厥语族语言语料仍难免挂一漏万。本文并不能解答所有关于 *yörgey* 的问题，特此说明。

参考文献

1. AbitakiTK, Karaayak, Tümer, Eski Uygurca Abitaki Metinlerinin Sözvarlığı, baskıda, 2020.

2. Ač Bars, Gulcalı, Zemire, Eski Uygurca Altun Yaruk Sudur'dan "Ač Bars" Hikâyesi, Ankara: TDK, 2015.

3. Adam, Volker, Jens Peter Laut, Andreas Weiss, Bibliographie alttürkischer Studien, Wiesbaden, 2000.

4. Ağar, Mehmet Emin, Baytaratü'l-Vazıh (İnceleme-metinindeks), Marmara Üniversitesi, Sosyal Bilimler Enstitüsü, Yüksek Lisans tezi, 1986.

5. ATS: Baskakov, N. A., T. M. Toščakova, Oyrotsko-russkiy slovar', Moskva, E. Gürsoy-Naskali, M. Duranlı, 1999. Altayca-Türkče Sözlük, Ankara: TDK, 1947.

6. 巴克力·阿卜杜热西提：《古代维吾尔语医学文献的语文学研究》，中央民族大学，北京，2013年。

7. Bang, Willi, Turkologische Briefe aus dem Berliner Ungarischen Institut, Fünfter Brief: Lautliches – allzu Lautliches, Ungarische Jahrbücher, c. 10, 1930: 16-26.

8. Baskakov, Nikolay A., Nogayskiy yazık i ego dialektı, Moskva, 1940.

9. Baskakov, Nikolay A., A. İ. İnkijekova-Grekul, Hakasskorusskiy slovar', Moskva, 1953.

10. BašTS: Özšahin, Murat, Baškurt Türkčesi Sözlüğü, Ankara: TDK, 2017.

11. Baytop, Turhan, Türkče Bitki Adları Sözlüğü, Ankara: TDK, 1994.

12. 《五体清文鉴》，北京：民族出版社，1957年，第1—3页。

13. BT IX: Tekin, Šinasi, Maitrisimit Nom Bitig, I-II, Berlin, 1980.

14. BT VII: Kara, Georg, Peter Zieme, Fragmente tantrischer Werke in uigurischer Übersetzung, Berlin, 1976.

15. BT XIII: Zieme, Peter, Buddhistische Stabreimdichtungen der Uiguren, Berlin, 1985.

16. BT XXXVII: Wikens, Jens, Buddhistische Erzählungen aus dem alten Zentralasien Edition der altuigurischen Daśakarmapathāvadānamālā, Turnhout: Brepols, 2016.

17. Clauson, Sir Gerard, An etymological dictionary of prethirteenth-century Turkish, Oxford, 1972.

18. Corff, Oliver (u. a.), Auf kaiserlichen befehl erstelltes Wörterbuch des Manjurischen "Fünfsprachenspiegel", Teil 1-2, Wiesbaden: Harrassowitz, 2013.

19. Davronov, Temur (review), William Dirks (translation), O'zbekcha/İnglizcha Lug'at－Uzbek/English Dictionary, Uzbekistan: The Central Asian Heritage Group, 2005.

20. Demirel, Ezgi, Čağatay Türkčesi Kur'an Tefsiri, İstanbul: Kesit, 2020.

21. DTS: Nadelyayev, V. M. -D. M. Nasilov- E. R. Tenišev- A. M. Ščerbak, Drevnetyurkskiy slovar', Leningrad: Nauka, 1969.

22. Giles, Herbert A, A Chinese-English dictionary, Shanghai- London, 1912.

23. Ġulam Ġopuri, Uyġur Šiviliri Sözlügi, Bėyciŋ: Milletler Nešriyati, 1986.

24. GülT: Ergene, Oğuz, (haz.), Sadî, Gülistan[Širaz 1257], Giriš‑Dil İncelemesi‑Metin‑Čeviri‑Dizinler‑Tıpkıbaskı, Čeviren: Sibîcâbî, Ankara: TDK, 2017.

25. HakRS2: Subrakov, O. V. , Hakasko-Russkiy Slovar'‑Hakas Orıs Söstik, Novosibirsk: Nauka, 2006.

26. HakTS-Örnekli: Arıkoğlu, Ekrem, Örnekli Hakasča-Türkče Sözlük, Ankara: Akčağ, 2005.

27. HakTS: Gürsoy-Naskali, Emine (ed.), Hakasča-Türkče Sözlük, Ankara: TDK, 2007.

28. HamiZus: Geng Shimin, H. -J. Klimkeit, in Zusammenarbeit mit H. Eimer und J. P. Laut, Das Zusammentreffen mit Maitrcya, Die ersten fünf Kapitel der Hami- Version der Maitrisimit, 1-2, Wiesbaden: Harrassowitz, 1988.

29. 韩建业、马成俊编著：《撒维汉词典》，北京：民族出版社，2010年。

30. Hauenschild, Ingeborg, Türksprachige Volksnamen für Kräuter und Stauden, Wiesbaden: Harrassowitz, 1989.

31. Hauenschild, Ingeborg, Botanica im Dīvān luġāt at-turk, Journal of Turkology, Summer vol. 2, no 1, 1994: 25-100.

32. Heilkunde: Rachmati, Gabdul Rašīd, Zur Heilkunde der Uiguren [I], Berlin (= SPAW. Phil. -hist. Kl.), 1930: 23, 451-473.

33. HenUyL: Uygurče-Henzuče Luġet, Ürümči, Šinciyaŋ Ḫelḳ Nešriya-

ti, 1982.

34. HT IV: John Peter Claver Toalster, Die uigurische Xuan-Zang-Biographie 4, Kapitel mit Übersetzung und Kommentar, Justus-Liebig-Universität Gießen, 1977.

35. HT V: Dietz, Siglinde – Mehmet Ölmez – Klaus Röhrborn, Die alttürkische Xuanzang-Biographie V, Nach der Handschrift von Paris und St. Petersburg (VdSUA 34, 11), Wiesbaden, 2015.

36. HT VII: Klaus Röhrborn, Xuanzangs Leben und Werk, Teil 3, Die alttürkische Xuanzang-Biographie VII, Wiesbaden: Harrassowitz, 1991.

37. HT VIII: Klaus Röhrborn, Xuanzangs Leben und Werk, Teil 5, Die alttürkische Xuanzang-Biographie VIII, Wiesbaden: Harrassowitz, 1996.

38. HT X: Mirsultan, Aysima, Die alttürkische Xuanzang- Biographie X, Nach der Handschrift von Paris, Peking und St. Petersburg sowie nach dem Transkript von Annemarie v. Gabain ediert, übersetzt und kommentiert, Harrassowitz, Wiesbaden: Harrassowitz, 2010.

39. İzbudak, Velet, El-İdrâk Hašiyesi, İstanbul: TDK, 1936.

40. Jarring, G., An Eastern Turki-English Dialect Dictionary, Lund, 1964.

41. Jarring, G., Agriculture and Horticulture in Central Asia in the Early Years of the Twentieth Century with an Excurs on Fishing, Eastern Turki Texts with Transcription, Translation, notes and Glossary, Stockholm, 1998.

42. Karasoy, Yakup, (haz.) Satıraltı Tercümeli Fıkıh Kitabı, Ankara: TDK, 2017.

43. KazTS = Koč, Kenan, (ed.) Kazakša-Türikše Sözdik/Kazak Türkčesi

Türkiye Türkčesi Sözlüğü, Ankara, 2003.

44. KısEn: Al-Rabghūzī, The Stories of the Prophets: Qiṣaṣ al- Anbiyāɔ, An Eastern Turkish Version (Second Edition), I-II, Haz. H. E. Boescheten, J. O'Kane, Leiden: Brill, 2015.

45. KKalp = Kalenderov, Mamut, Tolkovıy slovar' karakalpakskogo yazıka/Ḳaraḳalpaḳ tiliniŋ tüsindirme sözlügi, II, g-k, Nukus: Ḳaraḳalpaḳstan, 1984.

46. Le Coq, Albert von, Türkische Manichaica aus Chotscho I. Berlin, 1912.

47. Le Coq, Albert von, Eine Liste Osttürkischer Pflanzennamen, Baessler-Archiv, Band VI, Heft 3, Leipzig- Berlin, 1917(-1922): 118-129.

48. Levitskaya, L. S. , Etimologičeskiy slovar' tyurkskih yazıkov, Obščetyurkskiye i mejtyurkskiye osnovı na bukvı C-J-Y, Moskva, [ESTYa IV] 1989.

49. Mahmûd el-Kâşgarî, Dîvânu Lugâti't-Turk, čeviren Mustafa, 2019.

50. S. Kačalin, yayına hazırlayan: Mehmet Ölmez, İstanbul: Kabalcı.

51. Malov, S. Ye. , Uygurskiy yazık (Hamiyskoye narečiye), Moskva- Leningrad, 1954.

52. Malov, S. Ye. , Lobnorskiy yazık, Frunze, 1956.

53. Malov, S. Ye. , Uygurskie narečiya Sin'tszyana, Tekstı, perevodı, slovar, Moskva, 1961.

54. Maue, Dieter, Alttürkische Handschriften, Teil 1, Dokumente in Brāhmī und Tibetischer Schrift, Stuttgart: Franz Steiner, 1996.

55. Menges, Karl Heinrich, Bulgarische Substratfragen, Ural- Altaische

Jahrbücher, c. 30, 1960: 104-121.

56. MukE: Yüce, Nuri, Ebu'l-Ḳāsım Cārullāh Maḥmūd bin cOmar bin Muḥammed bin Aḥmed ez-Zemaḫšarī el-Ḫvārizmī, Mukaddimetü'l-Edeb, Ḫvārizm Türkčesi ile Tercümeli Šušter Nüshası. Giriš, Dil Özellikleri, Metin, İndeks, Ankara: TDK, 1988.

57. MW: Monier-Williams, Monier A Sanskrit-English dictionary, Etymologically and philologically arranged with special reference to cognate Indo-European languages, Oxford, 1899.

58. Osmanof, Mirsultan, Hazirḳi Zaman Uyġur Tiliniŋ Ḳumul Šėvisi, Ürümči: Pen-Tėhnika Sehiye Nešriyati, 1997.

59. Osmanof, Mirsultan, Hazirḳi Zaman Uyġur Tiliniŋ Lopnor Dialėkti, Ürümči: Šincaŋ Yašlar - Ösmürler Nešriyati, 2006.

60. OTWF: Erdal, Marcel, Old Turkic Word Formation, A Functional Approach to the Lexicon, 1-2, Wiesbaden: Harrassowitz, 1991.

61. Ölmez, Mehmet, Tuwinischer Wortschatz/Tuvacanın Sözvarlığı, Wiesbaden: Harrassowitz, 2007.

62. Pekarskiy, E. K., Slovar'yakutskogo yazıka I.-III, 1907-1930 (1958-1959).

63. PW: Böhtlingk, Otto, Rudolph Roth, Sanskrit-Wörterbuch, I-VII, St. Petersburg, 1855-1875.

64. Radloff, Wilhelm, Versuch eines Wörterbuches der Türk-Dialecte, I-IV, Sanktpeterburg, 1893-1911.

65. Räsänen, Martti, Versuch eines etymologischen Wörterbuchs der Türksprachen, Helsinki, 1969.

66. Röhrborn, Klaus, Uigurisches Wörterbuch: Sprachmaterial der vorislamischen türkischen Texte aus Zentralasien, 1-6, Wiesbaden, 1977-1998.

67. Sağol, Gülden, An Interlinear Translation of the Qur'an into Khwarazm Turkish, Introduction, Text, Glossary and Facsimile, (Part I: Introduction and Text), Harvard University (Turkish Sources XIX), 1993.

68. Sağol, Gülden, An Interlinear Translation of the Qur'an into Khwarazm Turkish, Introduction, Text, Glossary and Facsimile, (Part II: Glossary), Harvard University (Turkish Sources XXIII), 1995.

69. Schwarz, Henry G. , An Uyghur-English Dictionary, Western Washington, 1990.

70. Shaw, Robert Barkley, Kâšgar ve Yarkend Ağzı Sözlüğü, Ankara: TDK, 2014.

71. ShoRosia: Shōgaito, Masahiro, Roshia shozō uigurugo bunken no kenkyū: Uiguru monji hyōki kanbun to uigurugo butten tekisuto / Uighur Manuscripts in St. Petersburg: Chinese texts in Uighur Script and Buddhist Uighur Texts, Kyoto: Kyoto University, 2003.

72. Stachowski, Marek, Geschichte des jakutischen Vokalismus, Kraków, 1993.

73. Šimšek, Yašar, Harezm Türkčesi Kur'ân Tercümesi (Mešhed Nüshası [293 No.], Giriš - Metin - Dizin), 1-2, Ankara: Akčağ, 2019.

74. Tenišev, E. Rahimovič, Tuvinsko-russkiy slovar', Moskva, 1968.

75. Tenišev, E. Rahimovič, Uygurskiy dialektnıy slovar', Moskva: Nauka, 1990.

76. Toparlı, Recep, Hanifi Vural, Recep Karaatlı, Kıpčak Türkčesi

Sözlüğü, Ankara: TDK, 2003.

77. Tot: Zieme, Peter und G. Kara, Ein uigurisches Totenbuch, Nāropas Lehre in uigurischer Übersetzung von vier tibetischen Traktaten nach der Sammelhandschrift aus Dunhuang British Museum Or. 8212 (109), Budapest, 1978.

78. UTİL: Uyġur Tiliniŋ İzahliķ Luġiti, c. VI, Bėyciŋ: Milletler Nešriyati, 1999.

79. Ünlü, Suat, Karahanlı Türkčesi İlk Satır-Altı Kur'an Tercümesi TİEM-73, Örnekli Kur'ân-ı Kerîm Ačıklamalı Sözlük, c. 8, Konya: Selčuklu Belediyesi, 2018.

80. Xinjiaŋ Zhongguo Ösümlük Doriliri, Ürümči, 1974.

81. YakRS: Sleptsov, P. A. (ed.), Yakutsko-russkiy slovar', Moskva, 1972.

82. Yakup, Abdurishid, The Turfan Dialect of Uyghur, Wiesbaden: Harrassowitz, 2005.

83. Yudahin, K. K., Kırgız Sözlüğü I-II, Čev. A. Taymas, Ankara: TDK, 1945-1948.

84. Yusupova, Nasiba, Türkče-Özbekče Sözlük, Ankara: TDK, 2018.

85. Waku Hakuryū, Bukkyō shokubutsu jiten (=Buddhist Flora Sözlüğü), Tokyo, 1979.

(原载于 *International Journal of Old Uyghur Studies,* 2/1, 2020 年，第 61—88 页。土耳其语。)

附录：参考资料中的图片

Maue, Dieter, 1996: Dokumente in Brāhmī und Tibetischer Schrift 另：http://turfan.bbaw.de/dta/mainz/images/mainz0684_seite1.jpg

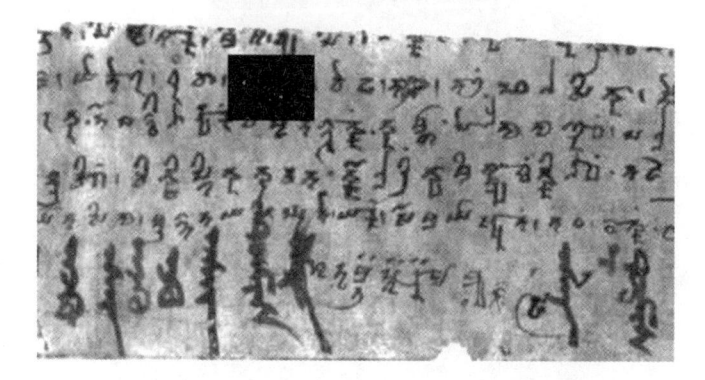

http://turfan.bbaw.de/dta/mainz/images/mainz0684_seite1.jpg（yürkäi 由茅埃做了标记）

Heilkunde（I: u0559 - 11）：http://turfan.bbaw.de/dta/u/images/u055911.jpg

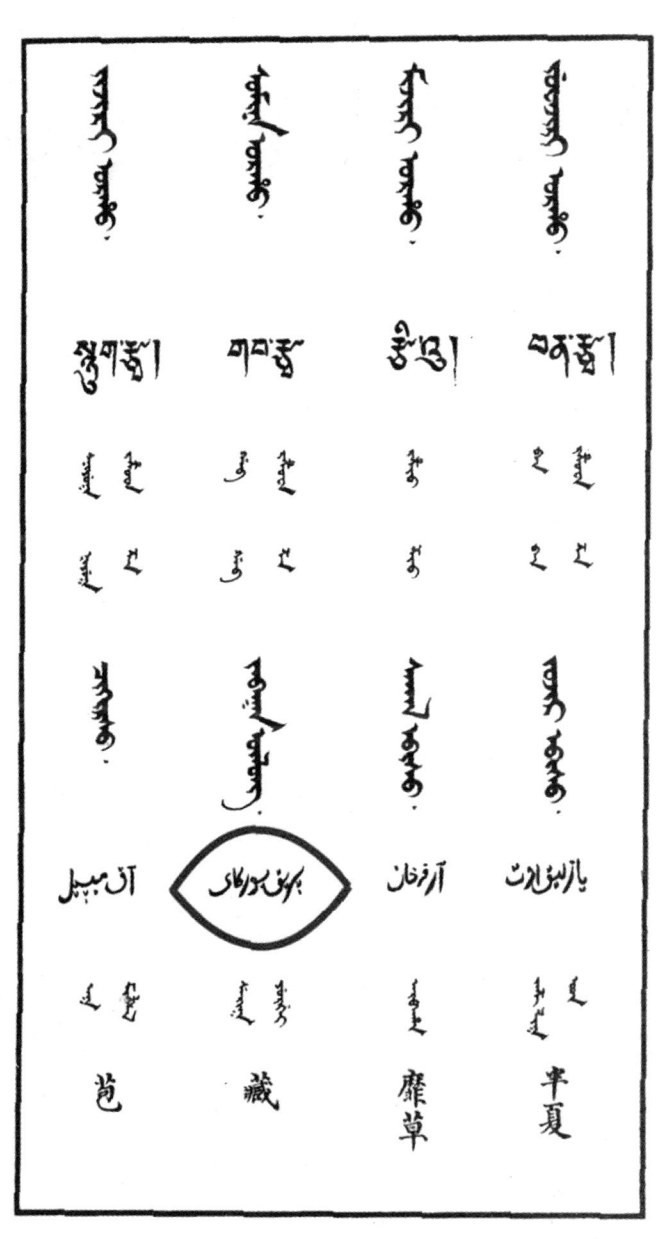

三个时代的一个回鹘语词:yörgey "菟丝子" | 453

《五体清文鉴》

yətküzüxmək yətküzmək 的共同态。

yətmix 七十。~yaxlik boway 七十岁的老人/Oqul baliqa~türlük künər azlik kilidu〈谚〉好男儿学会七十种手艺还嫌少/~puxt 八辈子。

yətmək ①到达,达到: Wakit yətti 时间到了/Kix yetip kəldi 冬天来到了/məksətkə~达到目的/Bu həwər nurqun kixilərning kuliqiqa yətti 这个消息传到了许多人的耳中。②够:Alqan seyimiz bir kixkə yetidu 我们买的菜够吃一个冬天/yetər 够了,得了。③赶上,追上。Biz ularqa yetiwalduk 我们追上他们了/gəpning tegigə~◇理解话的含义/həkikətning tegigə~追求真理,探求真理。

yəttilik （扑克牌中的）七。

yəttinqi〈数〉第七。

yəttə ①七。~kəwət usmanning nerisi 七重天外（九霄云外）/~ɵlqəp, bir kəs〈谚〉七次量，一次裁（三思而后行）。②第七天祭日。

yəttə ıklim 寰宇,普天之下,四海。

yəttə tıkən〈天〉北斗星。

yəttə kozuk〈天〉大熊星座。

yəttə əza 身体,~si sak 身体健康。

yəttəylən 七个人。

yəxküzmək yəxmək 的使动态。

yəxmək ①解,解开。tügünqini~解开结子。②解答; nəsilini~

解答问题;解题。③脱; kıyim~脱衣服/ayak~脱鞋。

yəxtürmək 同 yəxküzmək。

Yəhudi 犹太人,~dini 犹太教。

yɵgimək 卷,包,裹,缠,缠绕。balini ədiyalqa~把孩子裹到毯子里/putka paytima~脚上缠裹脚布/yip~绕线。

yɵgimə〈植〉田旋花。

yɵgimə oqol〈植〉缠绕茎。

yɵgək 褓裸:balini~kə yɵgimək 把孩子裹到褓裸里。

yɵgəlmə 卷起来的。~santimetir 卷尺。

yɵgənmək yɵgimək 的自复态。

yɵgətmək yɵgimək 的使动态。

yɵgəxmək ①yɵgimək 的共同态。②盘,缠绕。Dərəhkə yɵgixiwalqan yilan 盘在树上的蛇/yegixip kalqan yip 缠绕在一起的线。

yɵgəxtürmək vɵgəxmək 的使动态。

yɵgəy〈植〉菟丝子。

yɵgülüxmək 缠住;纠缠。

yɵlimək ①扶,搀扶。Uni yɵləp mang 你扶着他走。②靠,wəlisipitni tamqa yɵləp koymak 把自行车靠墙放下。③〈农〉培,壅:yangyuqa topa~给土豆培土。④〈转〉扶助,扶持。U seni daim yɵləydu 他经常扶助你。

yɵlək ①支架,支柱,支座。②〈转〉依靠;后盾。

yɵləkqi 支持者;后台,靠山。

yɵlən'güq 同 yɵlənqük①。

yɵlənmək 靠,依靠,依赖,凭借。

《维吾尔语—汉语词典》，1982年

yögä-

table was moved/ *xizmättin* -- to transfer to another post/ *u başqa bir öygä --di* he moved to another house. Cf. **silji-**, **qozğal-1**.
2. vi. To be changed: *--gän kiyimlär* changed clothes/ *uniñ kesili yötkilip qaldi* his illness has changed/ *mijäzi* -- to change one's temperament.

yögä-
vt. To coil, wind, wrap up, bind: *balini ädiyalğa* -- to wrap up a child in a blanket/ *putqa paytima* -- to wrap feet (usually wrapping cloths are used when wearing boots)/ *yip* -- to wind up a string.

yögäş-
1. vi. mut. of **yögä-**.
2. vi. To be coiled, wound or twirled: *däräxkä yögişiwalğan yilan* a snake coiled up in a tree/ *yögişip qalğan yip* wound-up string.

yögäk
clo. n. Swaddling clothes: *balini --kä yögä-* to swaddle a child.

yögäy
bot. n. Dodder (*Cuscuta*): *etizliq yögiyi* *Convolvulus arvensis*.

yögälmä
adj. Rolled up: -- *santimetir* tape measure.

yögülüş-
vi. To twist, wind.

yögiliş-
vi. Literary form of **yögülüş**.

yögimäç
1. bot. n. Bindweed; field bindweed; possession vine (*Convolvulus arvensis*). See illustration at *etizliq yögiyi* on p. 732.
2. cul. n. Steamed twisted roll. Lopnor dialect.

yu-

yölä-
1. vt. To support with one's hand: *uni --p mañ* help him walk!
2. vt. To lean against: *wälisipitni tamğa --p qoy-* to lean a bike against a wall.
3. ag. vt. To bank up with soil: *yañyuğa topa* -- to earth up potatoes.
4. vt. To help, assist, support: *u seni daim --ydu* he constantly supports you.

yöläp-siläp
adv. Passably; perfunctorily. Cf. **äpläp-säpläp**.

yöläk
1. n. Pillar; prop. Cf. **tiräk 1**, **däm III**.
2. n. Backing; backup force.

yöläkçi
n. Backer; patron; supporter. Also **yölänçük**; cf. **himatçi**, **şäpqätçi**, **wellnemät**, **mädätkar**.

yölän-
vi. To lean on or against, depend on, rely on: *tamğa yölinip oltur-* to sit leaning against a wall. [Tv. *çölen-*].

yölänçük
1. n. Back of a chair.
2. n. = **yöläkçi**.

yölänçüklük
adj. of **yölänçük**: -- *orunduq* backed seat; chair.

yömäp-çömäp
adv. Roughly; sloppily (stitching): -- *tik-* to stitch roughly.

yönäl-
vi. To go toward: *şimal täräpkä* -- to go to the north side. [KK. *zönel-*].

yöniliş
n. Aspect; side; direction; orientation: -- *armiyisi* mil. front army/ *şamal --i* wind direction. [KK. *zön*].

yu-
1. vt. To wash, bathe: *yüz* -- to wash one's face. [Ç. *yu-*/Tv. *çyn-*/U. *yuv-*/Y. *suuj-*].

KEY 1. < derived from; Ç. Chagatay; Ch. Chinese; E. English; F. French; G. German; K. Kirghiz; KK. Karakalpak; M. Mahmud al-Kaşğari; Mo. Mongolian; O. Osmanli Turkish; OT. Orkhon Turkic; Q. Kazakh; R. Russian; Ta. Tatar; TT. Turfan texts; Tu. Turkmen; Tv. Tuvan; U. Uzbek; Y. Yakut.

802

Henry G. Schwarz, An Uyghur-English Dictionary

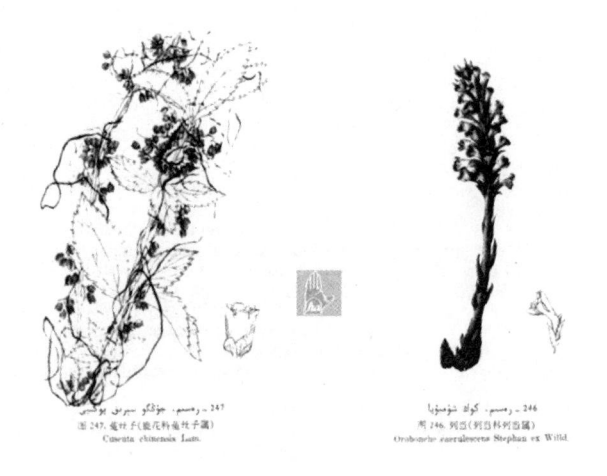

Xinjiaŋ Zhongguo Ösümlük Doriliri, Ürümçi 1974

《新疆中草药》，乌鲁木齐 1974 Xinjiaŋ Zhongguo Ösümlük Doriliri, Ürümçi 1974

yörgey 的图片

```
Cuscuta                                         62

389   Cuscuta – Convolvulaceae
d.    Teufelszwirn
e.    dodder
r.    повилика
tü.   bağboğan, bostanbozan, cin
      saçı, eftimon, iğiliç, kel*, küsküt
      otu
as.   күскүтоту
ba.   ҡыл-ебәк
kkp.  мерез шөп, харам шөп
kas.  арамсояу, шырмауық
kirg. чымылдык, чырмоок
tat.  чормавык, үрмәвеч
tsch. сухăр курăкĕ, сырлан курăкĕ
tkm.  езит ичеге*, кереп*, мерез-
      чөп*, печек, чырмашык
uig.  йөгмәш, чиңгиләк
uigS. yөgəy
usb.  чирмовиқ
```

Hauenschild, Ingeborg, Türksprachige Volksnamen für Kräuter und Stauden

布古特碑研究简史

迈赫迈特·欧勒麦兹（Mehmet Ölmez）著
江思维 译，吐送江·依明 校对

当我们论及蒙古高原的古代突厥碑文时，发现于鄂尔浑河流域和硕柴达木（Khöšöö Tsaidam）湖畔和距此不远的光显寺（Erdene Zuu）附近的阙特勤碑（Kül Tegin）和毗伽可汗碑（Bilge Kaghan）立即浮现在我的脑海里。如果追溯到120多年前，发现于巴音楚克图（Bain Tsokto）附近的暾欲谷碑（Tunyukuk）也是古突厥碑文的重要组成部分。鄂尔浑三大碑——阙特勤碑、毗伽可汗碑、暾欲谷碑都是第二突厥汗国时期（682—744年）留下的史迹。而在1970年之前，我们还没有发现第一突厥汗国时期的类似碑铭。1969年后，关于这些古突厥碑文的最新消息才陆续开始出现。在这些新发现中，最重要的是1971年后发现的第一突厥汗国时期的碑文（Kljaštornyj 和 Livšic 1971，1972）。克利亚施托尔内（Kljaštornyj）和列夫谢茨（Livšic）合作发表的论文首次对突厥第一汗国时布古特碑的粟特语题记进行了释读，可实际上这块碑文是由蒙古考古学家道尔吉苏仁（C. Doržsuren）于1956

年在后杭爱省（Arkhangai Province）①发现的。目前，这块碑铭保存在后杭爱省的省会车车尔勒格（Tsetserleg）的省博物馆中。

现在我们可知在蒙古境内至少存在两块第一突厥汗国时期的碑文：即慧思陶勒盖碑（Khüis Tolgoi I）和布古特碑（Bugut），前者以蒙古语书写，后者则以粟特语和蒙古语书写。

下面简单地梳理下关于布古特碑粟特语部分的研究成果。1969年克利亚施托尔内和列夫谢茨发表的论文首次对粟特语部分进行了研究，我将列出与该论文相关的更为详细的研究概况。

1956年，蒙古国考古学家道尔吉苏仁发现了一块由石龟跌托举的纪念碑，它矗立在布古特苏木（bugut som）许多墓碑之间。石碑的三面（前面BS I、左面BS II、右面BS III）由列夫谢茨识别为粟特语。

虽然碑文的开头几行被侵蚀了，但全文大半都保存完好。碑文的阅读顺序是BSI—BSII—BSIII。不同于九姓回鹘可汗碑（Karabalgasun），布古特碑并没有出现汉文。碑文的第四面包含另外一种用古叙利亚文书写的文本（当前文本尚未识读，但它很有可能是之后添加的粟特语文本）。其主要内容是以草书粟特体由上往下书写。所有的字母尺寸大致相当（高约1.5厘米，宽约1~2厘米）。从古文字学的特征来看（根据以-t结尾的书写风格），该文本属于7世纪。

关于文本的内容，我们以下提供的仅仅只是简要的介绍。通行的录文内容是用于规训的家族史记录。就像古代突厥碑铭中的鲁尼文一样，它当是一份谱系表（同时也列出重大事件的年表）。根据文本出现的人名，我们可知它记录的是第一突厥汗国的历史。这份以教导口吻

---

① 地理坐标为47°49′11″N，101°16′58″E，详情请参见K&L 1972:69。有关石碑的测量，请参见K&L 1972和Yoshida&Moriyasu 1999:122。

写成的文本，以βγy（此为换写）"私人名字"和γ'γ'n（此为换写）"先生、大师、统治者、可汗"的方式提到了可汗的名字（包括从汉文史料出现的名字），但仍有少量人名还没有识别。

碑文最有可能提供了关于古突厥人信仰的相关史料（在BSIII第四行，一位可汗被描述为世界的救世主）。在这里，"救世主"一词使用了一个琐罗亚斯德教词汇saošyant，这个词在《阿维斯陀》经文里写作saošyant，在中古波斯语写作sôšyana、sôšyans、sûtômand。通常，这个词语用来表示琐罗亚斯德本人、他的牧师或者信众，在碑文中，诸多历史事件是按照生肖纪年法的顺序记录的。

第一突厥汗国可汗的名称（除了伊利可汗和室点密可汗）仅见于汉文史料。与汉文史料中的名称不同，粟特语的可汗名字是根据突厥系统音译复原的。因此只有两个名字，即伊利可汗（卒于552年）和木杆可汗（558—572年）能够被准确识别。在碑文中，古突厥可汗名字的数量与第一突厥汗国时期的可汗数量相同。

令人宽慰的是，还有一部分石碑还完好保存，碑体主要部分类似于一个母狼雕塑，母狼下有人物的浮雕形象。它很有可能呈现的是古突厥人讲述阿史那家族祖先历史的史诗。碑文上并没有提到第二突厥汗国的可汗。碑文放置于龟趺座的这一点或许表明这或属于阿史那家族（552—630年）某人的墓碑。由于第一突厥汗国最后两位可汗即始毕可汗（609—619年）和颉利可汗（620—630年）在位期间，粟特人以顾问身份存在，因此官方文书很有可能都是以粟特语书写。

克利亚施托尔内和列夫谢茨发表了第一份录文和翻译（K&L 1971和1972）。同样，1970年列夫谢茨也发表了一篇论文（请参见Livšic，1970）。有关布古特碑的粟特语部分，护雅夫（M. Mori）、巴赞（M.

L. Bazin)、普里察克（O. Pritsak）和鲁保罗（J.-P. Roux）分享了他们对于碑文和出现在碑文里名号的观点[1]。

1977年，土耳其语言学家察合台（S.Çağatay）和铁兹江（S.Tezcan）根据K&L 1971、1972年的文章从古代突厥语的角度释读了粟特语文本。论文包括出现在碑文中的历史事件及人物的论述，以及碑文的土耳其语翻译。在译文中，"βγy"被解释为"神圣的、像神一样的"而不是"神"（请参见248—249页）。当把吉田丰（Yoshida Yutaka）的解读译为土耳其语时，笔者对"βγy"的翻译和察合台、铁兹江的一样，并将其和古突厥语中的"teŋri teg"做了对比研究。

在20世纪90年代后，日本和土耳其学术界相继派遣了好几支考察队前往碑文原址。特别值得一提的是，日本考察队出版了关于布古特碑的详细报告（请参看Moriyasu-Ochir 1999）。在2005年，哈萨克斯坦学者哈尔焦拜（Qarjaubay Sartqojaulı）和巴兹尔汗（N.Bazylkhan）发表了两篇不同的论文考证蒙古突厥碑文的原址。在书中，哈尔焦拜精准地描述了碑文最初的位置和墓葬地区以及石人（balbals）的概貌：

布古特碑位于蒙古国中部大塔米尔苏木（Ih-Tamir Sum）东南部附近一个叫"Bugutı"的地方。不幸的是，现在我们没有关于1956年发掘工作的记录。奥德扎维（Ser-Odžav）在他1968年的论文中提到了1957年在蒙古国中部进行的发掘（所有内容在1972年K&L的论文中都有记录）。除了以上提到了记录外，还有1982年哈尔焦拜关于碑文所在区域的发掘报告[2]。根据哈尔焦拜的论文，我们可知那片区域共有6个草原石人，在300米的范围内分布有258个石人。在石碑区域中，还存

---

[1] Mori 1972, L. Bazin 1975, Pritsak 1982, Roux 1982.
[2] 请参见 Sartqojaulı, p.354, Nr.158。

有一块残损的"Bugu"石，高约128厘米（Sartqojaulı p.34ff）。

巴兹尔汗梳理了截止到2005年所有相关研究的学术史，来描述碑文和出土的区域。在他的论文中，也包括了碑文内容的哈萨克语和英语翻译以及吉田丰的成果（45—50页）。首先，据悉在碑文的首部，存在狼的形象，其下则是由狼哺育的孩子。这种观点来自于中国史书中记载的古代突厥人起源的传说。但因为首部残缺，因此我们并不确定是否存在狼的形象。但当碑的残缺部分和主体缀合时，我们可以很清晰地看到所谓的狼并不存在，也并不存在由狼哺育的孩童。因此，我们可以推测，中国史书中所指的其实是一种神话动物。

再回到碑文语言研究史上，克利亚施托尔内和列夫谢茨将其翻译成两种语言：最初版本是俄语，其后是英语。后来，粟特语译本由吉田丰核对并修改了若干次。该译本最终版发表在本期《亚洲学报》上，此外他还发表了一系列关于粟特语碑文的文章（请参见吉田丰在本期杂志的论文）。吉田丰在论文里研究了古突厥语与粟特语之间的关联，还包括漠北回鹘汗国时期的三语碑文（九姓回鹘可汗碑，1998，2009，2011，Turco-Sogdian Features）。

2014年以前，一些学者猜测碑文的婆罗谜文那一面是以梵语写成。但通过茅埃（D. Maue）和武阿勒（A. Vovin）的解读，我们可知碑文的婆罗谜面使用的是蒙古语，而不是梵语。

2014年8月22—25日，笔者前往布古特碑进行联合考察，随行的人员还有武阿勒、茅埃和魏义天（Étienne de la Vaissière），从美因茨大学带来的两位3D技师，托比亚斯·莱西（Tobias Reich）和延斯·宾根海默尔（Jens Bingenheimer）。我们在8月24—25日前往布古特高地进行我们另一场专业考察研究，据我标记，布古特碑的地理坐标为47°49′

11″N，101°16′58″E，此外我还处理了一些包括布古特碑在内的突厥语碑文的词汇学差异。尤其是粟特语那一面下列的词汇和标题非常有趣，在此转录如下：'wrkwp''r, tr'wk, x'y'n, tyk'yn, xwrγ'pčyn, š'δpyt, trxw'n, twdwn, y'rwk'（? y'rwkc）。

通过茅埃、武阿勒和吉田丰等学者的不懈努力，布古特碑最重要的难题已经得到了解决。但它也带来了许多古突厥语—粟特语和古突厥语—蒙古语彼此间关联的问题。在未来的日子里，阿尔泰学家和伊朗学家还必须在这些领域中做出更大的努力。

参考文献

1. Bazilhan B. (ed.), Qazaqstan Tarihy turaly Türki derek-temeleri [The Turkic data on the Kazakhstan History], Il Tom, Köne Türik bitiktastary men eskertkišteri (Orhon, Enisej. Talas), Almaty: Dayk-Press, 2005.

2. Bazin L, Turcs et Sogdiens: les enseignements de I'inscription de Bugut (Mongolie), Mélanges linguistiques offerts à émile Benveniste. Société de Linguistique de Paris, LXX, Paris, 1975: 37-45[Reprinted in: L. Bazin, Les Turcs:des mots. des hommes,Akadémiai Kiadó, Budapest: 12-18].

3. cağatay S and Tezcan S, Köktürk Tarihinin cok önemli Bir Belgesi: Sogutca Bugut Yaziti [A Very Important Document on the History of Eastern (Blue) Turks: the Bugur Inscription in Sogdian], Türk Dili Araştirmalai Yilliği-Belleten, 1975-1976: 245-252.

4. Жолдасбеков, Мырзатай and Сарткожаулы, Каржаубай, Орхон ескермкіwтерінін моиык амиасы [A complete Atlas of Orkhon Monuments] Асгана, 2005.

5. Kljaštornyj, S. G. and Livšic, V. A., Sogdijskaja nadpis' iz Buguta [A Sogdian Inscription from Bugut], Starny i narody Vostoka, X, Nauka: Moscow: 1971 : 121-146

6. Kljaštornyj, S. G. and Livšic, V. A., The Sogdian inscription of Bugut Revised, Acta Orientalia Academiae scientiarum Hungaricae, 1972: 26/163-102[Turkish translation includes photos from 1986: Klyastorny,S. G. and Livsic. V. A, 1992: Bugut'taki Sogtca Kitabeye Yeni Bir Bakis,Turk Dili Arastirmalar Yilligi-Belleten, 1987: 201-241:translated by Emine Gursoy-Nas-

kali.].

7. La Vaisśere E. De, IIk Türk Hakanhklarinin Tarihi üzerine Yeni Bilgiler [A New Information on the History of the First Turkic Khaganate], ötüken'den Istanbul'a Türkçenin 1290 Yili (720-2010)3-5 Arahk 2010. Istanbul/From ötüken to lstanbul, 1290 Years of Turkish (720-2010) 3rd-5th December 2010, Istanbul, yayimlayanlar: M. ölmez E. Aydn, P Zieme, M. Kacalin, Istanbul Buyuk ṣehir Beledivesi, Istanbul, 2010: 233-240.

8. Livšic v. A. and Kljaštornyj S. G., Novaja sogdijskaja nadpis'iz Mongolii (Predveritel'noe soobščenie) [A New Sogdian Inscription from Mongolia (Preliminary Report)Pis'mennye pamjatniki i problemy istorii kul'tury narodov vostoka, Kratkoe soderžanie dokladov u godičnoj naučnoj sessiin LO IV AN, Maj 1969 gode, Akademija nauk SSSR: Leningrad, 1969: 51-54.

9. Maue D, The Brāhmī Script on the Bugut Stele, Journal Asiatique 307. 1, 2019(in this issue).

10. 护雅夫：《突厥帝国内部におけるソグド人の役割に関する一资料》,《史学杂志》81.2，1972年，第77—86页。

11. Moriyasu T. and Ochir A. (ed.), Provisional Report of Researches on Historical Sites and Inscriptions in Mongolia from 1996 to 1998, Hoyu shoten, Osaka, 1999.

12. ölmez M, Main Differences between Turk and Uyghur Inscriptions from Mongolia, Marginale Formen des alttur-kischen Schrifttums: Nicht-klassische alttürkische Runen- in schriften im Zentrum Eurasiens und ihre Entzifferung, Freie Universität Berlin, Germany, 22. 11. 2012-25. 11, 2012

[unpublished paper].

13. ölmez M, Orhon-Uygur Haniğil Dönemi Moğolistan daki Eski Türk Yazitlar, Metin-cҫeviri-Sözlük [Old Turkic Inscriptions from Mongolia of the period of Orkhon and Uyghur Kaghanates. Texts, Translations, and Dictionary], BilgeSu, Ankara, 2015.

14. Prtisak O. , The Old Turkic Title <ɣwry'p'nt>, Studia Turcologica, Memoriae Alexii Bombaci Dicata, Istituto Uni versitario Orientale, Napoli, 1982: 403-406.

15. Roux J. -P, Les inscriptions de Bugut et de Tariyat sur la religion des Turcs, Studia Turcologica, Memoriae Alexii Bombaci Dicata, Istituto Universitario Orientale, Napoli, 1982: 451-461.

16. VOVIN A, Groping in the dark: the first Attempt to interpret the Bugut Brahmi Inscription, Journal Asiatique 307. 1, 2019(in this issue).

17. Yoshida Y, Turco-Sogdian Features, Exegisti Monumenta: Festschrift in Honour of Nichoas Sims-Williams, edited by Werner Sundermann, Almut Hintze. François de Blois, Har-rassowitz, Wiesbaden, 2009: 571-585.

18. Yoshida Y, Sogdian version of the Bugut Inscription, Journal Asiatique 307. 1, 2019(in this issue).

（原载于 Journal Antique，第307卷第2辑，第91—96页，英语。）

图1 墓葬区域和草原石人

图2 克利亚施托尔内正在测量布古特碑（after TDAY–Belleten 1987）

图3　布古特碑B-2面

图4　布古特碑B-2面放大图

图5　布古特碑B-1面

图6　布古特碑B-3面

图 7　婆罗谜文（after TDAY-Belleten 1987）

回鹘文《玄奘传》中的一段读后记

迈赫迈特·欧勒麦兹 （Mehmet Ölmez） 著

杨潇 译，吐送江·依明 校对

一、引言

众所周知，西方古代文学体系中，抄本末尾往往有一部分称作kolofon（<希腊语 κολοφω'ν"结尾"，"跋"），回鹘时期亦如此，内容包括著者、功德主、译者、抄书人的信息、日期、祈愿等。在伊斯兰化之后的文本中，文末记载这些信息的文体通常被称为ketebe kaydı[①]。回鹘文文献中发挥同样作用的部分是"尾记"[②]，通常记录书的著者、功德主、发愿人、著书缘由、愿以抄、写书行为"积功德"或"回向

[①] 关于这一问题，可参考 Šinasi Tekin, Eski Türklerde Yazı Kağıt Kitap Ve Kağıt Damgaları（《古代突厥人的写本和印章》），51—53 页和脚注 28。

[②] 我们可以援引回鹘文《玄奘传》第七章的相关内容如下：ymä kutlug tavgač elintä üč agılık nom ötgürmiš küilib taiši ödig alıp tavgač tilinčä yaratmıš, gentsuŋ fabši atlıg nomčı ačari keŋürtmiš, yänä tavgač tilintin beš baltıklıg šiŋko šäli tutuŋ yaŋırtı türk tinlinčä Ävirmiš, bodisatav taito samtso ačarınıŋ yorıkın ukıtmak atlıg tsi-ın-čüen kavi nom bitig yetinč ülüš tükädi, namıbut, namodarm, na-mosaŋ (Ht VII 2172-78), 另见 Ht N 1730-1743, HtLenTug V 87.6-19, HtX ss.10-12。

功德"的人及其相关信息①。

几乎每部作品、每一卷卷末都有这种跋文，除此之外，有时还有读过此书的人留下的记录以及通常晚于抄、写书年代的信息，我们将这些记述称为"读后记"（德语 Leser-Kolophon）。

本文分析的跋文摘自《玄奘传》第六卷，该跋文载于巴黎吉美博物馆藏（Musee Guimet）47476号写本第六卷最后一页（HtPar 136）。最末页跟我们手中的其他卷一样，都有出自抄书人的以 ymä kutlug tavgač el……开头的一段跋文。这篇跋文包含两部分读后记，最上面有3行，最下面有8行。从各种迹象来看，读后记应写于成书时代之后，属于蒙古统治时期。文字是蒙古时期流行的草书体，在诸如《回鹘度亡书》（Totenbuch<UigTot>）、《阿毗达摩俱舍论》（Abhidharma）（特肯 Šinasi Tekin 1970年出版）等大篇幅回鹘语文献中也常见到。

第一段读后记很短，只有读者的名字和读书的日期。第二段读后记中则不止一个名字出现，特别是还有不符合正确书写规则的例子，由此可推测读者的受教育情况：比如把 ärdini 写成 ertini，把 tsi-ın-čüen 写成 si-en-čün。从读者的心愿可知，这位读者不是城里人，应该是一个农民，参见第7行 bugd(a)y arpa käd bolzun "祈求麦子丰收"。

遗憾的是，在我们释译时，第五卷卷末跋文的图片并不清晰，但是该图片仍对我们正确地解读读后记内容多有裨益。参见 HtLenTug 第490页，V88。

---

① 有关回鹘文文献中的"跋文"更详细的研究，可参考 Hočo Uygur Hanlığı Döneminde Din ve Toplum, "Die Kolophone"（高昌回鹘汗国时期的宗教和团体，"跋文"）[A. Giriš sözleri, B. Tarih, C. Hayır sahibi, D. Yazılıš sebebi, E. İyiliğin aktarımı (Uyg. buyan ävirmäk = Š. Tekin "sevâbın tevcihi"), F. Dilekler ve amačlar, G. Bitiš, onay sözü], Zieme 1992, ss. 46-89;诗歌中的"跋文"可参考 StabUig ss. 283-295; "跋文"的各种例子详见 HazaiAval, UigKol。

二、原文[①]

第一段读后记

1820（1） yılan yıl bišinč ay bir oṭuzka

///// yyl pyšynč '' y /// ///// //

1821（2） tsi-ın-čüen nomnı m（ä）n uṭpališri šabik（i）yä

tsy ' yn čwyn nwm ny mn ' wdp ' lysry š ' py ky '

1822（3） okıyu tägintim

/wqyyw t' kyntym

第二段读后记

1823（1） ud yıl altınč bir y（a）ŋıka pošat>

' wd yyl '' ltynč pyr ynkyq ' pws ' d

1824（2） bačag kün üzä biz üč ertinilärtä süz-

p' č' q kwyn ' wyz ' pyz ' wyč ' yrtyny l' r t' sw//

1825（3） ük kertgünč köŋüllüg satva vaŋ oz //a

wk kyrtkwnč kwnkwl lwk s' tv ' v' // // //

1826（4） činza šila kinsidu šila bo si-en-čün nom [nı]

čynz ' šyl' kynsydw syl' pw sy yyn čwn nwm//

1827（5） okıyu tägintim{m}iz bo buyan küčintä

' wqyyw t' kyntym myz pw pwy ' n kwčyn t'

1828（6） bu ⟨r⟩ han bolalım bu ⟨r⟩ han nomnı {ku} keŋirül//

pwq ' n pwl ' lym pwq ' n nwwm ny kw kynkyrwl//

---

① 换写反映的是20世纪30年代原本的情况，即葛玛丽阅读该文的时期，转写反映的是文献现在的情况。

1829（7）bugd（a）y arpa käd bolzun bodun bokun-

／／／d／ '' rp' k' d pwlz wn pwdwn pwq／／

1830（8）[ka] … bususlug savlar bolmazun

／／ ／／／／／ ／／swšlwq s／／ l' r pw／／／／ ／／

a 行下面有 tirpan ~ turpan 吐鲁番？

三、译文

（1820-22）蛇年，五月，廿一日（叫）《慈恩传》的书，我，卑贱的 Utpalaśrī Srāmaṇera 读了。

（1823）牛年，六（月），第一个斋戒日，我们，诚心地、虔诚地对三藏（大藏经，Tripiṭaka）萨埵 VANG oz……（？），Činza Sila, Kinsidu Sila 读了这本（叫）《慈恩传》的书。愿我们因此善行而成佛，愿佛泽广播（？），愿麦子丰收，莫让烦恼忧虑的言辞落在我等身上。

四、注解

1821 utpališri šabik（i）yä：utpališri < 梵语 utpalaśrī（garbha），utpalaśrī - garbha "菩萨名"，O. Böhtlingk, Sanskrit-Wörterbuch in kürzerer Fassung, Erster Theil, St. Petersburg 1879, 225a; MW. 180c- 181a; Edg. 125b, Wogihara 247a. **šabik（i）yä** < **šabi + k（i）yä,** šabi = 汉语"沙弥"（G. 9624,7812）= 梵语 śrāmaṇera "新戒"（Novize），BT III 25, 25, BT XIII 46.35, 60.18（+k（ı）ya!）；对 BT III 25 的重新解读参见 StabUig 315 页；šabi 的解释参见 SuvÖlmez 199.16；utpalaširi 参见 BT XIII 46.3574（169 页，脚注末尾）。śrī 构成的名字可参见 J. Oda, Uighuristan，40 页（据 BT XIII 169）。

1823 yaŋı：表示一个月的第一天或最初几天，或前十天。在回鹘语文献的尾记中，在记录书于何时读或抄写时常用该词。TT VII 40.115，词源词典 943b—944a 页，BT I、III、V、VII、VIII、IX-2（137a）、XIII；yaŋı kün Hamilton 1986, 259a；UigTot（271ab）；Ht IV 1723；Ht VII 850, 1316；Ht X s.193；HtLenTug；ĀgFrag 1 2a，等等。

1823-24 pošat bačag kün：pošat << 梵语 poṣaddha "斋戒，斋戒日" Böhtlingk KF, 4. Theil（1883） 123a; Wogihara 815a; Edg.355a; Chuast s.146. 中的 pošat（..... bošat）形式在早先有关回鹘语的研究中至少出现过两次。TT VII 40.6, 40.115。除这两个例子外，《摩尼教徒忏悔词》中写作 vusanti。阿拉特（R.R.Arat）和阿斯木森（J.P. Asmussen）提出，《摩尼教徒忏悔词》中的形式来源于粟特语 βōsantī（bws'nty, 查斯特（Chuast）146 页）。此外，在更晚些的文本中出现过一两次：BT VII, BT XIII（3 次），UigFalt，ZweiFrag。

bačag 据 BT IX，该词应与粟特语 *pāc < 粟特语 p'' - "保护，隐藏"（sich hüten，自我保护）= 梵语 upavasatha 有关（BT IX-2 73a）。阿斯木森和特肯认为，该词应与动词性词根 bača-构成的粟特语词 √pā "守卫，斋戒" 有关（摩尼教徒忏悔词 Chuast s.146，BT IX-2 73a）。威利邦（W. Bang）的观点则更为谨慎，他认为弗伊（Karl Foy）的说法（该词由中古波斯语词 bāž /bāj/ "关卡（Zoll）" 合成）概率非常低；而另外一种可能性，中古波斯语词 vāč /vāč/ "祈祷，祷告"（Gebet）则可以考虑。（Bang, Briefe II, 236 页）克劳逊（Clauson）则认为动词 bača-是纯粹的古突厥语（词源词典，293ab 页）。

如果我们考虑一下像 BT IX 中可能是某些词的词根的*pāc，在其后加上古突厥语词缀 a-和-k/-g，就会变成回鹘语的上述形式。OTWF 中则既有-k也有-g（OTWF，173页）。《突厥语大词典》有关构词的解释中举了加-k的例子 bača-k < bača-（"基督徒的斋戒"，MK I, 411）（DLT-SY, § 40 -k, a. 抽象名词）。词典中的ḳ（kaf ق）在摩尼教文献《摩尼教徒忏悔词》中体现为-g（OTWF，173页）。

结论：bača-K 是由 bača- 派生出来的，其构形形式也得到了证明（bačak bača-dımız Huas.-EtymDic 293a, bačak bača-sar EtymDic 293a = M III 49.7, bägli yutuzlu bačap EtymDic 293b, TT VII 26.4-5, bača-t- OTWF 764页, Suv 444.13），根据古突厥语动词构词法，动词 bača- 应该来自于 * bač "斋戒" 这个词根（参见威利邦, Asmussen, Š. Tekin 著作中的相关内容），而名词性词干在《摩尼教徒忏悔词》中出现了7次，在《突厥语大词典》中出现了1次-k（ق）形式，在《摩尼教徒忏悔词》中出现了6次-g形式。

bača-K 跟 pošat 一起出现的文本，可参见 TT VII 40.6, 40.115; BT VII B 107; BT XIII 43.1, 46.1, 20.48; UigFalt；而 bača-K 单独出现的例子则更为常见：BT V, BT IX, DhāSū, EssenzS,《摩尼教徒忏悔词》，等等。

《摩尼教徒忏悔词》中的 **bačag sı-** 的意义相当于伊斯兰教中的"开斋"，用法则相当于阿纳多卢地区的 oruč sındır- "破斋"。在今天的阿纳多卢地区，当人们表达遵守宗教规范、信仰的斋戒即将结束时，仍然使用回鹘语 bačag sı- 中 sı- 的一个派生词，其意义和用法等同于 sı-n- 和 sı-n-dır-。sı- "打破" = sındır- "打破→打破（斋戒）"，这个例子可以跟下面的结构变化作对比：很多以元音结尾的单音节动词加后缀变成一个名词或新动词后，再加一个后缀可以派生出一个及物动词：ba- "连接"→派生词 bağ → bağ + la- "连接"。

1824 ertini：表示火灾，不用 ärdini（'rdyny）而用 ertini（'yrtyny）

值得注意，这跟读者的文化背景和受教育程度有关。因为在第一段读后记中，汉字"慈恩寺"（G. 12406, 3330, 10295）写作回鹘文中的常见形式 tsi-in-čüen，而第二段读后记中却写作 si-in-čün。从字体美观的角度看，该读后记的笔迹也略显潦草。另一个值得注意的是，应该用向格写作 ertinikä 却用了位-从格写作 ertinitä；尾记和读后记中多次出现了表明读者的三藏信仰的用法：üč ärdinilärtä bäk katıg süzük kertgünč köŋüllüg……"对三宝持澄净、虔诚之心" BT XIII 20.49；StabUig:üč ärdinikä kertgünč köŋüllüg ... ,StabUig s.292-293（= MaitrHami）。

1825 satva vaŋ oz...：表示读者身份的源于梵语的 satva，回鹘语中对应为 tınl(ı)g "有情，人"。梵语词 sattva 参见 M.W. 1135b, Wogihara 1391b。后面的词比较复杂，vaŋ < 汉文"王"（国王，王公等）（G. 12493）；sattva 在回鹘文中的例子参见 ETŠ 11.35: satva alok tınlıg yertinčünüŋ "众生界的"[①]，satva 在此处写为 satv-a，最后一个字母是分开写的；sattvaloka 参见荻原云来（Wogihara） 1392a, MW 1135b。

oz ...（ozmıš?）：若此处为 ozmıš，则可对照 oz［mıš］，对这部分的补充解读请参见 ozmıš tegin, ozmıš togrıl DTS 375b。

1826 činza šila：činza < 汉语 贞（G.589）+……+ šila?（< 梵语）；šila 在回鹘语中常跟人名一起出现。茨默（P. Zieme）认为 šilavanti < 梵语 sılav(a)nt "品行端正，有德行的人"（moralisches Verhalten Besitzender）的简写形式，可参见对 Vaptso Šilavanti 的解释，第249页；另外，šila 还可以对照 kiŋdsuin šila, titso šila 的解释 A 6（248页），pintso šila 的解释 B 2（256页），kiŋdsuin šila ... toyın kulı šila, kamtsuin šilalar T

[①] 笔者受导师罗本（K. Röhrborn）的启发和帮助，结合 ETŠ 11.35 中的例子，将上述词语解读为 satva-alok，在此对恩师表示感谢。

II D 373 b （= U 5249）, 4—6 行（UigSteu 241 页）; *bodi tuvača šila* BT XIII 46.1, *šiŋsun šila* 49.88。

波特林克（Böhtlingk）中对 *šila* 和 *šilavant* 给出了如下解释："*śīla* 1. 习惯，秉性"; "*śīlavant* 1. 形容词; a. 有教养的，令人尊敬的，尊贵的 b. 在合成词词尾: 1. šila 1. 在形容词形态的合成词中意为'有……习惯的人，有某种品行的人'……[*śīla*（1）习惯（Gewohnheit），……"简略形式（KürzFass.）见 244 c 页; ś -īlavant（1）形容词; a. 有修养的（wohlgesittet），得体的（gut geartet），正直的（ehrenhaft），拥有高贵品格的（einen edlen Charakter habend）。b. 在复合词词尾= 1. sıla（1）在形容词复合词中。拥有这种习惯的人。" 245a 页]。

1826 kinsidu šila: 在回鹘文文献中以前至少出现过两次: 1. *bahšımka s kinsudu savım ...* ĀgPrag 272 页，2. T II T 1290（Ch/U 7329）号文献背面试笔写划的下面，第二行（ĀgPrag 脚注 32）; 对 *-du* 的首次解释是用作 Tu [tuŋ]，在回鹘语中常跟人名一起出现的一个"后缀"形式（ĀgPrag，273 页，脚注 32）; 茨默在更晚些的研究中对此说法做了更改: 7—8 世纪的汉语词首的 *n- > nd-* 这一形式反映在回鹘文中是 *d- / t-*。据此来看，梵语词 *nirvāṇa* 在 BT II 中对应为 *tirpanki*（tirpanki = 涅槃经 = 梵语 Nirvāṇasūtra）。回鹘语中跟专有名词一起出现的 *tu / du* 则是汉语"奴"音代替回鹘语词 kul, kulı 的用法（*du <*ndu < nu*），详情参见 StabUig 317—318 页, AbiShota 79—83 页。

1827 tägintim{m}iz 原文写作 *tägintim miz*（t'kyntym myz）。写这段的人一开始写的应该是第一人称单数后缀，后来又改成了复数后缀。+*miz* 比较普遍的形式是不写 *-i-*，写作 +*m(i)z*，但此处却写出了 *-i-*，值得注意。

1828 bu < r > han 非常明显，此处没有写出 r。

1829 bugd（a）y 解读该词很困难，因为这个词只剩字母 d。如果我们将词序与今天的用法进行比较会发现，有趣的是 buğday（小麦）在 arpa（大麦）之前。今天，土耳其语的形式不是"buğday arpa"，而是 arpa buğday。

缩略语与参考文献[①]

1. DLTSY = İpek Bilgen, Dīvānu Luġāti'̇t-Turk'te Söz Yapımı., Hacettepe Üniversitesi, Ankara 1989, 186 s.（未出版的博士学位论文）

2. EssenzS = Peter Zieme, Der Essenz- Sloka des SaddharmapuṇḍaÓRīka- Su\tras, Varia Eurasiatica, Festschrift für Professor András Róna Tas, Szeged 1991: 249-269.

3. HtLenTug = L. Yu. Tuguševa, Uygurskaya versiya biografii syuan'-tszana. Fragmentı iz leningradskogo rukopisnogo sobraniya Instituta vostokovedeniya ANSSSR, Moskva, 1991.

4. MW = Monier- Williams, M., Sanskrit- English Dictionary, Oxford, 1899.

5. OTWF = Marcel Erdal, Old Turkic Word Formation, a Functional Approach to the Lexicon., Turcologica Bd. 14, Wiesbaden, 1991.

6. StabUig = Peter Zieme, Die Stabreimtexte der Uiguren von Turfan und Dunhuang. Studien zur alttürkischen Dichtung, Budapest, 1991.

7. SuvÖlmez = Mehmet Ölmez, Altun Yaruk III. Kitap (= 5. Bölüm), TDA Dizisi 1, Ankara, 1991.

8. Wogihara, Sanskrit-Chinese-Japanese Dictionary, Tokyo, 1979 (复制本)

9. Peter Zieme, Religion und Gesellschaft im Uigurischen Königreich von Qočo, 1992.

[①] 文中没有明确写出的参考文献和缩写可参见 Uigurisches Wörterbuch, Sprachmaterial der vorislamischen türkischen Texte aus Zentralasien. Wiesbaden 1977, 第 1 册及后续分册。

10. Peter Zieme, Rheinisch-Westfälischen Akademie der Wissenschaften, Band 88, 1992.

（原载自 Türk Dilleri Araştırmaları 3，1993 年出版，159—166 页，土耳其语）

慧思陶勒盖碑考察札记

迈赫迈特·欧勒麦兹（Mehmet ölmez）著

江思维 译，吐送江·依明 校对

1975年，蒙古考古学家纳万安（D.Navaan）发现了著名的慧思陶勒盖碑（Khüis Tolgoi）。1979年，迪亚尔巴其尔里（Nejat Diyarbekirli）将这项发现公之于世，但他并没有提供碑文内容及使用语言的有关信息，仅仅发表了两张照片，一张为石碑的概貌照，另外一张则是残片照，他对慧思陶勒盖（I）碑这样注解道："这块碑发现于蒙古国的杭爱山脉（Khangai mountains），然而碑文至今还没有被破译。据说这块碑出自匈奴（Huns）。"[1]

关于慧思陶勒盖（I）碑的具体细节描述，哈萨克斯坦学者哈尔焦拜（Qarjaubay Sartqojaulı）自1984年起就开始酝酿，终于在2003年发表出来。紧接着，他又在2003年和2005年公布了慧思陶勒盖（I）、（II）碑的详细照片，以及关于（I）碑地理位置以及测量数据等丰富信息。他同时表示，在石碑的发现地并没有草原石人（balbals）的存

---

[1] Nejat Diyarbekirli, "Orhun'dan Geliyorum", Türk Kültürü,198-199,vol.XVII,April- May 1979: 383.

在^①。在 2005 年，巴兹尔汗（N.Bazylkhan）也发表了关于石碑信息的论文^②。在文章中，他提出了一个假说，推测碑文内容和可能的作者，文中还包括了石碑的位置、描述、测量数据，以及带有参考文献的照片。

2009 年，大泽孝（Ōsawa Takashi）、铃木宏节（Suzuki Kōsetsu）和蒙克图力嘎（R.Munkhtulga）合作发表了另一篇碑文的调查报告^③，慧思陶勒盖（I）碑现今保存在蒙古科学院考古研究所的仓库室里。

在 2014 年 8 月 18 日到 28 日，茅埃（D.Maue）、武阿勒（Alexander Vovin）、魏义天（Étienne de la Vaissière）和欧勒麦兹（Mehmet Ölmez）^④组织了一次对慧思陶勒盖（I）碑和布古特碑（Bugut inscription）的联合考察。随行的还包括技术专家托比亚斯·莱西（Tobias Reich）及其来自美因茨大学的助手延斯·宾根海默尔（Jens Bingenheimer）。在土耳其国际合作与发展署（TIKA）驻乌兰巴托办事处的帮助下，我们获得了蒙古科学院考古研究所的慷慨许可，之后莱西和宾

---

① Жолдасбеков,Мырзагай and Саргко- жаулы,Каржаубай,Орхон ескермкішмерінін молык амласы,Астана,2005,pp.34-38. 慧思陶勒盖（I）碑的发现位置为乌兰巴托以西 400 公里坐标为 48°N,103°E。

② Базылхан,Н.,Каэаксман марцхы муралы мүркі берекмемелері,II том,коне мүрік бімікмасмары мен ескермкішмері（Орхон,Енисеӱ,Талас）,Алматы,2005,p.51.

③ Ōsawa Takash,Suzuki Kōsetsu,R.Munkhtulga,Bicheesu II -Mongorukoku genson iseki Tokketsu hibun chōsa hōkoku ビチェースⅡ,《モンゴル国現存遺跡·突厥碑文調査報告》,［BICHEES II : report of researches on historical sites and Turkic inscriptions in Mongolia from 2006 to 2008］,Ulaanbaatar,2009;also see Étienne de la Vaissière,"The Historical context to the Khüis Tolgoi inscription",in this volume.

④ 这次蒙古国学术考察获得得到了土耳其国际合作与发展署（TIKA）和法国社会科学高等研究院（EHESS）的武阿勒和魏义天两位先生的大力支持。我们对尤努斯·埃姆雷基金会（Yunus Emre Foundation,YEE）TIKA 驻乌兰巴托办事处前执行官 Ekrem Kalan 教授、YEE 前主席 Hayati Develi 教授、YEE 为我们 3D 拍摄工作的支持表示衷心的感谢，我们还要感激蒙古科学院考古研究所和车车尔勒格博物馆在我们考察期间提供的便利。

根海默尔便着手对石碑拍摄3D照片，展开工作。

在他们完成对慧思陶勒盖（I）碑的工作后，又对慧思陶勒盖（II）碑进行拍摄；这块碑与（I）碑的发现地点相同。

我们的第二个目标是藏于车车尔勒格（Tsetserleg）省博物馆的布古特碑[①]。通过3D拍摄技术手段，我们得以记录下布古特碑写有粟特语和婆罗谜文的那一面。在阳光下，由于婆罗谜文的那一面漫漶残缺，仅凭裸眼几乎识别不出任何字母或音节。因此，为了提高照片的质量，我们分别在早晨和晚上对婆罗谜文那一面各拍摄了一张。

不言而喻，慧思陶勒盖（I）碑对于古代突厥语和蒙古语的研究具有重要作用，或许随着慧思陶勒盖（II）碑的破译，我们会对（I）碑的认识会产生新的飞跃。

[①] 布古特碑发现地点的经纬度是47°N,101°E。更多信息请参见吉田丰（Yoahida Yutaka），"Bugut Inscription",pp.122-125,以及森安孝夫（Moriyasu Takao）、敖其尔（Ochir Ayudai）编著《モンゴル国现存遗迹·碑文调查研究报告》，p94。

参考文献

1. Diyarbekirli 1979 = Diyarbekirli, Nejat, Orhun'dan Geliyorum, Türk Kültürü, 198-199, vol.XVII, April-May, 1979: 321-384(1-64), Ankara.

2. Bazylkhan 2005 = Базылхан, Н., Каэаксман марцхы муралы мүркі беректемелері, II том, коне мүрік бімікмасмары мен ескермкішмері (Орхон, Енисеў, Талас), Алматы, 2005.

3. Moriyasu, Takao and Ochir, Ayudai, ed, Provisional Report of Researches on Historical Sites and Inscriptions in Mongolia from 1996 to 1998, Osaka: Hōyū shoten, 1999.

4. ōsawa Takashi, Suzuki Kōsetsu, R. Munhutoruga, BICHEES II: A Report on a Research on Historical Sites and Turkic Inscriptions in Mongolia from 2006 to 2008, Ulaanbaatar, 2009.

5. Sartqojauli 2003 = Сарткожаулы, Каржаубай, Орхон муралары, Астана, 2003.

6. Sartqojauli 2005=Жолдасбеков, Мырзатай Каржаубай Сарткожаулы, Орхон ескермкішмерінін молык амласы, Астана, 2005.

7. Yoshida, Yutaka, 1999 = Bugut Inscription, in Moriyasu, Takao and Ochir Ayudai ed, Provisional Report of Researches on Historical Sites and Inscriptions in Mongolia from 1996 to 1998, Osaka: Hôyû shoten, 1999: 122-125.

（原载于2018年Jornal Asiatique，第306卷第2辑，287—289页，英语）

图 1 慧思陶勒盖(Ⅰ)碑

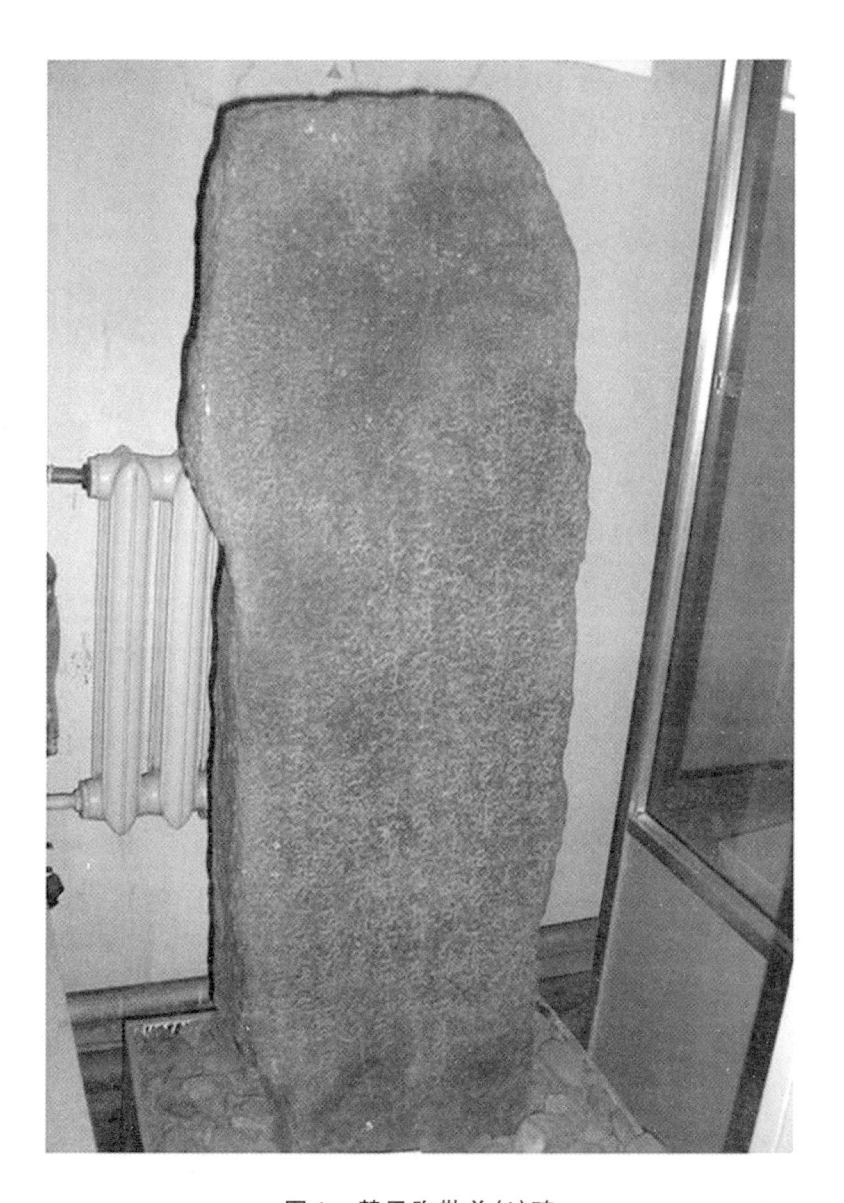

图2　慧思陶勒盖(Ⅱ)碑　　　　图3　布古特碑

译者简介

1. 白玉冬：1969 年生，辽宁阜新人，日本大阪大学历史学博士，现为兰州大学敦煌学研究所教授，博士生导师。研究方向为中古时期内陆亚洲历史语言与出土文献、碑刻研究。

2. 吐送江·依明：1980 年生，新疆和田人，中央民族大学博士，现为兰州大学敦煌学研究所教授，博士生导师。研究方向为敦煌、吐鲁番出土回鹘文献研究与敦煌西域古代历史语言研究。

3. 阿不都日衣木·肉斯台木江：1986 年生，新疆喀什人，现为敦煌研究院副研究馆员，研究方向为敦煌吐鲁番出土回鹘文文献整理与研究。

4. 红梅：1978 年生，内蒙古赤峰人，博士，现为西北民族大学中国语言文学学部讲师，研究方向为中国少数民族语言文学。

5. 何瑾：1982 年生，陕西西安人，毕业于俄罗斯莫斯科国立罗蒙诺索夫大学，研究方向为俄语语言学。

6. 杨潇：女，1990 年生，中央民族大学中国古典文献学专业硕士毕业，现任职于国家图书馆古籍馆。

7. 索南才旦：1995 年生，青海贵南人，现为西藏大学历史系博士研究生，研究方向为吐蕃史。

8. 刘晓恒：1996年生，山东东营人，现为复旦大学文史研究院博士研究生，研究方向为回鹘史。

9. 宋博文：1993年生，河北张家口人，现为中央民族大学中国少数民族语言文学学院博士研究生，研究方向为回鹘文献。

10. 杨雪：1988年生，甘肃兰州人，毕业于德国马尔堡大学，现任职于兰州大学外国语学院区域国别研究所，为兰州大学敦煌学研究所博士研究生，研究方向为敦煌吐鲁番回鹘文献。

11. 李圣杰：1998年生，河北沧州人，现为兰州大学敦煌学研究所博士研究生，研究方向为回鹘语文献与西北方音。

12. 吴家璇：1998年生，甘肃敦煌人，兰州大学敦煌所硕士研究生，现为浙江大学博士研究生。

13. 江思维：1998年生，湖南株洲人，现为兰州大学敦煌学研究所硕士研究生，研究方向为回鹘语文献与西北史地研究。

14. 陈泳君：1999年生，江苏徐州人，现为兰州大学敦煌学研究所硕士研究生，研究方向为9—13世纪回鹘历史。